Schriften der Wissenschaftlichen Vereinigung
für das gesamte Regulierungsrecht

herausgegeben von
Prof. Dr. iur. Dr. rer. pol. Dres. h. c. Franz Jürgen Säcker,
Freie Universität Berlin
Prof. Dr. Matthias Schmidt-Preuß, Universität Bonn

Band 3

Torsten Körber/Jürgen Kühling (Hrsg.)

Regulierung – Wettbewerb – Innovation

Nomos

Gedruckt mit freundlicher Unterstützung der Fritz Thyssen Stiftung.

Die Deutsche Nationalbibliothek verzeichnet diese Publikation in der Deutschen Nationalbibliografie; detaillierte bibliografische Daten sind im Internet über http://dnb.d-nb.de abrufbar.

ISBN 978-3-8487-4430-5 (Print)

ISBN 978-3-8452-8680-8 (ePDF)

1. Auflage 2017

Vorwort

Am 27./28. Oktober 2016 fand das dritte Symposium der „Wissenschaftlichen Vereinigung für das gesamte Regulierungsrecht" im Adam-von-Trott-Saal der Alten Mensa an der Georg-August-Universität Göttingen statt. Das Thema war „Regulierung – Wettbewerb – Innovation". Die Tagung befasste sich insbesondere mit den Herausforderungen der Digitalisierung an das Kartell-, Regulierungs- und Medienrecht. Dies wurde teils sektorspezifisch (Energie, Telekommunikation, Rundfunk) und teils in übergreifender Weise (Datenschutz, Grundsatzfragen) angegangen. Die Tagung gliederte sich in fünf Themenblöcke.

Im *ersten Block* („Energie 4.0 – Smart Grids und Smart Markets in Zeiten voranschreitender Digitalisierung") wurden aktuelle Entwicklungen im deutschen und europäischen Recht diskutiert, die auch den Mittelpunkt des 2016 erlassenen Gesetzes zur Digitalisierung der Energiewende und des späteren „Winterpakets" der EU-Kommission bilden, namentlich die ökonomische Sinnhaftigkeit und der rechtliche Rahmen des laufenden „Rollouts" intelligenter Messeinrichtungen. Dabei spielten auch Aspekte des Datenschutzes und der Datensicherheit eine Rolle.

Der *zweite Block* („Rundfunkregulierung in Zeiten des Internets") befasste sich mit der zunehmenden Bedeutung des Internets als Medium für die Verbreitung traditionellen Rundfunks als auch völlig neuer nicht-linearer Informationsangebote. Vor diesem Hintergrund wurde die Frage nach der Existenzberechtigung oder vielleicht sogar Ausweitung der Rundfunk- und Medienregulierung kontrovers diskutiert, einschließlich der Meinungsbildungsrelevanz und Kontrolle von sozialen Netzwerke und Suchmaschinen.

Der *dritte Block* („Datenschutz, Regulierung, Wettbewerb") behandelte das übergreifende Thema des Datenschutzes. In Zeiten der digitalen Datenwirtschaft ist Datenschutz einerseits wichtiger denn je, kann aber andererseits auch nicht aus einer rein abwehrrechtlichen Perspektive gesehen werden, wenn er nicht zum Innovationhindernis werden soll. Wichtig sind z.B. auch Fragen des „Dateneigentums", der „Datenmacht" und des Zugangs zu wettbewerbsrelevanten Daten.

Im *vierten Block* („Telekommunikation im Wandel") wurde die Frage nach der Erhaltung bzw. Schaffung eines „level playing fields" nach Aufkommen neuer, internetbasierter „OTT-Dienste“ thematisiert. Insbesondere wurde der Frage nachgespürt, ob und wie tradierte Regelungen des Regulierungsrechts auf diese neuen Dienste Anwendung finden sollten. Damit wurde zugleich Grund für ähnliche Fragstellungen auf anderen Gebieten gelegt, in denen neue internetbasierte Dienste ebenfalls zunehmend tradierte Geschäftsmodelle unter Druck setzen.

Der *fünfte Block* („Grundsatzfragen“) spürte zunächst der Frage nach dem Verhältnis von wirtschaftlicher Macht und Innovation nach. Dabei wurde deutlich, dass sich schematische Antworten verbieten und dass wirtschaftliche Macht für sich genommen auch in Bezug auf Innovationen weder gut noch schlecht ist. Im Anschluss daran wurde – auch im Lichte der 9. GWB-Novelle – diskutiert, ob und welche Herausforderungen die digitale Wirtschaft an das Kartell- und Regulierungsrecht stellt und ob es insoweit besonderer gesetzlicher Regelungen bedarf.

Herzlicher Dank gilt der Fritz Thyssen Stiftung für die großzügige finanzielle Unterstützung des „Göttinger Symposiums“ sowie des vorliegenden Tagungsbandes sowie den Mitarbeitern des Lehrstuhls Körber für die Organisation und Betreuung der Tagung und Anna Kellner für die umsichtige technische Begleitung des Tagungsbands.

Göttingen und Regensburg, den 19. Juni 2017

Torsten Körber *Jürgen Kühling*

Inhalt

Energiewirtschaft 4.0: Smart Grids und Smart Markets in Zeiten voranschreitender Digitalisierung

Prof. Dr. Knut Werner Lange

I. Digitalisierung und Energiewirtschaft

1. Digitalisierung der Energiewirtschaft in Deutschland

a) Volatilität der Energieerzeugung

Die sog. Energiewenden in Deutschland, aber auch die Anstrengungen für einen verbesserten Klimaschutz, haben die deutsche Energielandschaft tiefgreifend umgestaltet. Der Wechsel in der Stromerzeugung weg von großen, zumeist zentral errichteten Kraftwerksparks hin zu vielen kleineren, dezentralen Erzeugungseinheiten erneuerbarer Energien ist im vollen Gang. Solaranlagen auf Feldern und Hausdächern, Windanlagen an Land und auf See unterliegen den Einflüssen des Wetters. Aufgrund ihrer Volatilität und Dezentralität stellt der vermehrte Einsatz erneuerbarer Energien das Stromsystem insgesamt vor erhebliche Herausforderungen. Der Strom wird nicht länger bedarfsabhängig erzeugt, sondern dann, wann der Wind weht oder die Sonne scheint. Eingespeist wird die Masse des sog. grünen Stroms ferner zumeist in die Verteilnetze. Dabei ist nicht nur an größere Einheiten, sondern auch an kleine Erzeuger zu denken, wie etwa die Solarzelle auf dem Carport.[1] Je mehr die erneuerbaren Energien aktiv zur Gestaltung des Stromversorgungssystems in Deutschland beitragen, desto wichtiger ist die Netzertüchtigung.[2] Die Verteilnetze waren ursprünglich nur zum Durchleiten des Stroms zum Verbraucher hin ausgelegt, da elektrischer Strom in der Vergangenheit nur in eine Richtung floss. Sie müssen daher rasch von einem Ein-Wege- zu einem Zwei-Wege-Netz umgebaut werden.

1 Der Energieverbraucher wird zugleich Stromerzeuger; sog. Prosument.
2 *Säcker*, RdE 2016, S. 381 f.

Mit dem fortschreitenden Ausbau der erneuerbaren Energien und ihrer zunehmenden Bedeutung für die heimische Energieversorgung müssen Energieerzeugung und -verbrauch enger miteinander vernetzt werden, um teure Kapazitätsreserven zu vermeiden.[3] Vor diesem Hintergrund sollen die Energienetze, und hier vor allem die Stromnetze, technisch aufgerüstet werden; sie sollen „intelligent" werden. Das „Gesetz zur Digitalisierung der Energiewende"[4] erhöht die Anforderungen an die einzusetzende Mess- und Kommunikationstechnologie und an den Datenschutz. Moderne Messeinrichtungen messen nicht mehr länger nur den Verbrauch und die Nutzungsdauer, sondern fungieren zusammen mit einem Smart-Meter-Gateway als ein Messsystem in Form einer Art bidirektionalen Kommunikationsschnittstelle (§ 2 S. 1 Nr. 7 MsbG).[5] Das Smart-Meter-Gateway bildet also zusammen mit dem intelligenten Messsystem die eigentliche Messeinrichtung und soll die Kommunikation über die Grenze der Liegenschaft hinaus ermöglichen (§ 2 S. 1 Nr. 19 MsbG).[6] Durch die Verbindung von Stromleitungen mit Kommunikations-, Informations-, Mess- und Regeltechnik wandeln sich die Netze zu sog. Smart Grids.[7]

Zur Lösung zahlreicher, mit der Energiewende verbundener Probleme hat die Bundesregierung somit auf den Einsatz moderner Technik, die Digitalisierung, gesetzt. Die von ihr auf den Weg gebrachte, nahezu flächendeckende Einführung von IKT-Technologien im Energiebereich soll die einzelnen Marktakteure enger vernetzen. Intelligente Systeme sollen miteinander kommunizieren und wichtige Steuerungsimpulse senden können. Die verbesserte Datenkommunikation soll das System insgesamt sicherer und zuverlässiger machen. Trotz Zweifeln an den angekündigten Einsparpotenzialen wird es mit dem Inkrafttreten des Gesetzes zur Digitalisierung der Energiewende zu einem umfangreichen Einsatz dieser Technologie in den nächsten Jahren kommen.

---

3 BMWi, Ein Strommarkt für die Energiewende, 2015, S. 4.

4 BGBl. 2016, Teil I Nr. 43, S. 2034.

5 Vgl. *Albrecht*, Intelligente Stromzähler als Herausforderung für den Datenschutz – Tatsächliche und rechtliche Betrachtung, 2015, S. 5-7; *Lange*, EWeRK 2016, S. 165 f.

6 Von *Kermel/Dinter*, RdE 2016, S. 158 daher auch als „Tor zur Welt" bezeichnet.

7 Vgl. dazu BNetzA, „Smart Grids" und „Smart Markets" – Eckpunktepapier zu den Aspekten des sich verändernden Energieversorgungssystems, 2011, S. 11 f.; *Eder/vom Wege/Weise*, ZNER 2012, S. 59; *Wengeler*, EnWZ 2015, S. 500 ff.

b) Neue Märkte

Von der weitgehenden Digitalisierung der Energiewirtschaft verspricht sich der Gesetzgeber nicht zuletzt eine bessere Einbindung des Energieverbrauchers aus Industrie und Haushalt in den Gesamtmarkt. Dazu bedarf es neben dem Aufbau der Infrastruktur eines entsprechenden Marktumfelds und der richtigen Anreize, die digitale Infrastruktur zu nutzen. Ansonsten steht der zu erwartenden Kostensteigerung kein individueller Nutzen für den Letztverbraucher gegenüber, was Akzeptanzprobleme schafft. Wenn es gelingt, den Stromverbrauch an die volatile Erzeugung anzupassen (Lastverschiebung),[8] könnte zudem in gewissem Umfang auf teure Reservekapazitäten verzichtet werden. Dazu müssen sich entsprechende Tarifmodelle auf dem Markt etablieren. Die Bundesregierung hofft ferner, durch die Digitalisierung den Energiemarkt und die Energieeffizienz positiv zu beeinflussen; neue Produkte und Dienstleistungen sollen entstehen.[9]

2. Digitalisierung der Energiewirtschaft in Europa

Deutschland steht mit seinen Digitalisierungsbestrebungen nicht allein. Alle Mitgliedstaaten der Union sehen sich vielmehr mit der Forderung des Europäischen Gesetzgebers konfrontiert, wonach bis zum Jahr 2020 80% der Verbrauchsstellen in der EU mit intelligenten Stromzählern ausgestattet sein sollen.[10] Von diesem sehr ambitionierten Ziel verspricht man sich neben einer effizienteren Energienutzung auch eine Reduzierung klimaschädlicher Kohlendioxidemissionen.[11] Mittel- bis langfristig ist die intel-

---

8 Die Lastflexibilität ist auch ein wichtiger Baustein für den „Strommarkt für die Energiewende", der durch das sog. Strommarktgesetz realisiert werden soll; Gesetz zur weiteren Entwicklung des Strommarktes (Strommarktgesetz), BGBl. 2016, Teil I Nr. 37, S. 1786.

9 Vgl. dazu *Weisshaupt*, et 2015 (6), S. 14.

10 Richtlinie 2009/72/EG des Europäischen Parlaments und des Rates vom 13.7.2009 über gemeinsame Vorschriften für den Elektrizitätsbinnenmarkt und zur Aufhebung der Richtlinie 2003/54/EG, Abl. 2009, Nr. L 211, S. 55, Anhang I Nr. 2; dazu *Salje* in Gundel/Lange, Die Umsetzung des 3. Energiebinnenmarktpakets, 2011, S. 1; *Wiesemann*, MMR 2011, S. 355; vgl. aber auch Monopolkommission, Sondergutachten 71, Energie 2015: Ein wettbewerbliches Marktdesign für die Energiewende, Rn. 342.

11 *Sörries*, N&R 2012, S. 58; vgl. auch *Vogel/Stumpp/Pelka*, et 2015 (8), S. 34 f.

ligente Netzinfrastruktur in Deutschland also in einen europäischen Energiebinnenmarkt einzupassen. In der EU variiert der Stand der Einführung von Smart Meter derzeit erheblich.[12] Aber auch hinsichtlich der Geschäftstätigkeit der Strom- und Gasverteilung ergibt sich kein einheitliches Bild.[13]

II. Der Smart Meter Rollout

1. Begrifflichkeiten

Mit ihrem Gesetz zur Digitalisierung der Energiewende weist die Bundesregierung den Weg für eine flächendeckende Markteinführung intelligenter Messtechnologien (sog. Rollout). Das Herzstück dieses Gesetzes soll das neue Messstellenbetriebsgesetz (MsbG) bilden,[14] das neben dem eigentlichen Rollout wichtige Neuerungen für den Messstellenbetrieb insgesamt schafft. Zur Erreichung der genannten Ziele sind intelligente Systeme flächendeckend einzubauen und miteinander zu vernetzen. Auf der untersten Stufe bedarf es moderner Messeinrichtungen (vgl. § 2 S. 1 Nr. 15 MsbG) zur Erfassung des tatsächlichen Energieverbrauchs und der Nutzungszeit, die mit einer Kommunikationseinheit (Smart-Meter-Gateway, § 2 S. 1 Nr. 19 MsbG) verbunden sind. Dadurch wird die Messeinrichtung zu einem intelligenten Messsystem (§ 2 S. 1 Nr. 7 MsbG), das in ein Kommunikationsnetz eingebunden ist.[15]

2. Der Rollout

Das neue MsbG ist an die Stelle der ursprünglich vorgesehenen Rollout-Verordnung nach § 21i Abs. 1 Nr. 8 EnWG 2011 getreten[16] und enthält be-

12 Eine gewisse Vorreiterrolle nimmt Italien ein, vgl. dazu *Di Nucci*, et 2014 (4), S. 59 (61 ff.).

13 Siehe *Modest/Sauer*, EWeRK 2016, S. 226 (227 ff.).

14 Gesetz über den Messstellenbetrieb und die Datenkommunikation in intelligenten Energienetzen (Messstellenbetriebsgesetz – MsbG); dazu *Lange/Möllnitz*, N&R 2016, S. 258 ff.

15 *Lange*, EWeRK 2016, S. 165 (166); *Lüdemann/Ortmann/Pokrant*, EnWZ 2016, S. 339 (340 f.).

16 Vgl. BT-Drucks. 18/7555, S. 3.; *Lange*, EWeRK 2016, S. 165.

stimmte Einbaupflichten (§ 29 Abs. 1 MsbG), unterschieden nach Stromverbrauch und installierter Leistung. Neben dem verpflichtenden Einbau sind optionale Einbaufälle vorgesehen.[17] Die gegenüber dem bisherigen System gem. § 21c EnWG 2011 deutlich ausgeweitete Einbauverpflichtung folgt aus der geänderten Legaldefinition des Kriteriums der wirtschaftlichen Vertretbarkeit. Während nach der bisherigen Normierung in § 21c Abs. 2 S. 2 EnWG 2011 mit dem Einbau keine Mehrkosten für den Letztverbraucher entstehen durften, ist seit Inkrafttreten des MsbG nur noch entscheidend, dass ihm keine unverhältnismäßigen Mehrkosten entstehen.[18] Wann ein Einbau wirtschaftlich vertretbar ist, regelt § 31 MsbG für unterschiedliche Letztverbraucher- und Anlagenbetreibergruppen anhand von Preisobergrenzen, die sich an den Erkenntnissen und Annahmen der Kosten-Nutzen-Analyse ausrichten.[19] Die gesetzlich festgelegten Preisobergrenzen sollen sich strikt am Nutzenpotential orientieren und setzen sich aus den Sowieso-Kosten eines Zählers und dem durchschnittlichen Einsparpotential der jeweiligen Verbrauchsgruppe zusammen. Damit wird die wirtschaftliche Vertretbarkeit des Rollout innerhalb der Preisobergrenzen quasi fingiert.[20] Können die Preisobergrenzen nicht eingehalten werden, so entfällt die Einbaupflicht. Allerdings ist dann § 45 Abs. 1 Nr. 1, Abs. 2 MsbG zu beachten. Danach kann ein unzureichendes Nachkommen der Einbauverpflichtung dazu führen, dass der grundzuständige Messstellenbetreiber ein Verfahren zur Übertragung seiner Grundzuständigkeit einzuleiten hat.

Auf den ersten Blick missverständlich ist die Optionalitätsregel des § 29 Abs. 2 MsbG. Damit ist nicht etwa eine freiwillige Entscheidung des Anschlussnutzers bzw. des Betreibers einer kleinen Photovoltaik-Anlage gemeint; vielmehr wird dem grundzuständigen Netzbetreiber eine Option eingeräumt. Anders als noch nach EnWG 2011 ist nur noch der grundzuständige Messstellenbetreiber zum Rollout verpflichtet.[21] Ihm allein obliegt daher die Entscheidung über den Einbau, wobei seine Entscheidungsfreiheit (erneut) durch die wirtschaftliche Vertretbarkeit begrenzt ist (vgl.

---

17 *Lange/Möllnitz*, N&R 2016, S. 258 (260); *Lüdemann/Ortmann/Pokrant*, EnWZ 2016, S. 339 (342 f.).

18 Vgl. BT-Drucks. 18/7555, S. 91.

19 Vgl. Ernst & Young, Variantenrechnungen von in Diskussion befindlichen Rollout-Strategien – Ergänzungen zur Kosten-Nutzen-Analyse vom Juli 2013, S. 7.

20 *Vom Wege/Wagner*, N&R 2016, S. 2 (5).

21 *Lange/Möllnitz*, N&R 2016, S. 258 (260).

§ 31 Abs. 3 MsbG). All diejenigen Letztverbraucher und Anlagenbetreiber, bei denen danach keine Verpflichtung zum Einbau eines intelligenten Messsystems besteht, müssen durch die grundzuständigen Messstellenbetreiber bis zum Jahr 2032 zumindest mit nicht kommunikationsfähigen Messeinrichtungen moderner Bauart ausgestattet werden (§ 29 Abs. 3 MsbG). Damit soll ihnen wenigstens ihr Stromverbrauch vor Augen geführt werden.[22]

III. Geänderte Marktrollen und neue Marktakteure

1. Grundzuständiger Messstellenbetreiber

Das MsbG definiert zum einen die Rollen der Marktakteure zum Teil neu, zum anderen werden Aufgaben neu geschaffen bzw. anders zugewiesen. Damit greift der Staat tief in die wirtschaftliche Autonomie der Unternehmen ein. So existiert die Marktrolle eines reinen, vom Messstellenbetreiber unabhängigen Messdienstleisters nicht länger.[23] Nur der grundzuständige Messstellenbetreiber ist zum Rollout und zum Betrieb der neuen Messinfrastruktur verpflichtet (vgl. § 3 Abs. 1 MsbG).[24] Der Gesetzgeber sieht in dem gegenüber dem EnWG 2011 geänderten Ansatz eine Stärkung des wettbewerblichen Bereichs des Messwesens.[25] Der grundzuständige Messstellenbetreiber ist künftig verpflichtet, den Rollout auch in solchen Gebieten durchzuführen, die aus seiner wirtschaftlichen Beurteilung heraus unattraktiv sind.[26] Dies gilt solange und soweit, wie er seine Grundzuständigkeit für den Messstellenbetrieb nicht übertragen hat, wie sogleich darzustellen ist.

---

22 *Säcker*, RdE 2016, S. 381 (382).

23 Zur bisherigen Rechtslage vgl. *Gabler/Pennekamp-Jost,* in: Baur/Salje/Schmidt-Preuß, Regulierung in der Energiewirtschaft, 2. Aufl. 2016, Kap. 73 Rn. 35. Der Messdienstleister bietet ausschließlich die Dienstleistung der Messung an, ohne für den Betrieb der Messstelle Sorge tragen zu müssen.

24 Das sind in der Regel die örtlichen Verteilnetzbetreiber vgl. § 21b EnWG 2011.

25 BT-Drs. 18/7555, S. 90.

26 Krit. daher *Lange/Möllnitz*, EnWZ 2016, S. 448 (452).

2. Dritter als grundzuständiger Messstellenbetreiber

Der Gesetzgeber des MsbG geht davon aus, dass im Grundsatz jeder grundzuständige Messstellenbetreiber auf der Grundlage der festgelegten Preisobergrenzen wirtschaftlich in der Lage ist, die Messstelle mit moderner Messtechnik auszustatten. Der grundzuständige Messstellenbetreiber kann die Grundzuständigkeit auf einen Dritten übertragen, wenn es um den Betrieb moderner Messeinrichtungen mit intelligenten Messsystemen geht (§§ 41 ff. MsbG). Im Übrigen verbleibt es bei der Zuständigkeit des Verteilnetzbetreibers (§ 43 Abs. 1 S. 2 MsbG). Die Übertragungsoption stellt für ihn eine wettbewerblich orientierte Ausweichoption dar, um dem Verteilnetzbetreiber beispielsweise zu ermöglichen, sich auf das Kerngeschäft des Netzbetriebs zu konzentrieren.[27] Damit verdeutlicht der Gesetzgeber zugleich, dass der Messstellenbetrieb nicht länger eine originäre Aufgabe des Netzbetreibers ist.[28] Fallen die Funktionen Messstellenbetrieb und Netzbetrieb auseinander, sind separate Genehmigungen erforderlich (§ 4 MsbG). Eine Pflicht zur Durchführung des Übertragungsverfahrens besteht nur, wenn der grundzuständige Messstellenbetreiber seiner Rollout-Verpflichtung nicht oder nur unzureichend nachkommt oder wenn ihm die erforderlichen Zertifikate bzw. Genehmigungen fehlen, vgl. § 45 Abs. 1 MsbG.

Das Übertragungsverfahren kann freiwillig auf Initiative des grundzuständigen Messstellenbetreibers durchgeführt werden und richtet sich selbst dann nach den Vorschriften des Vergaberechts (§§ 97 ff. GWB), wenn an sich dessen Anwendungsbereich nicht eröffnet wäre, vgl. § 41 Abs. 2 S. 2 MsbG.[29] Findet sich kein neuer grundzuständiger Messstellenbetreiber, ist das Verfahren 24 Kalendermonate nach Ablauf der Angebotsfrist zu wiederholen; in dieser Zeit reduziert sich die Ausstattungspflicht des grundzuständigen Messstellenbetreibers auf die Ausstattung aller Messstellen mit modernen Messeinrichtungen, vgl. § 44 MsbG.[30]

Es darf durchaus bezweifelt werden, ob diese wettbewerbliche Ausweichoption auch von der Praxis als solche wahrgenommen wird. Tech-

27 BT-Drs. 18/7555, S. 90.

28 *Lüdemann/Ortmann/Pokrant*, EnWZ 2016, S. 339 (341).

29 Es wird durch die BNetzA informatorisch begleitet (vgl. § 41 Abs. 3 MsbG); vgl. *Säcker*, RdE 2016, S. 381 (384 ff.); siehe ferner *Wagner/Brockhoff*, RdE 2016, S. 54 (55 ff.).

30 Vgl. dazu *Lange/Möllnitz*, EnWZ 2016, S. 448 (452).

nisch, organisatorischer Aufwand des gestaffelten Rollouts auf der einen und strenge Preisobergrenzen auf der anderen Seite können abschreckend wirken. Nur wenn es gelingt, durch Skaleneffekte die Kosten zu senken, könnte sich ein lukrativer Markt ergeben. Die meisten Verteilnetzbetreiber werden daher vor der Frage stehen, ob sie die Zuständigkeit – und damit den Rollout – auf Dritte übertragen, die ggf. für mehrere Netze zuständig werden und damit wirtschaftlicher arbeiten können.

Nicht hinreichend geklärt ist derzeit, ob das MsbG neben der vollständigen Übertragung der Grundzuständigkeit auch andern Formen der Wahrnehmung des modernen Messstellenbetriebs zulässt.

3. Verteilnetz- vs. Übertragungsnetzbetreiber

a) Neue Herausforderungen für die Verteilnetzbetreiber

Die Abstimmung von Verbrauch und Erzeugung von Energie verlangt intelligente Netze. Wie gezeigt, setzt der Gesetzgeber mit seinem Gesetz zur Digitalisierung der Energiewende vor allem auf den flächendeckenden Einsatz von Smart Meter, obwohl aber die Energienetze eine mindestens ebenso bedeutsame Rolle spielen.[31] Gegenwärtig werden mehr als 80% der in Deutschland installierten EEG-Leistungen in Verteilnetze eingespeist.[32] Um die Nachfrage an die volatile Stromerzeugung anzupassen, bedarf es leistungsfähiger, intelligenter Netze (Smart Grids).[33] Daher müssen die Verteilnetze rasch auf die neuen technischen Herausforderungen hin optimiert und zu Smart Grids ausgebaut werden.[34] Ziel ist es, die Verteilnetze über ihre reine Versorgungsaufgabe hinaus so zu ertüchtigen, dass sie im neuen System der Energieversorgung eine Integrationsfunktion wahrnehmen können.

---

31 Bereits *Lange*, EWeRK 2016, S. 165 (168); siehe ferner *Säcker*, EnWZ 2016, S. 294 (296 f.).

32 BMWi, Moderner Regulierungsrahmen für moderne Verteilnetze, 2015, S. 1; vor allem betroffen sind die im Wesentlichen in der Fläche tätigen Verteilnetzbetreiber.

33 Zum Begriff siehe *Säcker*, EnWZ 2016, S. 294 (295 Fn. 1).

34 *Grothe/Steible*, VBlBW 2015, S. 57; *Rasbach,* in: Gundel/Lange, Neuausrichtung der deutschen Energieversorgung, 2015, S. 125 (138); *Wübbels*, EnWZ 2015, S. 193 (194).

Bei derzeit rund 850 Verteilnetzbetreibern[35] gleicht dies einer Herkulesaufgabe, man denke nur an die Unterschiede beim Stand der jeweiligen Netzentwicklung.[36] Die bis zu zwanzig Jahre betragende Laufzeit eines Vertrags über die Wegenutzungsrechte für die Verlegung und den Betrieb eines Energienetzes auf der örtlichen Verteilebene (§ 46 Abs. 2 S. 1 EnWG 2016) führt zudem dazu, dass auf einen zögerlichen Netzausbau kaum reagiert werden kann. Effizienten Planungsprozessen steht somit ein kleinteiliger Flickenteppich entgegen. Synergieeffekte oder Kostenersparnisse durch Skaleneffekte lassen sich nur schwer realisieren.[37] Die Planungskoordination eines intelligenten Energiesystems kann nicht zentralisiert werden, was zu mehr oder weniger aufwendigen Abstimmungsprozessen nötigt. Skaleneffekte bei den Aufbaukosten der neuen Technik oder Einsparungen durch Zusammenlegungen, ja selbst Lerneffekte können bei einem so stark segmentierten Markt wie dem der vielen Verteilnetzbetreiber kaum entstehen.[38]

Vor diesem Hintergrund ist es nicht recht nachvollziehbar, dass sich das Gesetz zur Digitalisierung der Energiewende vorrangig mit der Einführung von Messstellen befasst und den Ausbau von Smart Grids auf der Verteilnetzebene mit dem Mittel der Anreizregulierung meint lösen zu können. Zu den erforderlichen erheblichen Investitionen in das Netz lassen sich die Netzbetreiber kaum durch kurzfristige Anreizwirkungen motivieren.[39] Der Gesetzgeber wäre daher gut beraten, schaffte er einen Rechtsrahmen, der auf die anstehenden Aufgaben hin ausgerichtet ist.[40]

---

35 BNetzA, „Smart Grids" und „Smart Markets" – Eckpunktepapier zu den Aspekten des sich verändernden Energieversorgungssystems, 2011, S. 9.

36 Die Netzausbaustudie der Bundesregierung zeigt, dass die Verteilnetzbetreiber diese Aufgaben gegenwärtig nicht effektiv bewältigen können, siehe Studie „Moderne Verteilernetze für Deutschland" (http://www.bmwi.de/DE/Mediathek/publikationen,did=654018.html).

37 Vgl. auch *Säcker*, EnWZ 2016, S. 294 (296 f.).

38 Ebenso *Säcker*, RdE 2016, S. 381 (383).

39 Vgl. dazu auch *Booz*, et 2015 (6), S. 93, der zu dem Ergebnis gelangt, die ARegV schaffe diesbezüglich ein unzureichendes Investitions- und Innovationsklima; kritisch zur geplanten Novelle der ARegV *Hermann/Wallmann/Maqua*, VersorgW 2015, S. 140 ff.

40 Ebenso *Rasbach,* in: Gundel/Lange, Neuausrichtung der deutschen Energieversorgung, 2015, S. 125 (139); vgl. auch *Säcker*, EnWZ 2016, S. 294 (296 ff.).

b) Aufgabenverlagerung

Nahmen nach dem EnWG 2011 die Verteilnetzbetreiber die Aufgaben der Datenaggregation und –weiterleitung war, so hat der Gesetzgeber diese Funktionen im MsbG anders verteilt. Die Aggregation der Last- und Einspeisegänge von Einzelzählpunkten an Messstellen, die mit intelligenten Messsystemen ausgestattet sind, zu Bilanzkreissummenzeitreihen je Bilanzkreis und Bilanzierungsgebiet für die Einbeziehung in die Bilanzkreisabrechnung ist nunmehr Aufgabe der Übertragungsnetzbetreiber geworden, vgl. §§ 66 Abs. 1 Nr. 7, 67 Abs. 1 Nr. 6 MsbG. Intelligente Messsysteme können die Daten verarbeiten und direkt übertragen. Die Plausibilisierung, die Ersatzwertbildung und die Datenübermittlung erfolgen sternförmig durch das Smart-Meter-Gateway (§ 60 Abs. 2 S. 1 MsbG). Der Übertragungsnetzbetreiber ist für die Aggregation der Last- und Einspeisegänge und die Datenübermittlung zuständig. Verläuft der Prozess der Marktkommunikation idealtypisch, so erhält jeder Marktteilnehmer die von ihm benötigten Daten und ist für ihre weitere, nutzungsbezogene Aufbereitung selbst verantwortlich. Für Zählpunkte, die nicht an ein intelligentes Messsystem angeschlossen sind, verbleibt die Aufgaben der Aggregation beim Verteilnetzbetreiber (§ 66 Abs. 1 Nr. 7 MsbG).

Die mit der Neuregelung verbundene Doppelung der Strukturen und Prozesse für die Netzbilanzierung – beim Übertragungsnetzbetreiber für intelligente Messstellen und beim Verteilnetzbetreiber für die übrigen Messstellen – ist nicht unproblematisch und verursacht Kosten, die am Ende den Letztverbraucher belasten.[41] Zudem betreut der Verteilnetzbetreiber die zugrundeliegenden Primärprozesse, etwa im Zusammenhang mit einem Betreiberwechsel, weshalb ein neuer Abstimmungsmechanismus zwischen Übertragungs- und Verteilnetzbetreiber erforderlich wird.[42] Da zudem die Datenaufbereitung und –kommunikation ausschließlich durch das Smart-Meter-Gateway erfolgt, haben technische Störungen weitreichende Folgen und betreffen die Datenlage unterschiedlicher und zueinander in Abhängigkeit stehender Marktakteure.[43]

---

41 Vgl. dazu die unterschiedlichen Positionen bei *Keussen*, et 2015 (11), S. 56 und *Wübbels*, EnWZ 2015, S. 193.

42 *Landeck/Maus/Montebaur/Müller/Nissen*, et 2016 (3), S. 43 (45); *vom Wege/Wagner*, N&R 2016, S. 2 (8).

43 Vgl. *Landeck/Maus/Montebaur/Müller/Nissen*, et 2016 (3), S. 43 (44 f.).

4. *Smart-Meter-Gateway-Administrator*

Die Funktion eines Smart-Meter-Gateway-Administrators ist neu geschaffen worden (§ 3 Abs. 1 S. 2 MsbG).[44] Damit ist aber keine eigenständige, über die Administration des Kommunikationsmoduls (Datenschnittstelle) hinausgehende Marktrolle verbunden; die Aufgabe ist vielmehr dem „Messstellenbetreiber zugeordnet“ (§ 3 Abs. 1 S. 2 MsbG).[45] Der Smart-Meter-Gateway-Administrator ist für den technischen Betrieb des intelligenten Messsystems verantwortlich (§ 2 S. 1 Nr. 20 MsbG). Dazu zählen die Installation, Konfiguration, Administration, Überwachung und Wartung der technischen Einrichtung (§ 25 Abs. 1 MsbG). Nur der Gateway-Administrator kann einen Zugang zu den erfassten Daten gewähren (§ 51 MsbG). Die Aufsicht über das Smart-Meter-Gateway und damit über die Datenkommunikation wird dem Messstellenbetreiber und nicht etwa dem Netzbetreiber zugeordnet. Der Messstellenbetreiber kann die Zuständigkeit für die Administration des Gateways auf einen Dritten übertragen. Dann besteht ein Auftragsverhältnis zwischen beiden (§ 2 Nr. 20 MsbG), was wohl zur Folge hat, dass eine vollständige Delegation – auch der Verantwortung – nicht möglich ist.

5. *Anschlussnehmer und Anschlussnutzer*

Anders als im EnWG 2011 werden im neuen MsbG die Begriffe des Anschlussnehmers und des Anschlussnutzers legaldefiniert (§ 2 S. 1 Nr. 2 u. 3 MsbG). Im Vergleich zum EnWG 2011 neu ist ferner das unabhängige Auswahlrecht des Anschlussnehmers nach § 6 MsbG.[46] Anders als nach der alten Regelung (§ 21b Abs. 5 EnWG 2011) ist die Einwilligung des Anschlussnutzers entfallen. Zudem wird das Auswahlrecht des Anschlussnutzers verdrängt, wenn der Anschlussnehmer seines ausübt (§ 6 Abs. 4 S. 1 MsbG). Trotz beachtlicher Gründe für ein Wahlrecht seitens des An-

---

44 Zur Gateway-Administration als Geschäftsmodell siehe *Füller/Sobótka*, et 2016 (10), S. 67.

45 Dazu *Kermel/Dinter*, RdE 2016, S. 158 (159 f.); *Otto/Schmidt*, RdE 2016, 392 f.; vgl. auch *Wengeler*, EnWZ 2015, S. 500 (501); aA hingegen *Lüdemann/Ortmann/Pokrant*, EnWZ 2016, S. 339 (341).

46 Das Wahlrecht des Anschlussnehmers tritt erst am 1.1.2021 in Kraft.

schlussnutzers[47] kann der Anschlussnehmer also das eigentlich bestehende Wahlrecht des Anschlussnutzers an sich ziehen.[48] Dazu muss er anbieten, sämtliche Zählpunkte der Liegenschaft für Strom mit Smart Meter auszustatten und neben dem Messstellenbetrieb der Sparte Strom mindestens einen zusätzlichen Messstellenbetrieb der Sparten Gas, Wasser, Fern- oder Heizwärme über das Smart-Meter-Gateway zu bündeln. Zugleich muss er nachweisen, dass durch den gebündelten Messstellenbetrieb für die betroffenen Anschlussnutzer im Vergleich zu der Summe der Kosten für den bisherigen getrennten Messstellenbetrieb keine Mehrkosten entstehen, vgl. § 6 Abs. 1 Nr. 1-3 MsbG.[49] Der Anschlussnutzer benötigt die Genehmigung des Anschlussnehmers für einen Messstellenbetreiberwechsel, sollte der Anschlussnehmer von seinem Auswahlrecht Gebrauch gemacht haben, vgl. § 6 Abs. 4 S. 1 MsbG. Frei ist er nur bei der Wahl seines Energielieferanten und seines Tarifes (§ 6 Abs. 4 S. 2 MsbG).

6. Letztverbraucher

Das MsbG stellt Anforderungen an Letztverbraucher. Der Begriff ist in § 2 Nr. 8 MsbG definiert und erfasst natürliche und juristische Personen, die Energie für den eigenen Verbrauch oder für den Betrieb von ladepunkten zur Versorgung von Elektrofahrzeugnutzern beziehen. Der Fahrzeugnutzer kann daher Letztverbraucher iS. dieser Definition sein.[50] Abgestellt wird auf den physischen Bezug und nicht auf die vertragliche Gestaltung mit der Folge, dass auch Unterzähler in Kundenanlagen erfasst werden. Auch derjenige, der Strom für die Einspeicherung bezieht, fällt unter den Begriff des Letztverbrauchers.

---

47 Zur Kritik siehe *Lange/Möllnitz*, EnWZ 2016, S. 448 (450 f.).

48 Es gilt, wie der Gesetzgeber es selbst formuliert, ein strikter Vorrang des Auswahlrechts des Anschlussnehmers, BT-Drucks. 18/7555, S. 77.

49 *Lange/Möllnitz*, EnWZ 2016, S. 448 (450 f.); *Lüdemann/Ortmann/Pokrant*, EnWZ 2016, S. 339 (341).

50 *Weyer/Lietz*, VW 2016, S. 261 (265).

7. Zwischenergebnis

Der Gesetzgeber hat sich für die umfassende Vernetzung von Stromerzeugern, Netzbetreibern, Speicheranbietern und Kunden über digitale Systeme mit intelligenten Zählern und Messsystemen entschieden. Dieses Ziel ist nicht nur mit erheblichen Kosten verbunden, es stellt auch enorme Anforderungen an Datenschutz und Datensicherheit.[51] Mit dem MsbG und den Änderungen im EnWG wird der Ausbau der Stromnetze zu Smart Grids noch nicht erreicht.[52] Außerdem bestehen gegen das Konzept der zwangsweisen Digitalisierung erhebliche Bedenken.[53] Diese reichen von der geringen Akzeptanz der Bürger über die erheblichen Kosten bis hin zum Datenschutz. Problematisch ist ferner die geänderte Aufgabenverteilung zwischen Verteil- und Übertragungsnetzbetreibern hinsichtlich der Datenaufbereitung im Messstellenbetrieb, die zu einer Steigerung des Aufwands führt. Zumindest für eine Übergangsphase müssen parallele Mess- und Zählsysteme vorgehalten werden, die buchhalterisch und regulatorisch getrennt darzustellen sind.

Die Zentralisierung der Daten bei lediglich vier Übertragungsnetzbetreibern[54] kann zu einer Oligopolbildung[55] führen und steigert zugleich die Verletzlichkeit des Systems. Das neue Wahlrecht des Anschlussnutzers schwächt die Marktstellung des Anschlussnehmers, ohne dass hierfür eine überzeugende Begründung erkennbar wäre. Insgesamt wird recht tief in die allgemeine Handlungsfreiheit, die unternehmerische Freiheit und das Recht auf informationelle Selbstbestimmung der Marktakteure eingegriffen, was mit angeblichen Energie-, Kosten- und Prozesseffizienzen gerechtfertigt wird. Diese wirtschaftlichen Überlegungen sollen daher genauer untersucht werden.

---

51 Vgl. dazu *Keppeler*, EnWZ 2016, S. 99 ff.; *Lüdemann/Jürgens/Sengstacken*, ZNER 2013, S. 592 ff.; zur Vereinbarkeit mit der EU-Grundrechtecharta siehe *Baumgart*, RdE 2016, S. 454.

52 *Lange*, EWeRK 2016, S. 165 (168); *Weisshaupt*, et 2015 (4), S. 14 (17).

53 Vgl. auch *Lange/Möllnitz*, N&R 2016, S. 258 (261).

54 Tennet TSO, 50Hertz Transmission, Amprion, TransnetBW.

55 Vgl. *Hoffmann/Rosenthal*, et 2015 (12), S. 14 (15); *Saldenholz*, et 2016 (4), S. 8 (10).

IV. Wirtschaftliche Überlegungen

1. Aufgaben der Verteilnetzbetreiber

Wie bereits angesprochen verändert das MsbG die bisherige Aufgabenverteilung zwischen Verteil- und Übertragungsnetzbetreibern. In Deutschland verteilen mehr als 850 Verteilnetzbetreiber den Strom auf vier Netz- und drei Umspannungsebenen. Die meiste erneuerbare Energie wird in die Verteilnetze eingespeist. Die von der Bundesregierung geplante weitgehende Umstellung der Stromerzeugung auf erneuerbare Energien ist ohne die Mitwirkung der Verteilnetzbetreiber daher nicht denkbar.[56] Die Verteilnetzstudie hat offengelegt, dass eine schnelle Netzertüchtigung dringend geboten ist, um die fluktuierende Einspeisung und die zunehmende Steuerung von Lasten zu bewältigen (vgl. § 11 EnWG 2016).[57] Angesichts dieser Herausforderungen sei die Frage gestattet, ob alle Verteilnetzbetreiber in der Lage sind, die ihnen staatlicherseits zugewiesenen Aufgaben wirtschaftlich, technisch und personell zu bewältigen.

Das heutige Anreizsystem ist jedenfalls vorrangig auf die Einnahmen durch die Eigenkapitalrendite und auf die kurzfristigen Gewinne durch die Kürzung von Betriebskosten hin ausgerichtet. Daher sind solche Maßnahmen für Verteilnetzbetreiber im aktuellen Regulierungsrahmen weniger interessant, die zu langfristig sinkenden Kapitalkosten aber (kurzfristig) steigenden Betriebskosten führen. Vom aktuellen Regulierungsregime geht deshalb nur ein bedingt ausreichendes Signal zur Kostenoptimierung aus, das zur Erreichung der Einsparungspotentiale bei den Um- und Ausbaukosten in den Verteilernetzen erforderlich wäre.[58] Dies ist umso problematischer, da schon heute feststeht, dass viele der gut 850 Verteilnetzbetreiber nicht in der Lage sind, neben der Verteilung der Energie die weiteren Aufgaben im Rahmen der Energiewende und die erforderliche Systemdienstleistung zu erbringen.

---

56 So schon *Säcker*, EnWZ 2016, S. 294 (295 f.).

57 Moderne Verteilernetze für Deutschland, S. 38 ff.

58 Vgl. *Booz*, et 2014 (6), S. 93; *Wolf/Dobler*, VersorgW 2015, S. 325 (328 f.); alternative Refinanzierungsmodelle bieten *Vogel/Stumpp/Pelka*, et 2015 (8), S. 34.

2. *Kosten-Nutzen-Verhältnis*

a) Einsparpotenziale

Das MsbG belastet die Verbraucher zunächst einmal mit höheren Kosten für die neue Messinfrastruktur. Die Kosten für das Mess- und Zählerwesen werden gegenüber dem Anschlussnehmer/Anschlussnutzer abgerechnet, wobei die Entgelte einer besonderen Kostenregulierung (§ 31 MsbG) mit definierten Preisobergrenzen unterliegen. Damit hat sich der Gesetzgeber für eine Zwitterlösung zwischen Regulierung und Liberalisierung bei deutlich gestiegener Komplexität entschieden.[59] Zugleich betont er regelmäßig, dass die Verbraucher durch die neue Technik Einsparpotenziale aufdecken könnten und damit ihren Mehrkosten ein wirtschaftlicher Nutzen gegenüberstehe.[60] Dieses Argument ist allerdings kritisch zu sehen. Schon die Monopolkommission hat angemerkt, dass eine „*Prognose hinsichtlich der Einsparpotenziale im Netzausbau (...) nur mit geringer Treffsicherheit möglich*" ist. Zudem sei „*die Ausstattung aller Akteure mit der notwendigen Technik mit erheblichen Kosten verbunden, die möglicherweise in einem Missverhältnis zu den zu erwartenden Effizienzgewinnen stehen*".[61] Der Gesetzgeber ignoriert ferner, dass sich ein nicht unerheblicher Teil der Einsparmöglichkeiten in Einmaleffekten erschöpft. Zudem werden sich die prognostizierten Einsparpotentiale nicht von allein realisieren; der Einbau eines intelligenten Messsystems an sich führt für den Energieverbraucher zu keinerlei Einsparung. Vielmehr sind verbraucherseitig zusätzliche finanzielle Anstrengungen erforderlich, etwa im Hinblick auf die notwendige Anschaffung bzw. Aufrüstung technisch angepasster Stromverbraucher oder – soweit möglich – ein geändertes Nutzungsverhalten.[62] Daher müssten die Preissignale so hoch ausfallen, dass der Verlust an Komfort, die Zusatzinvestitionen in neue Haushaltsgeräte und der Mehraufwand durch aktives Handeln aufgewogen werden.

Für größere Gewerbe- und Industriekunden mag dieser Aufwand personell und administrativ realisierbar und auch noch wirtschaftlich vernünftig sein. Es bleibt aber zu bezweifeln, ob die Einsparpotentiale hoch genug

---

59 *Wolf/Dobler*, VersorgW 2015, S. 325 (329).

60 BT-Drucks. 18/7555, S. 5.

61 Monopolkommission, Sondergutachten 71, Energie 2015: Ein wettbewerbliches Marktdesign für die Energiewende, Rn. 343.

62 *Lange/Möllnitz*, N&R 2016, S. 258 (261 f.); *Wengeler*, EnZW 2014, S. 500 (502).

ausfallen und in einem angemessenen Verhältnis zum Mehraufwand stehen, um eine entsprechende Anreizwirkung für die Mehrheit der privaten Verbraucher und Kleingewerbetreibenden zu schaffen, die ebenfalls die teuren Messeinrichtungen beschaffen müssen. Dagegen spricht schon der Umstand, dass der Marktpreis für Strom nur einen geringen Einfluss auf den Endpreis hat, der vor allem durch Steuern, Abgaben, Umlagen und regulierte Netzentgelte dominiert ist. Spielräume für marktseitige Preisreduzierungen durch entsprechende Tarife sind daher gering.[63]

b) Kosten für den Rollout

Fallen auf der einen Seite die Einsparpotenziale also für die privaten sowie die meisten kleinen Gewerbe- und Industrieverbraucher zu gering aus, so ist auf der anderen Seite die gesetzliche Preisobergrenze kritisch zu sehen. Sie ist mit Blick auf das erzielbare Einsparpotenzial der Verbraucher zu hoch ausgefallen. Umgekehrt ist sie aber wiederum zu niedrig definiert, wenn es um die Amortisation der Kosten der Rollout-Verpflichteten geht.[64] Die Werte im Gesetz orientieren sich zwar an der vom BMWi in Auftrag gegebenen Studie. Allerdings hat der Gesetzgeber höhere Anforderungen und Leistungsumfänge vorgeschrieben, als es die Studie berücksichtigt hatte. Lediglich Mehrwertdienste gelten als Zusatzleistungen, die nicht von der Preisobergrenze erfasst werden (§ 35 Abs. 2 Nr. 4 MsbG). Außerdem ging die Analyse von Nettowerten aus, während die Preisobergrenzen nunmehr brutto zu gelten haben.[65] Erneut ist daher die Frage gestattet, ob der Gesetzgeber die Herausforderungen vor allem für die Verteilnetzbetreiber richtig erfasst hat. Sollten aber die Marktakteure wegen zu niedriger Preisobergrenzen kein Interesse am Wettbewerb um den Betrieb der Messstellen haben, wird es zu einem verzögerten Rollout kommen.[66]

---

63 Die im Auftrag des BMWi von Ernst & Young durchgeführte Studie ergab bei einem Verbrauch von 7.000 kWh pro Jahr lediglich ein durch Reduktion des Energieverbrauchs und durch Lastverschiebung zu realisierendes durchschnittliches Einsparpotential von 80 Euro und ein maximales Potential von 157 Euro, vgl. Ernst & Young, Variantenrechnungen von in Diskussion befindlichen Rollout-Strategien – Ergänzungen zur Kosten-Nutzen-Analyse vom Juli 2013, S. 7.

64 Vgl. dazu *Otto/Schmidt*, RdE 2016, S. 392 f.

65 *Lüdemann/Ortmann/Pokrant*, EnWZ 2016, S. 339 (345).

66 *Säcker*, RdE 2016, S. 381 (383).

3. *Zwischenergebnis*

Die vom Gesetzgeber initiierte „Digitalisierung der Energiewende“ führt nicht nur zu Veränderungen der Energiebranche, sie greift auch tief in grundrechtlich geschützte Bereiche der Marktakteure ein. Der Zwang zum Einsatz intelligenter Messsysteme, der damit verbundene umfangreiche Datentransfer, die Einschränkungen der Wahlmöglichkeiten des Anschlussnutzers, die veränderte Aufgabenverteilung zwischen Verteil- und Übertragungsnetzbetreibern – all diese Vorgaben zwingen Privatverbraucher wie industrielle Kunden zu teilweise erheblichen Umstellungen. Zur Begründung wird u.a. auf wirtschaftliche Vorteile für die jeweiligen Kundengruppen verwiesen. Zumindest für den durchschnittlichen privaten Endverbraucher erscheinen diese aber viel zu optimistisch. Damit sind nicht nur Zweifel an der Akzeptanz sondern auch an der verfassungsgemäßen Rechtfertigung des Eingriffs durch den Gesetzgeber erlaubt.

V. Fazit

Hieß es bislang stets, dass die Stromerzeugung dem Verbrauch folge, so soll es künftig möglich sein, dass sich ein intelligenter Verbrauch der volatilen Erzeugung anpasst.[67] Demand Response, also eine Lastverschiebung – nicht nur bei der Großindustrie –, kann einen bedeutsamen Beitrag zur Systemstabilität bei zunehmendem Einsatz erneuerbarer Energien leisten. Dazu ist es erforderlich, den bestehenden gesetzlichen und regulatorischen Rahmen dergestalt weiterzuentwickeln, dass eine Flexibilisierung der Nachfrage auf dem digitalisierten Strommarkt möglich ist. Mit dem MsbG hat der Gesetzgeber die wesentlichen Grundlagen für einen flächendeckenden Rollout geschaffen.

Allerding ist festzustellen, dass zu sehr auf Zwangsmechanismen gesetzt wird – auch weil entsprechende wirtschaftliche Anreize nicht geschaffen werden. Ein wettbewerbliches Marktdesign für die Energiewende steht daher weiter aus. Das System, für das sich der Gesetzgeber im Ergebnis entschieden hat, weist zahlreiche Schwächen auf. Dazu zählt etwa das Nebeneinander von intelligenten Messsystemen auf der einen mit nicht-digitalen Messsystemen auf der anderen Seite, das zu erheblichen

---

67 *Große Gehling/Hölker/Vossiek/Lüdemann*, et 2015 (10), S. 61 (63); *Märkle-Huß/Feuerriegel/Neumann*, et 2016 (1/2), S. 88; vgl. auch *v. Preysing*, et 2015 (5), S. 8.

Mehrkosten führt aufgrund der Systemverdoppelung. Auch die Verbindung von Rolloutpflichten mit einigen wettbewerblichen Aspekten überzeugt nicht. Die aus der dezentralen und volatilen Energieerzeugung resultierende Lastverschiebung muss marktseitig aufgenommen werden, damit Flexibilitätsreserven genutzt werden. Umso verwunderlicher ist, dass der Gesetzgeber auf feste Preisgrenzen setzt, die die Wirtschaftlichkeit fingieren.

Einem wirtschaftlichen Ansatz widerspricht auch der Umstand, dass der Messstellenbetrieb und der Rollout grundsätzlich durch die mehr als 850 Messstellenbetreiber zu erfolgen hat. Wenn man einen leistungsfähigen, kostengünstigen Messstellbetrieb ermöglicht hätte, wie es die Studie von Ernst&Young ermittelt hat,[68] wäre das Erzielen von Skaleneffekten möglich gewesen. Kleine Messstellenbetreiber werden demgegenüber schnell an ihre betriebswirtschaftliche Grenze gelangen. Die Zukunft wird weisen, ob die Verteilnetzbetreiber Messstellen- und Netzbetrieb rentabel aus einer Hand anbieten können.

Auch hinsichtlich der Rolle des privaten Verbrauchers bei der Energiewende verhält sich der Gesetzgeber inkonsequent. Während der Verbraucher als Prosument von den Chancen der Energiewende profitiert, im „Smart Home" neue Tarife, Techniken und Dienstleistungen nutzen und letztlich beim Energiesparen helfen soll, wird ihm zugleich Handlungsautonomie genommen. Der Verbraucher soll somit auf der einen Seite aktiver Marktteilnehmer sein und sich auf der anderen Seite mit der Statistenrolle zufrieden geben. Es fehlt im Ergebnis auch hier an einem stimmigen Gesamtkonzept, das die einzelnen Verbraucherrollen schlüssig zusammenführt.[69] Wenn man das Lastverschiebungspotenzial deutscher Stromhaushaltskunden nutzen will, müssen die Verbraucher ihre geänderte Marktrolle einnehmen wollen. Leider setzt der Gesetzgeber bei der Wahl seiner Mittel aber verstärkt auf regulatorische Pflichten ohne erkennbaren Nutzen für die Betroffenen, anstatt Anreize für freiwillige Entscheidungen zu schaffen. Durch unverhältnismäßige Kosten und Pflichten gefährdet er am Ende die Akzeptanz der Energiewende, zumal insbesondere die Lastverschiebung die Bereitschaft voraussetzt, den eigenen Energieverbrauch entsprechend anzupassen.

---

68 Vgl. Fn. 19.

69 So bereits *Schneidewindt*, ER 2014, S. 226 (227 ff.).

Energiewirtschaft 4.0: Smart Grids und Smart Markets in Zeiten voranschreitender Digitalisierung

Prof. Dr. Johann-Christian Pielow

I. Einleitung

Nach der “Liberalisierung” der Strom- und Gasmärkte und parallel zur fortlaufenden Energiewende zeichnet sich mit der “Digitalisierung” ein weiterer und heftiger Paradigmenwechsel in der Energiewirtschaft ab. Dessen technische, ökonomische und auch rechtliche Auswirkungen sind bislang nur in Ansätzen zu überblicken. Mit dem ehrgeizig voranpreschenden Gesetz zur Digitalisierung der Energiewende[1] existieren immerhin erste rahmenrechtliche Leitplanken. Vorliegend soll es darum gehen, ergänzend zum Beitrag von Knut Werner Lange[2] und im Anschluss an einige begriffliche wie systematische Vorbemerkungen den Wandel von Verantwortungszonen im digitalen Energiesystem zu skizzieren und neue Rollenzuweisungen einer kritischen Bewertung zu unterziehen. Vorab sei noch betont: Die besagten Paradigmenwechsel in der leitungsgebundenen Energieversorgung vollziehen sich, bedenkt man den eher behäbigen Entwicklungsverlauf der Allgemeinversorgung mit Strom und Gas und ihres rechtlichen Rahmens in Monopolzeiten seit dem 19. Jahrhundert[3] – erstens – Schlag auf Schlag und innerhalb relativ kurzer Zeit. Zweitens bilden sowohl die Liberalisierung auf dem Weg zum (vollendeten) EU-Energiebinnenmarkt als auch die Energiewende noch ihrer Konsolidierung harrende Prozesse bzw. überschneiden sie sich, potenzieren so noch den Anpassungsdruck oder führen in die “Komplexitätsfalle”.[4] Wenn in dieser unfer-

---

1 Vom 29.08.2016 (BGBl. I S. 2034); in Kraft seit 2.9.2016.

2 In diesem Band S. 9 ff.

3 Nach wie vor instruktiv: *Löwer*, Energieversorgung zwischen Staat, Gemeinde und Wirtschaft, 1989; lesenswert ist auch die online-Darstellung von *Leuschner*, Energie-Wissen, abrufbar unter *http://www.udo-leuschner.de/basiswissen/indexPC.htm*; für die Stromversorgung s.a. *Pielow*, Grundstrukturen öffentlicher Versorgung, 2001, S. 285 ff. m.w.N.

4 Aus energierechtlicher Sicht *Ahlers,* Regulierung in der Komplexitätsfalle, IR 2016, S. 122 ff.

tigen Lage mit der "Digitalisierung" sogleich ein weiterer und dritter Entwicklungsschub ansteht, geht dies mit entsprechend erheblicheren Herausforderungen für alle Beteiligten wie für die Rechtssetzung und Rechtsanwender einher. Nicht von ungefähr greift längst auch in der Energiebranche das Mode- und Reizwort von der „disruptiven" Entwicklung um sich.[5] Adressiert ist damit die zerstörerische Kraft innovativer Techniken, namentlich der Digitalisierung, auf etablierte Märkte.[6] Es geht aber auch darum, aus den Einzelteilen (oder dem „Scherbenhaufen"?) konstruktiv wieder etwas Neues und Ganzes zu kreieren – und im Energiesektor auch darum, die Balance im Zieldreieck aus sicherer, preisgünstiger und umweltverträglicher Energieversorgung (§ 1 Abs. 1 EnWG) nicht aus dem Auge zu verlieren.

II. Begriffliche und systematische Einordnungen

"Digitalisierung" und "Energie 4.0" bilden zunächst recht plakative Allerweltsbegriffe, selbst wenn ersterer im Gesetz zur Digitalisierung der Energiewende bereits zu einem, freilich nicht näher definierten, Rechtsbegriff avanciert ist. Es gilt indes, die neuen Chiffren zu bereits gebräuchlichen Techniktermini in der Energieversorgung in Bezug zu setzen und damit aktuelle Entwicklungsschübe resp. Umbruchphänomene recht eigentlich erst deutlich werden zu lassen.

1. Smart Grids

Schon seit Längerem von sich reden machen „intelligente Energienetze" (*Smart Grids*). Zu verstehen ist darunter die Ertüchtigung von vor allem *Strom*-Verteilernetzen mit Hilfe moderner Informations- und Kommunikationstechnik (IKT). Genauer wird aus einem konventionellen Elektrizitätsnetz („nur Kupfer") dann ein Smart Grid, wenn es durch Kommunikati-

---

5 Hintergründig zum "Wirtschaftswort des Jahres 2015" *Meck/Weiguny*, Disruption, Baby, Disruption!, in: F.A.Z. online v. 27.12.2015.

6 Als Phänomen schon früh beschrieben bei *Bower/Christensen,* Disruptive Technologies, Wahsington D.C. 2009; s.a. *Christensen,* The Innovator's Dilemma: Warum etablierte Unternehmen den Wettbewerb um bahnbrechende Innovationen verlieren, 2011 (engl. Original von 1997).

ons-, Mess-, Steuer-, Regel- und Automatisierungstechnik sowie IT-Komponenten aufgerüstet wird.[7] Der Fokus liegt bei den (Elektrizitäts-) *Verteiler*netzen, da Stromübertragungs- und auch Gasfernleitungsnetze weitgehend bereits intelligent sind bzw. ihre Steuerung mittels moderner IKT seit Langem Standard ist.[8] Auch sind es gerade die Stromverteilernetze, die bei zügig um sich greifender dezentraler Stromerzeugung aus erneuerbaren Energien die Hauptlast der Einspeisung „regenerativen“ Stroms tragen – bei wiederum unterschiedlicher Betroffenheit im Stadt-Land-Vergleich und je nach Dichte und Art der EE-Anlagen im betreffenden Netzgebiet.[9] Zudem steht Elektrizität aus Wind- und Solarenergie bekanntlich nur höchst „volatil“ zur Verfügung und fällt auch die Verbrauchsseite, etwa infolge gleichzeitiger (PV-) Stromerzeugung beim Verbraucher (*prosumer*) oder Strom(zwischen-)speicherung beim Endkunden (z.B. mittels Heimbatterien) mit zunehmenden Lastschwankungen immer differenzierter aus. Notwendig folgen daraus Verlagerungen der Systemanforderungen von den vier deutschen Übertragungsnetzbetreibern (ÜNB), die den Lastausgleich im Netz bislang vor allem mittels Strom aus Großkraftwerken *top down* bewerkstelligten, auf die Verteilnetzebene und zeichnet sich auch und gerade dort ein erheblicher Innovations- und Investitionsbedarf für die kommenden Jahre ab. Auch bedarf es, angesichts fortbestehender Interde-

---

7 So schon *BNetzA*, „Smart Grids“ und „Smart Markets“: Eckpunktepapier zu den Aspekten des sich verändernden Energieversorgungssystems, Dez. 2011, S. 11; dem folgend und näher *Ropenus,* Smart Grid und Smart Markets, in: Agora Energiewende, Energiewende und Dezentralität – Zu den Grundlagen einer politisierten Debatte, 2017, S. 95, 96: „Das Smart Grid verfügt über Informations- und Kommunikationstechnologien (IKT) wie intelligente Zähler zur Messwerterfassung, Kommunikationsinfrastruktur zur Verarbeitung und Verteilung der Daten, Automatisierungstechnik sowie Technik für die Regelung und Steuerung (Schaltboxen)“.

8 *Ropenus,* Smart Grid und Smart Markets, in: Agora Energiewende, Energiewende und Dezentralität – Zu den Grundlagen einer politisierten Debatte, 2017, S. 95.

9 90 % der in EE-Anlagen installierten Leistung ist an Verteilernetze angeschlossen; diese Netze machen mit 1,7 Mio. km Leitungslänge ca. 98 % des gesamten deutschen Stromnetzes aus; s. dazu näher die im Auftrag des BMWi erstellte „Verteilnetzstudie“ von *E-Bridge/IAEW/Offis,* „Moderne Verteilernetze für Deutschland“, Abschlussbericht v. 12.09.2014, S. 5 ff.; s.a. *Ropenus,* Smart Grid und Smart Markets, in: Agora Energiewende, Energiewende und Dezentralität – Zu den Grundlagen einer politisierten Debatte, 2017, S. 99 m.w.N.

pendenzen, ausgefeilterer Mechanismen der Koordinierung zwischen allen Netzebenen.[10]

Vor diesem Hintegrund dient die intelligente Aufrüstung der Verteilernetze dazu, Netzzustände in Echtzeit zu erfassen sowie Möglichkeiten zur Steuerung und Regelung der Netze zu schaffen, damit bestehende Netzkapazitäten tatsächlich voll genutzt und andererseits der Netzstabilität abträgliche Frequenz- und/oder Spannungsschwankungen vermieden bzw. im Zuge des intelligenten Lastmanagements ausgeglichen werden.[11] Smart Grids kommen alternativ zum ansonsten notwendigen und volkswirtschaftlich meist ungünstigeren Netzausbau oder auch komplementär dazu in Betracht. Ob und inwieweit die intelligente Ertüchtigung den Um- und Ausbau von Verteilernetzen tatsächlich ersetzen kann, ist allerdings nicht einheitlich zu beantworten, sondern hängt von vielerlei technisch-ökonomischen, z.B. geo-/topografischen Rahmenbedingungen, vor allem auch vom Ausmaß dezentraler Stromerzeugung mittels erneubarer Energien, wie von der konkreten Konzeption (als Verbund-, Einspeise- oder Inselnetz bzw. *Microgrid*) eines jeden der knapp 900 deutschen Stromverteilernetze ab.[12] Zumeist befinden sich Smart Grids noch im Erforschungs- und Erprobungsstadium.[13] Behindert sieht sich die großflächige Implementierung von intelligenten Stromnetzen u.a. durch noch nicht entwickelte ein-

10 *E-Bridge/IAEW/Offis*, „Moderne Verteilernetze für Deutschland", Abschlussbericht v. 12.09.2014, S. 8 ff.; zuvor bereits *Dt. Energieagentur*, dena-Verteilnetzstudie: Ausbau- und Innovationsbedarf der Stromverteilnetze in Deutschland bis 2030 (Endbericht), Dez. 2012; s.a. *Säcker*, EnWZ 2016, S. 294 (295).

11 *BNetzA* „Smart Grids" und „Smart Markets": Eckpunktepapier zu den Aspekten des sich verändernden Energieversorgungssystems, Dez. 2011, S. 11.

12 Näher *E-Bridge/IAEW/Offis*, „Moderne Verteilernetze für Deutschland", Abschlussbericht v. 12.09.2014, insbes. S. 64 ff.; nach dieser Studie bedarf es bis 2032 eines Ausbaus der Verteilernetze mit Gesamtinvestitionen je nach Szenario in Höhe von ca. 23 bis 49 Mrd. EUR (S. IV); innovative Planungskonzepte unter Verwendung intelligenter Technologien könnten die notwendigen Investitionen halbieren und die durchschnittlichen jährlichen Zusatzkosten der VNB um bis zu 20 % senken (S. IX); s.a. *Ropenus,* Smart Grid und Smart Markets, in: Agora Energiewende, Energiewende und Dezentralität – Zu den Grundlagen einer politisierten Debatte, 2017, S. 100, 104.

13 Zu Entwicklungspotenzialen und -prognosen s. *BDEW/ZVEI,* Smart Grids in Deutschland: Handlungsfelder für Verteilnetzbetreiber auf dem Weg zu intelligenten Netzen (März 2012) sowie BDEW-Roadmap: Realistische Schritte zur Umsetzung von Smart Grids in Deutscland (Feb. 2013); zum Stand der Umsetzung bzw. weiterer Forschungen: BDEW (Hrsg.), Metastudie Smart Grid (Forschungsüberblick intelligente Stromnetze), Feb. 2016; bereits abgeschlossen sind bspw. die

heitliche technische Standards.[14] Aufgrund der denkbaren Vielgestaltigkeit gibt es am Ende schlechthin „das" Smart Grid nicht, variieren dementsprechend auch die Umschreibungen im technik-, wirtschafts- und rechtswissenschaftlichen Schrifttum und existiert insbesondere bislang kein konsistenter Rechtsrahmen für intelligente Netze, sondern finden sich lediglich unterschiedliche Bezugnahmen zu einzelnen Komponenten (wie zum Einsatz von *Smart Metern,* dazu unten III) im europäischen wie nationalen Energiewirtschafts- und Energieumweltrecht sowie daneben im IT-, Eich- und Datenschutzrecht[15]; auf die energierechtlichen Vorgaben („Kaskade") wird zurückzukommen sein.

2. *Digitalisierung und Energie 4.0*

Auch wenn das Smart Grid durch den Einsatz „digitaler" Kommunikationstechnik gekennzeichnet ist[16], reicht eine „digitalisierte" Energieversorgung über diesen Ansatz doch ansehnlich hinaus. Das intelligente Energienetz betrifft im Wesentlichen die (Netz-) Infrastruktur oder, im IT-Deutsch, die *hardware* der Energieversorgung. So gesehen, mag man Smart Grids noch in der „guten alten Zeit" der gewöhnlich als „dritter" in-

---

BMWi-Initiative „E-Energy – IKT-basiertes Energiesystem der Zukunft" mit detailreichen Untersuchungen in sechs Modellregionen, s. den Abschlussbericht „Smart Energy made in Germany", 2013, und das EU-Forschungsprojekt „Web2-Energy" (s. www.web2energy.com und die dort aufgeführten Projektergebnisse); zur sonstigen Smart Grid-Forschung und *best practices* wie zu internationalen Bemühungen um einheitliche Normierungen siehe *Dt. Kommission Elektrotechnik Elektronik Informationstechnik (DKE im DIN und VDE),* Normungsroadmap E-Energy/Smart Grids 2.0, Version 1 (Stand 1.10.2013), u.a. Anhang (S. 68 ff.).

14 Ansatzweise bislang in technischen Regelwerken, wie in der zum 1.1.2009 neu gefassten und zuletzt 2013 ergänzten Technischen Richtlinie Erzeugungsanlagen am Mittelspannungsnetz („Mittelspannungsrichtlinie") des BDEW; s.a. *DKE,* wie vor.

15 Dazu im Überblick *Heinlein,* in: Aichele/Doleski (Hrsg.), Smart Market: Vom Smart Grid zum intelligenten Energiemarkt, 2014, S. 53 (57 ff.).

16 So auch nach der Definition im *Oxford Dictionary* (www.oed.com): "a grid, esp. an electricity or water grid, that has the ability to detect and react to local changes in use or demand with the aid of digital electronics." Etwas weiter *Intern. Energy Agency (IEA),* Technology Roadmap - Smart Grids, 2011, S. 6: "(…) an electricity network that uses digital and other advanced technologies to monitor and manage the transport of electricity from all generation sources to meet the varying electricity demands of end-users."

dustrieller Revolution[17] schon seit den 1960er Jahren daher kommenden, zunehmenden Automatisierung und Standardisierung von Produktions- und Administrationsprozessen (wie *e-commerce* und *e-government*) verorten. Eine eigentlich „digitale“ Energiewirtschaft befindet sich demgegenüber schon an der Schwelle zur „vierten“ industriellen Revolution.[18] Ihr Kennzeichen ist zunächst, dass sie über den Energietransport und das Engpassmanagement hinaus *sämtliche Wertschöpfungsstufen* der Energieversorgung von der Erzeugung bis zum Verbrauch mit nachfolgender Abrechnung erfasst. Charakteristisch ist mithin der Vernetzungs- oder Systemgedanke: Mit Hilfe „digitaler“, d.h.: elektronisch und in der Regel mittels Binärcodes in les- und auswertbare Datenformate gewandelter Informationen aller Bereiche der Energieversorgung und mit ihnen auch sämtlicher Akteure (einschließlich der Energieverbraucher) und Systemkomponenten (Anlagen) werden diese zueinander in Bezug gesetzt. Und noch mehr: Die digitale Vernetzung wird immer mehr auch auf außerhalb der leitungsgebundenen Energieversorgung liegende Bereiche ausgreifen, etwa im Zuge der anvisierten „Sektorkoppelung“ mit der Gasversorgung (bspw. per *power to gas*), dem Gewerbe- und Hauswärmesektor (*power to heat*) und schließlich dem Verkehrssektor (namentlich im Bereich der Elektromobilität), wie andererseits auch der zunehmende Marktzutritt branchenfremder Akteure, insbesondere von IT- und Teledienst-bzw. Telekommunikationsunternehmen sowie *Start-ups,* erwartet wird.[19] Unter Einsatz von Algorithmen lassen sich aus der digitalen Datenflut wiederum automatisierte Filter- und Entscheidungsmechanismen generieren bzw. Daten „veredeln“ und damit auf ein der menschlichen Wahrnehmung zugängliches Maß reduzieren. Prinzipiell sind schließlich, dank der Verbreitung des Internets, alle Roh- bzw. algorithmisch aufbereiteten Daten jederzeit und allerorten,

---

17 Nach der zweiten industriellen Revolution infolge Elektrifizierung und entstehender Großindustrien mit arbeitsteiliger Massenproduktion; grundlegend *G. Friedmann,* La crise du progrès, 1936; kritisch differenzierend *D. Ziegler,* Die industrielle Revolution, 2005, S. 101 ff.

18 Natürlich handelt insoweit nur um abstrakte und im Übrigen nicht einheitlich verwendete Arbeitskategorien; häufig wird die „digitale“ auch (noch) der „dritten“ industriellen Revolution zugeordnet bzw. insoweit nicht weiter differenziert; zum Ganzen etwa: *Bauernhansl,* in: Bauernhansl/ten Hompel/Vogel-Heuser (Hrsg.), Industrie 4.0 in Produktion, Automatisierung und Logistik, 2014, S. 5 ff.

19 Statt aller: *Dt. Energieagentur (dena),* Grundsatzpapier der Plattform Digitale Energiewelt v. 6.6.2016, S. 10; als prominentes Praxisbeispiel sei das „Magenta SmartHome“-Angebot der *Telekom Deutschland GmbH* genannt.

mithin *ubiquitär* sowie *massenhaft* (Stichwort „Big Data“) verfügbar, was aus rechtlicher Sicht, zumal in sensiblen „kritischen Infrastrukturen“ wie im Bereich der Energieversorgung, sogleich drängende Fragen der Datensicherheit und des Datenschutzes aufwirft.[20]

Mit dem weitergehenden Ansatz einer (insgesamt) digitalisierten Energiewirtschaft erhellt auch die Bedeutung der Chiffe „Energie 4.0“: Ersichtlich lehnt sie sich an den Begriff „Industrie 4.0“ an und ist mit dieser Wortschöpfung aus der „Hightech-Strategie“ der Bundesregierung[21] die digitale Wandlung vor allem industrieller Entwicklungs-, Produktions- und Vertriebsprozesse adressiert. Mit Hilfe digital vernetzter Systeme sollen weitestgehend selbstorganisierte Produktionsprozesse entstehen, in denen Menschen, Maschinen, Anlagen, Logistik und Produkte (Stichwort auch: „Internet der Dinge“) miteinander kommunizieren und kooperieren. Die Vernetzung soll nicht mehr nur einen Produktionsschritt sondern eine ganze Wertschöpfungskette mittels neuer und intelligenter Verfahren der Selbstkonfiguration, Selbstdiagnose und Kognition (auch: künstliche Intelligenz) optimieren und soll tunlichst der gesamte Lebenszyklus eines Produktes – von der Entwicklung über die Fertigung, Nutzung und Wartung bis hin zum Recycling – erfasst werden.[22] Dementsprechend geht es *sub specie* „Energie 4.0“ immer mehr um iterative, sich überschneidende und zusammenwachsende Prozesse und steht der Begriff für das potenziell ebenso „disruptive“ wie förderliche Zusammenwirken von Digitalisierung, Energieversorgung und Energiewende[23] – mit daraus wiederum folgenden erheblichen Auswirkungen auf tradierte Aktions- und Akteurskonstellationen, unter ihnen die herkömmlichen, sich indes zu digitalen Energiedienstleistungsunternehmen (*Utility 4.0*[24]) wandelnden Energieversorger. Zu al-

---

20 S. *Dt. Energieagentur (dena),* Grundsatzpapier der Plattform Digitale Energiewelt v. 6.6.2016, S. 7; zu praktischen Anwendungen s. *Schlick/Stephan u.a.,* in: Bauernhansl/ten Hompel/Vogel-Heuser (Hrsg.), Industrie 4.0 in Produktion, Automatisierung und Logistik, 2014, S. 57 ff., sowie die nachfolgenden Beiträge im genannten Band.

21 Näheres unter http://www.hightech-strategie.de.

22 S. *BMWi/BMBF,* Was ist Industrie 4.0?, Plattform Industrie 4.0, abrufbar unter www.plattformi40.de.

23 Nach *Lang/Byok u.a.,* Die Digitalisierung der Energiewende – Energie 4.0, o.D.; abrufbar unter www.twobirds.com.

24 Eingehend *Doleski,* in: ders. (Hrsg.), Herausforderung Utility 4.0: Wie sich die Energiewirtschaft in Zeiten der Digitalisierung verändert, 2017, S. 1 (7 ff.) und die weiteren Beiträge im genannten Band.

lem ist erneut auf umfangreiche Forschungsaktivitäten, bislang freilich vorwiegend technisch-ökonomischer sowie sozial- bzw. „akzeptanz"- und weniger rechtswissenschafticher Art hinzuweisen.[25]

Zu welchen Systemumwälzungen die Digitalisierung im Allgemeinen wie in der Energiewirtschaft im Besonderen tatsächlich führen wird, ist derzeit kaum absehbar[26] und hat einstweilen zu gelten: Die Entwicklung ist, wie auch schon der Siegeszug des *Smartphones* zeigte, ausgesprochen rasant und „wird im Zweifel digitalisiert, was digitalisiert werden kann".[27]

3. *Smart Markets*

Das *Smart Grid* im unter 1. dargelegten engeren Sinne dient in diesem Panorama letztlich nur dem *enabling*[28], eben im Sinne notwendiger Infrastruktur (*hardware*) [29] und als Oberbegriff für die mechanische und elektronische (Grund-) Ausrüstung eines datenverarbeitenden Systems, mit deren Hilfe erst digitale Informationen zu generieren und algorithmische Datenveredelungen zu erreichen sind. Letzteres mag man IT-terminologisch

---

25 So namentlich i.R.d. BMWi-Förderprogramms "Schaufenster intelligente Energie – Digitale Agenda für die Energiewende (SINTEG)" mit fünf ausgewählten Modellregionen zur Untersuchung innovativer Technologien und Verfahren zur intelligenten Vernetzung von Energieerzeugung und -verbrauch sowie der "Kopernikus-Projekte für die Energiewende" des BMBF (etwa im Themenfeld 4: "Systemintegration"); s. ferner den Schwerpunkt "Plattform Digitale Energiewelt" bei der *Dt. Energieagentur* (*dena*) mit dem Grundsatzpapier v. 24.10.2016; download unter www.digitale-energiewelt.de.

26 Sehr weitgehend *Rifkin,* The Zero Marginal Cost Society, dt.: Die Null-Grenzkosten-Gesellschaft. Das Internet der Dinge, kollaboratives Gemeingut und der Rückzug des Kapitalismus, 2014, mit Folgerungen für den Energiesektor ebda. S. 105 ff.; dagegen *Doleski,* Utility 4.0: Transformation vom Versorgungs- zum digitalen Energiedienstleistungsunternehmen, 2016, S. 1 (2 f.).

27 Treffend *Reiche,* in: Doleski (Hrsg.), Herausforderung Utility 4.0: Wie sich die Energiewirtschaft in Zeiten der Digitalisierung verändert, 2017, S. 29 (30).

28 *Ropenus,* Smart Grid und Smart Markets, in: Agora Energiewende, Energiewende und Dezentralität – Zu den Grundlagen einer politisierten Debatte, 2017, S. 109.

29 S. i.w.S. auch *dena*, Grundsatzpapier der Plattform Digitale Energiewelt v. 6.6.2016, S. 4: "Eine grundlegende Voraussetzung, um diese Möglichkeiten [der Digitalisierung] vollumfänglich nutzen zu können, ist die Verfügbarkeit von digitaler Infrastruktur, d.h. insbesondere von Kommunikationsinfrastruktur wie Glasfasernetzen, flächendeckendem Mobilfunk oder anderen Technologien mit ausreichender Bandbreite sowie intelligenter Netztechnik."

als *software* und als Oberbegriff schlicht all dessen, was man nicht anfassen kann, bezeichnen. Weniger hilfreich erscheinen, geht es gerade um juristisch brauchbare Ein- und Zuordnungen und um die Abgrenzung von Verantwortungszonen entlang einigermaßen klarer Systemzäsuren (s. noch unten II.), m.E. weiter gehende Definitionen von *Smart Grids* – so wenn darunter (insgesamt) das „Energienetzwerk" verstanden wird, das „das Verbrauchs- und Einspeiseverhalten aller Marktteilnehmer, die mit ihm verbunden sind, integriert"[30], oder vom „ganzheitlichen, intelligenten Energieversorgungssystem", welches nicht (nur) mit „intelligentem Netz" zu übersetzen sei; dieses umfasse

> „den Betrieb von aktiven Energieverteilungsnetzen und Energieübertragungsnetzen mit neuen IKT-basierten Technologien zur Netzautomatisierung *ebenso* wie die Einbeziehung von zentralen und dezentralen Energieerzeugungseinrichtungen und Speichern bis hin zu den Verbrauchern, um insgesamt eine bessere Vernetzung und Steuerung des Gesamtsystems zu erreichen."[31]

Ein derart breites Verständnis[32] taugt als Arbeitskategorie nicht so sehr, da es auch andere, womöglich netz-ferne und von anderen Akteueren als den (Verteil-) Netzbetreibern zu verantwortende Systemkomponenten wie *Smart Markets* und *Smart Meter* (s. sogleich) in sich aufnimmt bzw. jedenfalls begrifflich von vornherein für den Netzbetrieb vereinnahmt.[33] Besser

---

30 *BDEW,* BDEW-Roadmap: Realistische Schritte zur Umsetzung von Smart Grids in Deutscland (Feb. 2013), S. 12, ihrerseits angelehnt an das gleichlautende Verständnis der *EU Commission Task Force for Smart Grids* (Expert Group 1, 2011).

31 *Dt. Kommission Elektrotechnik Elektronik Informationstechnik (DKE im DIN und VDE),* Die deutsche Normungsroadmap – E-Energy/Smart Grids, Version 1 (Stand 28.03.2010), S. 13.

32 Dahin tendierend auch *Säcker,* EnWZ 2016, S. 294 mit Fn. 1, obwohl der von ihm in Bezug genommene europäische Sprachgebrauch (Grid + project, SRA 2035) eigentlich dem hier vertretenen *engeren* Verständnis von *Smart Grids* entspricht („It is essentially an upgraded electricity network characterized by high flexibility and adaptability. This is made possible through network digitalization, such as two-way digital communications between the supplier and consumer and intelligent metering and monitoring systems").

33 Kritisch auch *Doleski/Aichele,* in: dies. (Hrsg.), Smart Market: Vom Smart Grid zum intelligenten Energiemarkt, 2014, S. 3 (9), angelehnt an das BNetzA-Eckpunktepapier (Fn. 7): Tendenz zur Subsumtion „zahlreicher, fraglich deutlich über reine Netzaspekte hinausgehender Konzepte und Fragestellungen".

sollte insoweit und komponentenübergreifend vom „intelligenten Energiesystem“ (insgesamt) gesprochen werden.[34]

a) Definition und Zielsetzung

Auf dem Weg zu einem insgesamt digitalisierten bzw. intelligenten Energiesystem bilden *Smart Markets* prinzipiell das operative Gegenstück zum Smart Grid und sollen sie auf diesem aufbauen. Unter einem "intelligenten Markt“ ist nach dem frühen Eckpunktepapier der Bundesnetzagentur ein "Bereich *außerhalb* des Netzes" zu verstehen, "in welchem Energiemengen oder daraus abgeleitete Dienstleistungen aufgrund der zur Verfügung stehenden Netzkapazität unter verschiedenen Marktpartnern gehandelt werden“.[35] Kennzeichnend für dieses Verständnis soll, unter Berücksichtigung auch der Entflechtungsvorgaben des EU-Rechts[36], die Trennung zwischen der – *regulierten* – Sphäre des Stromtransports im natürlichen Monopol (Netze) und der – prinzipiell „freien“, also *unregulierten* – Marktsphäre sein. Unterschieden wird m.a.W. zwischen der Bereitstellung von (Transport-) *Kapazität* im Netz und der Bereitstellung von *Energiemengen* unter marktlichen Bedingungen.[37] Wesentliches Ziel ist es, eine volks- wie betriebswirtschaftlich insgesamt effizientere Integration von Strom aus erneuerbaren Energien bei entsprechend effizienterer Auslastung von Stromübertragungs- und -verteilernetzen unter Minderung auch des Netzausbaubedarfs zu erreichen, und zwar unter Einsatz von wettbe-

34 In diesem Sinne (kritisch) auch *Ropenus,* Smart Grid und Smart Markets, in: Agora Energiewende, Energiewende und Dezentralität – Zu den Grundlagen einer politisierten Debatte, 2017, S. 95 f. m.w.N.

35 *BNetzA*, „Smart Grids“ und „Smart Markets“: Eckpunktepapier zu den Aspekten des sich verändernden Energieversorgungssystems, Dez. 2011, S. 12; ebenso – unter vielen – *Doleski/Aichele,* in: dies. (Hrsg.), Smart Market: Vom Smart Grid zum intelligenten Energiemarkt, 2014, S. 12.

36 In Deutschland nach den §§ 6 ff. EnWG; s. inbsoweit *BNetzA,* „Smart Grids“ und „Smart Markets“: Eckpunktepapier zu den Aspekten des sich verändernden Energieversorgungssystems, Dez. 2011, S. 8 u. 37 f.; ferner *Lüdemann/Ortmann/Pokrant,* EnWZ 2016, S. 340 (346); *Schäfer-Stradowsky/Boldt,* EnWZ 2015, S. 349 (353); *Wieser,* EuRUP 2011, S. 176 (177); relativierend *vom Wege/Wagner,* N&R 2016, S. 2 (4).

37 Anschaulich *Doleski/Aichele,* in: dies. (Hrsg.), Smart Market: Vom Smart Grid zum intelligenten Energiemarkt, 2014, S. 11 ff.

werblich organisierten (d.h. nicht regulierten) intelligenten „Energiemengenmärkten".[38]

b) Grenzbereiche

Smart Grids und Smart Markets lassen sich freilich nicht immer trennscharf voneinander unterscheiden.[39] Vielmehr bestehen hybride Grenz- oder Grauzonen, schon weil Stromnetzbetreiber ihrerseits vielerlei – und vielfach interdependente – Aufgaben hinsichtlich der geordneten Ein- und Ausspeisung im Netzverbund sowie Sicherung der Netzstabilität im Rahmen u.a. ihrer „Systemverantwortung" (s. nur §§ 11 f., 13 ff., 14 EnWG) zu erledigen haben. Dazu zählen – in vorgegebener Reihenfolge („Kaskade")[40] – neben prioritären *netzbezogenen* Maßnahmen, insbesondere Netzschaltungen (§ 13 Abs. 1 Nr. 1 EnWG), gerade auch „marktbezogene" Mechanismen (§ 13 Abs. 1 Nr. 2 EnWG), speziell die Beschaffung und der Einsatz von Regelenergie durch die Übertragungsnetzbetreiber (die insoweit freilich als Nachfragemonopolisten bzw. *Single Buyer* auftreten[41]), von vertraglich vereinbarten abschaltbaren und zuschaltbaren Lasten (*Redispatch*), und ferner das Einspeisemanagement mittels Abregelung von EE- und KWK-Anlagen durch den Anschlussnetzbetreiber (nach § 14 EEG) oder durch (nun wieder rein netzseitige) Zwangsanpassungen von Stromabnahmen, -einspeisungen und -transiten seitens des jeweiligen Übertragungsnetzbetreibers. Hinzu kommen die (neueren) Instrumente der vertraglichen Vereinbarung (nach Ausschreibung) über die Zu- oder Abschaltung von Verbrauchseinrichtungen (§ 14a EnWG, für Industriebetrie-

38 Näher *Doleski/Aichele* in: dies. (Hrsg.), Smart Market: Vom Smart Grid zum intelligenten Energiemarkt, 2014, S. 10 f.

39 S. nur *Ropenus,* Smart Grid und Smart Markets, in: Agora Energiewende, Energiewende und Dezentralität – Zu den Grundlagen einer politisierten Debatte, 2017, S. 96 f.

40 Näher, auch zu Entgelten bzw. Entschädigungen und zu Kostenwälzungem: *Ecofys Germany/Fraunhofer IWES,* Smart-Market-Design in deutschen Verteilernetzen (Entwicklung und Bewertung von *Smart Markets* und Ableitung einer *Regulatory Roadmap,* im Auftrag von *Agora Energiewende*), März 2017, S. 41 ff.; ferner *BNetzA,* Monitoringbericht 2016, S. 96 ff.

41 *Ropenus,* Smart Grid und Smart Markets, in: Agora Energiewende, Energiewende und Dezentralität – Zu den Grundlagen einer politisierten Debatte, 2017, S. 97.

be nach der AbLaV[42]) oder über zuschaltbare Lasten besonders aus KWK-Anlagen (*power to heat* u. im Rahmen des Redispatch, § 13 Abs. 6 f. EnWG). Noch der Netzsphäre zugeordnet wird ferner der Betrieb von örtlich begrenzten *Microgrids* als Beispiel für die Selbstorganisation von Netzen mit intelligenter Netzführung und möglichem autonomen „Inselbetrieb" (mit nur notfalls erforderlicher Zuschaltung von Strom aus anderen Netzen).[43]

c) Koordinationsbedarf

Die Herausforderung besteht vor diesem interdependenten Panorama in der hinreichenden Koordinierung der genannten Maßnahmen, gerade auch zwischen der Übertragungs- und der Verteilnetzebene. Die Instrumente dürfen nicht konträr zueinander verlaufen. Vielmehr haben sie sich schon aus Effizienzgründen gegenseitig zu ergänzen – und soll hier die Stunde von *Smart Markets* schlagen, weshalb sie auch als „zwischen Markt- und Netzsphäre vermittelnder Koordinationsmachanismus" definiert werden.[44] Allerdings kommen intelligente und wettbewerbliche Strommengenmärkte nur insoweit in Betracht, als sie räumlich und zeitlich überhaupt geboten sind und andererseits aus Gründen des sicheren und zuverlässigen Netzbetriebs nicht vorrangig netzbezogene (Not- bzw. Kapazitäts-) Maßnahmen zu ergreifen sind.

Nach dem vom BDEW erarbeiteten und breit konsentierten Konzept der *„Kapazitätsampel"*[45] soll dies vor allem von *Verteil*netzbetreibern (weil bei zunehmend dezentraler Stromerzeugung v.a. dort Ein- und Aus-

42 Verordnung zu abschlatbaren Lasten in der Neufassung v. 16.08.2016 (BGBl. I S. 1984), zul. geänd. d. Gesetz v. 22.12.2016 (BGBl. I S. 3106).

43 *Ropenus,* Smart Grid und Smart Markets, in: Agora Energiewende, Energiewende und Dezentralität – Zu den Grundlagen einer politisierten Debatte, 2017, S. 99.

44 So *Ecofys Germany/Fraunhofer IWES,* Smart-Market-Design in deutschen Verteilernetzen (Entwicklung und Bewertung von *Smart Markets* und Ableitung einer *Regulatory Roadmap,* im Auftrag von *Agora Energiewende*), März 2017, S. 47 – dort allerdings, im Gegensatz zum BNetzA-Konzept, beschränkt auf „räumliche" Märkte, die überwiegend Monpolcharakter besäßen und daher (ebenfalls!) der Regulierung bedürften; zu danach in Betracht kommenden *Smart Market*-Modellen und einer *Regulatory Roadmap* näher ebda., S. 73 ff., 119 ff.

45 *BDEW*, BDEW-Roadmap: Realistische Schritte zur Umsetzung von Smart Grids in Deutschland (Feb. 2013); zum Stand der Umsetzung bzw. weiterer Forschungen: BDEW (Hrsg.), Metastudie Smart Grid (Forschungsüberblick intelligente

speisungen auszugleichen sind) zu jeder Zeit und je nach Energieflüssen beurteilt und entschieden werden: In der *grünen* „Markt"-Phase" besteht danach „genügend Platz im Netz" und können Strom und Regelenergie nach Marktkriterien frei gehandelt bzw. hauptsächlich aufgrund von Preissignalen eingesetzt werden. Prinzipiell aussgeschlossen sein sollen marktliche Ein- und Ausspeisedienstleistungen demgegenüber in der *roten* „Netz"-Phase, sobald die Stabilität des Netzes konkret gefährdet ist. In dieser Phase greifen die unmittelbare Netzsteuerung und -regelung durch den betroffenen Verteil- sowie erforderlichenfalls auch den zuständigen Übertragungsnetzbetreiber nach dem Kaskadensystem der §§ 13 f. und 14 ff. EnWG (i.d.F. des Strommarktgesetzes 2016, s. oben). Zwischen „grüner" und „roter" Phase ist in der *gelben* (Übergangs- oder Interaktions-) Phase der Auslastungsgrad des Netzes dagegen grenzwertig. Gerade in dieser Situation soll der Netzbetreiber entweder flexible Kapazitäten, etwa mittels vertraglich vereinbarter Abschaltungen von Verbrauchseinrichtungen, am Smart Market beschaffen *oder* aber eigene und netzdienliche Maßnahmen, etwa auch durch den Einsatz eigener Stromspeicher[46], ergreifen können. Derzeit bleibt den Netzbetreibern kaum mehr übrig, als bei einem sich abzeichnenden kritischen Netzzustand die rote Phase (Gefährdung der Systemsicherheit) abzuwarten und erst dann Notfallmaßnahmen zu ergreifen. Das skizzierte *make or buy*-Schema[47] in der gelben Phase soll deshalb verstärkt, und zwar prioritär unter Nutzung marktlicher Angebote, zur kontinuierlichen Vollauslastung der Netze und zum insgesamt kosteneffizienten Netzbetrieb beitragen.[48]

Stromnetze), Feb. 2016, S. 15; s.a. *BNetzA,* Smart Grids" und „Smart Markets": Eckpunktepapier zu den Aspekten des sich verändernden Energieversorgungssystems, Dez. 2011, S. 12 ff.; *Ecofys Germany/Fraunhofer IWES,* Smart-Market-Design in deutschen Verteilernetzen (Entwicklung und Bewertung von *Smart Markets* und Ableitung einer *Regulatory Roadmap,* im Auftrag von *Agora Energiewende*), März 2017, S. 47 f.; *Booz*, N&R 2017, S. 130 (134); *Ropenus,* Smart Grid und Smart Markets, in: Agora Energiewende, Energiewende und Dezentralität – Zu den Grundlagen einer politisierten Debatte, S. 101 f.

46 Zur energierechtlichen Einordnung *Drerup/Bourwieg,* ER 2016, S. 197 ff.; speziell zu entflechtungsbezogenen Fragen in diesem Kontext s. *Riewe/Meyer,* EWeRK 2015, S. 138 (141).

47 S.a. *Booz*, N&R 2017, S. 130, (134).

48 *Ecofys Germany/Fraunhofer IWES,* Smart-Market-Design in deutschen Verteilernetzen (Entwicklung und Bewertung von *Smart Markets* und Ableitung einer *Regulatory Roadmap,* im Auftrag von *Agora Energiewende*), März 2017, S. 46 f.

d) Variantenreiche Ausgestaltungen

Bei allem bilden Smart Markets weiterhin einen „weißen Fleck“ im Energiesystem[49] und weist auch der aktuelle Rechtsrahmen zur Energieversorgung lediglich erste Versatzstücke in Richtung einer intelligenten resp. digitalisierten Energiemengenbewirtschaftung auf. Dazu zählen neben marginalen Hinweisen im EU-Energierecht nationale Regelungen namentlich zur Steuerung von Verbrauchseinrichtungen (§ 14a EnWG), zu last- und zeitvariablen Bezugstarifen (§ 40, insbes. Abs. 5 EnWG) und zur (Ab-) Regelbarkeit von EE- und KWK-Anlagen (§§ 9, 14 EEG 2017) sowie noch näher zu sichtende Vorgaben nach dem Gesetz zur Digitalisierung der Energiewende (unten III.).[50] Darüber hinaus geraten Vorhersagen zu künftigen *Smart Markets* meist noch vage. Einigermaßen synthetisch lässt sich aus vorliegenden Betrachtungen immerhin so viel ableiten: Smart Markets werden je nach Ausgestaltung sehr viel mehr als bisher zu einem bunten Mix aus Akteuren und technischen Komponenten, funktionalen Verbindungen zwischen diesen (Anwendungen) und zu neuen Geschäftsmodellen führen.[51]

(1) Akteurskonstellationen

Neben klassischen Akteuren im Bereich Stromerzeugung, -handel und -belieferung werden – jenseits des Energienetzbetriebs – neue Anbieter, die Energiemengen und Energieflüsse zu weitergehenden Dienstleistungen „veredeln“, auf den Plan treten. Dazu zählen *Prosumer* ebenso wie Betrei-

---

49 *Ecofys Germany/Fraunhofer IWES,* Smart-Market-Design in deutschen Verteilernetzen (Entwicklung und Bewertung von *Smart Markets* und Ableitung einer *Regulatory Roadmap,* im Auftrag von *Agora Energiewende*), März 2017, S. 48.

50 S. nochmals *Heinlein*, in: Aichele/Doleski (Hrsg.), Smart Market: Vom Smart Grid zum intelligenten Energiemarkt, 2014, S. 53 ff.; zum weiterhin nur lückenhaften Rechtsrahmen speziell für Stromspeicher, auch nach neuesten Ergänzungen im einschlägigen Fachrecht, s. *Weyer/Lietz,* Versorgungswirtschaft 2016, S. 261 ff.; *C. Schneider/Th. Kirch,* RdE 2016, S. 165 ff.; *Weitner,* ET 2016, Heft 11, S. 94 ff.; bezogen auf *power to gas Bredow/Balzer,* ET 2015, Heft 4, S. 72 (76).

51 Nach *Doleski/Aichele,* in: dies. (Hrsg.), Smart Market: Vom Smart Grid zum intelligenten Energiemarkt, 2014, S. 18 ff.; s.a. *Booz* N&R 2017, S. 130, (137); *Ropenus,* Smart Grid und Smart Markets, in: Agora Energiewende, Energiewende und Dezentralität – Zu den Grundlagen einer politisierten Debatte, 2017, S. 107.

ber „virtueller Kraftwerke" (auch „Schwarm"- oder „Kombikraftwerk") und/oder (u.U. virtueller) Stromspeicher[52], Aggregatoren im Sinne von (bloßen) Datenaufbereitern und schließlich Energieeffizienzdienstleister oder Energiemanager jeglicher Art und einschließlich des (Energie-) Contractings.[53] Zu erwarten steht ferner der Marktzutritt von Mit-, wenn nicht *à la longue* Hauptspielern aus der Welt der Neuen Märkte, allen voran etablierte Internet- und auch *Multi Service Provider*, unter ihnen die Platzhirsche *Google*[54], *Amazon* u.a., bzw. Anbieter von Telekommunikationsdiensten (§ 3 Nr. 24 TKG) und Telemediendiensten i.S.d. § 2 Nr. 1 TelemedienG, ferner aus der Automobilindustrie zwecks Bereitstellung von Stromspeichern.[55]

(2) Produkte und Dienstleistungen

Mittels technischer bzw. digitaler IT-Komponenten, darunter intelligenten Messsystemen (s. noch unten III.), internetfähiger Erzeugungs-, Speicher- und Verbrauchseinrichtungen (vermehrt auch jedweden „smarte" Haushaltsgeräts im Zuge des „Internets der Dinge") sowie Datendrehscheiben und Internetplattformen, lassen sich konkrete Produkte und Dienstleistungen im intelligenten Energiemengenmarkt generieren. Deren Spektrum spannt sich vom *Demand Side Management* über Energieeffizienzdienst-

52 Näher zur Funktionsweise virtueller Kraftwerke / Speicher und zur Verbindung an das öffentliche Versorgungsnetz mittels Stichleitung („Einspeisenetz") *Ropenus,* Smart Grid und Smart Markets, in: Agora Energiewende, Energiewende und Dezentralität – Zu den Grundlagen einer politisierten Debatte, 2017, S. 98; ausführlich auch schon *Droste-Franke/Berg/Kötter/Krüger/Mause/Pielow/Romey/Ziesemer,* Brennstoffzellen und virtuelle Kraftwerke, 2009, S. 80 ff.

53 *BNetzA,* „Smart Grids" und „Smart Markets": Eckpunktepapier zu den Aspekten des sich verändernden Energieversorgungssystems, Dez. 2011, S. 12.

54 S. bspw. zur jüngst gestarteten Kooperation von *E.ON* und *Google* zur Potenzialberechnung (mittels *Google Earth / Maps)* und Vermarktung von Solaranlagen (https://www.eon-solar.de/) *Handelsblatt* (online) v. 2.05.2017.

55 Und zwar im Zuge der Elektromobilität ebenso wie durch das Angebot von stationären Stromspeichern im Haushalts- und Gewerbebereich; so, dem Beispiel der „Powerwalls" des US-Autoherstellers folgend, bei der *ACCUmotive GmbH* der Daimler AG, s. *pv magazine* (online) v. 19.11.2014; in die gleiche Richtung geht das Joint venture *Digital Energy Solutions* der Firmen *Viessmann* und *BMW,* abrufbar unter https://www.digital-energysolutions.de/de.

leistungen (s. § 2 Nr. 6 EDL-G[56]) und das *Pooling* von zumeist kleinen Erzeugungs- und/oder Verbrauchskapazitäten durch schon genannte Aggregatoren zwecks optimierter Steuerung und zusammengefasster Vermarktung bis hin zu virtuellen Kraftwerken und/oder Speichern, etwa unter Nutzung der Elektromobilität.

Eine besondere Variante zeichnet sich mit der für Aufsehen auch im Energiesektor sorgenden und ursprünglich aus der Finanzbranche stammenden IT-Technik der *Blockchain* ab: In ihr werden Daten nicht mehr zentral bei einer Bank, einem IT-Unternehmen – oder beim Energieversorger – sondern dezentral auf jedem gleichberechtigten Rechner (*Peer to Peer*) des Transaktionsnetzwerks gespeichert. Unter den Teilnehmern der „Datenblockkette" findet mittels komplexer Algorithmen ein kontinuierlicher Datenabgleich statt, so dass, stark vereinfacht, Transaktionen nur im Fall „passgenauer" Datenblöcke zustande kommen. In einem solchen System der „Schwarmintelligenz" ist die eindeutige Zuweisung von Verantwortung (etwa an nur einen Energielieferanten oder Netzbetreiber i.S.d. EnWG) erschwert, jedoch sollen Datenmanipulationen ausgeschlossen sein und soll es vielfältige neue Anwendungen eröffnen: Über die Verwendung von *Blockchain* im digitalisierten Zahlungsverkehr (mittels *Bitcoin*) hinaus erscheinen vergleichbare automatisierte Prozesse respektive digitale und vollautomatische Vertragsschlüsse (*smart contracts,* etwa mittels des Systems *Ethereum*) überall möglich – namentlich auch *direkte* Stromlieferungen zwischen *Prosumern* und benachbarten Haushalten, und *ohne* Zwischenschaltung eines klassischen Energieversorgers, der jedoch als bloßer Dienstleister das System anbieten und moderieren kann.[57]

Komplexere Instrumente locken sodann im Bereich von *Smart Home-* sowie von *Smart City-* und *Quartiers*-Lösungen. Erstere dienen der intelligenten Vernetzung von Haushaltsgeräten und Haustechnik (einschl. Sicherheitstechnik und Unterhaltungselektronik – *smart devices*) sowie Energie(effizienz-)dienstleistern, auch sog. *eHome-* oder *SmartLiving*. Mit

---

56 Gesetz über Energiedienstleistungen und andere Energieeffizienzmaßnahmen v. 4.11.2010 (BGBl. I S. 1483), zul. geänd. d. Gesetz v. 17.02.2016 (BGBl. I S. 203).

57 S. zu allem die präzise Darstellung von *Scholtka/Martin,* RdE 2017, 113 ff., unter Bezugnahme auf die *PwC*-Kurzstudie „Blockchain – Chance für Energieverbraucher?" für die Verbraucherzentrale NRW v. 26.07.2016 und mit ersten Überlegungen zu gebotenen Anpassungen des (derzeit ungeeigneten) energie- und vertragsrechtlichen Rahmens.

dem vernetzten Zuhause rücken, wie schon bei der Blockchain, zunehmend Endenergiekunden mit spezifischem Verbraucherverhalten und -erwartungen in den Fokus, ebenso wie der Einsatz aller zur Datennutzung dienender Endgeräten (PC's, Tablets, Smart Phones). Über Anwendungsprogramme (bislang: online-Portale und „Apps") können selbst energieversorgungsfremde „Mehrwertdienste"[58], bspw. TV- und Audiodienste[59], Beratungen in allen Lebenslagen oder auch die Vermittlung von örtlichen Handwerksbetrieben[60], angeboten werden. Umfassender angelegt sind *Smart City-/Smart Country/Smart village*-Konzepte[61], wenn sie über die eigentliche Elektrizitätsversorgung (z.B. auch der Straßenbeleuchtung je nach Verkehrsaufkommen) im Sinne der „Sektorkoppelung" auch die Wärmeversorgung im Gebäudesektor und die Steuerung energieeffizienter Verkehrsflüsse auf der Straße (künftig durch Telematik) miteinander vernetzen und so insgesamt auch Stadtentwicklung und -planung digitalisieren.[62] In punkto Verkehrssteuerung sei auch auf mögliche Umwälzungen im ÖPNV verwiesen, wie sie mit *(e-)car-* und *bike-sharing*-Angeboten in größeren Städten schon gang und gäbe, aber auch in ländlichen Räumen, u.a. in Kompensation demographischer wie gesellschaftspolitischer Veränderungen sowie entsprechender Unrentabilitäten des öffentlichen Verkehrsangebots, vorstellbar sind.[63] Räumlich kleinteiliger machen schließ-

58 Bereits legal definiert in § 2 S. 1 Nr. 9 MsbG, allerdings für Dienste, die über das Smart-Meter-Gateway (s. noch unten III.) angeboten werden.

59 In diese Richtung weist etwa das Engagement der *ProSiebenSat. 1 Digtital GmbH* mit dem Online-Energievertrieb *lifestrom.*

60 Zum das digitalen Engagement von kommunalen Energieversorgern s. etwa *Reiche, ,* in: Doleski (Hrsg.), Herausforderung Utility 4.0: Wie sich die Energiewirtschaft in Zeiten der Digitalisierung verändert, 2017, S. 29 ff.; *Rieger/Weber,* ebda., S. 181 ff.; s.a. *BDEW/Ernst&Young,* Digitale Geschäftsmodelle – Stadtwerkestudie 2016. Zum kommunalrechtlichen Rahmen einstweilen *Otto/Schmidt,* RdE 2016, S. 392 ff.

61 Dazu etwa die *PwC*-Studie „Deutschlands Städte werden digital" (Mai 2015); mit weiteren Beispielen *Ropenus ,* Smart Grid und Smart Markets, in: Agora Energiewende, Energiewende und Dezentralität – Zu den Grundlagen einer politisierten Debatte, 2017, S. 107.

62 *St. Ropenus,* Smart Grid und Smart Markets, in: Agora Energiewende, Energiewende und Dezentralität – Zu den Grundlagen einer politisierten Debatte, 2017, S. 107.

63 Eine hinreichend digitale Infrastruktur (notwendiger Breitbandausbau!) vorausgesetzt. Diskutiert wird die digitale Versorgung ländlicher Räume ansonsten v.a. im Gesundheitssektor und mittels „Telemedizin", s. nur *Wehmeier,* Gesundheits- und Sozialpolitik 6 (2012), S. 47 ff.; *Eggenstein,* Der Landkreis 2016, S. 109 f.

lich unterschiedlichste „Quartiers"-Lösungen in zusammenhängend bebauten (Einzel-) Siedlungen, Nachbarschaften oder Gewerbeparks und zwecks Steigerung der Energieeffizienz von sich reden[64] und sind hier auch sog. Mieterstrommodelle zu nennen, bei denen lokal (z.B. mittels Blockheizkraftwerk oder PV-Anlagen) produzierter Strom direkt, d.h. ohne Nutzung des öffentlichen Netzes, den Mietern oder (Mit-) Eigentümern in größeren Wohn- und Gewerbeimmobilien (oder auch Quartieren) angeboten wird.[65]

(3) Geschäftsmodelle

Ob und inwieweit aus den möglichen Anwendungen am Ende tragfähige, d.h. markt- und massentaugliche Geschäftsmodelle entstehen, hängt von vielerlei Vorbedingungen ab. Es bedarf dazu der Analyse aller relevanten wertschöpfenden Faktoren, Abläufe und Interaktionen und muss sich ein Geschäftsmodell am Ende schlicht „rechnen". Neben nicht unerheblichem Enwicklungsaufwand setzt dies auch die Aufklärung und schließlich die breite Nachfrage beim Verbraucher wie insgesamt eine stimmige Kosten-Nutzen-Analyse voraus.[66] Dass die Akzeptanz auf Seiten der Energieverbraucher nicht immer sogleich überschäumend ausfällt, zeigt die zögerliche Markteinführung von *Smart Home*-Anwendungen, mit denen auf einem bereits stark fragmentierten Markt bislang nicht „richtig" Geld zu verdienen sein soll.[67] Angesichts zunehmender finanzieller Engpässe bei Alt- und Großakteuren der Energieszene (allen voran E.ON, RWE, aber

---

64 So bspw. im Fortschrittskolleg „Energieeffizienz im Quartier" i.R.d. der Zukunftsforschung des Landes NRW , abrufbar unter www.energieeffizienz.ruhr.

65 S. dazu den Referentenentwurf eines Gesetzes zur Förderung von Mieterstrom v. 26.04.2017, abrufbar unter www.bmwi.de.

66 Näher *Doleski,* in: dies. (Hrsg.), Smart Market: Vom Smart Grid zum intelligenten Energiemarkt, 2014, S. 643 ff.

67 Nach Berechnungen des Statistikportals *Statista* beläuft sich der Umsatz im *Smart Home*-Markt 2017 auf ca. 1,3 Mio. Euro (Marktdurchdringungsrate: 11,2 % und im Vergleich zu gut 13 Mrd. Euro in den USA) und soll bis 2021 ein Marktvolumen von immerhin ca. 4 Mrd. Euro (Marktdurchdringung: 35,2 %) mit einem jährlichen Umsatzzuwachs von 33,7 % erreicht werden; der Durchschnittserlös pro *Smart Home* liege derzeit bei (nur) 297,43 Euro (näher im Dossier "Smart Home: Nachfragestruktur und Umsatzpotenzial", April 2016, abrufbar unter https://de.statista.com/statistik/studie/id/34236/dokument/smart-home-nachfragestruktur-und-umsatzpotenzial/).

auch bei zahlreichen Kommunalversorgern), nicht zuletzt infolge drastisch fallender Großhandelspreise für Strom, fragt sich ferner, woher die Investitionen für die Entwicklung und Markteinführung jedenfalls großflächig angelegter „digitaler" Geschäftsmodelle gerade in der Energieversorgung stammen sollen.[68] Optimistisch wird dazu auf den Markzutritt auch branchenfremder Groß- und insbes. IT-Unternehmen, auf hoffnungsvolle *Start-ups,* aber auch das Bürgerengagement in Energiegenossenschaften u.dgl. verwiesen, von denen einige bereits in den Bereichen Direktvermarktung erneuerbarer Energien sowie Aggregation von Flexibilität für Regelleistung erfolgreich sind.[69]

Andererseits sollen, woran nochmals zu erinnern ist, Digitalisierung und Smart Markets gerade Flexibilität, etwa per Bündelung von Ein- und Ausspeiseleistungen, schaffen und so auch größere (z.B. Netz-) Investitionen entbehrlich machen.[70] Zu beachten ist schließlich abermals die hohe Heterogenität der deutschen Energienetzgebiete. Einheitliche Smart Markets erscheinen deshalb kaum möglich, sondern sind von diesen angebotene Flexibilitäten an den Besonderheiten der jeweiligen Versorgungsgebiete, bspw. in wind- oder photovoltaikdominierten Regionen, auszurichten, s.a. noch unten III 3. Und in Sachen Kosten-Benchmark wird die Orientierung regionaler Flexibilitätsprodukte an den derzeitigen Kosten des (herkömmlichen) Redispatches und Einspeisemanagements – als Obergrenze – empfohlen.[71]

68 Zu den ökonomischen Hintergründen hinsichtlich künftiger (Groß-) Investitionen resp. eines Investitionsstaus im Elektrizitätssektor aus ausl. Sicht: Renewable energy - A world turned upside down, *The Economist* (online) v. 25.02.2017.

69 S. *dena,* Grundsatzpapier der Plattform Digitale Energiewelt v. 6.6.2016, S. 10; zur Rolle von Banken und Kapitalwirtschaft auch *Paul,* in: Pielow (Hrsg.), Verantwortung und Finanzierung im Zuge der Energiewende (Tagungsband), *in Vorber.* für 2017.

70 In diese Richtung denn auch Renewable energy - A world turned upside down, *The Economist* (online) v. 25.02.2017 am Ende.

71 Näher *Ecofys Germany/Fraunhofer IWES,* Smart-Market-Design in deutschen Verteilernetzen (Entwicklung und Bewertung von *Smart Markets* und Ableitung einer *Regulatory Roadmap,* im Auftrag von *Agora Energiewende*), März 2017, S. 49 ff., 115 ff.

4. Zwischenergebnis

Auf dem Weg zu einem digitalisierten und insgesamt intelligenten Energiesystem („Energie 4.0“) bilden Smart Grids die infrastrukturelle Basis für die (weitergehende) Entwicklung von smarten Energiemärkten. Prinzipiell sollen Netz- und Marktsphäre auch im Sinne bestehender Entflechtungsvorgaben strikt voneinander getrennt werden und sollen Smart Merkets zuvörderst die volks- und betriebswirtschaftlich effiziente Ausnutzung bestehender Transportkapazitäten vor allem in Stromverteilernetzen – unter Vermeidung eines Netzausbaus bis zur „letzten Kilowattstunde“ – beitragen. Allerdings verbleiben hybride Grenzbereiche und bedarf es der Abschichtung zwischen der Systemverantwortung der Netzbetreiber und künftigen intelligenten Energiemengenmärkten.

Freilich wird die Digitalisierung über klassisch energiewirtschaftliche Zwecke hinaus zu „teilweise radikalen Veränderungen etablierter Rollen und Wertschöpfungsketten in Form von Disaggregation und Aggregation, also dem Zerlegen und Neu-Zusammensetzen althergebrachter Geschäftsmodelle“, führen. Mit der Etablierung neuer Plattformen und Geschäftsmodelle wird eine zunehmende gegenseitige Beeinflussung und Verschränkung bisher getrennter Branchen und damit das Entstehen neuer Wertschöpfungsnetzwerke erwartet.[72]

III. Neue Rollen – und weiterer Regulierungsbedarf

Das digitalisierte Energiesystem ist rechtsnormativ, wie schon angesprochen, bisher allenfalls ansatzweise erfasst und wird unter III. noch auf erste und zentrale Weichenstellungen im „Gesetz zur Digitalisierung der Energiewirtschaft“ einzugehen sein. Ganz grundsätzlich fragt sich indes, ob und ggfs. inwieweit es neuer und weiterer regulatorischer Vorkehrungen im digitalen Energiesystem bedarf bzw. solche Vorkehrungen überhaupt möglich erscheinen. Die Frage ist alles andere als trivial, denn Veränderungsdynamik und Regulierungstiefe sind schon im bisherigen Rechtsrahmen der Energiewende, gerade was die zunehmend dezentrale wie volatile Stromerzeugung aus erneuebaren Energien betrifft, enorm. Daraus erwachsen Gefährdungen unter dem Aspekt einer konsistenten und kohären-

72 *Hasse/Schwieters* (PwC AG), Deutschlands Energieversorger werden digital, 2016, abrufbar unter www.pwc.de/digital-energy.

ten, insbesondere also widerspruchsfreien und folgerichtigen („systemgerechten") sowie anwendungsfreundlichen und deshalb wünschenswert „schlanken" Gesetz- und Verordnungsgebung.[73]

In punkto Digitalisierung gestaltet sich mögliche (und zusätzliche) staatliche Steuerung besonders schwierig.[74] Die tatsächliche Ausgangslage – Implementierung von Smart Grids und konkreten Geschäftsmodellen für Smart Markets – ist noch im Fluss bzw. völlig entwicklungsoffen. Auch entfaltet sich das digitale Angebot für den Energiesektor bislang frei bzw. im Wildwuchs über das Internet, welches sich seit jeher und *per se* regulativem Zugriff entzieht; die Debatte um ein „Netzwerkdurchsetzungsgesetz"[75] spricht davon Bände. Das Hinzutreten von und die Wechselbezüglichkeit mit neuen Wertschöpfungsketten und branchenfremden Akteueren schließlich steigert, wie schon der Trend zur „Sektorkoppelung", die Komplexität des Energie-"systems" [76] – sofern davon in digitaler Zeit überhaupt noch die Rede sein kann – zusätzlich und lässt tradierte Systemgrenzen verschwimmen. Andererseits: Wenn insbesondere Flexibilitätsoptionen für einen geordneten und ökonomisch effizienten Netzbetrieb wettbewerblich entwickelt und „am Markt" angeboten werden sollen, spricht (auch) dies im Ansatz *gegen* Regulierung bzw. gilt es, hinreichenden Raum für die „freie" Entwicklung technischer Innovationen und neuer Geschäftsmodelle zu belassen. Kurzum: Das digitale Energiesystem steckt in der Komplexitätsfalle und gleichzeitig im Regulierungsdilemma.

---

73 S. insoweit auch Stellungnahme der *Expertenkommission zum Monitoring-Prozess „Energie der Zukunft"* zum 5. Monitoring-Bericht der Bundesregierung für 2015 (Dez. 2016), u.a. zur Komplexität und auch Gegenläufigkeit verschiedenster Fördermechanismen z.B. in Tz. 15: Vielzahl von kleinteiligen Regelungen, die adäquate Problemlösungen nicht mehr zulassen; s.a. Tz. 221: regulierungsdingte Ineeffizienzen, die das Prinzip Kosteneffizienz als einem der Leitgedanken des EEG konterkarieren.

74 Allg. zur „Auflösung unklarer Rechtslagen in der rasanten Energiewende-Welt" zuletzt etwa *Müller,* Editorial in EnWZ 2/2016, S. 49 f.

75 S. Entwurf eines Gesetzes zur Verbesserung der Rechtsdurchsetzung in sozialen Netzwerken (NetzDG), BT-Drs. 18/12356); vom BT verabsch. am 30.6.2017. Andererseits gegen reflexartige Aufgabenzuweisungen an den Gesetzgeber und mit Blick auf Datenschutzregelungen im Internetrecht („aktuell eher zu viel als zu wenig") etwa *Heun/Assion,* CR 2015, S. 812 (818).

76 S.a. *Doleski,* in: Aichele/Doleski (Hrsg.), Smart Market: Vom Smart Grid zum intelligenten Energiemarkt, 2014, S. 643: Komplexität als „wesentliches Charakteristikum der heutigen Energiewirtschaft".

1. Erforderliche Rahmenvorgaben, insbes. für eine sichere Versorgung

Die Entwicklung kann und darf allerdings nicht völlig sich selbst überlassen bleiben. Die staatliche Gewährleistungs- und Infrastrukturverantwortung auch und gerade für eine sichere, preisgünstige und umweltverträgliche Energieversorgung[77] gebietet hinreichende Rahmenvorgaben („Spielregeln") und klare Systemzäsuren. Besonders gilt dies für die flächendeckende und kontinuierliche sowie (über-)lebenswichtige Bereitstellung von (nicht substituierbarer) *Elektrizität*.[78]

Im intelligenten, aber zunehmend komplexen Energiesystem ist stets und vielleicht mehr denn je die Gefahr von Systemstörungen und -ausfällen zu besorgen[79], selbst wenn mit digitaler Automatisierung das oftmals höhere Risiko menschlichen Versagens reduziert scheint. Damit rückt, wie unlängst von der Expertenkommission im Monitoring-Prozess „Energie der Zukunft" wieder eingefordert[80], das Postulat der (Energie-) *Versorgungssicherheit* in den Fokus und gebührt ihm im Zieldreieck aus sicherer, preisgünstiger und zugleich umweltverträglicher Energieversorgung (§ 1 Abs. 1 EnWG) vornehmste Beachtung.[81] Auch wenn im euphorischen Diskurs zur Energiewende von „gleichrangigen" Zielen die Rede ist[82] und natürlich auch „Preisgünstigkeit" (u.a. zur sozialstaatlichen Bekämpfung von „Energiearmut") und „Umweltverträglichkeit" (schon nach Art. 20a GG und aus Klimaschutzgründen) jedenfalls nach *Optimierung* verlangen: Ohne zunächst einmal „sichere", also kontinuierliche und qualitativ angemessene Bereitstellung von elektrischer Energie ist alles Andere schlicht nichts und stehen sogleich höchstrangige Verfassungsgüter (Art. 2 Abs. 2, wenn nicht überhaupt aus dem gesamten Menschenbezug des GG mit

---

77 S. statt vieler und zur dogmatischen Herleitung nur *Pielow,* Grundstrukturen öffentlicher Versorgung, 2001, S. 344 ff.

78 S. BVerfGE 66, S. 248 (258): „Gemeinschaftsinteresse höchsten Rangs", 91, 186 (206): so wichtig „wie das Interesse am tägliche Brot".

79 Fiktiv und belletristisch, aber gut recherchiert beschrieben bei *Elsberg*, Blackout – Morgen ist es zu spät, 2012 (Wissensbuch des Jahres 2012, Kategorie Unterhaltung); zur digitalen Vernetzung (und Totalüberwachung) des Individuums auch *ders.*, Zero – Sie wissen, was du tust, 2014 (Wissensbuch 2014).

80 Fn. 73, Tzrn. 283 ff.

81 Wie hier und unter vielen bereits *Kühne,* in: Pielow (Hrsg.), Sicherheit in der Energiewirtschaft, 2007, S. 129 (130 f.); s.a. *dens.,* in: Kölner Schriften zum Wirtschaftsrecht (KSzW) 2011, S. 219.

82 So noch im Koalitionsvertrag zwischen CDU, CSU und SPD zur 18. Legislaturperiod des Bt. Bundestags v. 16.12.2013, S. 36.

Art. 1 Abs. 1) auf dem Spiel. Dahingehende staatliche Gewährleistungspflichten[83] sind, wie in aktuellen Verfassungsrechtsaussprachen zur Energieversorgung (Stichwort u.a. „Kohleausstieg") schon einmal zu vernehmen, unter keinen Umständen mit gleichfalls grundrechtlich unterlegten Umwelt- und Klimaschutzzielen zu relativieren und schon gar nicht wegzuwägen.[84]

„Sicherheit" verlangt im smarten Energiesystem dabei mehr als nur die allgemein zugängliche und unterbrechungsfreie Stromversorgung. Gestaltet sich das tatsächliche Umfeld zunehmend komplexer, sind umso mehr klare Zuweisungen von *Verantwortung* geboten. Sodann bedarf es der *technischen* Sicherheit, schon im Hinblick auf das störungsfreie Zusammenspiel von IKT- und anderen infrastrukturellen Komponenten in Smart Grids und Smart Markets, welche gerade im Bereich „kritischer Infrastrukturen" ebenso redundant wie resilient anzulegen sind.[85] Und schließlich geht im digital vernetzten Energiesystem um die *Daten*sicherheit. Dabei kann unterschieden werden zwischen dem Schutz persönlicher und/

---

83 S. zur frühen BVerfG-Rspr. die Nachw. in Fn. 78.

84 Knapp dazu etwa *Frenz,* EnWZ 2013, S. 1 f. Nicht bestritten werden soll, dass Art. 2 Abs. 2 GG – auch – für eine klimafreundliche Energieversorgung streitet. Jedoch dürfte es keinem vernünftigen Zweifel unterliegen, dass jedenfalls die sichere Verfügbarkeit elektrischer Energie *als solche* (schon sachnotwendig) Vorrang genießt. Aus völkerrechtlichen Pflichten zum Klimaschutz kann nichts Anderes folgen; jedenfalls das Völkervertragsrecht, etwa das Pariser Klimaübereinkommen von 2015, genießt in Deutschland nur unterverfassungsrechtlichen Rang (s. Art. 59 Abs. 2 GG und BVerfGE 141, S. 1 ff. – Doppelbesteuerungsabkommen). Tatsächlich vorrangiges EU-Recht, etwa die ETS-Richtlinie 2009/29/EG oder die noch weit offenere RES-Richtlinie 2009/28/EG, kehrt diesen Befund nicht um, schon weil im Recht der neuerdings so bezeichneten „Energieunion" die sichere Versorgung deutlicher noch als im deutschen Recht Priorität genießt, s. nur Art. 122 Abs. 1, 194 Abs. 1 lit. b) AEUV. So auch *Expertenkommission zum Monitoring-Prozess „Energie der Zukunft"* (Fn. 73), Tzr. 284: „geradezu eine Renaissance".

85 „Redundanz" bezeichnet das Bereithalten zusätzlicher und funktional gleichartiger Ressourcen eines *technischen Systems* zur Erhöhung der *Ausfall-*, *Funktions-* und *Betriebssicherheit*, auch wenn diese bei einem störungsfreien Betrieb im Normalfall nicht benötigt werden; zu nennen ist insoweit auch das dog. n-1 Kriterium für den (sicheren) Betrieb von Stromnetzen, Umspannwerken und Kraftwerken. In Ergänzung dazu erstrebt „Resilienz" die Fähigkeit technischer Systemen, bei dennoch eintretetenen *Störungen* bzw. *Teilausfällen* nicht vollständig zu versagen sondern wesentliche Systemdienstleistungen aufrechtzuerhalten. S.a. *acatech/Leopoldina/Akademienunion (Hrsg.),* Das Energiesystem resilient gestalten. Maßnahmen für eine gesicherte Versorgung, 2017.

oder Anlagendaten namentlich gegen die Weitergabe an Dritte gegen die unbefugte Erhebung oder Aggregation sonstiger Daten resp. gegen bestimmte Datenveredelungen (bspw. in Form von Persönlichkeitsprofilen anhand von Energieverbrauchsdaten) – *Datensicherheit i.w.S.* – und der Sicherheit der Daten selbst und *im engeren Sinne* gegen Manipulationen und gegen die Sabotage von außen. Eng einher gehen mit der Datensicherheit i.e.S. teils EU-rechtlich unterlegte und im IT-Sicherheitsgesetz[86] sektorenübergreifend ausgebaute Pflichten zum Schutz „kritischer Infrastrukturen", s. für den Energiebereich allgemein § 11 Abs. 1b und 1c, § 12g EnWG i.V.m. § 2 BSI-KritisV[87] sowie § 111d Abs. 2 S. 5 EnWG. Dem Fortschritt im intelligenten Energiesystem entsprechend wird zu fragen sein, ob und inwieweit diese Vorgaben auch auf neue Komponenten und Instrumente bzw. Dienstleistungen dieses Systems anzuwenden sind.[88] Zu weit ginge es jedenfalls, Smart Markets, die der Bereitstellung dringend benötigter Flexibilitäten zur Erhaltung der Netzsicherheit (und nicht etwa nur von „Mehrwertdiensten") dienen, aus Gründen des Wettbewerbs oder der ökonomischen Effizienz („preisgünstig") völlig unreguliert das Terrain zu überlassen. Entsprechendes muss für klimaschutzmotivierte („umweltverträgliche") Anspannungen im intelligenten Energiesystem gelten, wenn dadurch Sicherheitsanforderungen in den Hintergrund geraten.

2. *Regelungsbedarf in concreto?*

Lässt sich der regulative Anpassungsbedarf – in ebenso komplexer wie hoch dynamischer Gemengelage der Digitalisierung – konkreter beschreiben? Eigenart von Rechtsetzung ist es nun einmal, dass sie, vor allem angesichts schwer überschaubarer Entwicklungen, eher reagiert als proaktiv

---

86 Gesetz zur Erhöhung der Sicherheit informationstechnischer Systeme v. 17.07.2015 (BGBl. I S. 1324), zul. geänd. d. Gesetz v. 18.07.2016 (BGBl. I S. 1666); zu Inhalt und Zielsetzung s. BT-Drs. 18/4096.

87 Verordnung zur Bestimmung Kritischer Infrastrukturen nach dem BSI-Gesetz (Gesetz über das Bundesamt für Sicherheit in der Informationstechnik) v. 22.4.2016 (BGBl. I S. 958). Zum EU-rechtlichen Rahmen s. bereits Richtlinie 2008/114/EG über die Ermittlung und Ausweisung europäischer kritischer Infrastrukturen v. 8.12.2008 (ABl. EU Nr. L 345/75).

88 Zur Spannungslage zwischen IT-Sicherheit und Wettbewerb allg. etwa *Byok,* BB 2017, S. 451 ff.; zum Schutz kritischer Infrastrukturen speziell im Energiesektor *Guckelberger,* DVBl. 2015, S. 1213 ff.

agiert. Dies bringt notwendig auch Grenzen rechtlicher Steuerbarkeit mit sich und bedarf es zusätzlich und präventiv *selbstregulativer* Anstrengungen auf Seiten der Marktakteure. Beispielsweise scheint in punkto Datensicherheit angesichts allgegenwärtiger und ständig perfiderer „Hackerattacken" kaum jemals ein Vollkaskoschutz mittels staatlicher Vorgaben zur IT-Sicherheit denkbar. Hier ist dann (auch) die Eigeninitiative zur Sicherung vernetzter Datenflüsse gefordert, während vom Gesetzgeber (auch) Vorkehrungen zu möglichst wirksamer Schadens*begrenzung* im Fall eines Systemausfalls zu verlangen sind. Im Übrigen wird die gesetzliche Umhegung im kaum prognistizierbaren weiteren Gang des intelligenten Energiesystems im *Hayek'*schen Sinne eines „Entdeckungsverfahrens" nur schrittwie versuchsweise voranschreiten können. Da der staatliche Regelsetzer Neuland betritt, sollte schon zwecks breiter Generierung von Wissen und Erfahrung, den Markteuren hinreichender Raum zur Entfaltung zu belassen sein. Groß angelegte „Regulatory Roadmaps" mit Totalrevisionen im Energie(handels-)recht drohten – ebenso wie weitreichende Vorschläge zu einem Strommarktdesign mit parallelen Kapazitätsmärkten[89] – in ein „von oben" dekretiertes und starres „Smart Market-Design" umzuschlagen und nähmen der Kreativität der Marktakteure die Luft.[90]

So reduziert die *Ecofys Germany / Fraunhofer IWES*-Studie „Smart-Market-Design in deutschen Verteilernetzen"[91] intelligente (Energie-) Märkte auf die Vermeidung und Behebung regionaler Netzengpässe (in der „gelben" Ampelphase, s.o. II 3 c) und mittels Bereitstellung von Flexibilitätsoptionen in nach Netzgebietsklassen differenzierten und vorab typisierten (bzw. aufoktroyierten?) Marktmodellen und folgert aus dieser Funktion (sogar) ihren „Monopolcharakter" und dementsprechenden Bedarf an Regulierung. Völlig ausgbelendet bleibt auf derart starre Weise

---

89 S. zur Debatte anfänglich *BMWi,* Grünbuch „Ein Strommarkt für die Energiewende" v. 31.10.2104 und später das gleichnamige Weißbuch v. Juli 2015 (www.bmwi.de). Ansonsten wurden auch zum schließlich erreichten Strommarktgesetz v. 26.07.2016 (BGBl. I S. 1786) überschießende regulative Tendenzen ausgemacht, s. z.B. *Stelter/Ipsen,* EnWZ 2016, S. 483 (486 ff.).

90 Gegen reflexartige Aufgabenzuweisungen an den Gesetzgeber und mit Blick auf Datenschutzregelungen im Internetrecht s. noch einmal *Heun/Assion,* CR 2015, S. 812 (818).

91 Fn. 40, mit dem Untertitel „Entwicklung und Bewertung von Smart Markets und Ableitung einer *Regulatory Roadmap*", S. 47, 73 ff. In Richtung weitreichender Vorabregulierung etwa auch *Steinwärder,* in: Aichele/Doleski (Hrsg.), Smart Market: Vom Smart Grid zum intelligenten Energiemarkt, 2014, S. 143 (144).

m.E. das in Smart Markets *ansonsten* steckende Entwicklungspotenzial, mit Blick etwa auf branchenübergreifende Angebote (u.a. von Mehrwertdiensten) oder die Möglichkeiten im Zuge der „Sektorkoppelung" von Strom-, Wärme- und Verkehrsenergieversorgung.

Ein hier präferiertes tastendes, nach prioritären Problemschwerpunkten abschichtendes und phasenspezifisches Vorgehen sollte naheliegend beim *BDEW*-Konzept der „Kapazitätsampel" ansetzen. Zunächst käme es darauf an, „funktionale Schnittstellen zwischen Markt und Netz" näher auszugestalten.[92] Es sollten etwa Schwellenwerte definiert werden, wann jeweils die grüne/gelbe/rote Phase beginnt bzw. sollte insbesondere der „weiße Fleck"[93] der *gelben* Ampelphase, die allein für Flexibilitätsprodukte in Betracht kommt (s. oben II 3 c), näher definiert werden, eventuell unter Konkretisierung, bis zu welcher Spannungsebene welche Mechanismen sinnvoll sind.[94] Erst dann wäre zu überlegen, ob und inwieweit, ausgehend auch von den Erfahrungen in laufenden Pilot- und Demonstrationsvorhaben (z.B. SINTEG, Kopernikus) bzw. im Ausland[95], Standards für den Einsatz dezentraler Flexibilität mittels unterschiedlicher Smart Markets gesetzt werden sollen (bspw. für Bilanzierungs- und Abrechnungsprozesse), damit sich abgeleitete Geschäftsmodelle und Lösungen deutschlandweit und differenziert nach netztopologischen Besonderheiten (z.B. in besonders wind- oder sonnenlastige Netzgebieten) entwickeln können.[96] Erst in dieser Phase wäre ferner zu fragen, ob sich unterschiedliche *Smart Markets* womöglich gegenseitig behindern, etwa weil ihre Flexibilitätsoptionen einmal auf Übertragungs-, ein anderes Mal auf Verteilnetzebene be-

---

92 Insoweit wohl einhellig, s. z.B. *Doleski/Aichele,* in: dies. (Hrsg.), Smart Market: Vom Smart Grid zum intelligenten Energiemarkt, 2014, S. 18; *Ropenus,* Smart Grid und Smart Markets, in: Agora Energiewende, Energiewende und Dezentralität – Zu den Grundlagen einer politisierten Debatte, 2017, S. 111.

93 *Ecofys Germany/Fraunhofer IWES,* Smart-Market-Design in deutschen Verteilernetzen (Entwicklung und Bewertung von *Smart Markets* und Ableitung einer *Regulatory Roadmap,* im Auftrag von *Agora Energiewende*), März 2017, S. 48 u.ö.

94 *Doleski/Aichele*, , in: dies. (Hrsg.), Smart Market: Vom Smart Grid zum intelligenten Energiemarkt, 2014, S. 18.

95 Z.B. aus der Schweiz, s. die Hinweise bei *Ropenus,* Smart Grid und Smart Markets, in: Agora Energiewende, Energiewende und Dezentralität – Zu den Grundlagen einer politisierten Debatte, 2017, S. 105 f. m.w.N.

96 So *dena,* Grundsatzpapier der Plattform Digitale Energiewelt v. 6.6.2016, S. 14, 18.

reitgestellt werden[97] bzw. wäre die Abstimmung zwischen ÜNB und VNB unter Differenzierung der bislang bei den ÜNB konzentrierten „Systemverantwortung“ (s. §§ 11, 13 ff. EnWG) näher oder neu zu regeln. Zu berücksichtigen ist natürlich auch die Ökonomie[98]: So werden Stromnetzbetreiber die anfallenden Kosten für Flexibilitätsoptionen aus *Smart Markets* den – dadurch vermiedenen – Kosten für klassische Netzeingriffe wie Einspeisemanagement gegenüberstellen und ist damit die Frage der Vergütungshöhe und der Anreize für die Partizipation von Flexibilitätsanbietern aufgeworfen. Ebenso können Netzengpässe nur vorübergehend (z.B. bis zu einem anstehenden Netzausbau) bestehen und ginge dies wiederum mit fehlenden Gewinnaussichten für Smart Markets einher. Erst dann fragt sich, ob in der betreffenden Netzregion ein Smart Market womöglich obligatorisch und mit Gewährung finanzieller Kompensation zu regeln ist – oder ob, sofern sich nicht freiwillige Kooperationen von Flexibilitätsanbietern und/oder Netzbetreibern ergeben, der Zuschnitt von (Verteil-) Netzregionen, womöglich sogar zwangsweise, verändert werden muss.[99]

IV. Erste Weichenstellungen im „Stammgesetz“ zur Digitalisierung

Vor dem komplexen Hintergrund des erst noch im Enstehen begriffenen intelligenten Energiesystems kommt das „Gesetz zur Digitalisierung der Energiewende“ vom Sommer 2016 einigermaßen vollmundig daher. Anders als der Gesetzestitel suggeriert, bedeutet es mitnichten den großen Wurf hin zu einer ganzheitlichen Neuordnung von Verantwortungszonen und Koordinationsmechanismen in der digitalisierten Energieversorgung. Als Herzstück des Artikelgesetzes enthält immerhin das *Messstellenbetriebsgesetz (MsbG)*[100] einzelne Weichenstellungen gerade zu infrastrukturellen Grundvoraussetzungen im intelligenten Energiesystem – und liegt

97 Zu solchen „Kannibalisierungseffekten“ *Ropenus,* Smart Grid und Smart Markets, in: Agora Energiewende, Energiewende und Dezentralität – Zu den Grundlagen einer politisierten Debatte, 2017, S. 103, 105, 111.

98 Nach *Ropenus,* Smart Grid und Smart Markets, in: Agora Energiewende, Energiewende und Dezentralität – Zu den Grundlagen einer politisierten Debatte, 2017, S. 106 m.w.N.

99 Überlegungen in diese Richtung und angesichts der Kleinteiligkeit deutscher Verteilernetze bei *Säcker,* EnWZ 2016, S. 294 (301 f.).

100 = Art. 1 Gesetz zur Digitalisierung der Energiewende (Fn. 1).

insofern „auf Linie" des hier vorgeschlagenen schritt- und versuchsweisen regulativen Vorgehens.

1. Gestreckter und terminologisch unscharfer „Smart Meter"-Rollout

Gedämpft werden hoch gesteckte Erwartungen in ein voll-digitales Energiesystem schon angesichts des in den §§ 29 ff. MsbG detailliert regulierten *Smart Meter-Rollouts*: Andere Staaten wie Schweden und Italien sind hier schon weit fortgeschritten sind und ist auch EU-rechtlich prinzipiell, freilich unter Hinnahme nationler Sonderwege aufgrund zuvor erstellter Kosten-Nutzen-Analysen, ein 80 %-iger Rollout bereits bis 2020 vorgeschrieben.[101] Anstelle eines Totalrollouts „um jeden Preis" will der deutsche Gesetzgeber, nach vorausgegangener Wirtschaftlichkeitsanalyse, hingegen „eine sachlich ausgewogene, d.h. individuell zumutbare und gesamtwirtschaftlich sinnvolle" Lösung[102] und kommt der Rollout mit angezogener Handbremse daher: Minutiös regeln die §§ 29 ff. MsbG den Einbau zunächst nur von *„modernen Messeinrichtungen"*, und zwar im Vollausbau erst bis 2032, ab sofort freilich in Neubauten und bei größeren Renovierungen, § 29 Abs. 3; zur wirtschaftlichen Vertretbarkeit s. § 32 MsbG. Moderne Messeinrichtungen erfassen, insofern kaum mehr als die alten elektromechanischen *Ferraris*-Zähler, lediglich den tatsächlichen Stromverbrauch und ferner tatsächliche Nutzungszeiten. Da sie nicht selbständig und bidirektional kommunizieren können[103], bilden sie (noch) *keine Smart Meter* und scheiden als Basis insbesondere für Smart Market-Anwendungen aus.

Nach § 2 Nr. 15 MsbG sollen moderne Messeinrichtungen jedoch über einen *Smart-Meter-Gateway* sicher in ein Kommunikationsnetz eingebunden werden können. Mit diesem werden sie dann – aber auch nur dann – und sofern sie ferner den besonderen Anforderungen des Gesetzes zu Datenschutz und -sicherheit sowie zur Interoperabilität (§§ 21 f. MsbG) genügen, zu *intelligenten Messsystemen.* Diese wiederum sind obligatorisch und je nach technischer Machbarkeit (§ 30 MsbG) und wirtschaftlicher

---

101 Jeweils nach Anhang II Abs. 2 der Strombinnenmarktrichtlinie 2009/72/EG (mit Eg. 55) bzw. der Erdgasbinnenmarktrichtlinie 2009/73/EG (mit Eg. 52).

102 Vgl. BT-Drs. 18/7555, S. 2; näher dazu *Lange,* in diesem Band S. 9 (12ff.), sowie *ders.,* EWerK 3/2016, S. 165 ff. und *Lange/Möllnitz,* EnWZ 2016, S. 448 ff.

103 *Lüdemann/Ortmann/Prokant,* EnWZ 2016, S. 339 (340).

Vertretbarkeit (innerhalb der gestaffelten Preisobergrenzen des § 31 Abs. 1 u. 2 MsbG) bei Letztverbrauchern mit einem Jahresstromverbrauch über 6.000 kWh, an steuerbaren Verbrauchseinrichtungen i.S.d. § 14a EnWG und an Stromerzeugungsanlagen mit installierter Leistung über 7 kW anzubringen.[104] Die Einbaupflicht besteht grundsätzlich seit Anfang 2017, für Letztverbraucher mit mehr als 6.000 kWh p.a. bzw. Erzeugungsanlagen mit installierter Leistung über 100 kW aber erst ab 2020. Allerdings sind die Ausbauziele (mindestens an 95 Prozent der betroffenen Messstellen, § 29 Abs. 5 MsbG) erst im Laufe von acht Jahren, an Zählstellen mit mehr als 100.000 kWh Jahresverbrauch sogar nur innerhalb von 16 Jahren zu realisieren (§ 31 Abs. 1 u. 2 MsbG).[105]

Dass das Gesetz nicht explizit von „Smart Metern" spricht, wird damit begründet, dass „intelligente Messsysteme" durch ihre Plattform-Kompatibilität und die Fertigung nach einem *Privacy-by-design*-Standard des Bundesamtes für Sicherheit in der Informationstechnik (BSI) qualifiziert seien.[106] Und obwohl beide Begriffe in der Gesetzesbegründung ansonsten synonym verwendet werden, definiert § 2 Nr. 7 MsbG auch die Funktion des „intelligenten Messystems" (nur) anhand der Fähigkeit, den tatsächlichen Energieverbrauch und die tatsächliche Nutzungszeit wiederzuspiegeln. Danach fehlt es auch der eigentlichen Messeinrichtung einstweilen an der – gerade auch bidrirektionalen bzw. intelligenten – Kommunikationsfähigkeit, wie sie landläufig „echten" Smart Metern, als Voraussetzung etwa für die An- und Absteuerung von Verbrauchs- und/oder Erzeugungsstellen und Basis für Smart Markets zugeschrieben wird.

104 Näher *Kermel/Dinter,* RdE 2016, S. 158 (160 f.); für die optionale Ausstattung mit intelligenten Messsystemen oder eine solche auf Verlangen s. § 29 Abs. 2 u. 33 MsbG.

105 Letzteres (§ 31 Abs. 1 Nr. 1 MsbG) betrifft industrielle Verbrauchsstellen, an denen i.d.R. bereits im Wege der (intelligenten) registrierenden Lastgangmessung (RLM) gemessen wird. Mit dem längeren Umsetzungszeitraum sollen *stranded investments* in RLM-Zähler vermieden werden. Eine Vorreiterrolle sollen freilich *sofort* aufzurüstende steuerbare Verbrauchseinrichtungen nach § 14a EnWG einnehmen, was freilich den Abschluss entsprechender Netznutzungsverträge voraussetzt, vgl. § 31 Abs. 1 Nr. 5 MsbG, zu allem BT-Drs. 18/7555, S. 93 f.

106 BT-Drs. 18/7555, S. 1.

2. Smart-Meter-Gateway als Kern des intelligenten Messsystems

Eigentlich kommunikationsfähig werden sollen moderne Messeinrichtungen – als „'reine' Zähler" von Strom- und ggfs. Gasmengen[107] – allerdings über die Kombination mit *Smart-Meter-Gateways.* Diese bildeten die „Kernkomponente" des intelligenten Messsystems und entsprächen sie auch terminologisch den schon seit 2011 nach internationalem Standards erarbeiteten Schutzprofilen und Technischen Richtlinien des Bundesamts für Sicherheit in der Informationstechnik (BSI).[108] Funktional handelt es sich nach § 2 S. 1 Nr. 19 MsbG um die eigentlich digitalen, also zur Erfassung, Verarbeitung und Versendung von Daten fähigen Kommunikationseinheiten im intelligenten Messsystem, die zum einen moderne Messeinrichtungen (s.o. 1), aber auch weitere technische Einrichtungen wie EEG- und KWK-Erzeugungsanlagen „sicher", d.h. unter Gewährleistung von Datenschutz, Datensicherheit und Interoperabilität in ein (nicht näher definiertes) „Kommunikationsnetz" einbinden können (s.a. § 23 MsbG). Dazu haben Sie den Schutzprofilen und Technischen Richtlinien nach § 22 Abs. 1 und 2 MsbG zu genügen und bedürfen der vorherigen Zertifizierung durch das BSI; auch dieses „Gütesiegel" soll das intelligente Messsystem deutlich von herkömmlichen Messsystemen abheben.[109] Smart-Meter-Gateways sollen „neue technische Möglichkeiten der Marktkommunikation"[110] bieten und fortan als zentrale *„Datendrehscheibe"* nicht nur bi- sondern multilateral bzw. „sternförmig" kommunizieren: Anders als nach § 4 Abs. 3 MessZV a.F. werden die nach detaillierter Maßgabe der §§ 55 ff. MsbG (ausschließlich) beziehbaren und aufbereiteten („validierten")[111] Messwerte[112] zeitgleich an *alle* „berechtigten Stellen" (insbes.

---

107 BT-Drs. 18/7555, S. 74.

108 BT-Drs. 18/7555, S. 74, 108. s.a. Technische Richtlinie BSI TR-03109-1: Anforderungen an die Interoperabilität der Kommunikationseinheit eines intelligenten Messsystems, Version 1.0 v. 18.3.2013; die Gesetzesbegründung (aaO., S. 74) verweist zusätzlich auf zunehmend grenzüberschreitende Märkte und die damit erforderliche Entwicklung internationaler Standards.

109 BT-Drs. 18/7555, S. 73.

110 BT-Drs. 18/7555, S. 108.

111 Zur Datenaufbereitung zählen im intelligenten Messsystem nach § 60 Abs. 2 „insbesondere" die Plausibilisierung und die Ersatzwertbildung im Smart-Meter-Gateway und i.S.d. § 2 S. 1 Nr. 17 MsbG.

112 Zusammengefasst (auch) nach § 21 Abs. 1 Nr. 1 MsbG: Zählerstandsgangmessungen bei Letztverbrauchern, von steuerbaren Verbrauchseinrichtungen i.S.d. § 14a EnWG sowie von Erzeugungsanlagen nach dem EEG und KWKG nebst

Messstellenbetreiber, Netzbertreiber, Bilanzkoordinatoren, Energielieferanten einschl. Direktvermarktern nach EEG) übermittelt, §§ 60 i.V.m. 49 Abs. 2 MsbG.

3. Rollenverteilung

Die Rollenverteilung im neuen Messystem gestaltet sich nunmehr „grundlegend anders“[113] und fragt es sich, wie es um die wünschenswert klare Zuweisung von Verantwortlichkeiten bestellt ist.

a) Messstellenbetreiber und Smart-Meter-Gateway-Administrator

Übersichtlicher erweist sich die Lage infolge Abkehr von der zuvor noch möglichen Trennung von Messstellenbetrieb und Durchführung der eigentlichen Verbrauchsmessung durch den u.U. personenverschiedenen „Messdienstleister“.[114] Es existiert nur der einheitliche Betrieb der „Messstelle“[115] und obliegt dieser prinzipiell dem *grundzuständigen Messstellenbetreiber*. Verpflichtet ist er zur transparenten und diskriminierungsfreien Ausgestaltung und Abwicklung des Betriebs von herkömmlichen oder „modernen“ Messtellen. „Grundzuständig“ ist prinzipiell der jeweilige *(Verteil-)Netzbetreiber.*[116] Der Betrieb (nur) moderner Messeinrichtungen und intelligenter Messsysteme ist jetzt deutlicher vom Netzbetrieb getrennt bzw. muss durch buchhalterische Entflechtung „unabhängig“ ausgetslatet sein, § 3 Abs. 4 MsbG.

Ist-Einspeisung aus diesen Anlagen, ferner und unter den restriktiven Voraussetzungen der §§ 56 f. und 63 f. auch Stammdaten i.S.d. § 2 S. 1 Nr. 22 sowie Netzzustandsdaten (Nr. 16), für ausnahmsweise zulässige weitere Datenerhebungen s. § 59 MsbG.

113 *Lüdemann/Ortmann/Prokant,* EnWZ 2016, S. 339 (341).

114 S. zuvor noch s. noch § 21b EnWG i.V.m. § 9 MessZV.

115 In § 2 S. 1 Nr. 11 definiert als „Gesamtheit aller Mess-, Steuerungs- und Kommunikationseinrichtungen zur sicheren Erhebung, Verarbeitung und Übermittlung von Messdaten und zur sicheren Anbindung von Erzeugungsanlagen und steuerbaren Lasten an Zählpunkten eines Anschlussnutzers“.

116 Vgl. § 2 S. 1 Nrn. 4 u. 24 MsbG sowie BT-Drs. 18/7555, S. 9 u.ö.; zur Genehmigungspflicht nur der erstmaligen Aufnahme s. § 4 MsbG, zur Ausfallzuständigkeit des ursprünglichen Messstellenbetreibers § 18 MsbG.

Neu und vom Messstellenbetrieb funktional zu unterscheiden ist die Aufgabe des *Smart-Meter-Gateway-Administrators* als Betreiber der „Datendrehscheibe“. Er hat den zuverlässigen technischen Betrieb des intelligenten Messsystems sowie die informationstechnische Anbindung von Messgeräten und anderen technischen Einrichtungen an das Smart-Meter-Gateway zu gewährleisten.[117] Der SMG-Administrator ist, wie aus der Definition in § 2 S. 1 Nr. 20 folgt, prinzipiell mit dem grundzuständigen Messstellenbetreiber und insofern zunächst mit dem Verteilnetzbetreiber personenidentisch.

b) Übertragbarkeit

Allerdings ist die Übertragung des Messstellenbetriebs möglich und bemüht sich das MsbG insofern um eine „stufenweise Definition der Verantwortlichkeiten“[118]: Der Betrieb *herkömmlicher* Messeinrichtungen kann auf Wunsch eines Anschlussnutzers (Letztverbraucher oder Stromerzeuger nach EEG-/KWKG) sowie an dessen Stelle ab dem 1. Januar 2021 auch vom Anschlussnehmer (insbes. Immobilieneignern)[119] einem Dritten übertragen werden. Optional und auf Initiative des ursprünglichen Messstellen- bzw. Verteilnetzbetreibers delegierbar ist, unter Beachtung vergaberechtlicher Maßstäbe[120], die Grundzuständigkeit für den Betrieb moderner Messeinrichtungen und intelligenten Messsystemen, also einschließlich der Aufgabe des Smart-Meter-Gateway-Administators, §§ 41 ff. MsbG. Unter den Voraussetzungen des § 45 MsbG (Schlechterfüllung, fehlende Zertifizierung oder Genehmigung) ist die Übertragung obligatorisch.

Der neue Übertragungsmechanismus verfolgt mehrere Zwecke: Verteilnetzbetreiber, die sich nur auf den „Netzbetrieb“ konzentrieren wollen oder die Preisobergrenzen für den Smart-Meter-Rollout (§ 31 MsBG) nicht einhalten könne, sollen nicht (auch) zum intelligenten Messstellenbetrieb gezwungen sein.[121] Andererseits soll im intelligenten Messsyste,

117 S. im Einzelnen § 25 MsbG.

118 BT-Drs. 18/7555, S. 73.

119 Zu u.a. grundrechtlichen Bedenken hieran und mit Blick auf die Privatautonomie und den Datenschutz auf Seiten von Mietern s. nur Stellungnahme des Bundesrats in BT-Drs. 18/7555, S. 121 f.

120 Vgl. § 41 Abs. 2 MsbG; dazu näher BT-Drs. 18/7555, S. 102 f.; ferner *Wagner/ Brockhoff,* RdE 2016, S. 54 ff.; *Säcker/Zwanziger,* RdE 2016, S. 381 ff.

121 BT-Drs. 18/7555, S. 76.

mehr Wettbewerb herrschen. Marktteilnehmer könnten mit dem neuen Übertragungsmechanismus zahlreiche moderne Messstellen in einem Netzgebiet für sich gewinnen und darauf Geschäftsmodelle aufsetzen. Dies führe auch im Bereich des Messstellenbetriebs zu mehr Verbraucherfreundlichkeit und Preisgünstigkeit.[122]

c) Verhältnis ÜNB/VNB

Trotz „Grundzuständigkeit" der Vedrteilnetzbetreiber für den – allerdings entflochtenen – Messstellenbetrieb im intelligenten Messsystem und damit auch für die Administration des Smart-Meter-Gateways entbrannte schon im Gesetzgebungsverfahren der *Streit um die „Datenhoheit"* und speziell um die Rollenverteilung zwischen Übertragungs- und Verteilnetzbetreibern. Während die Zuständigkeit für den Betrieb herkömmlicher („unsmarter") Messstellen einschließlich der Datenaggregation bei den Verteilnetzbetreibern verbleibt[123], sollte anfänglich die Aggregation der Last- und Einspeisegänge von Einzelzählpunkten im intelligenten Messsystemen anhand der vom SMG-Administrator übermittelten Daten nur noch durch die vier *Übertragungs*netzbetreiber erfolgen. Dies mache den Datenaustausch und damit das Bilanzkreismanagement für alle Beteiligten (daten-) sicherer, effizienter und damit auch kostengünstiger[124] – u.a. durch rationelleren Einsatz von teurer Regel- und Ausgleichsenergie. Auch seien nur auf der Ebene der ohnehin schon „intelligenten" vier Übertragungsnetze zusätzliche IT-Systeme zur Weiterverarbeitung der eingehenden Zählerdaten aufzubauen.[125]

---

122 BT-Drs. 18/7555, S. 102.

123 Vgl. §§ 43 Abs. 1 S. 2 und 66 Abs. 1 Nr. 7 MsbG (= ausschließliche Messwertnutzung zur Bewirtschaftung von Differenzial- und Netzverlustbilanzkreisen der VNB); deutlich auch § 12 Abs. StromNZV n.F.

124 Bislang erhielten die ÜNB Entnahme- und Einspeisedaten insbesondere von Kleinverbrauchern nur „kaskadenhaft" seitens der Verteilnetzbetreiber, zeitverzögert (zum Monatsende) und zumeist anhand von Standardlastprofilen bzw. erfolgte der Abgleich dieser Energiemengen erst nach jährlicher und händischer Zählerablesung.

125 Vgl. Gemeinsame Stellungnahme der Übertragungsnetzbetreiber zum Gesetzentwurf zur Digitalisierung der Energiewende v. 1.03.2016; die Begründung findet sich nahezu wortgleich in der Gegenäußerung der Bundesäußerung zur in diesem Punkt besonders kritischen Stellungnahme des Bundesrats (BT-Drs. 18/7555, S. 140).

Befürchtet wird demgegenüber die Reduktion der Verteilernetze, die ja weiterhin die Hauptlast dezentraler wie volatiler (Strom-) Ein- und Ausspeisungen zu bewältigen haben, auf die reine Transportfunktion („Kupferputzer") und abgeschnitten vom direkten Informations- und Datenfluss, ferner die Verbauung eigener Geschäftschancen sowie der Verlust an Bürger- und Kundenähe der VNB.[126] Auch ist zu bedenken, dass nur die wenigsten VNB als grundzuständige Messstellenbetreiber auch ein Smart-Meter-Gateway als eigene „Datendrehscheibe" betreiben werden. Mangels technischer wie finanzieller Ressourcen werden sie eher zum *opt out* nach § 41 MsbG schreiten und den Betrieb des intelligenten Messsystems Dritten übertragen. In Betracht kommen freilich auch inter-kommunale Kooperationen von Netz- bzw. grundzuständigen Messstellenbetreibern oder, soweit die Netze von überörtlichen Netzbetreibern allein oder in vertikaler Kooperation mit Kreis-, Stadt- und Gemeindewerken betrieben werden[127], deren „intelligente" Bündelung in überregionalen Smart-Meter-Gateway-Zonen.[128] Um jedenfalls den „Datenblindflug" beim Stromverteilnetzbetrieb zu vermeiden, musste schon in der Beratung zum MsbG ein Kompromiss her: Nach Gesetz gewordener Regelung sind nun durchweg auch Verteilrnetzbetreibern mit mindestens 100.000 Kunden vom Smart-Meter-Gateway Last- oder Zählerstandsgänge täglich für den Vortrag in 15-minütiger Auflösung zu übermitteln; schließlich sind sie schon bislang zur Führung eigener Netzverlust- und Differenzbilanzkreise verpflichtet (§§ 10 bis 12 StromNZV). Für die weitaus größere Zahl der kleineren VNB sind

---

126 S. insbes. Stellungnahme des Bundesrats in BT-Drs. 17/7555, S. 120, 132; ferner: BDEW, Stellungnahme zum Regierungsentwurf eines Gesetzes zur Digitalisierung der Energiewende v. 3.03.2016, S. 3 f.; VKU, Stellungnahme zum Gesetzentwurf der Bundesregierung „Gesetz zur Digitalisierung der Energiewende" v. 10.03.2016, S. 4; s.a. *Lange,* EWeRK 2016, S. 165 / 167 m.w.N. zum Streit in Fn. 40.

127 So umfassen z.B. die vom größten deutschen Verteilnetzbetreiber *Westnetz GmbH* (im RWE-Konzern) betrieben Stromnetze bereits eine Gesamtlänge von 185.000 km sowie 5.000.000 Kundenanschlüsse (Quelle: www.westnetz.de). Eingehend zum Kooperationstrend im Verteilnetzsektor *Groneberg*, Konzession und Kooperation: Partnerschaftliche Konzessionsmodelle beim Neuabschluss von qualifizierten Wegenutzungsverträgen nach § 46 Abs. 2 EnWG, Diss. iur. Bochum 2017 (im Ersch.).

128 Näher bereits *Säcker*, EnWZ 2016, S. 294 (297 ff.).

Daten immerhin auf Verlangen und situationsgerecht am Folgetag bereitzustellen.[129]

d) Eigene Datendrehscheiben für Verteilnetze?

Unterdessen sind auch weiterhin Ineffizienzen im digitalisierten Messsystem zu verzeichnen und betrifft dies z.B. den einstweilig erforderlichen Parallelbetrieb herkömmlicher sowie „moderner" Messeinrichtungen durch die grundzuständigen Messtellenbetreiber. Auch besteht die Skepsis gegenüber der zentralisierten Datenaufbereitung und -veredelung allein zwischen Smart-Meter-Gateway und ÜNB fort. Angesichts ihrer hohen Bedeutung bei der Bewältigung volatiler Stromflüsse im dezentralisierten Energiesystem wird vorgeschlagen, gerade auch Verteilernetze als eigene und aus Gründen der Systemsicherheit womöglich „redundante" Datendrehscheiben – parallel zu intelligenten Mess- bzw. Smart-Meter-Gateway-Systemen? – auszugestalten.[130] Dies ginge freilich abermals mit erheblichem technischem und entsprechend finanziellen Aufwand einher, weshalb die Lösung denn auch eher in der Kooperation unter den VNB bzw. in der Schaffung „regionaler" respektiver „systemrelevanter" Verteilnetzkoordinatoren gesehen wird.[131] Eine „Regionalisierung" jedenfalls des digitalisierten Ein- und Ausspeisemangements auf Verteilernetzebene könnte gewiss auch zur Behebung von Ineffizienzen beitragen, die sich infolge vermehrter (Re-) Kommunalisierungen des Netzbetriebs in einer prononcierten Kleinteiligkeit der deutschen Verteilnetzlanschaft niederschlugen.[132]

---

129 Vgl. §§ 60 Abs. 3 Nr. 2 u. 66 Abs. 1 mit Nr. 7 MsbG sowie die betreffende Beschlussempfehlung in BT-Drs. 18/8919, S. 12 f., 26.

130 S. zuletzt etwa *Booz*, N&R 2017, S. 130 (133 f.); auch schon *Säcker,* EnWZ 2106, S. 294 (297 f.).

131 S. namentlich *Säcker,* EnWZ 2106, S. 294 (297 f.).

132 Zum Erfordernis eines regionalisierten Verteilnetzbetriebs auch schon *Dt. Energieagentur*, dena-Verteilnetzstudie: Ausbau- und Innovationsbedarf der Stromverteilnetze in Deutschland bis 2030 (Endbericht), Dez. 2012; S. 55 ff.

e) Zwischenfazit: Stammgesetz MsbG und Systemverantwortung

Die Diskussion um das Datenmanagement im digitalisierten Energiesystem und die Rollenverteilung im Verhältnis ÜNB/VNB ist damit einstweilen weiter im Fluss. Mit zunehmend dezentralisierter Energieversorgung „von unten nach oben" spricht Einiges dafür, auch Verteilnetzbetreiber aktiv und mit eigenen „Datendrehscheiben", parallel zum Smart-Meter-Gateway-System oder an dessen Stelle, in die Datenaufbereitung und -veredelung einzubinden. Zweckmäßigerweise kann es dann aber mit Regelungen zur Datenerhebung, -aufbereitung und -veredelung (einschl. Datensicherheit und -schutz) wie im MsbG nicht sein Bewenden haben. Dringend geboten erscheinen vielmehr auch Anpassungen der *Systemverantwortung* von Übertragungs- und Verteilnetzbetreibern bzw., über bereits vorhandene Regelungen in den §§ 14 bis 14b EnWG hinaus, erweiterte Verantwortlichkeiten gerade der in der Energiewende besonders geforderten VNB einschließlich „smarter" und digitaler Aufrüstung ihre Netze.[133] Denn trotz Entflechtung von Netzbetrieb und intelligentem Messwesen: Verlässliche und kontinuierlich verfügbare Last- und Einspeisedaten sind nun einmal unabdingbar für den sicheren und zuverlässigen Betrieb auch des Verteilernetzes. So gesehen, erscheint dann auch die Regelung des intelligenten Messsystems in einem separaten „Stammgesetz" (MsbG) problematisch bzw. wünschte man sich eine durchaus engere Verklammerung zwischen Messstellenbetriebs- und dem Energiewirtschaftsgesetz mit begleitenden Regelwerken.[134] § 14a Satz 4 EnWG überlässt dies – trotz durchaus bestehender „Wesentlichkeit" – bislang allein dem Verordnungsgeber und mag man insoweit auch nach dem „Wesentlichkeitsvorbehalt" zugunsten des Gesetzsgebers fragen.[135] Hinsichtlich begleitender Regelwerke müsste etwa die mit dem Strommarktgesetz 2016 erfolgte Öffnung der (Sekundär-) Regelleistungsmärkte für die Bündelung von Stromverbrauchern

133 Überlegungen in diese Richtung (Übertragung der Rolle „aufführender Netzbetreiber" im Rahmen der Kaskade nach §§ 13, 14 EnWG) bei *Voß/de Wyl,* IR 2016, S. 218 ff.

134 *Säcker*, EnWZ 2106, S. 294 (297 ff.).

135 Zur gelegentlich in Verkennung dieses Verfassungsprinzips erfolgenden Verordnungsgebung in Zeiten der Energiewende *Pielow,* Kap. Rechtsverordnungen, in: Baur/Salje/Schmidt-Preuß (Hrsg.), Regulierung in der Energiewirtschaft, 2. Aufl. 2016, Kap. 45 (S. 566 ff.).

durch sog. „Aggregatoren" auf ÜNB-Ebene[136] zur Bereitstellung von Flexibilitäten via Smart-Meter-Gateway und/oder direkt gegenüber dem Verteilnetzbetreiber abgegrenzt werden. Je nach Pflichtanspannung der VNB und mit Blick auf notwendige Innovationen wie Investitionen (bei schon jetzt gegebener Finanznot mancher Netzbetreiber) dürfte es sich schließlich empfehlen, auch die weitgehende Herausnahme des Messstellenbetriebs aus der *Anreizregulierung* zu überdenken.[137]

4. Intelligentes Messsystem und Smart Markets

Wie aber ist es um die Zukunftstauglichkeit des neuen Stammgesetzes MsbG, insbesondere im Hinblick auf oben beschriebene *Smart Markets* und neue digitale Geschäftsmodelle, bestellt? Nach derzeitigem Gesetzesstand tut sich insoweit (noch) nicht zu allzuviel viel: Der Rollout moderner Messeinrichtungen ist für sich genommen smart market-untauglich. Wie ausgeführt, kommunizieren diese Geräte nicht birektional und können darüber auch etwa keine Smart Home-Anwendungen gesteuert werden. Aktuell arbeiten solche Systeme über separate Verbindungen mit dem Internet (via Smartphone. PC oder Tablet). Dass sich dieses Nebeneinander („Wildwuchs") mit der Einbindung moderner Messeinrichtungen in das „intelligente Messsystem", dessen Rollout zeitlich ohnehin sehr gestreckt ist (s.o. 1), grundlegend ändern wird, ist derzeit allenfalls „Zukunftsmusik". Das „Digitalisierungsgesetz" ist bis auf Weiteres auf die Erhebung und Aufbereitung von Verbrauchs- und Erzeugungsdaten konzentriert, wie etwa auch aus § 40 Abs. 3 S. 3 EnWG n.F. (monatliche Verbrauchs- und Kosteninformation für Letztverbraucher mit intelligentem Messsystem) deutlich wird. Eigentlich „kommunikativ" bzw. „bidirektional" verhält es sich nur und zudem recht vage bezüglich der neu geregelten „steuerbaren Verbrauchseinrichtungen" nach § 14a EnWG.[138]

---

136 S. § 26a StromNZV i.d.F. des Strommarktgesetzes v. 26.07.2016; zur Begr. s. BT-Drs. 18/7317, S. 136, 168, 177.

137 S. nunmehr § 5 Abs. 1 S. 3 ARegV i.d.F. des Gesetzes zur Digitalisierung der Energiewende; dazu auch BT-Drs. 18/7555 S. 10 mit krit. Anm. schon des Bundesrats auf S. 135 f.

138 Verordnungsermächtigung unter gebotener Beachtung der „weiteren Anforderungen des MsbG an die Ausgestaltung der kommunikativen Einbindung"; s. nochmals BT-Drs. 18/7555, S. 74 (zu Nr. 15).

Allerdings gibt sich das Gesetz entwicklungsoffen: So, wenn schon der technische Betrieb sowohl des „intelligenten Messsystems“ wie allgemein von „Messstellen“ neben „weiteren energiewirtschaftlichen“ auch „sonstige Dienste“ ermöglichen soll, § 2 S. 1 Nrn. 24 u. 25 MsbG. Ferner wird zur Ausstattung von modernen Messeinrichtungen zwischen „Standard“ – und möglichen künftigen und diskriminierungsfreien „Zusatzleistungen“, darunter die Bereitstellung und der technische Betrieb des Smart-Meter-Gateways für „Mehrwertdienste“ und sonstige Auftragsdienstleistungen des Anschlussnutzers oder Anschlussnehmers, differenziert.[139] Und ganz allgemein muss nach § 21 Abs. 1 Nr. 4 a) MsbG auch das Smart-Meter-Gateway „offen für weitere Anwendungen und Dienste“ sein. Verlangt wird jedoch die Möglichkeit zur „Priorisierung“ bestimmter Anwendungen und müssen „nach Anforderung der Netzbetreiber ausgewählte energiewirtschaftliche und in der Zuständigkeit der Netzbetreiber liegende Messungen und Schaltungen stets und vorrangig ermöglicht werden“. § 25 Abs. 1 S. 2 MsbG nimmt dazu den Smart-Meter-Gateway-Administrator in die Pflicht, freilich nur, sofern weitere Anwendungen und Dienste „technisch und wirtschaftlich zumutbar“ sind, s.a. § 51 Abs. 2 MsbG.

In der Gesetzesbegründung wird dazu der „ganzheitliche Ansatz“ betont: Um den Nutzen intelligenter Messsysteme zu maximieren und die Akzeptanz beim Letztverbraucher zu erhöhen, sei die zukunftsweisende Ausrichtung des Smart-Meter-Gateways als „sicherer Kommunikationsanker“ für Messwerte aller möglicher Sparten angezeigt. So ließen sich die Messung und Abrechnung für Heizwärme, Gas, Strom und Wasser kostensparend bündeln und mit vielfältigsten Anwendungen und Diensten in den Bereichen Netzbetrieb, Strommarkt, Energieeffizienz und „Smart Home“ (auch im Bereich betreuten Wohnens) kombinieren.[140] Dies alles hängt freilich noch von technischer Machbarkeit ebenso wie von rechtspolitischer Durchsetzbarkeit ab und heißt es dazu an anderer und versteckter Stelle:

> „Um das volle Potenzial einer sicheren und standardisierten Kommunikationsplattform zu entfalten, müssen *perspektivisch* [erst noch] die Fähigkeiten zur Messung anderer Sparten (Wasser, Wärme) und die Umsetzung von sich

---

139 § 35 Abs. 2 S. 3 Nr. 4 MsbG. Für die Durchführung von Mehrwertdiensten oder anderer Vertragsverhältnisse wird auch die Datenerhebung, -verarbeitung und -nutzung geöffnet, freilich nur auf Veranlassung des Anschlussnutzers und mit dessen Einwilligung, § 50 Abs. 2 Nr. 13 MsbG.

140 BT-Drs. 18/7555, S. 64, 72, 74.

aktuell entwickelnden Mehrwertdiensten z.B. in den Bereichen Gebäudeautomatisierung, Smart Home und betreutes Wohnen folgen. Die Entwicklung von zusätzlichen Sicherheits- und Interoperabilitätsanforderungen für Spezialanwendungen (Groß-Gasmessanlagen, Strom-Großverbraucher, Wind- und PV-Parks) sowie die sichere Anbindung von dezentralen Komponenten der Ladesäulen-Infrastruktur schließt sich dem unter Berücksichtigung internationaler Standards an."[141]

Nicht verwundern kann es angesichts dieses letztlich doch verhaltenen Regelungsstandes, dass sich zu Zentralfragen rund um die Entwicklung von Smart Markets, namentlich zur näheren Bestimmung der dafür in Betracht kommenden „gelben" Phase nach dem Ampelkonzept des BDEW (oben II 3 c) oder zur Abgrenzung „hybrider" Grenzbereiche zwischen Smart Grids und Smart Markets (oben II 3 b) bislang keinerlei Hinweise im Gesetz finden. Ebenso werden sich gerade im Hinblick auf künftige Smart Markets sicher noch weitere und drängende Fragen zur Rollenverteilung und Systemverantwortung zwischen Übertragungs- und Verteilnetzbetreibern stellen.[142]

V. Fazit und Ausblick

Die Digitalisierung in der Energiewirtschaft führt, nach deren (weitgehender) Liberalisierung und bei voranschreitender Energiewende, zu weiteren und tiefgreifenden respektive „disruptiven" Umbrüchen. Deren Art und Ausmaß sind, da die „digitale Revolution" gerade erst um sich zu greifen beginnt, insgesamt nur schemenhaft auszumachen. Dies gilt namentlich für künftige *Smart (Energy) Markets*, aber auch für neuartige Vernetzungen branchenübergreifender Art mit dem Hinzutreten branchenfremder Akteure. Mit allem gerät die Energieversorgung zunehmend in eine

---

141 *BSI* (Hrsg.), Das Smart-Meter-Gateway: Sicherheit für intelligente Netze, Okt. 2015, S. 35; s.a. die im Zuge des Nationalen Aktionsplans Energieeffizienz (NAPE 2014) entstandene BMWi-Förderlinie „Pilotprogranm Einsparzähler" in Bezug auf Mehrwertdienste und Dienstleistungen mit dem Ziel der Energieeinsparung, bspw. geräte- und anlagengruppenscharfer Ermittlung individueller Verbrauchsdaten, laut BAnz AT v. 27.05.2016.

142 Dazu bereits *Booz* mit dem Petitum, vorrangig große bzw. im Anschlus an Säcker „systemrelevante" Verteilnetzbetreiber, die über ein (digitalisiertes) *Smart Grid* verfügen, als Betreiber eines „Smart Market-Informationsnetzes" auszuweisen bzw. im Wettbewerb auch branchenfremde Anbieter zu akzeptieren (Fn. 45, S. 136 m.w.N.).

„Komplexitätsfalle“ und besteht zugleich ein „Regulierungsdilemma“ zwischen notwendiger staatlicher Steuerung und innovativer *freier* Entfaltung „smarter“ Marktmodelle. Unter dem Postulat einer (vorrangig) „sicheren“ Energieversorgung bedarf es auf die Dauer jedenfalls klarer und sachgerechter Zuweisungen von Verantwortungszonen und der Regelung von Datenschutz- und Datensicherheitsfragen, speziell im Hinblick auf mögliche Störungen komplexer technischer Systeme bzw. kritischer Infrastrukturen. Im Übrigen empfiehlt sich, da die Entwicklung im Fluss ist, ein schritt- und versuchsweiser regulativer Zugriff.

Mit dem Gesetz zur Digitalisierung der Energiewende sind hierzu erste und über die Versorgung mit Strom und Gas hinaus Geltung beanspruchende Rahmenstrukturen geschaffen worden, namentlich im Messstellenbetriebsgesetz als „Stammgesetz“. Allerdings waren hierzu auch Defizite aufzuzeigen: Unterbelichtet erscheint zum Einen die wichtige Rolle der Verteilnetzbetreiber bei der Bewältigung zunehmend dezentraler wie volatiler Stromeinspeisungen und damit sowie nachfrageseitig, aber auch durch Stromspeicher verursachte Lastschwankungen. Die Datenerfassung, -aufbereitung und sternförmige Datenweitergabe über zentrale Smart-Meter-Gateways bzw. im „intelligenten Messsystem“ und (primär) durch die Übertragungsnetzbetreiber führt zu der Frage, ob und inwieweit nicht auch Verteilnetze, tunlichst in regionaler Kooperation ihrer Betreiber, als eigene „Datendrehscheiben“ auszugestalten sind. Damit einher geht die Notwendigkeit einer (noch) differenzierteren Ausgestaltung der Systemverantwortung von ÜNB und VNB nach den §§ 13 ff. EnWG. Andererseits sind die technischen Vorgaben für moderne Messeinrichtungen, allein oder mit Smart-Meter-Gateway im „intelligenten Messsystem“, einmal abgesehen von ihrem zeitlich arg gestreckten Rollout, kaum geeignet und enthält das MsbG auch ansonsten so gut wie keine Handreichung für die Implementierung von *Smart Markets*. Das vollmundig daherkommende Gesetz zur Digitalisierung der Energiewende gerät so bereits zur „Mogelpackung“: Weder sind nach ihm bzw. über das „intelligente Messsystem“ – bislang – vom Markt bereit gestellte Flexibilitätsoptionen, bspw. über die Bündelung von Erzeugungs- und Verbrauchseinrichtungen, noch vielfältigste „Mehrwertdienste“ anzubieten. Verfügbare Angebote dieser Art, z.B. Smart Home-Anwendungen, nutzen andere Vertriebswege, speziell über eigene Internetplattformen. Auch die wünschenswerte „Sektorkoppelung“ mit der Wärme- und der Verkehrsenergieversorgung sieht sich durch das MsbG nicht gefödert. Empfehlenswert erscheinen auch hier Abgrenzungen zur Systemverantwortung der Netzbetreiber (ÜNB/VNB), namentlich hinsichtlich der für den „smarten“ Energiehandel allein in Betracht kommenden „gelben“ Phase im Konzept der „Kapazitätsampel“.

Nicht behandelt wurden in diesem Beitrag gleichfalls drängende Fragen zu Datenschutz- und Datensicherheit, etwa hinsichtlich möglicher Ansprüche gegen den Smart-Meter-Gateway auf Offenlegung von Datenaufbereitungs- und -veredelungsprozessen (Algorithmen). Mehr denn je geht es im smarten Energiesystem schließlich ebenso um *Smart Privacy*.[143] Auch konnte nicht näher auf den europarechtlichen Kontext eingegangen werden. Dazu und in Ansehung des nahenden und umfassenden Legislativpakets zur „Energieunion“ (nach dem Kommissionsentwurf zum „Winterpaket“ 2016[144]) sei immerhin betont: Der EU-Gesetzgeber sieht sich seinerseits und mehr denn je der – vorrangigen – Energieversorgungssicherheit verpflichtet. Er verfolgt andererseits das Anliegen, verstärkt den Energie*verbraucher* und nun auch *Verteilnetzbetreiber* mit aktiven Rollen in einem europäischen und zugleich dem Klimaschutz verpflichteten Strommarktdesign auszustatten.[145] Beides wird Rückwirkungen für die Stellung von Verbrauchern und VNB im weiteren deutschen Energie- und Digitalisierungsrecht nach sich ziehen.

143 Dazu demnächst *Pollmeier*, Smart Privacy – Smart Metering und der Schutz der Privatheit in Deutschland und den USA, Diss. Iur. Bochum (im Verf.).

144 Mitteilung der Kommission „Saubere Energie für alle Europäer“.

145 Siehe bereits *Säcker*, EnWZ 2106, S. 294 (296 f., 300 f.).

Rundfunkregulierung in Zeiten des Internets

Prof. Dr. Margarete Schuler-Harms

I. Einleitung

Rundfunk bleibt auf längere Zeit noch fester Teil der Kommunikationsmedien. Seine Funktion ist und bleibt weiterhin die Gewährleistung eines freien und offenen Prozesses der Meinungsbildung. So betont das Bundesverfassungsgericht auch in seiner jüngsten Rundfunkentscheidung, dem Urteil in Sachen ZDF-Fernsehrat.[1] Die verfassungsrechtlichen Vorgaben aus Art. 5 Abs. 1 Satz 2 GG, der hieraus für die Gesetzgebung folgende Ausgestaltungsauftrag und das maßgebliche Ziel der Sicherstellung eines vielfältigen und ausgewogenen Rundfunkangebotes zur Gewährleistung eines freien und offenen Prozesses der Meinungsbildung bestehen damit weiterhin.[2]

In einem rasanten Veränderungsprozess befinden sich hingegen die technischen Bedingungen der Verbreitung und Nutzung von Kommunikationsmedien und mittlerweile auch die Nutzungsgewohnheiten und Kommunikationsformen.[3] Die technischen Möglichkeiten des Internet und seine Durchdringung des Alltags für einen großen Teil der Bevölkerung binnen weniger Jahre waren bei Schaffung und Etablierung des Regulierungskonzepts nicht abzusehen. Gesetzgebung, Rechtsanwendung und Rechtswissenschaft sind den Wandel der Kommunikationsmedien zwar gewohnt

---

1 BVerfGE 136, S. 9 (28 ff.).

2 Vgl. *Hoffmann-Riem*, AöR 137 (2012), S. 509 (523 ff.); *Neuberger/Lobigs*, Die Bedeutung des Internet im Rahmen der Vielfaltssicherung, Gutachten i.A. der Kommission zur Ermittlung der Konzentrationskontrolle, 2010, Schriftenreihe der Landesmedienanstalten 43, online abrufbar unter http://www.kek-online.de/fileadmin/Download_KEK/Gutachten/Gutachten_Die_Bedeutung_des_Internets_im_Rahmen_der_Vielfaltssicherung.pdf; *Hachmeister/Vesting*, Rundfunkpolitik und Netzpolitik, Funk-Korrespondenz 2011, S. 3 ff.

3 Prägnant und aktuell *Dörr/Holznagel/Picot*, Legitimation und Auftrag des öffentlich-rechtlichen Rundfunks in Zeiten der Cloud, 2016, S. 8 ff., abrufbar unter https://www.zdf.de/assets/161007-gutachten-doerr-holznagel-picot-100~original?cb=1487862230136; dies., ZUM 2016, S. 920 (921 ff.).

und in der Anpassung der Ordnungsstrukturen geübt. Das Rundfunkregulierungsrecht ist selbst Ergebnis eines solchen Anpassungsprozesses.[4] Allerdings deuten heftige Bewegungen bei den einschlägigen Institutionen von Bund und Ländern,[5] in Rechtsprechung[6] und Schrifttum,[7] teilweise auch in der Gesetzgebung[8] auf den Befund, dass sich die Regulierung des Rundfunks am Beginn eines grundlegenden Wandels befinden könnte. Das Internet erweist sich als eine technische Innovation von außergewöhnlichem Format, das weitere technische Innovationen wie die Mobilkommunikation nach sich zieht. Internet und Smartphone haben Informations- und Kommunikationsverhalten in nicht prognostizierbarer Weise revolutioniert. Es entstehen neue Formate medialer Öffentlichkeit, die auch die Akteure der Produktion massenmedialer Formate zum Überdenken gerade dieser Formate zwingen. Für die Regulierung des Rundfunks kann diese Entwicklung nicht ohne Folgen bleiben. Im Folgenden werden nach einer

4 Vgl. *Schütz*, Kommunikationsrecht. Regulierung von Telekommunikation und elektronischen Medien, 2005; *Schuler-Harms*, in: Fehling/Ruffert (Hrsg.), Regulierungsrecht, 2010, § 12.

5 Vgl. den Bericht der Bund-Länder-Kommission zur Medienkonvergenz vom Juni 2016, abrufbar unter https://www.rlp.de/fileadmin/rlp-stk/pdf-Dateien/Medienpolitik/2016-06-01_-01-_Bericht_BLKM_pol_Steuerungsgruppe_FINAL_bf.pdf, und die hierzu im Verfahren ergangenen Stellungnahmen.

6 Beispielsweise im Rechtsstreit über die Tagesschau-App, vgl. LG Köln, JZ 2013, S. 100; OLG Köln, WRP 2014, S. 194; vgl. a. zur Frage von Angeboten des ORF bei Facebook VGH Wien vom 22.10.2012 - 2012/03/0070.

7 *Ory*, AfP 2011, S. 19 ff.; *Degenhart*, CR 2011, S. 231 ff.; *Hoffmann-Riem*, AöR 137 (2012), S. 509 ff.; *Korte*, AöR 139 (2014), S. 384 ff.; Vgl. a. die Rechtsgutachten von *Kluth/Schulz*, Konvergenz und regulatorische Folgen – Gutachten im Auftrag der Rundfunkkommission der Länder, 2014, abrufbar unter https://www.rlp.de/fileadmin/rlp-stk/pdf-Dateien/Medienpolitik/Konvergenz-Gutachten.pdf; *Dreyer/Oermann/Schulz*, Kooperative Medienregulierung?, Möglichkeiten und Grenzen der Kooperation und Koordination von Bund und Ländern bei konvergenten Regulierungsmaterien, Kurzgutachten im Auftrag der Medienanstalten ALM GbR, 2016, abrufbar unter http://www.die-medienanstalten.de/fileadmin/ Download/Publikationen/HBI_Gutachten_kooperative_Medienregulierung.pdf.

8 Vorschlag der Kommission für eine Änderung der Richtlinie des EP und des Rates zur Änderung der RL 2010/13/EU zur Koordinierung bestimmter Rechts- und Verwaltungsvorschriften der Mitgliedstaaten über die Bereitstellung audiovisueller Mediendienste im Hinblick auf sich verändernde Marktgegebenheiten, Stand 25.02.2016, COM(2016) 287 final; Referentenentwurf des Bundesministeriums für Wirtschaft und Energie eines Neunten Gesetzes zur Änderung des GWB (9. GWB-ÄndG).

Skizze der aktuellen Situation Anpassungsbedarfe auf einigen Feldern der Rundfunkregulierung überprüft.

II. Situationsbeschreibung

Der ausgreifende technische, wirtschaftliche und publizistische Wandel soll nur mit einigen Schlagworten skizziert werden.[9]

Den klassischen Rundfunk kennzeichnet u.a. seine Linearität. Bereits mit der technischen Möglichkeit der Digitalisierung wurde dieses Merkmal als Kennzeichen des Rundfunks fragwürdig. Das Internet ermöglicht zeitungebundene Veranstaltungsformate und fördert eine zeit- und ortsungebundene Rezeption von Kommunikationsinhalten. Der lineare Rundfunk klassischen Typs wird, so eine erste Prognose, erhalten bleiben, aber um Formen nichtlinearer Veranstaltung und Nutzung angereichert werden. Schon heute bestehen Verknüpfungen zwischen dem klassischen Rundfunkangebot und den Veranstaltungsformaten im Internet,[10] die eher zu- als abnehmen werden.

Auch die Diversifizierung der technischen Übertragungswege ist nicht neu. Die Möglichkeit, Hörfunk und Fernsehen über Satelliten zu übertragen und über Breitbandkabel zu verbreiten, hat die ursprüngliche technische Knappheitssituation der Übertragungswege bereits entspannt; mit der Digitalisierung haben sich die Übertragungskapazitäten nochmals deutlich vermehrt. Mediale Kommunikation ist heute auch über Schmalband und auf drahtlosem Wege möglich. Mit der rasanten Verbreitung mobiler Empfangsgeräte können nun praktischerweise alle Inhalte des Internets über das Telekommunikationsnetz und an jedem beliebigen Hotspot aufgerufen werden. Das Knappheitsparadigma, das die Sondersituation des Rundfunks mit allen regulatorischen Folgen ursprünglich prägte, gehört deshalb heute jedenfalls in seiner Dimension der technischen Knappheit vermutlich der Vergangenheit an.[11] Allerdings zeigt die Erfahrung auch, dass

---

9 Ausführliche Szenarien z.B. bei *Hoffmann-Riem*, AöR 137 (2012), S. 509 (510 ff.); *Kluth/Schulz*, Konvergenz und regulatorische Folgen – Gutachten im Auftrag der Rundfunkkommission der Länder, 2014, S. 9 ff.; *Dörr/Holznagel/Picot*, Legitimation und Auftrag des öffentlich-rechtlichen Rundfunks in Zeiten der Cloud, S. 8 ff.

10 Vgl. *Christmann*, ZUM 2015, S. 14, (18 f.).

11 Vgl. *Schoch*, VVDStRL 47 (1998), S. 158 (169 f.); *Bullinger*, in: Isensee/Kirchhof (Hrsg.), Handbuch des Staatsrechts Bd. VII, 3. Auflage 2009, § 163 Rn. 118 ff.; BVerfGE 119, S. 181 (214).

neue technische Kapazitäten oftmals neue, kapazitär aufwändige Nutzungsmöglichkeiten nach sich ziehen. Gerade das sog. Streaming (v.a. in Gestalt des Video-Streamings) belasten das Internet als Netz der Netze zunehmend und erzeugen selbst hier neue technische Engpässe, die – freilich im Telekommunikationsrecht – unter dem Stichwort der Netzneutralität verhandelt werden.[12]

Schon mit der Digitalisierung des Rundfunks waren neue Dienste und Akteure auf den für die Rundfunkregulierung maßgeblichen Plan getreten. Schon heute werden Dienste reguliert, die weder dem Netzbetrieb noch der Rundfunkveranstaltung zuzurechnen sind. Wegen ihrer Potentiale und Gefahren für einen freien und offenen Prozess der Meinungsbildung werden heute bereits Anbieter technischer Plattformen reguliert[13] zwischen den Netzbetrieb und die Rundfunkveranstaltung sind weitere Dienste getreten, die sich bereits in Regulierung befinden. Rundfunkprogramme werden heute vielfach auf technischen Plattformen zusammengefasst, die heute im V. Abschnitt des RStV (§§ 50 ff.) reguliert werden. Der Trend zur Diversifizierung von Akteursebenen setzt sich mit dem Internet und mit der Entwicklung der mobilen Telekommunikation weiter fort. Neben die geschlossenen Plattformen des klassischen Rundfunks treten offene Plattformen des Internet, die den digitalen Rundfunk eins zu eins abbilden, Kombinationen von Rundfunk- und anderen Videoangeboten ermöglichen oder aber auf Rundfunkprogramme verweisen können. Für den ersten Typ steht die Plattform „IPlayer“ der BBC, für den zweiten Typ die Plattform „YouTube“, die grundsätzlich auch Rundfunkveranstaltern offen steht, und für den dritten Typ die Suchmaschine „Google“.[14] Hinzu treten Akteure, deren Geschäftsmodelle sich die neuen technischen Möglichkeiten zunutze machen. Prominent und aktuell zu nennen sind Mediaagenturen als spezialisierte Dienstleister der Werbewirtschaft, die nicht mehr nur Werbezei-

12 Statt vieler *Kluth/Schulz*, Konvergenz und regulatorische Folgen – Gutachten im Auftrag der Rundfunkkommission der Länder, 2014, S. 36 m.w.Nw.; *Gersdorf*, AfP 2011, S. 209 (214).

13 Vgl. V. Abschnitt des Rundfunkstaatsvertrags (RStV), §§ 50 ff.

14 Diese Systematisierung folgt *Dörr/Holznagel/Picot*, Legitimation und Auftrag des öffentlich-rechtlichen Rundfunks in Zeiten der Cloud, 2016, S. 9 ff.; vgl. a. *Kluth/Schulz*, Konvergenz und regulatorische Folgen – Gutachten im Auftrag der Rundfunkkommission der Länder, 2014, S. 19 ff. mit der weit verstandenen Kategorie der „Intermediäre“.

ten verkaufen, sondern die entsprechenden Zeitfenster komplett und pauschal an sich ziehen und ihrerseits vermarkten.[15]

Ein wichtiges Stichwort zur Kennzeichnung des Wandels ist das der Konvergenz. Unter anderem nähern sich Telekommunikationsdienste und Inhaltsangebote, Individual- und Massenkommunikation sowie innerhalb des massenmedialen Angebots auch Presse und Rundfunk immer weiter an,[16] eine Entwicklung, die im Rahmen der Medienregulierung ebenfalls begleitet werden muss. Rundfunkprogramm wird zum „Content", zum inhaltsgeprägten Angebot, das zu vereinzelten Darbietungen aufgespalten und für den Abruf über Websites der Rundfunkveranstalter, aus veranstaltereigenen Mediatheken oder über von Dritten betriebene Plattformen – etwa Facebook – im Internet zugänglich wird.

Zugleich verändert das Internet die Möglichkeiten zur Massenkommunikation in der Hand der Politik und Staatsleitung. Staatsmacht ist nicht mehr auf Möglichkeit der Kommunikation mittels Presse und Rundfunk reduziert, sondern verfügt über einen direkten Draht und eine Klaviatur, die direkte Kommunikationswege und –möglichkeiten eröffnen. Beredter Ausdruck dieser Entwicklung ist die Nutzung von sozialen Medien als Plattformen eigener Verlautbarungspolitik.[17]

Diese Trends sind untrennbar verbunden mit der Veränderung der Nutzungsgewohnheiten und –kulturen. Aus den Rezipienten von Fernsehen und Rundfunk klassischen Typs werden jedenfalls teilweise Nutzer, die sich mittels elektronischem Programmführer, Mediatheken und Suchmaschinen ihr „Programm" zeitunabhängig und individuell zusammenstellen. Mit dem Internet steigt zugleich die Bedeutung der Interaktivität auch für

---

15 *Kluth/Schulz*, Konvergenz und regulatorische Folgen – Gutachten im Auftrag der Rundfunkkommission der Länder, 2014, S. 43 ff.

16 Vgl. Europäische Kommission, Grünbuch zur Konvergenz der Branchen Telekommunikation, Medien und Informationstechnologie und ihre ordnungspolitischen Auswirkungen vom 3. Dezember 1997, KOM-97 (623); *Schoch* VVDStRL 47 (1998), S. 158 (170 f.) m.w.Nw.; *Trute*, VVDStRL 57 (1998), S. 216 (218 ff.); *Vesting*, in: Hahn/Vesting (Hrsg.), Beck'scher Kommentar zum Rundfunkrecht, 3. Auflage 2012, Einführung Rn. 18 ff.

17 Die „Twitter"-Nutzung durch den amerikanischen Präsidenten Donald Trump ist bereits nach kurzer Amtszeit legendär, doch schon die Wahlkämpfe und die Regierungszeit des vorangegangenen Präsidenten Barak Obama waren durch eine engagierte und strategische Nutzung der sozialen Medien geprägt, vgl. *Baake*, in: Rudolph Speth (Hrsg.), Grassroots Campaigning, 2013, S. 129 ff.

den Rundfunk: Nutzer werden, wenn auch weniger stark als im übrigen Angebot des Internet, auch zu Produzenten.

Sehr deutlich lässt sich derzeit eine mit diesem Prozess eng verbundene Chance zur Entwicklung spezifischer Nutzergruppen beobachten, die ebenfalls eine andere Qualität als zur Zeit der Digitalisierung des Rundfunks oder – noch früher – der Verspartung des Hörfunks aufweist. Alle Szenarienbeschreibungen enthalten gegenwärtig das Phänomen der „Echo Chambers“ und „Filter Bubbles“.[18] Die hieraus resultierenden Risiken für den Zusammenhalt der Gesellschaft lassen sich erahnen, aber noch kaum prognostizieren.

Die Rundfunkregulierung steht damit vor neuen Herausforderungen, die sie längst nicht mehr auf Landesebene, ja kaum bundes- und unionsweit zu lösen vermag. Auch das ist nicht erst eine Folge des Internet, wird aber durch dessen räumliche Struktur und den Trend zur Konvergenz von Medien und Kommunikation massiv verschärft. Das Internet ist ein globales Phänomen, aber es ist andererseits auch keines, das im Territorium der Nationalstaaten und der Europäischen Union unreguliert bleiben müsste oder sogar könnte. *Matthias Cornils* hat in seinem Referat auf der kürzlich stattgefundenen Staatsrechtslehrertagung die Aufmerksamkeit auf diesen Trend zur Reterritorialisierung der Regulierung gelenkt.[19] Allerdings erfordert eine Regulierung des Rundfunks in der Dimension des Internet eine Regulierungsorganisation, die über den Raum eines einzelnen Bundeslandes und möglicherweise auch über das Gebiet der Bundesrepublik Deutschland hinaus Koordinierung erfährt. Innerhalb der Bundesrepublik und der EU wird Rundfunkregulierung deshalb künftig mehr denn je[20] in einem engen Regulierungsverbund aller beteiligten Institutionen und Behörden stattfinden müssen.

---

18 Vgl. *Zuiderveen Borgesius u.a.*, in: Internet Policy Review, March 2016, Vol. 5, Issue 1; *del Vicario u.a.*, in: Echo arXiv 2015/12/22; *Flaxman/Goel/Rao*, Filter Bubbles, Echo Chambers, and Online New Consumption, Public Opinion Quarterly, Vol. 80, Special Issue, 2016, S. 298 ff.; *Quattrociocchi/Scala/Sunstein*, Echo Chambers on Facebook, June 2016, abrufbar unter https://papers.ssrn.com/sol3/papers2.cfm?abstract_id=2795110&utm_content=buffer8446e&utm_medium=social&utm_source=twitter.com&utm_campaign=buffer.

19 *Cornils*, Entterritorialisierung im Kommunikationsrecht, Leitsätze abrufbar unter https://www.vdstrl.de/letzte-tagung.

20 Zur bestehenden Situation vgl. *Schuler-Harms*, in: Fehling/Ruffert (Hrsg.), Regulierungsrecht, 2010, § 12 Rn. 150 ff.

Es ist schlechterdings unmöglich, alle Folgen für die Rundfunkregulierung in diesem Beitrag zu skizzieren – zum einen, weil Zeit und Platz dafür fehlen, zum anderen, weil die Entwicklung mit allen Konsequenzen für die Rundfunkregulierung derzeit nicht prognostizierbar ist. Daher werde ich mich auf die Skizze des Anpassungsbedarfs auf einigen Feldern der Rundfunkregulierung beschränken und hierbei auch mehr Fragen als Antworten formulieren.

III. Von der Rundfunk- zur Medienregulierung: Wandel der Konzeptbegriffe

Bereits heute ist der den Anwendungsbereich der Rundfunkregulierung determinierende einfachgesetzliche Rundfunkbegriff des Rundfunkstaatsvertrags zu eng gefasst. Rundfunk ist ohnehin mehr als „ein linearer Informations- und Kommunikationsdienst“[21] und auch mehr als eine „für die Allgemeinheit oder zum zeitgleiche Empfang bestimmte Veranstaltung und Verbreitung von Angeboten in Bewegtbild oder Ton entlang eines Sendeplans unter Benutzung elektromagnetischer Schwingungen“ (so § 2 Abs. 1 Satz 1 RStV). Elektronische Informations- und Kommunikationsdienste, die weder Rundfunk sind noch in die Kategorie der Telekommunikationsdienste unterfallen, gelten als „Telemedien“[22] und werden grundsätzlich nicht reguliert. Einen Regulierungsanspruch erheben die Länder sichtlich auch für „an die Allgemeinheit gerichtete“ Telemedien,[23] eine Kategorie, für die die inhaltliche Zielsetzung der Anbieter, eine unbestimmte Vielzahl von Rezipienten zu erreichen, maßgeblich sein soll.[24] Dies ist insoweit verfassungsrechtlich geboten, wie die von dem Telemedienangebot ausgehende publizistische Breitenwirkung, Aktualität und Suggestivkraft eine spezifische, der Rundfunkordnung vergleichbare Ord-

---

21 Der Begriff geht zurück auf die RL 2010/13/EU des Parlaments und des Rates vom 10. März 2010 zur Koordinierung bestimmter Rechts- und Verwaltungsvorschriften der Mitgliedstaaten über die Bereitstellung audiovisueller Mediendienste (Richtlinie über audiovisuelle Mediendienste, AVMD-Richtlinie), vgl. dort Art. 1 Abs. 1 lit. e.

22 Vgl. § 1 Abs. 1 TMG, § 2 Abs. 1 Satz 3 RStV.

23 Vgl. § 50 i.V.m. § 2 Abs. 2 Nr. 12 RStV.

24 Vgl. *Binder*, in: Hahn/Vesting (Hrsg.), Beck'scher Kommentar zum Rundfunkrecht, 3. Auflage 2012, § 50 Rn. 62; *Schulz*, in: Hahn/Vesting (Hrsg.), Beck'scher Kommentar zum Rundfunkrecht, 3. Auflage 2012, § 2 Rn. 23.

nung erfordert.[25] Allerdings bleiben hierbei terminologische Unschärfen, denn zum einen ist die Zuordnung von „an die Allgemeinheit gerichtete(n) Telemedien“ zu solchen „mit journalistisch-redaktionell gestalteten Angeboten, in denen insbesondere Inhalte periodischer Druckerzeugnisse in Text oder Bild wiedergegeben werden“, die § 54 Abs. 2 und weiteren Vorschriften des RStV bestimmten inhaltlichen Bindungen unterwirft, [26] nicht ganz geklärt,[27] zum anderen bereitet die Einordnung nichtlinearer Angebote, die nicht von professionellen Redaktionen erstellt werden, besondere Schwierigkeiten.[28] Telemedien mit den beschriebenen journalistisch-redaktionell gestalteten Angeboten sind, vergleichbar der Presse, materiellrechtlichen Anforderungen an die journalistische Gestaltung ihrer Angebote[29] unterworfen. Selbst Telemedien mit nach Form und Inhalt „fernsehähnlichen“ Inhalten, die auf Abruf bereitgehalten werden, werden der Regulierung nur mit Einschränkungen unterworfen (vgl. § 58 Abs. 3 RStV). Der tatsächlichen kommunikativen Wirkung von neuen Webdiensten wird die Unterscheidung von linearen und nichtlinearen Diensten nicht immer gerecht.[30] De lege lata bleibt aber zu notieren, dass dem Rundfunkbegriff als Konzeptbegriff der Rundfunkregulierung weiterhin maßgebliche Bedeutung zukommt.

Rundfunkregulierung knüpft an die „Sondersituation“ des Rundfunks als Kommunikationsmedium an, die das BVerfG heute an die Breite und Suggestivkraft der Rundfunkveranstaltung, insbesondere in Verbindung mit der Übertragung bewegter Bilder, knüpft.[31] Der verfassungsrechtliche Bedarf an die Rundfunkregulierung und deren verfassungsrechtliche Zielsetzungen sind eng mit der Funktion des Rundfunks als Medium und Fak-

---

25 Vgl. *Schulz*, in: Hahn/Vesting (Hrsg.), Beck'scher Kommentar zum Rundfunkrecht, 3. Auflage 2012, § 2 Rn. 24.

26 Vgl. *Held*, in: Hahn/Vesting (Hrsg.), Beck'scher Kommentar zum Rundfunkrecht, 3. Auflage 2012, § 54 Rn. 38 f.

27 *Ring u.a.*, in: Hartstein/Ring/Kreile/Dörr/Stettner (Hrsg.), RStV, § 50 Rn. 13.

28 *Held*, in: Hahn/Vesting (Hrsg.), Beck'scher Kommentar zum Rundfunkrecht, 3. Auflage 2012, § 54 Rn. 39.

29 Vgl. § 54 Abs. 2, 3, § 55 Abs. 2, 3, § 56, 57 RStV.

30 Vgl. *Ladeur*, in: Hahn/Vesting (Hrsg.), Beck'scher Kommentar zum Rundfunkrecht, 3. Auflage 2012, § 58 Rn. 1; ähnlich *Lenski*, DV 45 (2012), S. 465 (477 ff.), unter Akzentuierung des besonderen öffentlich-rechtlichen Rundfunkauftrags und Problematisierung insbes. der fehlenden Suggestivkraft von Angeboten im Internet.

31 St. Rspr. seit BVerfGE 31, S. 314 (325); vgl. zuletzt BVerfGE 114, S. 371 (387); 119, S. 181 (214); 136, S. 9 (28 Rn. 29).

tor öffentlicher Meinungsbildung verknüpft. Mediale Angebote sind dann regulierungsbedürftig, wenn ihnen Bedeutung für die Meinungsbildung, mithin publizistische Relevanz, nicht abzusprechen ist.[32] Die Freiheit des Meinungsbildungsprozesses bleibt auch in Zeiten des Internet Ziel und Maßstab staatlicher Rundfunkregulierung. Darüber hinaus besteht ein kollektives Interesse an kultureller Vielfalt, d.h. an Erhaltung eines kulturellen Reichtums an Traditionen, Gewohnheiten, Sprachen, Weltbildern und Werten, der für die Erhaltung der Flexibilität und Innovationsfähigkeit von Gesellschaft und Wirtschaft unverzichtbar ist.[33]

Mit der zunehmenden Bedeutung des Internet für die öffentliche Meinungsbildung ist kategoriale Unterscheidung von Rundfunk und Telemedien fragwürdig geworden. Das ursprünglich den einfachrechtlichen Rundfunkbegriff prägende Merkmal der „Darbietung" ist mit dem 12. Rundfunkänderungsstaatsvertrag seit dem Jahr 2009 entfallen.[34] Mit dem Bedeutungsgewinn des Internet für die öffentliche Meinungsbildung stellt sich mehr und mehr die Frage, ob der Regulierungsbedarf, gemessen an den verfassungsrechtlich vorgeprägten Regulierungszielen, mit dem Begriffskriterium der Linearität noch angemessen abschichten lässt.[35] Kluth und Schulz werfen die Frage mit Blick auf eine zu weite Fassung des Rundfunkbegriffs auf, der neben Teleshopping auch sog. Near-Video-On-Demand-Angebote umfasst, die zwar linear übertragen werden, aber nutzerseitig von den dem Rundfunkbegriff nicht unterfallenden Streaming-Angeboten im Internet kaum noch zu unterscheiden sind.[36] Werden öffentlich-rechtliche Angebote und ggf. Dienste auch in einer künftigen, durch

---

32 Vgl. *Hoffmann-Riem*, AfP 1996, S. 9 (12); ähnlich, wenn auch enger *Trute*, VVDStRL 57 (1998), S. 241, Fn. 99; *Schoch*, AfP 1998, S. 253 (258 ff.): wenn Angebote „in einem anspruchsvollen Sinne Faktor der Meinungsbildung sind"; weiter *Schulz*, in: Hahn/Vesting (Hrsg.), Beck'scher Kommentar zum Rundfunkrecht, 3. Auflage 2012, § 2 Rn. 23, der die Adressierung an die Allgemeinheit unabhängig vom Inhalt der Kommunikation ausreichen lässt.

33 *Vesting*, in: Hahn/Vesting (Hrsg.), Beck'scher Kommentar zum Rundfunkrecht, 3. Auflage 2012, Einführung Rn. 49.

34 Zwölfter Staatsvertrag zur Änderung rundfunkrechtlicher Staatsverträge vom 12. Vertrag zur Änderung des Rundfunkstaatsvertrags vom 18.12.2008, in Kraft getreten am 01.06.2009, abrufbar unter http://www.die-medienanstalten.de/service/rechtsgrundlagen/gesetze/archiv.html.

35 Vgl. *Kluth/Schulz*, Konvergenz und regulatorische Folgen – Gutachten im Auftrag der Rundfunkkommission der Länder, 2014, S. 24 f.

36 Near Video on Demand bezeichnet die lineare Übertragung von Angeboten in einer Weise, die es dem Rezipienten bis zu einem gewissen Grad ermöglicht, den

das Internet mit geprägten Medienlandschaft für unverzichtbar gehalten,[37] ist auch dies als Aspekt einer öffentlichen Verantwortung für den freien und offenen Prozess der Meinungsbildung in die Begriffsbildung mit einzubeziehen. Die Frage der Regulierungsbedürftigkeit des Rundfunks könnte darüber hinaus davon abhängen, ob öffentliche Meinungsbildung weiterhin vom Rundfunk in seiner klassischen (linearen) Form maßgeblich beeinflusst wird oder nicht. Kluth und Schulz skizzieren drei Optionen der begrifflichen Kategorisierung.[38] Die erste setzt beim bestehenden Rechtszustand an, spricht sich insbesondere für eine Beibehaltung der Kategorie der Telemedien aus und erwartet eine Auflösung der „kleinteiligen" Begrifflichkeiten in § 54 ff. RStV sowie eine begriffliche Präzisierung der „journalistisch-redaktionell gestalteten Angebote"; vorstellbar erscheinen in diesem Modell auch Differenzierungen der Regulierungsintensität nach Ausgestaltung und Bedeutung der Angebote für die öffentliche Meinungsbildung. Eine zweite Option (auch denkbar als Anreicherung der ersten) wäre die Auflösung der Kategorie des Rundfunks zugunsten einer Bindung der Regulierung an die journalistisch-redaktionelle Gestaltung, ggf. verbunden mit der Möglichkeit der Selbsteinstufung von Angeboten durch ihre Anbieter mittels intelligent formulierter Anreize. Als dritte Option wird für den Fall, dass infolge sich entsprechend verändernder Nutzungsgewohnheiten eine regulierungsbedürftige „Sondersituation" des Rundfunks nicht mehr bestehen sollte, die Aufgabe der bestehenden Rundfunkregulierung erwogen.

Zeitpunkt der Nutzung selbst zu wählen, vgl. statt vieler *Kluth/Schulz*, Konvergenz und regulatorische Folgen – Gutachten im Auftrag der Rundfunkkommission der Länder, 2014, S. 25 Fn. 69.

37 So *Bellut*, in: Dörr/Holznagel/Picot, Legitimation und Auftrag des öffentlich-rechtlichen Rundfunks in Zeiten der Cloud, S. 1 ff.; zurückhaltender die Autoren des Gutachtens, S. 58 ff., die den Wert eines öffentlich-rechtlichen Angebotes angesichts der Breitenwirkung, Aktualität und Suggestivkraft der Angebote im Internet betonen; für eine verfassungsrechtliche Rechtfertigung des öffentlich-rechtlichen Rundfunks bei Erfordernis eines veränderten, dem Internet angepassten Regulierungsregimes spricht sich *Vesting*, in: Hahn/Vesting (Hrsg.), Beck'scher Kommentar zum Rundfunkrecht, 3. Auflage 2012, Einführung Rn. 45a aus. Vgl. a. Vor- und Beiträge bei der Veranstaltung „Auftrag der Zukunft: Agenda und Struktur des öffentlich-rechtlichen Rundfunks von morgen", Kooperationsveranstaltung der ARD mit dem Lehrstuhl für Öffentliches Recht an der Humboldt Universität zu Berlin am 10.03.2017.

38 Vgl. *Kluth/Schulz*, Konvergenz und regulatorische Folgen – Gutachten im Auftrag der Rundfunkkommission der Länder, 2014, S. 78 ff.

IV. Sicherung von Vielfalt und Ausgewogenheit in Zeiten des Internet: Bestand der wesentlichen Regulierungsziele

Nach wie vor erfordert die Gewährleistung der Rundfunkfreiheit eine Ordnung, die sicherstellt, dass die Vielfalt der bestehenden Meinungen im Rundfunk möglichst breit und vollständig Ausdruck findet.[39] Die besondere staatliche Verantwortung für die Vielfaltssicherung „hat ihren Grund in der herausgehobenen Bedeutung, die dem Rundfunk – und insbesondere dem Fernsehen – wegen seiner Breitenwirkung, Aktualität und Suggestivkraft zukommt…“.[40] Seine Reichweite und die Möglichkeit zur Beeinflussung großer Bevölkerungsteile, die die Breitenwirkung des Rundfunks traditionell prägen,[41] sind insgesamt noch bedeutend, aber für einzelne Bevölkerungsgruppen, darunter die jüngeren Jahrgänge, schon rückläufig.[42] Andererseits sieht das Bundesverfassungsgericht die besondere Suggestivkraft des Rundfunks, die ihm wegen des Anscheins hoher Authentizität beigemessen wird, durch die neuen Technologien eher gestärkt: Diese bewirkten eine Vergrößerung und Ausdifferenzierung des Angebots und der neuen Verbreitungsformen und –wege und ermöglichten neuartige programmbezogene Dienstleistungen. Diese Feststellung aus dem Jahre 2007[43] hält das Gericht auch 2014 noch aufrecht und schlussfolgert, dass die Anforderungen an die gesetzliche Ausgestaltung der Rundfunkordnung zu Sicherung der Rundfunkfreiheit durch die Entwicklung von Kommunikationstechnologie und Medienmärkten nicht überholt seien.[44]

Die verfassungsgerichtliche Feststellung fällt allerdings und mit Bezug auf klassischen, nach wie vor für die Rezeption und damit Meinungsbildung relevanten Rundfunk. Was aber meint „mediale Vielfalt“ als Funkti-

39 Zuletzt BVerfGE 136, S. 9 (28, Rn. 29).

40 St. Rspr., zuletzt BVerfGE 119, S. 181 (214 f. m.Nw. zur älteren Rspr.); 136, S. 9 (28, Rn. 29).

41 Vgl. BVerfGE 119, S. 181 (215).

42 Aktuelle Daten zum Nutzungsverhalten bei Kommission zur Ermittlung der Konzentration (KEK), Von der Fernsehzentrierung zur Medienfokussierung – Anforderungen an eine zeitgemäße Sicherung medialer Meinungsvielfalt. Fünfter Bericht zur Ermittlung der Konzentration und über Maßnahmen zur Sicherung der Meinungsvielfalt im privaten Rundfunk, 2015, S. 44 ff.; *Dörr/Holznagel/Picot*, Legitimation und Auftrag des öffentlich-rechtlichen Rundfunks in Zeiten der Cloud, 2016, S. 19 ff.

43 BVerfGE 119, S. 181 (215).

44 BVerfGE 136, S. 9 (28 Rn. 29).

onsbezug von Rundfunk und Rundfunkregulierung in den gerade angebrochenen Zeiten des Internet? Die Vielfalt der Meinungen und Gegenstände, auch der Räume, Genres und Sparten, in denen Rundfunk stattfindet, ist dank des Internet leichter herzustellen denn je.[45] Problematisch ist aber der Gruppenbezug geworden, und das nicht etwa, weil die Rundfunkverbreitung behindert würde. Die Gefahr liegt vielmehr im Bedeutungsverlust des Rundfunkangebots angesichts der durch das Internet ermöglichten Angebotsvielfalt. Hier geht es weniger darum, dem Rundfunk neue Verbreitungsmöglichkeiten nach dem Must-Carry-Prinzip zu sichern, sondern ihn unter Berücksichtigung neuer Nutzungsgewohnheiten für die Nutzer zugänglich und möglicherweise auch attraktiv zu machen. Rundfunk müsste, erkennte man seine essentielle Funktion für die Meinungsbildung weiterhin an, im Netz sichtbar sein. Er müsste nicht nur die Chance der Verbreitung, sondern auch die Chance der Auffindbarkeit und Nutzung erhalten. Neue Stichworte für solche Ziele sind Gewährleistung von „must offer" und der Auffindbarkeit in der schieren Menge des medialen Angebots.[46]

Erforderlich bleiben strukturelle Vorkehrungen zur Absicherung von Meinungsvielfalt und insbesondere zur Begrenzung einseitiger vorherrschender Meinungsmacht. Bezugspunkt diese Unterziels der auf mediale Vielfalt bezogenen Rundfunkregulierung bilden längst nicht mehr allein Herstellung und Verbreitung des Rundfunkangebots als Bestandteile der Rundfunkveranstaltung, sondern die gesamte Kette der Dienstleistungen, die zur Nutzung nötig oder aus wirtschaftlichen Gründen zwischengeschaltet sind. Die Regulierungsaufgabe erfasst insoweit jedenfalls diejenigen Plattformen, technischen Schnittstellen, Zugangssicherungs- und Programmführungssysteme, die Entscheidungen über die Zusammenstellung des Angebots ermöglichen. Ob besondere rechtliche Anforderungen an offene Plattformen des Internet wie YouTube oder Suchmaschinen erforderlich sein werden, lässt sich beim Stand der technischen und wirtschaftlichen Entwicklung und der Nutzungsgewohnheiten noch nicht abschließend sagen.

---

45 Vgl. nur *Lenski*, DV 45 (2012), S. 465 (481 ff.) m.w.Nw.; *Müller-Terpitz*, AfP 2008, S. 335 (339 ff.).

46 Problembeschreibung bei *Kluth/Schulz*, Konvergenz und regulatorische Folgen – Gutachten im Auftrag der Rundfunkkommission der Länder, 2014, S. 32 f.; zur Bedeutung insbes. für die Übertragung von Rundfunkprogrammen und programmähnlichen Diensten auf Smartphones *Christmann*, ZUM 2015, S. 14 (20 f.).

Rundfunk ist als Wirtschaftsgut außerdem einer Regulierung im wirtschaftspolitischen Bezugssystem zugänglich.[47] In diesem Bezugssystem finden sich vor allem medienbezogene Regulierungen auf Ebene des Unionsrechts[48] sowie wettbewerbsrechtliche Bindungen mit teilweise medienspezifischem Bezug. Die auf die publizistische Dimension einer- und die wirtschaftliche Dimension andererseits bezogenen Regulierungsperspektiven vermischen sich in der Regulierungspraxis.[49] Begünstigt wird diese Entwicklung durch den Vorrang struktureller vor inhalteorientierten Strategien der medienrechtlichen Vielfaltssicherung[50] und durch die – jedenfalls nicht unplausible – Annahme, dass publizistischer Wettbewerb jedenfalls auch auf ökonomischem Wettbewerb basiert. Die durch das Internet erzeugte Dynamik bewirkt freilich Verschiebungen in der Wirkungsgenauigkeit des jeweiligen Regulierungssystems und in der Zuordnung der Systeme zueinander. Für die hier entstehenden Fragen stehen der wettbewerbsrechtlich ausgetragene Rechtsstreit um die Zulässigkeit der sog. Tagesschau-App[51] oder die Frage der Zulässigkeit von sog. Video-on-Demand-Plattformen, zu deren Angebot sich Veranstalter klassisch-linearen Rundfunks zusammenschließen wollten.[52]

In Zeiten des Internet gewinnt Innovationsförderung als weiteres Ziel an Bedeutung. Als Regulierungsziel ist es nicht auf ein liberales „Laissez-faire" gerichtet, sondern bleibt am Zweck der publizistischen Informationsvorsorge als Element der Daseinsvorsorge orientiert. Die Formulierung

---

47 Vgl. *Fechner*, Medienrecht, 17. Auflage 2016, S. 9; *Schuler-Harms*, in: Fehling/Ruffert (Hrsg.), Regulierungsrecht, 2010, § 12 Rn. 5, 18, 21 f.

48 Insbes. AVMD-RL 2010 (Fn. 21) und Vorschlag der Kommission für eine Änderung aus Mai 2013, KOM(2013) 231.

49 Vgl. *Schuler-Harms*, in: Fehling/Ruffert (Hrsg.), Regulierungsrecht, 2010, § 12 Rn. 15; *Lenski*, DV 45 (2012), S. 465 (487).

50 Vgl. §§ 36 ff. RStV und vergleichbare Regelungskonzepte der Landesmediengesetze und –staatsverträge.

51 Vgl. LG Köln vom 27.09.2012 - 31 O 360/11; OLG Köln vom 20.12.2013 - 6 U 188/12; BGH vom 30.04.2015 - I ZR 13/14; nachgehend nochmals OLG Köln vom 30.09.2016 - I-6 U 188/12.

52 Auf wettbewerbsrechtliche Bedenken des Bundeskartellamts hin, vgl. dessen Pressemitteilung vom 11.03.2013, wurde das Projekt eines VoD-Angebotes aufgegeben, vgl. Pressemitteilung des Bundeskartellamts vom 13.09.2013. Das Vorhaben von RTL und ProSiebenSat.1, ein Gemeinschaftsunternehmen für den Aufbau und Betrieb einer Online-Videoplattform zu gründen, war bereits am 17.03.2011 durch das Bundeskartellamt untersagt und die Entscheidung durch das OLG Düsseldorf am 08.08.2012 – VI-Kart 4/11 V - bestätigt worden.

dieser Zielsetzung und ihrer Bedeutung für die Rundfunkregulierung kann auf den ersten Blick befremden, und in der Tat ist Zurückhaltung geboten: Staatliche Steuerung technischer und wirtschaftlicher Innovationen erfolgt unter Bedingungen mangelnden Wissens. Innovationsförderung erfordert im regulierten Sektor Öffnung, aber auch Beobachtung und regulative Begleitung.[53] Ähnliches ließe sich aus der Perspektive der Risikovorsorge anführen. Im Rundfunksektor hat diese Vorsorge eine lange Tradition, denn bereits im Niedersachsen-Urteil formuliert das Bundesverfassungsgericht, dass es mit dem Grundrecht der Rundfunkfreiheit nicht vereinbar wäre, unumkehrbare Entwicklungen abzuwarten. Das Gericht hat aus diesem Grunde effektive Vorkehrungen zur Sicherung von Vielfalt und zur Begrenzung einseitiger Meinungsmacht gefordert.[54] Zumindest diese Vorgabe der Vorkehrungen gegen unumkehrbare Gefahrenlagen ist auch in Zeiten des Internet verfassungsrechtlich verbindlich.

V. Zugangs- und Entgeltregulierung: Erforderlichkeit neuer Ordnungskonzepte

1. Zugangsregulierung

Mit dem Privatisierung des Telekommunikationswesens und dem Rückgang der klassischen Kapazitätszuweisung änderte sich die Konzeption der Gewährleistung diskriminierungsfreien Zugangs zu privatwirtschaftlich betriebenen Netzen und Diensten. Vor allem in den Fragen des Zugangs von Rundfunk- und Telemedienangeboten zu Netzen und Diensten sowie des Zugangs von Netz- und Dienstebetreibern zu einem Content kommt es zu immer stärkerer Konvergenz von Telekommunikations- und Rundfunkwesen mit Auswirkungen auf die jeweiligen rechtlichen Ordnungen. Gleichwohl wird die Frage nach der Regulierung des Netzzugangs als spezifische Aufgabe des Telekommunikationsrechts in diesem Beitrag ausgeklammert.

Für die Rundfunkregulierung in Zeiten des Internet ist der Zugang zu Plattformen von besonderer Bedeutung. § 52 Abs. 1 Nr. 1 RStV differenziert den Regulierungsbedarf danach, ob die Plattform geschlossen oder

---

53 Vgl. *Ladeur*, K&R 2000, S. 171 (176); *Vesting*, in: Hahn/Vesting (Hrsg.), Beck'scher Kommentar zum Rundfunkrecht, 3. Auflage 2012, Einführung, Rn. 48.

54 BVerfGE 57, S. 295 (323); 73, S. 118 (173).

ob sie jedermann zugänglich („offen") ist.[55] Im ersten Fall hat der Anbieter der Plattform bestimmte Angebote zwingend zu übertragen, darunter vorwiegend solche des öffentlich-rechtlichen Rundfunks („must carry"); für die übrigen Angebote wird diskriminierungsfreie Berücksichtigung vorgeschrieben. Offene Plattformen, wie sie vor allem im Internet zu finden sind, werden von diesen Bindungen grundsätzlich befreit und der Zugang nur ausnahmsweise reguliert, wenn der Plattformbetreiber über eine marktbeherrschende Stellung verfügt (§ 52 Abs. 1 Satz 2 Nr. 1 RStV). Die Frage, ob Anbieter von offenen Plattformen dem Regulierungsregime des Rundfunkstaatsvertrags unterfallen oder nicht, entscheidet sich dann nach kartellrechtlichen (Vermutungs-)Regeln.[56] Mit gesteigerter Bedeutung des Internet für die Verbreitung von Rundfunk- und rundfunkähnlichen Angeboten könnte die Privilegierungsnorm des § 52 Abs. 1 Satz 2 Nr. 1 RStV mit ihrem Ausnahmetatbestand und damit ein Modus der asymmetrischen Plattformregulierung an Bedeutung gewinnen.[57]

Zu konstatieren ist derzeit eine uneinheitliche Terminologie in der Verwendung des Plattformbegriffs bei einer sich vermehrenden Artenvielfalt im Bereich der Plattformen. Die Begriffsvielfalt und damit -unschärfe ist auch darin begründet, dass Plattformen sowohl medien- und damit landesrechtlich reguliert als auch wettbewerbs- und damit bundesrechtlich kontrolliert werden. Das Bundeskartellamt definiert in einem aktuellen Arbeitspapier vom Juni 2016 zur Strukturierung der künftigen Kontrolle von Angeboten im Internet den Plattformbegriff konsequent entlang der eigenen Aufgabe einer Beschränkung missbräuchlichen Wettbewerbs; u.a. nutzt es hierfür das Kriterium der indirekten Netzwerkeffekte.[58] In einem

---

55 Weitere Differenzierung des Plattformbegriffs bei *Christmann*, ZUM 2015, S. 14 (15 f.).

56 Vgl. *Wagner*, in: Hahn/Vesting (Hrsg.), Beck'scher Kommentar zum Rundfunkrecht, 3. Auflage 2012, § 52 RStV Rn. 19 mit Bezug auf § 1 Abs. 2 Nr. 1 der Zugangs- und Plattformsatzung der Landesmedienanstalten.

57 Eine dritte Plattformart, geregelt in § 2 Nr. 13 i.V.m. § 52b Abs. 3 RStV, erfasst den Fall, dass eine Vielfalt des Angebots anderweitig gesichert ist; gemeint ist insbesondere der Programmplattformbetrieb zur Übertragung geschlossener Pay-TV-Pakete, vgl. *Wagner*, in: Hahn/Vesting (Hrsg.), Beck'scher Kommentar zum Rundfunkrecht, 3. Auflage 2012, § 52b RStV Rn. 83; *Gersdorf*, in: Eifert/Gostomcyk (Hrsg.), Medienföderalismus, 2017 (Tagungsband in Vorbereitung).

58 Marktmacht von Plattformen und Netzwerken, Arbeitspapier des Bundeskartellamts vom Juni 2016, S. 8 ff., abrufbar unter http://www.bundeskartellamt.de/SharedDocs/Publikation/DE/ Berichte/Think-Tank-Bericht.pdf?__blob=publicationFile&v=2.

ebenfalls im Juni 2016 verabschiedeten Arbeitspapier zur Medienkonvergenz[59] fassen Bund und Länder viele dieser wettbewerbsrechtlich „Plattformen“ genannten Dienste unter den Begriff des „Intermediärs“. Die Potentiale und Risiken der sozialen Medien wie Facebook und YouTube sowie der Suchmaschinen für das klassische Rundfunkangebot und auch dessen Wandel unter Nutzung dieser neuartigen Dienste zeichnen sich erst langsam ab. So könnten Suchmaschinen für die Erreichbarkeit der Internet-Nutzer durch ein publizistisches Angebot, das gesellschaftlicher Desintegration entgegenwirkt und jedenfalls ein Mindestmaß an publizistischer Vielfalt und Ausgewogenheit im herkömmlichen Sinn sicherstellt, an Bedeutung gewinnen. Für ein schlüssiges Regulierungskonzept in Zeiten des Internet wird die Bedeutung der Intermediäre für die Zugänglichkeit medialer Angebote unter dem Aspekt der Gewährleistung kommunikativer Vielfalt auszuloten sein.[60]

Ob, wie und durch wen die Präsentation und Auffindbarkeit eines Angebots künftiger Regulierung bedarf, um das Ziel kommunikativer Vielfalt und Chancengleichheit zu erreichen, lässt sich derzeit kaum prognostizieren. Folglich lassen sich auch der erforderliche Regulierungsbedarf und diejenigen Maßnahmen nicht abschließend bestimmen, die erwarten lassen, den Nutzen der Intermediäre für die Gewährleistung kommunikativer Vielfalt im Internet zu fördern und ihre Risiken zu mindern. Für ein Ordnungskonzept fehlt es noch am erforderlichen Wissen. „Regulierung“ erfolgt daher gegenwärtig eher punktuell und aus Anlass konkreter Meinungsverschiedenheiten, ihre Akteure sind die Gerichte. Die Entwicklung u.a. dieser Rechtsprechung gilt es zu beobachten und Gemeinwohlbelange zu identifizieren, die gegebenenfalls einer staatlichen Regulierung bedürfen.

---

59 Bund-Länder-Kommission, Bericht zur Medienkonvergenz vom Juni 2016, abrufbar unter https://www.rlp.de/fileadmin/rlp-stk/pdf-Dateien/Medienpolitik/2016-06-01_-01-_Bericht_BLKM_pol_Steuerungsgruppe_FINAL_bf.pdf.

60 Fragen an die Zukunft der Rundfunkregulierung resultieren aus der schmalen und fließenden Grenze, die zwischen dem Content auf YouTube – Video-Angebote zur Verbreitung im Internet – und der regulierungsunterworfenen Rundfunkveranstaltung besteht, vgl. Die Medienanstalten, Checkliste für Veranstalter von Web-TV vom 24.09.2014, abrufbar unter http://www.die-medienanstalten.de/fileadmin/Download/Rechtsgrundlagen/Richtlinien/Checkliste_Web-TV.pdf.

2. *Entgeltregulierung*

Eine Folge des Internets stellt schon die Ablösung der an das Empfangsgerät gebundenen Rundfunkgebühr durch den an den Haushalt gebundenen Rundfunkbeitrag dar, die den Wandel („Konvergenz“) der Rundfunkempfangstechnik konsequent nachvollzieht.[61] In der Sprache des Regulierungsrechts wird mit dem Rundfunkbeitrag das Gut „Rundfunkveranstaltung“ einer marktgerechten Bereitstellung im Wesentlichen entzogen.[62] Das Verfahren der Festsetzung des Rundfunkbeitrags weist – jedenfalls auch – Merkmale einer Endkundenentgeltregulierung auf, weswegen etwa *Kühling* die mit Sachverständigen besetzte Kommission zur Ermittlung des Finanzbedarfs der Rundfunkanstalten (KEF) für die Ermittlung der Rundfunkgebührenhöhe einst als „Regulierungsbehörde“ einordnete.[63] Die Gestaltung der Endkundenpreise für Pay TV-Angebote, die mit der Digitalisierung des Rundfunks Fahrt aufgenommen haben, wird keiner medienrechtlichen Regulierung bedürfen; hier finden sich effektive Sicherungen im Wettbewerbsrecht.[64]

Die Zugangsthematik ist im Falle der technischen Kapazitäten und Plattformen einerseits und des medialen Angebots andererseits eine zweiseitige, wie die aktuelle Rechtsprechung zur Frage der entgeltlichen Einspeisung sogenannter Must-Carry-Angebote in Breitbandkabelnetze zeigt.[65] Beide Seiten sind für die Gewährleistung des Must-Carry-Gesamtangebots aufeinander angewiesen: Einerseits können Kabel- und Plattformbetreiber einige öffentlich-rechtliche Programme weder aus rechtlichen Gründen noch aus Gründen der Attraktivität des Programms beiseitelassen; andererseits können öffentlich-rechtliche Rundfunkanstalten we-

---

61 Vgl. Begründung zum Fünfzehnten Rundfunkänderungsstaatsvertrag vom 21.12.2010, S. 1 f., 5 f., im Anschluss an das Gutachten von *Kirchhof* über die Finanzierung des öffentlich-rechtlichen Rundfunks vom April 2010, S. 6 ff., abrufbar unter http://www.ard.de/download/398406/index.pdf; BVerwGE 154, S. 275 (Rn. 25 ff.).

62 *Kühling*, Sektorspezifische Regulierung in den Netzwirtschaften, 2004, S. 119.

63 *Kühling*, Sektorspezifische Regulierung, S. 390 ff.

64 Preisgestaltung für Pay-TV.

65 Vgl. BGHZ 205, S. 355 (=ZUM-RD 2015, S. 569); OLG Düsseldorf vom 21.05.2014 – 4 U (Kart) 16/13, U (Kart) 16/13 (=ZUM-RD 2015, S. 166); aus der verwaltungsgerichtlichen Rechtsprechung VG Hamburg vom 29.04.2015 – 17 K 1672/13 (=ZUM-RD 2016, S. 330); OVG Rheinland-Pfalz vom 28.07.2016 – 2 A 10343/16 (=MMR 2016, S. 783); zur Rechtswegfrage BVerwG vom 04.03.2015 – 6 B 58/14 (=NVwZ 2015, S. 991).

gen ihres Versorgungsauftrags die Verbreitung nicht ohne weiteres verweigern. Die aktuellen Probleme liegen weniger beim Kontrahierungszwang und der Sicherung des Zugangs und vielmehr bei der Frage der Entgeltlichkeit.[66] Der Rundfunkstaatsvertrag lässt sie offen. Auf die Kündigung der Einspeisungsverträge durch den öffentlich-rechtlichen Rundfunk zum 01.01.2012 haben die Kabelbetreiber mit Klagen vor Verwaltungs- und Zivilgerichten geantwortet. Die hier zu verzeichnende Rechtsprechung ist in der Sache ebenso disparat und in der Rechtswegfrage entspannt: Zivil- und Verwaltungsgerichte entscheiden u.U. nebeneinander. Im Ergebnis ist festzuhalten, dass die Frage der Einspeisungsentgelte eine Regelung nahelegt.[67] Die Kompetenz hierfür läge wegen der rundfunkspezifischen Fragestellung bei den Ländern und, soweit der Zugang zu Telekommunikationseinrichtungen in Frage steht, beim Bund.

Dieser Streit um die Einspeisungsentgelte wirkt in Anbetracht des Internet mit seiner Kultur der vermeintlichen Kostenfreiheit ein wenig verstaubt. Das Internet scheint für die kostenfreie Präsentation von Rundfunkprogrammen und rundfunkähnlichen Telemedien offen zu sein und zwischen diesen, anderen Telemedien und Plattformen sowie der Individualkommunikation nicht zu differenzieren. Geschäftsmodelle für publizistische Medien im Internet stehen andererseits noch am Anfang.

VI. Die Zukunft der publizistischen Konzentrationskontrolle

Der Rechtstreit um die Zulässigkeit der sog. Tagesschau-App[68] oder die Verabredung von Streaming-Angeboten öffentlich-rechtlicher Anstalten und privater Veranstalter im Internet[69] weisen auf Tendenzen hin, die den wirtschaftlichen Wettbewerb im Bereich des Rundfunks sowie der rundfunkähnlichen Medien verändern und geeignet sind, bisher nicht gekannte Verzerrungen zu bewirken. Die Konkurrenz öffentlich-rechtlicher mit privaten Angeboten im Internet motivierte den Gesetzgeber bereits zur Ein-

---

66 Umfassende Aufbereitung der Thematik bei *Trute/Broemel*, MMR-Beilage 2012, S. 1 ff., mit zentralen Ausführungen zum beiderseitigen Kontrahierungszwang, S. 20 f., und zur Üblichkeit eines „angemessenen Entgeltes"; a.A. *Ladeur*, ZUM 2012, S. 939 ff.; *Hain/Steffen/Wierny*, MMR 2013, S. 769 ff.

67 A.A. wohl *Hain*, K&R 2015, S. 563 ff.

68 BGHZ 205, S. 195; zur Prozessgeschichte und rechtlichen Einordnung *Wimmer/Nawrath*, ZUM 2016, S. 126 ff.; *Pahl*, AfP 2015, S. 500 ff.

69 Vgl. oben Fn. 51.

führung des „Dreistufentests“ für den öffentlich-rechtlichen Rundfunk, den Rundfunkanstalten vor Einführung von Online-Angeboten unter Nutzung des Internet durchlaufen müssen.[70] Die Probleme der Finanzierbarkeit publizistischer Angebote privater Anbieter dürften für das Design des öffentlich-rechtlichen Angebots noch an Bedeutung gewinnen. Der Umstand, dass im Internet kostenlose, weil solide finanzierte öffentlich-rechtliche Angebote direkt mit Angeboten konkurrieren, die typischerweise der Refinanzierung durch Kundenabonnements bedürfen, ist im Rahmen eines Ordnungskonzepts zu berücksichtigen.

Treffen wirtschaftliche Konzentration und publizistische Machtstellung zusammen, sind sowohl wettbewerbs- als auch medienrechtliche Grundlagen, Ziele und Instrumente einschlägig. Das Verhältnis beider Regelungssysteme gestaltet sich gerade in der Ordnung sich wandelnder Angebote kompliziert und mehrschichtig. So wirkt die kartellrechtliche Praxis der Untersagung von Absprachen der Rundfunkanstalten und Rundfunkunternehmen mit dem Ziel, ihre Aktivitäten im Internet zu koordinieren, der Innovationsbereitschaft der Anbieter u.U. entgegen. Wettbewerbsrechtliche Bindungen vermögen insoweit Entscheidungen im Rundfunkbereich zu überspielen, was allerdings grundsätzlich der Logik der Rundfunkregulierung entspricht, in der sich wirtschaftspolitische mit kommunikationspolitischen Zwecken verbinden und wirtschafts- wie medienrechtliche Bindungen nebeneinander zu beachten sind. Dass dies auch für das Verhältnis von Wettbewerbsrecht und landesrechtlichem Dreistufentest gelten soll, hat jüngst der BGH entschieden.[71] In Teilen gleichgerichtet funktionieren Fusions- und Missbrauchskontrolle einer- sowie strukturelle Vielfaltskontrolle andererseits. Bedenkenswert ist die in § 38 Abs. 3 GWB enthaltene bundesrechtliche Sonderregel zur Fusionskontrolle mit dem Zweck, den im regionalen Presse- und Rundfunkbereich bestehenden Tendenzen zur Marktkonzentration entgegenzuwirken und damit Meinungsvielfalt im Sinne von Art. 5 Abs. 1 GG zu gewährleisten.[72] Da die Regelung nach objektiver Funktion und legislatorischer Zielsetzung primär der Bekämpfung wirtschaftlicher Macht dient und auch keine Sonderkriterien spezifischen

---

70 § 11d Abs. 2 Nr. 3 i.V.m. § 11f RStV.

71 Vgl. BGHZ 205, S. 195 (Rn. 30 ff.); anders noch die Vorinstanz OLG Köln, AfP 2014, S. 79; *Degenhart*, AfP 2014, S. 107; zurückhaltend auch *Peifer*, GRURPrax 2012, S. 521 ff.

72 *Schuler-Harms*, in: Fehling/Ruffert (Hrsg.), Regulierungsrecht, 2010, § 12 Rn. 82 m.w.Nw.

publizistischen Wettbewerbs enthält, ist dies kompetenzrechtlich unbedenklich.[73] Unschädlich ist auch die Anknüpfung des sog. Zuschaueranteilsmodells in § 26 RStV an die fusionsrechtliche Kategorie der „marktbeherrschenden Stellung auf benachbarten Märkten".

In Zeiten des Internets ist die Frage jedenfalls aufzuwerfen, ob die Länder an eigenen strukturellen Vorkehrungen gegen die Entstehung einseitiger Meinungsmacht zwingend festhalten müssten oder ob sie von Verfassungs wegen auf Wettbewerbsrecht und Fusionskontrolle des Bundes vertrauen dürften. Die Frage stellt sich angesichts des Befundes, dass bereits heute das Landesmedienrecht die strukturelle Vielfaltsgewährleistung stark an den Vorgaben des Wettbewerbsrechts ausrichtet[74] und im bundesweiten Rundfunk die Schwelle für eine publizistische Konzentrationskontrolle durch die Kommission zur Ermittlung der Konzentration (KEK) durch das BVerwG zuletzt deutlich angehoben wurde.[75] Bedenkenswert wäre eine Überprüfung etwa der rechtlichen Grundlagen für den bundesweiten Rundfunk daraufhin, ob – in Fortführung der Tendenz zur Lockerung der publizistischen Konzentrationskontrolle - die Feststellung publizistischer Meinungsmacht deutlicher als bisher an kartellrechtliche Tatbestände gebunden werden könnte. Es bliebe freilich das Problem der kartellrechtlichen Irrelevanz, aber publizistischen Relevanz unternehmensinternen Wachstums bestehen, welches im Wettbewerbsrecht allein die nachträgliche Marktverhaltenskontrolle nach § 19 GWB auszulösen vermag.

Bei der Beantwortung der Frage im Rahmen eines an die Entwicklung angepassten Ordnungskonzepts ist auch zu bedenken, dass gerade die Vorkehrungen gegen Meinungsmacht in den Medien rechtzeitig zu treffen und irreversible Entwicklungen zu vermeiden sind.[76] Angesichts eines Medienangebots, dessen Zusammenklang mehr einer Kakophonie denn einem Kammerorchester gleicht, ist allerdings auch zu erwägen, ob das Risiko der mangelnden Revisibilität immer noch so groß ist, wie es das BVerfG

---

73 BVerfG Beschluss vom 29.08.1983, 1 BvR 516/82; vgl. a. *Bechtold*, GWB Kommentar, 7. Auflage 2013, § 38 Rn. 7 mit Bezug auf die Presse.

74 Die bisherigen Hinweise sind zu ergänzen um den Hinweis auf § 52 Abs. 1 Nr. 1 RStV, der die Regulierungsbedürftigkeit sog. offener Plattformen (s.o. III.) nicht von der Meinungsmacht, sondern von der Marktmacht der Anbieter abhängen lässt.

75 BVerwGE 149, S. 52 (Rn. 30 ff.) mit Einschränkung des Beurteilungsspielraums der KEK für den Fall, dass der Zuschaueranteil eines Veranstalters den Schwellenwert von 25 % unterschreitet.

76 BVerfGE 83, S. 118 (173).

seiner der Entscheidung zum Niedersächsischen Landesmediengesetz zugrunde gelegt hat.

VII. Marktzutrittsregulierung

Die Verbreitung internetgestützter Kommunikation und die mit ihr aufgeworfenen Fragen für die künftige Rundfunkregulierung münden schließlich in Fragen der künftigen Ordnung des Marktzutritts für publizistisch relevante Angebote und Dienste. Für den öffentlich-rechtlichen Rundfunk ist die Frage derzeit geklärt: Sein Auftrag erfordert sowohl im klassischen Rundfunk als auch und vor allem für Online-Angebote eine gesetzliche Auftragsbeschreibung nach Durchführung des sog. Dreistufentests.

Die Marktzutrittsregulierung für private Anbieter bedarf mit dem Wandel der Angebotsformate und ihrer Verbreitung der Prüfung auf Konsistenz: Ein Rundfunk- oder rundfunkähnliches Angebot ist derzeit in Abhängigkeit vom Format, dem Übertragungsmedium und der Plattform, auf der es veranstaltet wird, lizenzpflichtig,[77] anzeigepflichtig[78]oder frei zu verbreiten. Video-Angebote, die nicht Rundfunk oder rundfunkähnlich sind, werden auf offenen Plattformen des Internet ohne Rücksicht auf ihre Meinungsrelevanz frei verbreitet. Die Aufnahme eines Plattformbetriebs ist im Regulierungsregime des Staatsvertrags anzeigepflichtig (§ 52 Abs. 3 RStV) und im Falle der offenen Plattform – mit den beschriebenen (asymmetrischen) Einschränkungen des RStV – frei. Angesichts sinkender Knappheit der technischen Übertragungskapazitäten ist zu erwägen, auch den Erlaubnisvorbehalt für die Veranstaltung privaten Rundfunks aufzugeben und den Anzeigevorbehalt, wie ihn § 20b RStV für den bundesweiten privaten Hörfunk normiert, auf das Fernsehen zu erstrecken. Die Lizenz zur Rundfunkveranstaltung hat ihren Charakter als Kontingentgenehmigung durch die Diversifikation und Privatisierung der Übertragungsmöglichkeiten weitgehend verloren. Mit einer Degression des Marktzutrittsregimes für die Veranstaltung privaten Rundfunks würde ein allgemeiner, seit Jahren zu beobachtender Trend fortgesetzt.

Für die Vergabe knapper Übertragungs- und Plattformkapazitäten bliebe es bei der Kontingentgenehmigung, d.h. dem Erfordernis einer förmli-

---

77 §§ 20 ff. RStV und Landesmedienrecht.

78 § 20b RStV für den bundesweiten Hörfunk.

chen Zuteilung der Kapazität nach förmlicher Ausschreibung. Ähnlich wäre für die Weiterverbreitung eines Rundfunkprogramms auf einer terrestrischen Frequenz oder einem Satellitenkanal ohne Zwischenschaltung einer Plattform zu verfahren. Im Zuge der Neukonzeption des Medienordnungsrechts wäre auch die Sinnhaftigkeit einer gleichzeitigen Beteiligung von Rundfunkanbietern und Plattformen im Ausschreibungsverfahren für drahtlose terrestrische digitale Kapazitäten, wie sie § 51a RStV vorsieht, zu überprüfen.

VIII. Regulierungsorganisation und Regulierungsverbund

Rundfunkregulierung in Zeiten des Internet bedarf auch einer Überprüfung der Regulierungsorganisation. Die Funktionen der positiven Ordnung durch Gesetzgebung, der Marktzutrittskontrolle, der Zugangs- und Entgeltregulierung sowie der publizistischen Konzentrationskontrolle sind in Zeiten des Internet wie schon für den digitalen Rundfunk (auch) länderübergreifend organisiert. Die bundesweite Wahrnehmung der Regulierungsaufgaben nach dem RStV erfolgt in Gremien, die als „Organe" für die jeweilige Entscheidung der zuständigen Landesmedienanstalt zugeordnet werden. Angesichts der zunehmenden Konvergenz von Telekommunikationsregulierung, Fusionskontrolle und Kartellaufsicht sowie der Regulierung von Rundfunk- und rundfunkähnlichen Angeboten sowie Diensten ist diese Struktur nicht mehr zielführend und die Einrichtung einer zentralen Behörde für die länderübergreifenden Angelegenheiten der Rundfunkregulierung zu erwägen. Sie könnte ohne Schwierigkeiten in der Form einer Ländermedienanstalt geschaffen werden.[79]

Den Landesmedienanstalten bleiben neben der Vielfaltsgewährleistung des regionalen und lokalen Rundfunkangebots Aufgaben der Stärkung von Nutzersouveränität und Medienkompetenz und auch der Förderung technischer und publizistischer Innovationen. Ein Beispiel bildet die MABB mit der Förderung des Projekts Freifunk – einem bürgerseitig aufgebauten Zusammenschluss aus WLAN-Anschlüssen – und dem Aufbau eines Medi-

---

79 Zum Charakter der Landesmedienanstalten als Behörden der Rundfunkregulierung vgl. die Überschrift über Abschnitt V. RStV; *Schuler-Harms*, in: Fehling/Ruffert (Hrsg.), Regulierungsrecht, 2010, § 12 Rn. 110 ff.

enportals in neuen Diensten.[80] Das Internet ist nicht nur ein überregionales und globales Phänomen, sondern ebenso ein lokales, in dem die föderale Struktur der Medienaufsicht ihre experimentelle Kraft entfalten kann.

IX. Schluss

Die Rundfunkregulierung bedarf in Zeiten des Internets einer Inventur, und dies vermutlich in mehreren Etappen. Verfassungsrechtliche Vorgaben sind mit der durch das Internet gegebenen Entwicklung abzugleichen und die Ziele der Rundfunkregulierung anzupassen. Instrumente und Organisationsstrukturen aus der Zeit des klassischen Rundfunks sind fortzuentwickeln. An einige Tendenzen lässt sich hierbei anknüpfen, etwa an die degressive Tendenz der Marktzutrittsregulierung oder der Kontrolle einseitiger Meinungsmacht; auch die gegenwärtig zwischen Bund und Ländern diskutierte Verdichtung des Regulierungsverbundes zwischen Bundesnetzagentur, Bundeskartellamt und Landesmedienanstalten[81] folgt einem länger schon bestehenden Trend. In anderen Bereichen, etwa der künftigen Rolle des öffentlich-rechtlichen Rundfunks oder der Regulierungsorganisation, sind grundsätzlichere Überlegungen angezeigt.

Für die Entwicklung zu beherzigen sind Erkenntnisse zu Innovationen und Recht.[82] Gegenwärtig liegt ein vollständiger Umbau der Regulierungsarchitektur ebenso fern wie das Festhalten an alten Strukturen. Nachzudenken ist vielmehr über einen fortlaufenden, den Wandel angemessen verarbeitenden Ordnungsprozess und über Regelungsformen, mit denen sich der rasche technische Wandel in seiner Unvorhersehbarkeit fassen lässt. Zu denken ist dabei an Elemente der Selbstorganisation (etwa Konzepte aus der Mitte des öffentlich-rechtlichen Rundfunks oder der Regu-

---

80 Vgl. Überblick auf der Website der Medienanstalt, abrufbar unter http://mabb.de/uber-die-mabb/suchfeld.html?keywords=Freifunk.

81 Vgl. Bund-Länder-Kommission, Bericht zur Medienkonvergenz, S. 22; *Dreyer/Oermann/Schulz*, Kooperative Medienregulierung?, Möglichkeiten und Grenzen der Kooperation und Koordination von Bund und Ländern bei konvergenten Regulierungsmaterien, Kurzgutachten im Auftrag der Medienanstalten ALM GbR, 2016, passim; Referentenentwurf des Bundesministeriums für Wirtschaft und Energie eines Neunten Gesetzes zur Änderung des GWB (9. GWB-ÄndG).

82 Vgl. *Hoffmann-Riem*, Innovation und Recht – Recht und Innovation, 2016, insbes. S. 28 ff., 80 ff.; *ders.*, Innovationen im Recht: Zur Einführung, in: Ders., Innovationen im Recht, 2016, S. 11 f. m.w.Nw.

lierungstätigkeit), sowie an retardierende Elemente angesichts der so dynamischen neuen Welten des Internet.

Rundfunkregulierung in Zeiten des Internets – Öffentlich-rechtlicher Rundfunk

*Prof. Dr. Bernd Holznagel**

I. Ausgangslage

Das öffentlich-rechtliche Rundfunkprogramm ist traditionell als lineares Angebot für die Nutzung am Fernsehgerät konzipiert worden. Es hat in dieser Form nach wie vor eine erhebliche Bedeutung für die öffentliche Meinungsbildung. Die öffentlich-rechtlichen Anstalten betreiben derzeit 23 Fernsehprogramme. Dazu zählen Vollprogramme wie Das Erste und das ZDF sowie die Regionalprogramme oder Spartenprogramme wie Phoenix. Das öffentlich-rechtliche Fernsehen bedient 44 % des nationalen Zuschauermarktes.[1] Fernsehen und Radio verfügen im Jahresdurchschnitt über Finanzmittel aus Rundfunkbeiträgen in Höhe von ca. 7,8 Milliarden Euro.[2] Das Fernsehen ist noch immer das am intensivsten genutzte Medium mit einer Nutzungsdauer von durchschnittlich mehr als drei Stunden pro Tag.[3] Danach erst folgen der Hörfunk, das Internet und die Tageszeitung.[4]

Die erste Entkoppelung zwischen zeitgebundenem Programmangebot und der Nutzung von Inhalten fand durch den Einsatz von Videorecordern und anderen Aufzeichnungsgeräten statt. Der nächste Schritt erfolgte durch die Errichtung der Mediatheken, mit denen ARD und ZDF auf das Aufkommen von Smart-TVs mit Internetzugangsmodul reagieren wollten. Über die Webseiten der Anstalten kann seitdem für einen bestimmten Zeitraum auf bereits ausgestrahlte Sendungen als Video-on-Demand in voller

* Der Autor dankt *Sarah Hartmann* für die kritische Durchsicht des Manuskripts.

1 *Arbeitsgemeinschaft Fernsehforschung,* Marktanteile der AGF- und Lizenzsender im Tagesdurchschnitt 2015, 2015, abrufbar unter https://www.agf.de/daten/tvdaten/marktanteile/?name=marktanteile (zuletzt abgerufen am 14.11.2016).

2 *KEF*, 20. Bericht, 2016, 196, abrufbar unter http://kef-online.de/ifileadmin/KEF/Dateien/Berichte/20._Bericht.pdf (zuletzt abgerufen am 01.08.2017).

3 *Engel/Breunig,* Media Perspektiven 2015, S. 310 (312).

4 *Engel/Breunig,* Media Perspektiven 2015, S. 310 (312).

Länge zugegriffen werden. Zudem gibt es ein paralleles „Livestreaming" des aktuellen Fernsehprogramms, das ebenfalls über die Webseite zugänglich ist. Der berühmte „Red Button" im Smart-TV ermöglicht einen leichten Wechsel zwischen Rundfunk und Internet.

Der Rundfunkgesetzgeber hat auf diese Entwicklung erstmals 2009 mit dem 12. RÄStV reagiert.[5] Bekanntlich hat der öffentlich-rechtliche Rundfunk traditionell den Auftrag, die Meinungsvielfalt zu gewährleisten.[6] Der Rundfunkstaatsvertrag gibt den Anstalten mit den Telemedien ein *weiteres Instrument* in die Hand, das allen Bevölkerungsgruppen weitergehende Teilhabe an der Informationsgesellschaft ermöglichen soll.[7] Telemedien sollen Orientierungshilfe bieten sowie die technische und inhaltliche Medienkompetenz aller Generationen und von Minderheiten fördern (§ 11d Abs. 3 RStV).

Jedoch wird dieser Funktionsauftrag derzeit noch durch eine Vielzahl von Beschränkungen eingeengt. Sie alle dienen dem Zweck, die Vielfalt der Medienlandschaft auf dem *nationalen Markt* zu erhalten. Geschützt werden zunächst kommerzielle Video-on-Demand-Angebote.[8] Die Verweildauer von sendungsbezogenen Angeboten wird auf sieben Tage begrenzt.[9] Das Bereithalten angekaufter Spielfilme und Folgen von Fernsehserien zum Abruf ist ausgeschlossen.[10] Lediglich Eigen- und Auftragsproduktionen dürfen verbreitet werden. Um es einfach zu sagen: Tatort geht, James Bond geht nicht. Das Verbot der flächendeckenden lokalen Berichterstattung in Telemedien soll die Geschäftsmodelle der Verleger bewahren (§ 11d Abs. 5 RStV).[11] Aus demselben Grund gibt es eine Negativliste (Anlage zu § 11d Abs. 5 Satz 4 des RStV)[12], in der pressespezifische Angebotsformen dem öffentlich-rechtlichen Rundfunk untersagt sind. Hierzu gehören Anzeigenportale, Anzeigen oder Kleinanzeigen, Partner-, Kontakt-, Stellen- oder Tauschbörsen, Spielangebote und Fotodownloads ohne

5 Vgl. Programmkonzept Digitale Fernsehprogramme der ARD, Anlage zu § 11b Abs. 1 Nr. 2 RStV, 2.
6 Vgl. § 11 Abs. 1 S. 1 RStV.
7 § 11d Abs. 3 S. 1 RStV.
8 Vgl. Begründung zum 12. RÄStV, LT-Drs. BW 14/3859, S. 48.
9 § 11d Abs. 2 Nr. 1 RStV.
10 § 11d Abs. 5 RStV.
11 *Held*, in: Hahn/Vesting (Hrsg.), Beck'scher Kommentar zum Rundfunkrecht, 3. Auflage 2012, § 11d RStV Rn. 109, 114.
12 Vgl. Begründung zum 12. RÄStV, LT-Drs. BW 14/3859, S. 48.

Sendebezug oder auch Foren, Chats ohne Sendebezug und redaktionelle Begleitung.

Telemedien dürfen sendungsunabhängig nur nach Durchführung eines aufwändigen Dreistufentests angeboten werden.[13] Sie dürfen zudem nicht presseähnlich sein.[14] Ein Negativbeispiel hierfür war das Angebot der Tagesschau-App in der Form vom 15.06.2011, welches als presseähnlich und daher unzulässig eingestuft wurde.[15] Das für uns Zuschauer so erfreuliche Werbe- und Sponsoringverbot[16] in der Mediathek des öffentlich-rechtlichen Rundfunks dient primär dem Schutz kommerzieller Fernsehanbieter, die ihre Umsätze nur über Werbung und Sponsoring erzielen können.[17]

Zusammengefasst dienen die Regularieren dazu, die *Inlandsmärkte* vor einer Verzerrung durch beitragsfinanzierte Angebote zu schützen. Der Dreistufentest hat sich überdies als Kostentreiber erwiesen. Aufwand und Ertrag standen insbesondere wegen der teuren ökonomischen Gutachten[18] häufig in krassem Missverhältnis zueinander.

II. Veränderungen auf dem Mediensektor

Dieses System steht durch die fortschreitende Digitalisierung erheblich unter Druck. Unsere lineare Fernsehwelt gerät zunehmend aus den Fugen. Die Entkoppelung zwischen zeitgebundenem Angebot und Nutzungsmöglichkeiten wird durch das Aufkommen des Cloud TV nun rasant beschleunigt. Cloud TV ist die vierte Generation des Fernsehens.[19] Es folgt dem digitalen Fernsehen, dem durch das Aufkommen von Kabel und Satellit möglich gewordenen Multikanalfernsehen sowie dem terrestrischen Fernsehen.

---

13 Vgl. § 11f Abs. 4 RStV; siehe auch Begründung zum 12. RÄStV, LT-Drs. BW 14/3859, S. 49.

14 § 11d Abs. 3 RStV.

15 OLG Köln vom 30.09.2016 – I-6 U 188/12 (=K&R 2016, 749 ff.).

16 § 11d Abs. 5 RStV.

17 Vgl. *Held*, in: Hahn/Vesting (Hrsg.), Rundfunkrecht, 3. Aufl. 2012, § 11d RStV Rn. 147, 152.

18 Vgl. *Klickermann*, MMR 2009, S. 740 (743 ff.); *Ladeur*, ZUM 2009, S. 906 (913).

19 Eingehend zum Thema Cloud-TV: *Dörr/Holznagel/Picot*, Legitimation und Auftrag des öffentlich-rechtlichen Fernsehens in Zeiten der Cloud, 2016, abrufbar unter: http://www.zdf.de/ZDF/zdfportal/blob/45517114/5/data.pdf (zuletzt abgerufen am 01.08.2017).

In der Cloud werden lineares Fernsehen, Video-on-Demand, Social Media und andere Dienste zusammengeführt und gebündelt. Als Endgerät fungiert nicht mehr nur das smarte Fernsehgerät. Vielmehr kommen ebenfalls das mobile Smartphone, der PC oder die Spielkonsole zum Einsatz.[20] Nutzerinnen und Nutzer können verstärkt Angebote kommentieren oder gar eigene Inhalte erstellen. Ihre persönliche Ansprache wird durch Empfehlungen verbessert. Die Innovationsgeschwindigkeit ist beim Cloud TV höher, als dies beim herkömmlichen Fernsehen der Fall ist. Dies ist auf das Moore´sche Gesetz[21] zurückzuführen, dass sich jetzt auch in der Medienwelt massiv Geltung verschafft.

In der Folge kommt es zu einer weiteren Vervielfachung und Ausdifferenzierung des Medienangebotes. Aus Nutzersicht verwischt die Trennung von linearem und nicht linearem Medienangebot, die für den bisherigen Ordnungsrahmen typisch ist.[22] Das Spektrum der audiovisuellen Angebote umfasst Online-Videotheken, über die Spiel- und Kinofilme bezogen werden können, ebenso wie virtuelle Medienplattformen wie Zattoo, die Live-Streaming-Angebote linearer TV-Programme bündeln.[23] YouTube verbreitet inzwischen Multi-Channel-Networks. Dies sind fernsehähnliche Videokanäle, die populäre Genres wie Musik, Fashion oder Comedy bedienen.[24]

Gegenwärtig lässt sich weltweit förmlich eine Explosion des Videokonsums ausmachen. In Deutschland greifen 75% der Internetnutzer „zumindest gelegentlich“ auf audiovisuelle Angebote aus dem Internet zu.[25] Noch eindrucksvoller sind die Nutzungsdaten den USA. Dort entfällt in den Abendstunden rund 70 % des gesamten Internetbreitbandverkehrs auf

---

20 *Dörr/Holznagel/Picot*, Legitimation und Auftrag des öffentlich-rechtlichen Fernsehens in Zeiten der Cloud, 2016, S. 8.

21 Vgl. *Martin-Jung*, Was das Ende des Mooreschen Gesetzes bedeuten würde, Süddeutsche Zeitung v. 05.01.2016, abrufbar unter http://www.sueddeutsche.de/digital/datenmenge-ende-der-beschleunigung-1.2802682 (zuletzt abgerufen am 01.08.2017).

22 *Dörr/Holznagel/Picot*, Legitimation und Auftrag des öffentlich-rechtlichen Fernsehens in Zeiten der Cloud, 2016, S. 8.

23 *Dörr/Holznagel/Picot*, Legitimation und Auftrag des öffentlich-rechtlichen Fernsehens in Zeiten der Cloud, 2016, S. 9.

24 *Dörr/Holznagel/Picot*, Legitimation und Auftrag des öffentlich-rechtlichen Fernsehens in Zeiten der Cloud, 2016, S. 14.

25 *Die Medienanstalten*, 17. Jahresbericht der KEK, Berichtszeitraum 01.07.2013 bis 30.06.2015, 2015, S. 131.

Dienste wie Netflix, iTunes oder Amazon Prime Video.[26] Insbesondere für jüngere Altersgruppen üben diese Angebote eine starke Anziehung aus. Für die Altersklasse von 14 bis 19 Jahren gehen die Nutzungswerte für (lineares) Fernsehen und Hörfunk auch in Deutschland zugunsten des Internets zurück.[27] Demgegenüber ist die ältere Generation in einem viel stärkerem Maße dem öffentlich-rechtlichen linearen Fernsehen verbunden.[28] Dieser Trend setzte schon mit der Digitalisierung der Übertragungswege und der daraus resultierenden Vermehrung linearer Fernsehangebote ein. Vertreter des öffentlich-rechtlichen Rundfunks befürchten, dass es deshalb schon bald zu einem „Generationenabriss" im Hinblick auf ihre Zuschauerschaft kommen könnte.[29]

Diese Veränderungen führen zu der Frage, wie der Rundfunkgesetzgeber hierauf reagieren soll. Vereinzelt wird im Hinblick auf die Entwicklung einer nicht linearen Medien- und Internetwelt die Notwendigkeit des öffentlich-rechtlichen Rundfunks grundsätzlich in Frage gestellt. Es wird vorgeschlagen, im Rundfunk stärker auf das Marktmodell zu vertrauen. Die Partei der Neos in Österreich diskutiert, ob die Gebühren für den ORF abgeschafft werden sollen.[30] Stattdessen soll der ORF gemeinsam mit den privaten Anbietern durch eine Inhalteförderung aus Haushaltsmitteln finanziert werden.[31] Hier soll hingegen für eine Anpassung des Funktionsauftrags des öffentlich-rechtlichen Rundfunks an diese Entwicklungen plä-

---

26 *Sandvine*, 2016 Global Internet Phenomena – Latin America & North America, 2016, S. 4, abrufbar unter: https://www.sandvine.com/downloads/general/global-internet-phenomena/2016/global-internet-phenomena-report-latin-america-and-north-america.pdf (zuletzt abgerufen am 01.08.2017).

27 *Die Medienanstalten*, 17. Jahresbericht der KEK, Berichtszeitraum 01.07.2013 bis 30.06.2015, 2015, S. 125.

28 *Giersch*, in: ARD, Jahrbuch 2008, S. 23 (24), abrufbar unter: http://www.ard.de/download/119600/Ein_nur_noch_seltenes_Paar__Oeffentlich_rechtlicher_Rundfunk_und_Jugend___Strategien_gegen_den_Generationenabriss.pdf (zuletzt abgerufen am 01.08.2017).

29 *Giersch*, in: ARD, Jahrbuch 2008, S. 23; siehe auch *Dörr/Holznagel/Picot*, Legitimation und Auftrag des öffentlich-rechtlichen Fernsehens in Zeiten der Cloud, 2016, S. 24.

30 *Österreichisches Parlament*, Parlamentskorrespondenz Nr. 968 vom 21.09.2016, abrufbar unter: https://www.parlament.gv.at/PAKT/PR/JAHR_2016/PK0968/ (zuletzt abgerufen am 01.08.2017).

31 *Österreichisches Parlament*, Parlamentskorrespondenz Nr. 968 v. 21.9.2016.

diert werden (hierzu III.).[32] Darüber hinaus muss geklärt werden, wie gesichert werden kann, dass die Angebote des öffentlich-rechtlichen Rundfunks Zugang zur Verbreitungsinfrastruktur des Cloud TV bekommen (hierzu IV.) und in dieser veränderten Medienlandschaft überhaupt noch auffindbar bleiben (hierzu VI.).

III. Erweiterung des Funktionsauftrags

1. Verfassungsrechtliche Anforderungen

Die Rundfunkfreiheit (Art. 5 Abs. 1 S. 2 GG) verpflichtet den Gesetzgeber bekanntlich, einen rechtlichen Ordnungsrahmen zu schaffen, der die freie individuelle und öffentliche Meinungsbildung sicherstellt.[33] Nur so können sich die Bürgerinnen und Bürger durch die Medien frei sowie umfassend informieren und an der politischen Willensbildung mitwirken.[34] Dies wiederum ist eine Funktionsvoraussetzung der Demokratie.[35]

In einer dualen Rundfunkordnung haben die öffentlich-rechtlichen Anstalten die Aufgabe der unerlässlichen Grundversorgung.[36] Sie müssen für die *gesamte Bevölkerung* Programme anbieten, die umfassend und in der vollen Breite des klassischen Rundfunkauftrags informieren und so die gebotene Meinungsvielfalt herstellen. Aus *ökonomischer Sicht* sind sie mit der *Pflege des öffentlichen Gutes* der Meinungsvielfalt betraut, in dem sie möglichst qualitätsvolle, umfassende, unabhängige und objektive Inhalte verbreiten. Der duale Ordnungsrahmen stellt sicher, dass der Markt in der Weise funktionieren kann, wie es das Gemeinwohl erfordert.

---

32 Sie basieren auf einem Gutachten, das der Autor zusammen mit den Kollegen *Dörr* und *Picot* im Auftrag des ZDF erarbeitet hat, vgl. *Dörr/Holznagel/Picot*, Legitimation und Auftrag des öffentlich-rechtlichen Fernsehens in Zeiten der Cloud, 2016.

33 BVerfGE 57, S. 295 (319).

34 BVerfGE 57, S. 295 (320).

35 BVerfGE 57, S. 295 (323).

36 BVerfGE 73, S. 118 (157), grundlegend zum Begriff der Grundversorgung *Herrmann*, Hörfunk und Fernsehen in der Verfassung der Bundesrepublik Deutschland, 1975; *Niepalla*, Die Grundversorgung durch die öffentlich-rechtlichen Rundfunkanstalten, 1990, S. 70 ff.; *Libertus*, Grundversorgungsauftrag und Funktionsgarantie, 1991, S. 57 ff; *Scheble*, ZUM 1995, S. 383.

Die Karlsruher Richter verstehen den Grundversorgungsauftrag *entwicklungsoffen und dynamisch*. Die Leitbilder und Regelungskonzepte des öffentlich-rechtlichen Rundfunks müssen daher an sich wandelnde „Umweltbedingungen“ angepasst werden.

Das Argument, dass sich die gesonderte Regulierung des Rundfunkmarktes allein aus der *Knappheit der Übertragungswege* ergäbe, hat das Bundesverfassungsgericht mit dem Entstehen des Mehrkanalfernsehens daher auch zügig aufgegeben.[37] Heute stellt es auf die besondere Wirkkraft der Rundfunkinhalte für die Meinungsbildung ab, die aus ihrer hohen Suggestivkraft, Breitenwirkung und Aktualität resultiert.[38] Im Hinblick auf die sich infolge von Digitalisierung und Konvergenz schnell wandelnde Medienlandschaft erhalten, so die Karlsruher Richter, diese Wirkungsmöglichkeiten des herkömmlichen linearen Fernsehens ihr Gewicht, obwohl „die neuen Technologien eine Vergrößerung und Ausdifferenzierung des Angebots und der Verbreitungsformen und -wege gebracht sowie neuartige programmbezogene Dienstleistungen ermöglicht haben.“[39] Allein durch den „Fortfall der bisherigen Beschränkungen könnte nicht mit hinreichender Sicherheit erwartet werden, daß das Programmangebot in seiner Gesamtheit kraft der Eigengesetzlichkeit des Wettbewerbs den Anforderungen der Rundfunkfreiheit entsprechen werde.“[40] Das Gefahrenpotential der Entstehung von Meinungsmacht und des Missbrauchs zur einseitigen Einflussnahme bestehe im Rundfunk nach wie vor und „einmal eingetretene Fehlentwicklungen [könnten] - wenn überhaupt - nur bedingt und nur unter erheblichen Schwierigkeiten rückgängig gemacht werden.“[41] „Die Anforderungen an die gesetzliche Ausgestaltung der Rundfunkordnung zur Sicherung der Rundfunkfreiheit im Sinne des Art. 5 Abs. 1 Satz 2 GG sind somit durch die Entwicklung von Kommunikationstechnologie und Medienmärkten nicht überholt.“[42]

Die programmlichen Angebote des öffentlich-rechtlichen Rundfunks und der derzeitige Ordnungsrahmen sind *aktuell* auf eine *lineare Mediennutzung* ausgerichtet. Telemedien haben in erster Linie die Aufgabe, lineare Programme zu begleiten. Die nicht-lineare Mediennutzung hat gegen-

---

37 BVerfGE 90, S. 60 (87 f.).
38 BVerfGE 90, S. 60 (87 f.); 119, S. 181 (215).
39 BVerfGE 136, S. 9 (28).
40 BVerfGE 57, S. 295 (322).
41 BVerfGE 57, S. 295 (322).
42 BVerfGE 136, S. 9 (28).

wärtig jedoch einen starken Auftrieb. Wahlfreiheit und Individualisierung sind längst zu Leitprinzipien der Gesellschaft geworden. Treiber dieser neuen Nutzungsformen und Angebote sind technologische Innovationen. Zu nennen sind die Massenverbreitung von Smartphones, die Personalisierung durch Big Data oder die erweiterten Möglichkeiten von Interaktion sowie die Abgabe von Empfehlungen.

Damit der öffentlich-rechtliche Rundfunk seinen verfassungsrechtlichen Auftrag noch unter diesen neuen Bedingungen erfüllen kann und sein Publikum mit vielfältigen und qualitativ hochwertigen Inhalten erreicht, muss er sein Angebot stärker als bisher auf eine nicht-lineare Medienwelt ausrichten. Dabei reicht es, wie seit Kurzem praktiziert,[43] nicht aus, allein ein Jugendangebot im Netz zu veranstalten, um jüngere Altersklassen als Nutzerrinnen und Nutzer (zurück) zu gewinnen. Denn die zeit- und ortsunabhängige Nutzung durch neue mobile Endgeräte wird sich nicht mit dem Alter auswachsen.

2. *Kompensation von Defiziten der Internetöffentlichkeit*

a) Aktualisierung des Informationsauftrags

Der öffentlich-rechtliche Rundfunk muss überdies aktuellen Gefährdungen für die demokratische Öffentlichkeit entgegenwirken. Für die politische Öffentlichkeit ist die Qualität und Glaubwürdigkeit von Nachrichten und Informationen von zentraler Bedeutung. Das Internet wird insofern als „Demokratie-Maschine“[44] gepriesen. Staatliche Stellen sind im Zuge der Open-Data-Bewegung dazu übergegangen, Unterlagen in einem Ausmaß öffentlich zur Verfügung zu stellen wie dies bisher nicht üblich war.[45] Werden die Behörden nicht selbst aktiv, findet sich sicher bald jemand, der Dokumente anonym ins Netz stellt. Zudem gibt es deutlich erweiterte Spielräume der Bürger für die Kommentierung von kommunalen Planungsentscheidungen oder Gesetzesentwürfen.[46]

---

43 Vgl. § 11g RStV.

44 *Matzat*, Die Demokratie-Maschine, der Freitag vom 25.09.2009, abrufbar unter https://www.freitag.de/autoren/tstrohschneider/die-demokratie-maschine (zuletzt abgerufen am 01.08.2017).

45 *Hoffmann/Schulz*, KommJur 2014, S. 126 ff.

46 *Wiegand*, NVwZ 2014, S. 830 (832).

Während also Transparenz und Partizipation auf der Habenseite zu verbuchen sind, werden nun auch immer mehr „dunkle Seiten“ des Internets sichtbar. Sie prägen den aktuellen politischen Diskurs in der Bundesrepublik.

Bereits Ende der 90er Jahre wurden erste Veränderungen der Politikvermittlung in den Medien von einem sachorientierten Stil hin zum Info- und Politainment und ein damit einhergehender Funktionsverlust von Öffentlichkeit in der Demokratie beobachtet.[47] Im Hinblick auf das werbefinanzierte Fernsehen konnte frühzeitig beobachtet werden, dass eine Anpassung des Programms an den breiten Zuschauergeschmack erfolgt und daher auch bei der Informationsvermittlung verstärkt auf Unterhaltung gesetzt wurde.[48] Die Verschmelzung von Information, Werbung und Entertainment wird bei vielen Angeboten im Internet weiter vertieft. Es zeigt sich, dass die große Freiheit und Angebotsfülle im Netz alles andere als eine Garantie dafür ist, dass die für die politische Willensbildung erforderlichen Informationen bereitgestellt, geschweige denn rezipiert werden.[49]

Derzeit wird in der Öffentlichkeit intensiv darüber berichtet, wie interessierte Kreise in Foren und Chat-Räumen versuchen, den Diskurs zu manipulieren.[50] Beispielsweise wird der russischen Regierung vorgeworfen, „Trolle“ in Social-Media-Plattformen zu schicken, die ihre Sicht zur Krim Annexion vertreten.[51] Der Dienst Twitter bietet offenbar besonders gute Möglichkeiten, Beeinflussungsversuche der Meinungsbildung zu automatisieren. So sollen Millionen von Twitter-Followern der beiden in der Endrunde befindlichen amerikanischen Präsidentschaftskandidaten auf Bots

47 Siehe *Holznagel*, Erosion demokratischer Öffentlichkeit?, in: Veröffentlichung der Vereinigung der Deutschen Staatsrechtslehrer, 2009, Band 68, Erosion von Verfassungsvoraussetzungen, S. 396 f. m.w.N.

48 *Brinkmann*, ZUM 2013, S. 193 (195).

49 *Brinkmann*, ZUM 2013, S. 193 (195); *Holznagel*, NordÖR 2011, S. 205 (209).

50 *Hegelich*, Invasion der Meinungs-Roboter, Analysen & Argumente (KAS), Ausgabe 221 September 2016, S. 1 ff.; abrufbar unter http://www.kas.de/wf/doc/kas_46486-544-1-30.pdf?160927132147 (zuletzt abgerufen am 01.08.2017).

51 *Hegelich*, Invasion der Meinungs-Roboter, Analysen & Argumente (KAS), Ausgabe 221 September 2016, S. 1 (5).

beruhen.[52] Dies sind Computerprogramme, die automatisch Inhalte generieren und Tweets retweeten bzw. weiterverbreiten.[53]

Der öffentlich-rechtliche Rundfunk soll daher in einer zunehmend nicht linearen Medienwelt als ein Makler von Glaubwürdigkeit unterwegs sein. In der Tat ist er eine Instanz, die sich traditionell um journalistische Sorgfalt und thematische Breite in der Berichterstattung bemüht.

b) Aktualisierung des Integrationsauftrags

Das Ziel, die Nutzerschaft im Internet vor Gewalt und Hass zu beschützen, ist gegenwärtig ein wichtiges Anliegen der Politik. Denn die hasserfüllte Kommunikation verroht zunehmend den öffentlichen Diskurs. Der Deutsche Städte- und Gemeindebund warnt inzwischen ausdrücklich vor dieser Welle des Hasses.[54] Nach einer Umfrage seien in jeder zweiten Gemeinde Beleidigungen kommunaler Mandatsträger an der Tagesordnung.[55] Es beginnt mit Postings im Netz und geht über Schmierereien an Hauswänden, toten Ratten vor der Haustür bis hin zu einer Neun-Millimeter-Patrone, die Bundesjustizminister Heiko Maas im Juni 2016 im Briefkasten seiner Privatwohnung vorfand.[56] Dass unter solchen Bedingungen Nachwuchskräfte nicht begierig darauf sind, politische Ämter zu übernehmen, liegt auf der Hand.

Das Drohpotential verteilt sich zudem sehr ungleichmäßig. Dies illustriert eine Auswertung der Kommentarfunktion des britischen Guardian,

---

52 *Kollanyi/Howard/Woolley*, Bots and Automation over Twitter during the Second U.S. Presidential Debate, COMPROP Data Memo 2016.2 vom 19.10.2016, abrufbar unter: http://comprop.oii.ox.ac.uk/wp-content/uploads/sites/89/2016/11/Data-Memos-US-Election.pdf (zuletzt abgerufen am 01.08.2017).

53 *Kollanyi/Howard/Woolley,* Bots and Automation over Twitter during the Second U.S. Presidential Debate, COMPROP Data Memo 2016.2 vom 19.10.2016, S. 1.

54 *Deutscher Städte- und Gemeindebund*, Aktionsplan gegen Hasskriminalität v. 19.10.2015, abrufbar unter http://www.dstgb.de/dstgb/Homepage/Aktuelles/Archiv/Archiv%202015/Aktionsplan%20gegen%20Hasskriminalit%C3%A4t/ (zuletzt abgerufen am 01.08.2017).

55 *WDR*, Hasswelle läuft durch das Land, WDR 5 Morgenecho vom 11.7.2016, abrufbar unter: http://kommunal.de/artikel/hasswelle-gegen-deutschlands-kommunalpolitiker/ (zuletzt abgerufen am 01.08.2017).

56 *Deutsche Welle*, Morddrohungen und Hass-Mails massenhaft, vom 5.6.2016, abrufbar unter: http://www.dw.com/de/morddrohungen-und-hass-mails-massenhaft/a-19307573 (zuletzt abgerufen am 01.08.2017).

die mehrere tausend solcher Kommentare zum Gegenstand hatte.[57] Das erschütternde Ergebnis ist, dass es sich bei der Mehrzahl der Kommentatoren um weiße Männer handelt. Von den zehn Journalistinnen und Journalisten des Guardian, die die meisten Schmähungen über sich ergehen lassen mussten, waren hingegen acht Frauen, davon vier weißer und vier nicht weißer Hautfarbe, eine Muslima und eine Jüdin.[58] Die verbleibenden zwei Männer waren schwarz.[59]

Als eine wichtige Ursache für die veränderte Kommunikationskultur wird inzwischen die menschliche Eigenschaft erkannt, Informationen zu bevorzugen, welche mit den eigenen Überzeugungen im Einklang stehen.[60] Soziale Medien katalysieren diesen von den Sozialwissenschaften als Bestätigungsfehler bezeichneten Effekt.[61] Das gemeinsame Narrativ bildet den Kern einer Echokammer.[62] Deren Bildung wird dadurch gefördert, dass sich durch den Einsatz algorithmengestützter Empfehlungen die Ansprache der Nutzerschaft weiter individualisiert. Die bestehenden Deutungsmuster werden von den Besuchern der Echokammer bestärkt. Ein kritisches Hinterfragen der eingenommenen Position findet nicht statt. In der Folge polarisieren sich die Gruppen, die unterschiedlichen Echokammern angehören.

---

57 *Gardiner/Mansfield/Anderson/Holder/Louter/Ulmanu*, The dark side of Guardian comments, Guardian vom 12.04.2016, abrufbar unter: https://www.theguardian.com/technology/2016/apr/12/the-dark-side-of-guardian-comments (zuletzt abgerufen: 01.08.2017).

58 *Gardiner/Mansfield/Anderson/Holder/Louter/Ulmanu*, The dark side of Guardian comments, Guardian vom 12.04.2016.

59 *Gardiner/Mansfield/Anderson/Holder/Louter/Ulmanu*, The dark side of Guardian comments, Guardian vom 12.04.2016.

60 Zur Echo-Chamber-Problematik: *Dyagilev/Yom-Tov*, Echo chamber amplification and disagreement effects in the political activity of Twitter users, 2014, arXiv preprint arXiv: 1403.7102, abrufbar unter http://arxiv.org/pdf/1403.7102 (zuletzt abgerufen: 01.08.2017).

61 Siehe hierzu *Frost/Casey/Griffin/Raymund/Farrell,Carrigan*, The Influence of Confirmation Bias on Memory and Source Monitoring, The Journal of General Psychology, 2015, S. 238, abrufbar unter: http://www.tandfonline.com/doi/full/10.1080/00221309.2015.1084987?scroll=top&needAccess=true#aHR0cDovL3d3dy50YW5kZm9ubGluZS5jb20vZG9pL3BkZi8xMC4xMDgwLzAwMjIxMzA5LjIwMTUuMTA4NDk4Nz9uZWVkQWNjZXNzPXRydWVAQEAw (zuletzt abgerufen: 01.08.2017).

62 *von Nordheim*, Poppers Alptraum, European Journalism Observatory vom 02.08.2016, abrufbar unter: http://de.ejo-online.eu/digitales/poppers-alptraum (zuletzt abgerufen: 01.08.2017).

Diese Mechanismen sind anhand der Reaktionen auf den Amoklauf in München im Sommer 2016 auf Twitter gründlich untersucht worden.[63] In einem Cluster, der sich rund um den Twitter-Account der Polizei bildete, agierten Journalisten der traditionellen Medien und lokale Politiker der Rathausparteien. Hier wurde vor Spekulationen gewarnt und fremdenfeindliche Vorverurteilung abgelehnt. In einem weiteren Cluster wurde demgegenüber ein Narrativ aus Eliteversagen und Fremdenfeindlichkeit aufgebaut. Hier agierten insbesondere die Anhänger der AfD. Ein Austausch fand nicht statt. Die beiden Münchener Echokammern redeten mittels Tweets mit Vehemenz aneinander vorbei.

Der öffentlich-rechtliche Rundfunk muss die Möglichkeiten nicht-linearer Kommunikation verstärkt dazu nutzen, Kommunikationsräume zu erhalten, in denen unterschiedliche Sichtweisen präsentiert und fair moderiert werden. Ziel muss es hier sein, unterschiedliche digitale Teilöffentlichkeiten wieder ein Stück weit miteinander in Dialog zu bringen. Insofern gilt es, den klassischen Integrationsauftrag des öffentlich-rechtlichen Rundfunks zu aktualisieren.

3. Wettbewerbsverträglichkeit

Eine Ausweitung nicht-linearer Angebote durch den öffentlich-rechtlichen Rundfunk stößt jedoch schnell an die Grenze des gegenwärtig rechtlich Zulässigen. Jedoch sind die Schutzzwecke der bestehenden Beschränkungen durch die jüngsten Entwicklungen im Mediensektor (weitgehend) entfallen und bedürfen daher einer Aktualisierung.

Die heimische Presse hat in den letzten Jahren auf fast schon dramatische Weise an Auflage und an Werbeeinkommen eingebüßt.[64] Diese Verluste konnten durch die Ausweitung des elektronischen Publizierens nicht ausgeglichen werden.[65] Selbst der einst als Online-Pionier gefeierte ehemalige Chefredakteur des britischen Guardian, Alan Rusbridger, hat in seinem Abschiedsbrief an seine ehemaligen Kollegen eingeräumt, dass er

---

63 *von Nordheim*, Poppers Alptraum, European Journalism Observatory vom 02.08.2016.

64 *Holznagel/Hartmann*, in: Kops (Hrsg.), Der Rundfunk als privates und öffentliches Gut, 2016, 177 (179) m.w.N.

65 *Holznagel/Hartmann*, in: Kops (Hrsg.), Der Rundfunk als privates und öffentliches Gut, 2016, 177 (179) m.w.N.

die digitale Revolution unterschätzt habe.[66] 85 Cent von jedem Werbedollar fließen inzwischen an Facebook oder Google.[67]

Da in Telemedienangeboten des öffentlich-rechtlichen Rundfunks keine Werbung geschaltet werden darf,[68] ist auch der heimische kommerzielle Rundfunk nicht negativ betroffen. Auf den Pay-TV Märkten kann ein erheblicher Zugewinn bei den Angeboten von Netflix oder Amazon Prime festgestellt werden.[69] Die Begrenzung für die Verweildauer, die Ausstrahlung angekaufter Fernsehserien und Spielfilme sowie der komplizierte Drei-Stufen-Test haben sich faktisch als Wettbewerbsschutz für die auf dem explodierenden Videomarkt global agierenden Internetunternehmen erwiesen.

4. Fazit

Der öffentlich-rechtliche Rundfunk muss insgesamt beim Auf- und Ausbau eines nationalen öffentlichen Kommunikationsraums im Internet eine stärkere Rolle als bisher übernehmen. Er hat dazu einen verfassungsrechtlichen Auftrag und verfügt über das notwendige politische sowie finanzielle Gewicht. Anders als die Online-Plattformen von Google und Facebook, die privat aufgestellten Regeln unterworfen sind, kann dieser öffentliche Kommunikationsraum an nationalen Wertvorstellungen und rechtlichen Vorgaben ausgerichtet werden. Erfahrungen zum Beispiel mit Instant Article bei Facebook zeigen überdies, dass nationale Inhalteanbieter in eine bisher nicht bekannte und im Ergebnis kaum hinnehmbare Abhängig-

---

66 *Osborne*, Alan Rusbridger's resignation letter in full, Independent vom 13.5.2016, abrufbar unter: http://www.independent.co.uk/news/media/alan-rusbridgers-resignation-letter-in-full-a7027856.html (zuletzt abgerufen am 01.08.2017).

67 *Herrman*, Media Websites Battle Faltering Ad Revenue and Traffic, The New York Times vom 17.4.2016, abrufbar unter: http://www.nytimes.com/2016/04/18/business/media-websites-battle-falteringad-revenue-and-traffic.html (zuletzt abgerufen am 01.08.2017).

68 § 11d Abs. 5 RStV.

69 *Goldmedia*, Pay-VoD in Deutschland auf dem Weg zum Milliardenmarkt, Pressemitteilung vom 5.7.2016, abrufbar unter: http://www.prmitteilung.de/2016/07/05/pay-vod-deutschland-auf-dem-weg-zum-milliardenmarkt (zuletzt abgerufen am 01.08.2017).

keit im Hinblick auf den Vertrieb ihrer Angebote geraten.[70] Hier gilt es, Gegengewichte zu schaffen.

An welchen Eckpunkten muss sich nun ein zeitgemäßer Funktionsauftrag des öffentlich-rechtlichen Rundfunks orientieren?[71]

IV. Eckpunkte für einen zeitgemäßen Funktionsauftrag

1. Ausbau der eigenen Plattform

Um dem Trend zu einer ort- und zeitunabhängigen nicht linearen Mediennutzung Rechnung zu tragen, muss der öffentlich-rechtliche Rundfunk vermehrt Inhalte für die eigene Online-Plattform herstellen und dort verbreiten. Die Mediatheken dürfen nicht länger primär Abspielstationen für bereits linear ausgestrahlte Sendungen sein. Im Hinblick auf den Online-Jugendkanal von ARD und ZDF ist dies gar vorschrieben. Dies dient dem Zweck, das Angebot auf die Gewohnheiten und Vorlieben der jungen Nutzerschaft im Internet besser einzustellen. Dementsprechend ist der Drei-Stufen-Test zu vereinfachen bzw. bei Bedarf durch andere Verfahren der Prüfung von Marktkonformität zu ersetzen.

Um die Attraktivität eigener Plattform zu steigern, sollte die Verweildauer flexibel auf den jeweiligen Auftrag des Dienstes abgestimmt werden. Die Angebote im Jugendkanal sollen daher so lange im Netz verbleiben, wie dies der Lebenswirklichkeit und den Interessen junger Menschen entspricht (§ 11g RStV). Soweit dies publizistisch geboten ist, müssen auch angekaufte Inhalte online angeboten werden dürfen. Die Produktionen des europäischen öffentlich-rechtlichen Rundfunks sind Eigen- und Auftragsproduktionen gleichzustellen. Hierdurch könnte die europäische Öffentlichkeit gefördert werden. Unbestritten ist indes das Werbeverbot für öffentlich-rechtliche Telemedienangebote. Die Vorgaben für die Negativliste müssen auf das jeweilige Angebot abgestimmt werden. Dass dies überzeugend gelingen kann, zeigen einmal mehr die Vorschriften für das Jugendangebot (vgl. Anlage zu § 11g Abs. 5 Satz 1 RStV).

---

70 *Bell*, Facebook is eating the World, Columbia Journalism Review vom 07.03.2016, abrufbar unter: http://www.cjr.org/analysis/facebook_and_media.php (zuletzt abgerufen: 01.08.2017).

71 Vgl. zu den folgenden Vorschlägen *Dörr/Holznagel/Picot*, Legitimation und Auftrag des öffentlich-rechtlichen Fernsehens in Zeiten der Cloud, 2016, S. 91 ff.

2. *Vernetzung der eigenen Plattform mit Angeboten Dritter*

Eine wichtige Aufgabe ist die Vernetzung der Online-Angebote des öffentlich-rechtlichen Rundfunks. Für den Jugendkanal ist daher zutreffend vorgeschrieben, dass er mit anderen Angeboten von ARD und ZDF inhaltlich und technisch verknüpft werden muss.[72] Bereits durch eine solche inhaltliche Zusammenführung kann ein publizistischer Mehrwert entstehen, wie die Gesetzesbegründung zu Recht darlegt.

Um die kulturelle Verantwortung des öffentlich-rechtlichen Rundfunks zu betonen und um wichtige Integrationseffekte zu erzielen, gilt es, eine angemessene Verzahnung und Bündelung mit den Angeboten von Museen sowie Wissenschafts- und Kultureinrichtungen herzustellen. Für einen solchen Ausbau des Public Open Space bedarf es einer Regelung im Rundfunkstaatsvertrag.

3. *Präsenz eigener Inhalte auf Drittplattformen*

Der öffentlich-rechtliche Rundfunk muss die Nutzerinnen und Nutzer dort abholen, wo sie sich befinden. Zudem müssen die neuen viralen Effekte, die durch das Teilen von Inhalten erzeugt werden, auch für ihn genutzt werden. Öffentlich-rechtliche Inhalte sollten daher auch über Onlineplattformen wie Facebook oder YouTube verbreitet werden. Die Anstalten können jedoch ihren Funktionsauftrag nur dann wahrnehmen, wenn bei ihnen die Entscheidung verbleibt, welche Inhalte sie jeweils wo verbreiten wollen. Es empfiehlt sich, ihre Belange durch Zugangsrechte gegenüber den Drittplattformen in rechtlich verbindlicher Form abzusichern. Solche Zugangsansprüche sind im Medienrecht ein bekanntes Instrument der Vielfaltssicherung.[73] Die Einrichtung „offener Kanäle" oder des Bürgerfunks basieren auf dieser Vorstellung. Auch das Kartellrecht gewährt Zugangsrechte, wenn eine „wesentliche Einrichtung" aus technischen oder ökonomischen Gründen in dem jeweiligen Markt nicht zu duplizieren

72 Vgl. § 11g Abs. 3 RStV.

73 *Wagner*, in: Hahn/Vesting (Hrsg.), Rundfunkrecht, 3. Aufl. 2012, § 52b RStV, Rn. 11.

ist.[74] Dieser Gedanke kann im Hinblick auf den Umgang mit marktmächtigen Akteuren wie Facebook oder YouTube fruchtbar gemacht werden.

4. Erweiterte Partizipation und Interaktion

Erweiterte Partizipation und Interaktion sind prägende Elemente einer nicht-linearen Medienwelt. Diese Elemente sollten auch grundsätzlich bei einer Anpassung des Ordnungsrahmens für den öffentlich-rechtlichen Rundfunk berücksichtigt werden. Andererseits muss man sich der potentiellen Schwierigkeiten bei der Umsetzung dieses Vorhabens bewusst sein. Hier kann aus den Erfahrungen der elektronischen Presse mit Kommentarfunktionen gelernt werden. Der österreichische Standard hatte in Hochzeiten der Flüchtlingskrise mehr als 45.000 Kommentierungen zu Beiträgen und Eingaben zu verzeichnen.[75] Diese Herausforderung war nur mit der Einschaltung von Moderatoren, der Entwicklung klarer inhaltlicher Standards sowie einem nicht unbeträchtlichen Personalaufwand zu bewältigen.

V. Zugang zu Medienplattformen und neutraler Transport im offenen Internet

Lineare Programme werden seit dem Aufkommen des Mehrkanalfernsehens der Nutzerschaft verstärkt gebündelt angeboten. Ein solches Gesamtangebot soll die Vermarktung erleichtern, aber auch für Übersicht in der Programmflut sorgen. Damit entstehen neue Akteure, die den Prozess der politischen Willensbildung beeinflussen können. Der Rundfunkstaatsvertrag nennt sie Plattformanbieter (§ 2 Nr. 13 RStV). Um sie von den Online-Plattformen abzugrenzen, werden sie Medienplattformanbieter genannt. Der Zugang der öffentlich-rechtlichen Programme zu den Bündelangeboten z.B. der Kabelanbieter wird traditionell durch Must-Carry-Regeln gewährleistet.[76]

---

74 *Beckmann/Müller*, in: Hoeren/Sieber/Holznagel (Hrsg.), Multimedia-Recht, 42. EGL 2015, Teil 10 Rn. 237.

75 *Burger*, Forenmoderation in Zeiten der Flüchtlingskrise, der Standard vom 16.9.2015, abrufbar unter: http://derstandard.at/2000021838960/Forenmoderation-in-Zeiten-der-Fluechtlingskrise (zuletzt abgerufen am 01.08.2017).

76 § 52b RStV.

Die Bund-Länder-Kommission schlägt vor, diesen Regulierungsansatz auf virtuelle Medienplattformen im offenen Internet auszuweiten.[77] Damit würde die bestehende Plattformregulierung auf Anbieter wie Zattoo Anwendung finden. Zudem soll der Grundsatz der Diskriminierungsfreiheit auf digitale Endgeräte ausgedehnt werden.[78] Hierdurch soll der Gefahr begegnet werden, dass Endgerätehersteller die Installation von Apps deutscher Rundfunkanbieter technisch verhindern oder unangemessen erschweren.

Soweit öffentlich-rechtliche Angebote im offenen Internet transportiert werden, wird die EU-Verordnung zur Netzneutralität[79] folgenreich. Sie hat das Ziel, einseitige Verzögerungen oder gar Blockaden bei der Daten- und Informationsverbreitung zu verhindern.[80] Hiervon profitiert auch das öffentlich-rechtliche Online-Angebot. Des Weiteren ist die Gewährleistung der kommunikativen Grundversorgung von Bedeutung. Die Netzneutralitätsverordnung stellt in diesem Kontext klar, dass Angebote und Dienste im offenen Internet, wie zum Beispiel die Mediatheken des öffentlich-rechtlichen Rundfunks, in einer angemessenen Qualität übertragen werden müssen. Spezialdienste dürfen nicht ein Ausmaß erreichen, dass für diese nur noch eine eingeschränkte Kapazität übrig bleibt und sie nicht mehr ruckelfrei verbreitet werden können.[81]

VI. Auffindbarkeit

Online-Plattformen wie Facebook und Google weisen derzeit eine hohe Popularität auf. Sie haben heute die Funktion, die Nutzer bei der Bewältigung der Informationsflut des offenen Internets zu unterstützen. Um Aufmerksamkeit zu erzielen, reicht es nicht mehr, wie in den ersten Entwicklungsetappen des Internets, aus, eine eigene Webseite zu errichten und dort

---

77 *Bund-Länder-Kommission zur Medienkonvergenz*, Zwischenbericht 2015, S. 27.

78 *Bund-Länder-Kommission zur Medienkonvergenz*, Bericht Juni 2016, S. 7.

79 Verordnung (EU) 2015/2120 des Europäischen Parlaments und des Rates vom 25. November 2015 über Maßnahmen zum Zugang zum offenen Internet und zur Änderung der Richtlinie 2002/22/EG über den Universaldienst und Nutzerrechte bei elektronischen Kommunikationsnetzen und –diensten sowie der Verordnung (EU) Nr. 531/2012 über das Roaming in öffentlichen Mobilfunknetzen in der Union, ABL 310, 1 vom 26.11.2015.

80 Vgl. Art. 3 der Verordnung (EU) 2015/2120.

81 Vgl. Erwägungsgrund 17 der Verordnung (EU) 2015/2120.

das eigene Angebot zu präsentieren. Angesichts der Bedeutung, die diese global agierenden Intermediäre (wie sie im politischen Diskurs genannt werden) auch in der Bundesrepublik gewonnen haben, hat sich auch die Bund-Länder-Kommission dieses Themas angenommen. Sie will Transparenzvorgaben schaffen,[82] damit die Nutzerschaft Bevorzugungen der eigenen Dienste oder Inhalte eines Intermediäre erkennen kann.[83] Auch sollen Diskriminierungen auf Basis politischer, weltanschaulicher oder religiöser Überzeugung ausgeschlossen werden.

Strittig bleibt weiterhin, ob für eine privilegierte Auffindbarkeit öffentlich-rechtlicher Angebote, wie zum Beispiel Informationssender, rechtliche Vorkehrungen geschaffen werden müssen. Hierdurch soll sichergestellt werden, dass diese Angebote nicht in der Informationsflut des Internets untergehen und in der Folge ihre Aufgabe für die demokratische Willensbildung nicht mehr sachgerecht erfüllen können.[84] In der Praxis ist es jedoch außerordentlich schwierig, für dieses Schutzziel ein taugliches Instrument zu finden. Der Grundsatz der staatsfreien Kommunikation[85] untersagt ein Anknüpfen an Kriterien, die nicht meinungsneutral sind. Möglicherweise kann auch in diesem Kontext auf den Gedanken der Zugangssicherung zurückgegriffen werden. Bestimmte Suchergebnisse werden auf der Webseite oft in herausgehobener Weise platziert oder dargestellt, wenn dem Suchmaschinenbetreiber Vorteile zumeist finanzieller Art eingeräumt werden. Hier würde es vermutlich ausreichen, wenn die den öffentlich-rechtlichen Rundfunk betreffenden Suchergebnisse dem gleichgestellt würden. Insgesamt ist es die Aufgabe der Rundfunkgesetzgeber, geeignete Instrumente zu entwickeln.

---

82 *Bund-Länder-Kommission zur Medienkonvergenz*, Bericht Juni 2016, S. 7.

83 *Bund-Länder-Kommission zur Medienkonvergenz*, Bericht Juni 2016, S. 7; hierzu auch Bundesrepublik Deutschland, Positionspapier zum Regelungsumfeld für Plattformen, Online-Vermittler, Daten, Cloud Computing und die partizipative Wirtschaft (Konsultation der EU), 2016, S. 6.

84 *Kluth/Schulz*, Konvergenz und regulatorische Folgen, Gutachten im Auftrag der Rundfunkkommission der Länder, 2014, S. 94.

85 BVerfGE 12, S. 205 (263); *Goerlich/Zimmermann*, in: Hahn/Vesting (Hrsg.), Rundfunkrecht, 3. Aufl. 2012, Vorbm. Rn. 5.

VII. Fazit

Der öffentlich-rechtliche Rundfunk kann nur befähigt werden, im offenen Internet ein zeitgemäßes und an den Bedürfnissen der Nutzerschaft orientiertes Angebot zu präsentieren. Niemand kann gezwungen werden, es auch tatsächlich wahrzunehmen. Erschwert wird die Lage durch die Vielfalt der Rundfunkanstalten und ihrer Onlineangebote. Anders als bei der BBC in Großbritannien gibt es keine Plattform, auf der alle Angebote des öffentlich-rechtlichen Rundfunks gebündelt im Netz verbreitet werden. Dies dürfte ein wichtiger Grund dafür sein, dass der BBC iPlayer zu den beliebtesten Angeboten gerade im Informations- und Nachrichtenbereich gehört. Hieraus kann für die Bundesrepublik gelernt werden. Es ist eine wichtige Aufgabe, die Angebote der öffentlich-rechtlichen Anstalten untereinander und gegebenenfalls auch mit anderen Kultur- und Wissensträgern zu verzahnen. Ziel muss es sein, einen öffentlichen Kommunikationsraum zu errichten, in dem sich die Vielfalt der in unserer Gesellschaft vertretenen Meinungen widerspiegelt. Dabei ist es bedeutsam, dass dieser Kommunikationsraum nicht wie bei Facebook oder Google einer privaten Regelsetzung, sondern dem deutschen Recht unterliegt. Nur so kann ein wichtiges Gegengewicht zu den derzeit massiv dominierenden amerikanischen Onlineplattformen gebildet werden.

Innovationsoffene Regulierung datenbasierter Dienste in der Informationsgesellschaft. Datenschutz, Regulierung, Wettbewerb

Prof. Dr. Jens-Peter Schneider

I. Einführende Bemerkungen

„Daten sind das Öl des 21. Jahrhunderts.“ Diese prägnante Kurzformel[1] beschreibt die fundamentale Bedeutung der Digitalisierung wichtiger Wirtschafts- und Gesellschaftsbereiche durch datenbasierte Dienste ebenso anschaulich wie treffend. Vergleichbar sollen die Redeweisen von der „digitalen Transformation“, der „digitalen Revolution“ bzw. von der „Industrie 4.0“ das mit der Datenökonomie verbundene weit reichende gesellschaftliche und nicht zuletzt volkswirtschaftliche Veränderungspotential begrifflich einfangen.

Dass es sich bei alledem nicht nur um Marketingphrasen handelt, belegen Veränderungen in den Ranglisten der weltweit wertvollsten börsennotierten Unternehmen.[2] Während sich noch 2005 unter den „Top Ten“ dieser Listen drei Ölunternehmen auf den Plätzen 2, 5 und 6 fanden und mit Microsoft nur ein einziges IT-Unternehmen dazu gehörte, hat sich das Verhältnis Anfang des Jahres 2016 dramatisch umgekehrt. Im Februar 2016 hießen die vier wertvollsten Unternehmen der Welt Alphabet (d.h. Google), Apple, Microsoft und Facebook, denen Amazon auf Platz 9 folgt. Demgegenüber gehört von den Ölunternehmen zu diesem Kreis nur noch und erst auf Platz 6 Exxon Mobile, das noch in den Jahren 2006 bis 2011

1 S. statt vieler: *Gross-Sebeck* (ehem. CEO des Business Netzwerks Xing), zitiert nach http://www.cio.de/a/big-data-wirtschaftlich-sinnvoll-einsetzen,3246278 und http://www.rp-online.de/wirtschaft/daten-sind-das-oel-des-21-jahrhunderts-aid-1.4462359 vom 19.8.2014; ähnlich bezeichnete die Bundeskanzlerin Daten als die „Rohstoffe des 21. Jahrhunderts“, zitiert nach http://www.faz.net/aktuell/wirtschaft/cebit/vor-der-cebit-merkel-daten-sind-die-rohstoffe-des-21-jahrhunderts-14120493.html vom 12.3.2016.

2 Zum Folgenden: *Mohr/Lindner*, Hoffnungswerte erobern die Börsen (FAZ, faznet vom 2.2.2016), abrufbar unter http://www.faz.net/aktuell/finanzen/aktien/google-und-facebook-erobern-die-boersen-14048576.html?printPagedArticle=true#pageIndex_2.

durchgehend das wertvollste Unternehmen der Welt war. Apple belegte demgegenüber im Jahr 2004 lediglich den 521. Platz.[3] Facebook wurde in diesem Jahr überhaupt erst gegründet, während Google (1998) und Amazon (1994) immerhin Gründungen der 1990er Jahren darstellen. Die Marktakteure setzen bei alledem sehr stark auf zukünftige Gewinnerwartungen, wie Kurs-Gewinn-Verhältnisse mit Faktor 454 für Amazon, 90 für Facebook und 34 für Google zeigen, die mit dem von Exxon Mobile in Höhe von 19, aber auch den anderen Nicht-IT-Unternehmen deutlich kontrastieren. Nun mag die Börse zu Übertreibungen neigen und Internetblasen liegen nicht allzu weit zurück, aber die wachsende wirtschaftliche Bedeutung der Datenwirtschaft im allgemeinen und der dominierenden US-amerikanischen Internetunternehmen dürfte gleichwohl kaum zu bestreiten sein.

Der wirtschaftliche Erfolg dieser IT- und Internetgiganten ist Spiegel der technologischen, aber ebenso sozialen Basisinnovation des digitalisierten Internets, die in diesem Rahmen nicht in allen Facetten beschrieben werden kann und auch nicht muss.[4] Die Staaten haben diese Basisinnovation durch Forschungs- und Militärprogramme am Anfang befördert. Der kommerzielle Innovationsdurchbruch gelang jedoch erst privaten Unternehmen in einem bewusst innovationsoffenen Rechtsrahmen, insbesondere in den USA. Mit dem früheren Teledienstegesetz bzw. dem heutigen Telemediengesetz entschied sich auch Deutschland bewusst für einen markant zurückgenommenen normativen Steuerungsanspruch jedenfalls im Vergleich zu den benachbarten und in anderen Beiträgen dieses Bandes erörterten Rechtsgebieten des Rundfunk- oder Telekommunikationsrechts.[5] Nicht übersehen werden darf aber, dass sich die Datenschutzregime der deutschen und der US-amerikanischen Rechtsordnung massiv unterscheiden.

Ist die Regulierung datenbasierter Dienste in der Informationsgesellschaft angesichts dieser Erfolgsgeschichte der Internetdiensteanbieter und des bislang vor allem auf spontanen Wettbewerb setzenden Rechtsrahmens überhaupt ein sinnvolles Thema? Der nachfolgende Überblick über die

---

3 Vgl. http://media1.faz.net/ppmedia/aktuell/wirtschaft/3512383880/ 1.3123157/article_multimedia_overview/vergleich-2004-und-2014.jpg.

4 Diese Einschätzung wird auch nicht dadurch obsolet, dass einige der Unternehmen wie Apple oder Amazon auch auf „klassischen" Produktmärkten (Smartphone-Herstellung oder Warenhandel) aktiv sind.

5 S. die Beiträge von Holznagel und Schuler-Harms in diesem Band.

heutige Datenökonomie als dem Realbereich des Datenverkehrsrechts wird zeigen, dass zumindest das Risiko einer globalen Vermachtung der Datenökonomie mit erheblichen Hürden für den Markteintritt von Konkurrenten existiert und zugleich offenkundige Risiken für den Persönlichkeitsschutz und die freie Persönlichkeitsentwicklung der Nutzer von datenbasierten Diensten, aber auch mit ihnen kommunikativ verbundener Dritter bestehen (II.). Die Gesetzgeber stehen insofern vor erheblichen Herausforderungen und müssen ihre Entscheidungen sogleich trotz erheblicher prognostischer Unsicherheiten über die weitere Entwicklung treffen. Die nachfolgenden Ausführungen müssen sich darauf beschränken, den weiteren Forschungsbedarf zu skizzieren, und können allenfalls erste Hypothesen formulieren. Dazu ist die aktuelle und künftige Rolle des Datenschutzrechts zu reflektieren (III.), die Bedeutung neuer Datenanalysemethoden für die Erreichung öffentlicher Zwecke am Beispiel der Regulierung von Energie- und Verkehrsdienstleistungen aufzuzeigen (IV.) sowie denkbare Entwicklungsoptionen für ein Zusammenspiel von Datenschutz-, Regulierungs- und Wettbewerbsrecht als Baustein eines multidimensionalen Datenverkehrsrechts in den Blick zu nehmen (V.).

II. Der Realbereich des Datenökonomie im Überblick

Ausgangspunkt für die sich anschließenden normativen Überlegungen sind die Geschäftsmodelle in der heutigen Datenökonomie.[6] Viele dieser Geschäftsmodelle sind wenig transparent und auch noch wenig erforscht, so dass die weiteren Ausführungen nicht frei von Hypothesen sind, die in interdisziplinären Forschungsverbünden noch zu validieren wären. Von Interesse ist vor allem die Frage, welche strategische Bedeutung Datenbeständen zukommt. Hierzu ist zunächst festzuhalten, dass Informationsgüter insbesondere aufgrund der fehlenden Rivalität im Konsum sich signifikant von traditionellen Rohstoffen wie dem eingangs erwähnten Öl unterscheiden. Digitale Daten sind ohne großen Aufwand duplizierbar und viele Daten der Informationsgesellschaft können parallel von mehreren Ak-

---

6 S. zum Folgenden: *Hoffmann-Riem*, Innovation und Recht – Recht und Innovation, 2016, S. 619 ff.; *Jöns*, Daten als Handelsware, (DIVSI) 2016, S. 16 ff.; *Monopolkommission*, Sondergutachten 68, „Wettbewerbspolitik: Herausforderungen digitaler Märkte“, 2015, Tz. 15 ff.; s. ferner *BKartA*, Arbeitspapier „Marktmacht von Plattformen und Netzwerken, 2016, S. 8 ff.

teuren erhoben werden. Dies bedeutet aber keineswegs, dass die Verfügungsgewalt über Datenbestände und über fortgeschrittene Datenanalysemethoden irrelevant sein muss. Dies gilt umso mehr, wenn sich diese Faktoren, wie bei den dominierenden Internetunternehmen, mit wirtschaftlichen und finanziellen Ressourcen verknüpfen, die es diesen Unternehmen erlauben, zukunftsträchtige und potentiell konkurrenzfähige Start-up-Unternehmen aufzukaufen. Aus kartellrechtlicher Perspektive wird in diesem Zusammenhang die Notwendigkeit von Detailanalysen der jeweiligen Geschäftsmodelle und Marktgegebenheit hervorgehoben.[7] Dies kann hier selbstverständlich nicht geschehen. Es soll stattdessen auf einige allgemein zu berücksichtigende Aspekte hingewiesen werden.

Zu berücksichtigen ist zunächst, dass viele Potentiale der Digitalökonomie vom Zugang zu großen Datenbeständen abhängen. Das Stichwort hierzu lautet Big Data Analytics, was als Analyse von sehr großen („volume"), schwach strukturierten Datenmengen aus heterogenen Quellen („variety") in Echtzeit („velocity") zur Gewinnung neuen Wissens und damit eines informatorischen Mehrwerts („value") verstanden wird.[8] Aktuell wieder stark diskutierte Potentiale von (neuen) Techniken künstlicher Intelligenz scheinen ebenfalls auf der Nutzung großer Datenmengen zu basieren, wenngleich hier der Echtzeitfaktor nicht bei allen Anwendungen relevant ist.[9] Und auch bei Big Data-Nutzungen in Echtzeit, wie insbesondere personalisierte Internetwerbung oder personalisierte Dienste in sozialen Medien, sind nicht allein die aktuell erhobenen Daten entscheidend, sondern ihre Verknüpfung mit der Auswertung großer historischer Datenbestände.

Eine Option des Zugangs zu derartigen Beständen ist der Erwerb über Datenhändler, wobei insoweit zwischen verschiedenen Rechtsordnungen signifikante Unterschiede im Ausmaß der auf diesem Weg zulässigerweise

---

7 *BKartA*, Arbeitspapier „Marktmacht von Plattformen und Netzwerken, 2016, S. 16, 29, 41, 49, 51, 54, 58, 71, 79, 84, 96.

8 *Mayer-Schönberger/Padova*, Columbia Science & Technology L. Rev. 17 (2016), S. 315 (318 ff.); *Monopolkommission*, Sondergutachten 68, „Wettbewerbspolitik: Herausforderungen digitaler Märkte", 2015, Tz. 67 ff.;

9 S. zu signifikanten Verbesserungen des Google Translate-Dienstes durch die Umstellung auf Verfahren des Massendaten auswertenden maschinellen Selbstlernens in sogenannten neuronalen Netzen künstlicher Intelligenz: *Lewis-Kraus*, The Great A.I. Awakening, New York Times vom 14.12.2016.

erhältlichen personenbezogen Daten bestehen.[10] Eine weitere Option ist der eigene Aufbau von Datenbeständen. Dies geschieht zum einen in großem Umfang bei der Nutzung des Internets, wobei einzelne Webseitenbetreiber mittels Cookies Daten über das Surfverhalten auch jenseits ihrer eigenen Webseiten und geräteübergreifend sammeln und durch die hierbei leicht zu ermittelnden Emailadressen oder Telefonnummern der Nutzer personalisieren.[11] Die Auswertung anderer Formen der Internetnutzung wie Emaildienste, Messenger-Dienste, sonstiger Apps oder sozialer Netzwerke sind demgegenüber grundsätzlich nur den jeweiligen Diensteanbietern möglich, sofern diese nicht Dritten Zugriff auf die hier erhobenen Daten gestatten. Von hoher Relevanz sind Standortdaten, die über Smartphones erhoben werden können.[12] Zunehmend werden auch Daten über mit dem Internet verbundene „Connected Cars“[13] oder „Smart Homes“ erhoben.

Eine erhebliche Wertsteigerung ist möglich, wenn Daten aus diesen verschiedenen Quellen zusammengeführt werden können. Ein prominentes Beispiel für eine unternehmensinterne Integration entsprechender Datenquellen ist der hinter Google Search stehende Alphabeth Konzern, der nicht nur große Teile der Internetsuche, Routenplanung und Cloud-Dienste, sondern auch der offenen Videoplattformen (Youtube) sowie der Mobilfunkbetriebssysteme (Android) beherrscht oder zumindest maßgeblich prägt und sich auch bereits in den Bereichen Smart Home (Nest) und Connected Car etabliert. Ebenso verfolgt Facebook eine expansive Strategie durch die Einbindung immer neuer Internetdienste wie etwa des Instant Messaging (Whatsapp), ergänzt diese aber wohl in relevantem Maß durch einen Zukauf von Daten bei Datenhändlern.[14] Umgekehrt scheinen die beiden großen Datenunternehmen ihre eigenen Datenbestände möglichst nur konzernintern weiterzugeben bzw. direkt zu verknüpfen. Einen externen Datenhandel sollen sie nicht betreiben, sondern vielmehr externen Unternehmen eigene datenbasierte Dienste wie die personalisierte Werbung

---

10 Zum Datenhandel in den USA: *Krogerus/Grassegger*, Ich habe nur gezeigt, dass es die Bombe gibt, Das Magazin vom 3.12.2016; zum Verkauf von Bewegungsdaten durch Mobilnetzbetreiber in Deutschland: *Spehr*, Jeder Schritt zählt, FAZ vom 25.10.2016, S. T1.

11 *Welchering*, Der Spion, der mich liebt, FAZ vom 25.10.2016, S. T4.

12 *Spehr*, Jeder Schritt zählt, FAZ vom 25.10.2016, S. T1.

13 *Spehr*, Jeder Schritt zählt, FAZ vom 25.10.2016, S. T1.

14 *Krempl*, Werbe-Tracking: Facebooks Kooperation mit Datenhändlern in der Kritik, Heise Online vom 2.1.2017.

anbieten. Sie reservieren auf diese Weise ihre Datenbestände für eigene Zwecke.[15] Externe Unternehmen können also eigene Datenauswertungsangebote nicht durch die Nutzung der enormen Datenbestände dieser Internetunternehmen optimieren. Umgekehrt verwendet beispielsweise Google seine Datenbestände – wie auch seine Datenanalysemethoden – konzernintern dienstübergreifend zur weiteren Optimierung des eigenen Dienstangebots oder dessen Erweiterung etwa auf prädiktive Analysen für die Kreditvergabe[16] oder für neue Versicherungsmodelle.[17]

Diese Beobachtungen lassen zumindest berechtigte Zweifel daran aufkommen, dass die Datenbestände der heutigen Internetunternehmen keine übermäßige Eintrittsschranke für neue Anbieter datenbasierter Dienste darstellen[18]. Trotz dieser Zweifel könnte die in der Informationsgesellschaft massiv erhöhte Innovationsgeschwindigkeit dennoch für eine Zurückhaltung gegenüber einer aktiven staatlichen Innovationspolitik etwa in Form einer Datenvorsorgepolitik sprechen. Insbesondere sind regulatorische Interventionen in die bislang florierende marktwirtschaftliche Datenökonomie zu vermeiden, die am Ende aufgrund eines „regulatory capture" durch die Bestandsunternehmen die Eintrittschancen für neue Wettbewerber minderten.[19]

Zugleich ist aber auch offenkundig, dass globale Datenbestände bislang ungeahnten Ausmaßes in der Hand weniger Großunternehmen erhebliche Risiken für den Schutz der Privatheit und die Persönlichkeitsentfaltung der betroffenen Individuen sowie die Freiheitlichkeit der betroffenen Gesellschaften insgesamt mit sich bringen. Ferner stellen sich industriepolitische Fragen im Hinblick auf die wachsende Bedeutung datenbasierter Produktionsprozesse in der sogenannten Industrie 4.0. Diese Aspekte sind zwar noch längst nicht abschließend ausgeleuchtet, aber doch in der öffentlichen Diskussion so präsent, dass hier auf weitere Details verzichtet wer-

---

15 *Jöns*, Daten als Handelsware, 2016, S. 17; *Spehr*, Jeder Schritt zählt, FAZ vom 25.10.2016, S. T1.

16 Zur Bedeutung von Bewegungsprofilen und sozialen Vernetzungen in diesem Zusammenhang: *Spehr*, Jeder Schritt zählt, FAZ vom 25.10.2016, S. T1.

17 S. hierzu im Zusammenhang mit connected cars: *Jöns*, Daten als Handelsware, 2016, S. 23; DIVSI Studie „Digitalisierte urbane Mobilität – Datengelenkter Verkehr zwischen Erwartung und Realität", 2016, S. 46, 47 f.

18 S. auch die entsprechenden Fragen der *Monopolkommission*, Sondergutachten 68, „Wettbewerbspolitik: Herausforderungen digitaler Märkte", 2015, Tz. 91 ff., 444 ff.

19 Vgl. *Körber*, NZKart 2016, S. 303 (306, 308 f., 310).

den kann.[20] Erwähnt sei jedoch ergänzend, dass die Analyse großer Datenbestände und die Nutzung neuer digitaler Kommunikationswege nicht nur ökonomische und individuelle datenschutzrechtliche Dimensionen hat, sondern auch neue Formen des Wahlkampfes zu ermöglichen scheint, deren Auswirkungen auf den demokratischen Willensbildungsprozess zumindest potentiell ebenfalls erheblich sein könnten.[21]

III. Datenschutzrecht als derzeit dominierender Regelungsansatz: Notwendigkeit und Dysfunktionalitäten

Das Datenschutzrecht hat mit der Entwicklung der Datenökonomie einen rasanten Bedeutungszuwachs erfahren und ist der derzeit dominierende Regelungsansatz für datenbasierte Dienste in der Informationsgesellschaft. Es kann allerdings die heute erforderlichen Steuerungsleistungen nur eingeschränkt erbringen. Dies hat seine Gründe sowohl in konzeptionellen als auch in praktischen Defiziten des Datenschutzrechts selbst, aber vor allem seiner fehlenden Integration in ein übergreifendes multidimensionales Datenverkehrsrecht. Das Datenschutzrecht fokussiert nämlich im Ausgangspunkt durchaus richtig auf eine spezifische Dimension des Datenverkehrs, muss aber zugleich einen Ausgleich mit gegenläufigen Belangen leisten, der jedenfalls bei der heutigen gesellschaftlichen und ökonomischen Relevanz der Datenverarbeitung materiell-rechtlich sowie prozedural und organisatorisch besser vorstrukturiert werden muss. Das Datenschutzrecht muss daher perspektivisch zu einem Baustein eines multidimensionalen Datenverkehrsrechts fortentwickelt werden.

---

20 S. statt vieler: *Hoffmann-Riem*, Innovation und Recht – Recht und Innovation, 2016, S. 670 ff.

21 Zur Debatte über den Einfluss des für den heutigen US-Präsidenten Trump tätigen Unternehmens Cambridge Analytics und seiner Techniken des personalisierten Wahlkampfs s. einerseits *Krogerus/Grassegger*, Ich habe nur gezeigt, dass es die Bombe gibt, Das Magazin vom 3.12.2016, und andererseits: *Gatti*, Was Präsidenten schon immer über ihre Wähler wissen wollten, FAZ vom 20.1.2017, S. 13; *Beuth*, Big Data allein entscheidet keine Wahl, Zeit Online vom 6.12.2016.

1. Traditionelle Grundsätze und Instrumente des Datenschutzrechts

Die ursprüngliche Konzeption des Datenschutzrechts war stark geprägt von den Risiken einer staatlichen Überwachung und großer staatlicher Datenbestände über die Bürger. Die aus regulierungsrechtlicher Perspektive und für die Internetökonomie bedeutsamere private Datenverarbeitung wurde zwar auf nationaler sowie gemeinschafts- und völkerrechtlicher Ebene normativ erfasst, stand jedoch zunächst weniger im Fokus konzeptioneller Überlegungen und war jedenfalls weit seltener Gegenstand von Entscheidungen des BVerfG. Demgegenüber hatte sich der EuGH immer wieder mit privaten Datenverarbeitungsvorgängen auseinanderzusetzen, jedoch primär am Maßstab der Datenschutzrichtlinie 95/46 und nur indirekt mit deren grundrechtskonformer Auslegung. Erst neuerdings hat sich der EuGH als Hüter des Datenschutzgrundrechts sowohl gegenüber Datennutzungsinteressen großer Internetkonzerne als auch gegenüber der Vorratsdatenspeicherung im öffentlichen Sicherheitsinteresse positioniert.[22]

Das Volkszählungsurteil des BVerfG von 1983 etablierte bis heute im nationalen – und partiell abgewandelt auch im europäischen – Kontext wichtige Grundsätze, die im einfachgesetzlichen Datenschutzrecht näher konkretisiert wurden. Hierzu gehören insbesondere die Notwendigkeit einer normenklaren spezialgesetzlichen Ermächtigung von Behörden zur Datenverarbeitung[23], die grundsätzliche Bindung der Datenverwendung an vorab zu definierende Zwecke der Datenerhebung, der Grundsatz der Datensparsamkeit sowohl bei der Erhebung als auch der Speicherung von Daten, so dass Daten, die für die ursprünglichen Erhebungszwecke nicht

22 Hervorzuheben sind in diesem Zusammenhang die folgenden Urteile: EuGH vom 13.5.2014 – C-311/12; EuGH vom 6.10.2015 – C-362/14; v. 8.4.2014 – C-293/12; EuGH vom 21.12.2016 – C-203/15.

23 Dies beförderte in Deutschland eine starke Verrechtlichungstendenz, die zunehmend als partiell dysfunktional erkannt wird: *Kingreen/Kühling*, JZ 2015, 213 ff.; *Hoffmann-Riem*, AöR 123 (1998), 513 ff.; zumindest bislang scheint das EU-Datenschutzrecht diesbezüglich weniger strikte Vorgaben zu treffen, was als positiver Impuls für die weitere Entwicklung genutzt werden könnte, sofern hierdurch nicht auf notwendige Vorgaben für die behördliche und gerichtliche Durchsetzung des Datenschutzes verzichtet wird, wie dies bei der DS-GVO partiell zu beklagen ist: siehe unten V.

mehr erforderlich sind, grundsätzlich zu löschen sind[24]. Das Spannungsverhältnis dieser Grundsätze mit den von den heutigen Big Data-Analysemethoden ausgehenden expansiven Datennutzungsinteressen ist offenkundig.[25]

Die im Rahmen dieses Beitrags im Zentrum stehende Verarbeitung personenbezogener Daten durch private Unternehmen wurde im deutschen Recht durch differenzierte Interessenabwägungsklauseln partiell gesetzlich vorstrukturiert. Faktisch bedeutsamer ist allerdings deren Rechtfertigung durch eine Einwilligung des Betroffenen. Konzeptioneller Ausgangspunkt sind bei alledem nicht Vermögensinteressen des Betroffenen, sondern der vom einfachgesetzlichen Datenschutzrecht bereitgestellte instrumentelle Schutz von Persönlichkeitsrechten.[26] Die Einwilligung wird demgemäß nicht als privatautonomes Rechtsgeschäft mit ggf. dauerhafter Rechtsbindung des Betroffenen, sondern als grundsätzlich jederzeit widerrufliche Persönlichkeitsentfaltung konstruiert.[27] Rechtstechnisch etabliert das einfache Recht in Privatrechtsbeziehungen ein zumindest vordergründig starkes individuelles Herrschaftsrecht der Betroffenen über „ihre" personenbezogenen Daten. In der Rechtsprechung des BVerfG wird jedoch von Beginn an darauf hingewiesen, dass das Grundrecht auf informationelle Selbstbestimmung insbesondere im Verhältnis zu anderen privaten Grundrechtsträgern kein absolutes Herrschaftsrecht darstellt, sondern Wahrnehmung und Fremddarstellung der eigenen Person durch Dritte eine unvermeidliche Konsequenz des sozialen Miteinanders und eine ebenfalls geschützte Grundrechtsausübung sind.[28] Überdies ist darauf hinzuweisen, dass Datenschutz auch nicht allein individualistisch als Instrument des Selbstschutzes konzipiert werden kann, weil verhaltensökonomische Un-

---

24 Zusammenfassend: *Wolff*, in: Wolff/Brink (Hrsg.), BeckOK-Datenschutzrecht, Edition 18 11/2016, Syst. A. Prinzipien des Datenschutzrechts, Rn. 1 ff.

25 Prononciert hierzu etwa *Roßnagel*, ZD 2013, S. 562 ff.; s. ferner *Ohrtmann/Schwiering*, NJW 2014, S. 2984 ff; *Mayer-Schönberger/Padova*, Columbia Science & Technology L. Rev. 17 (2016), S. 315 ff.

26 Umfassend zur Einwilligung: *Hermstrüwer*, Informationelle Selbstgefährdung, 2016; *Radlanski*, Das Konzept der Einwilligung in der datenschutzrechtlichen Realität, 2016; *Rogosch*, Die Einwilligung im Datenschutzrecht, 2013.

27 Zu der notwendigen Unterscheidung von Datenschutzkonzeptionen und datenschutzrechtlichen Konstruktionen: *Marsch*, Das europäische Datenschutzgrundrecht, Habilitationsschrift Freiburg WS 2016/17, S. 100 ff.

28 Besonders deutlich wurde dies in der Lebach-Rechtsprechung zum Ausdruck gebracht: BVerfG-K, NJW 2000, S. 1859 Rn. 34 f.; s. auch BVerfGE 65, S. 1 (43 f.).

tersuchungen zeigen, dass aufgrund von Gefangenendilemmata und Informationsasymmetrien ein hohes Risiko von datenschutzbezogenem Marktversagen mit negativen externen Effekten auf Datenschutzinteressen Dritter besteht und mit demokratierelevanten Abschreckungseffekten zu rechnen ist.[29]

2. *Typische Multipolarität privater Datenverarbeitungsvorgänge*

Aufgabe der Rechtsordnung ist es daher, in Bezug auf die hier interessierende private Datenverarbeitung die multipolaren Grundrechtssphären durch die Herstellung praktischer Konkordanz in einen angemessenen Ausgleich zu bringen. Nur beispielhaft erwähnt sei dazu das Recht auf Vergessen, das vom EuGH in seiner Google Spain-Entscheidung aus in der Datenschutzrichtlinie (DSRL) 95/46 verankerten subjektiven Betroffenenrechten entwickelt wurde[30] und heute in Art. 17 der Datenschutz-Grundverordnung (DS-GVO) 2016/679 ansatzweise kodifiziert ist.[31] Wird das Recht auf Vergessen gegenüber einer privaten Datenpreisgabe etwa durch Internetsuchmaschinenbetreiber zu Geltung gebracht, kommt das durch die DSRL bzw. die DS-GVO ausgestaltete Datenschutzgrundrecht daneben keinesfalls unmittelbar als Abwehrrecht zum Tragen, sondern nur mittelbar als Rechtfertigung des gesetzlich vorgesehenen Eingriffs in die Datenverwendungsbefugnis des Intermediärs.[32] In die Abwägung einzubeziehen sind darüber hinaus die Kommunikationsgrundrechte des Anbieters der blockierten Aussagen über den Betroffenen sowie die Informationsrechte der Suchmaschinennutzer. In solchen multipolaren Konstellationen führt die Herstellung praktischer Konkordanz selten zu eindeutigen Ergebnissen. Sie ist vielmehr für eine gesetzgeberische Ausgestaltung offen und einer solchen auch bedürftig. Datenschutzinteressen besitzen hierbei, anders als es der EuGH in Google Spain suggeriert[33], keinen generellen Vorrang gegenüber Kommunikations- und wirtschaftlichen Nutzungsinteres-

29 *Hermstrüwer*, Informationelle Selbstgefährdung, 2016, S. 158 ff., 363 ff., 386.

30 EuGH vom 13.5.2014 – C-311/12, Rn. 66 ff., 89 ff.

31 Hierzu *Hennemann*, PinG 2016, S. 176 ff.; *Gstrein*, PinG 2017, S. 9 ff.

32 Dies wird zu Recht von *Marsch*, Das europäische Datenschutzgrundrecht, Habilitationsschrift Freiburg 2017, S. 250 ff., betont, während der EuGH insoweit zumindest missverständlich argumentiert: EuGH vom 13.5.2014 – C-311/12, Rn. 80, 87.

33 EuGH vom 13.5.2014 – C-311/12, Rn. 81, 97.

sen anderer Grundrechtsträger. Umgekehrt ist zu berücksichtigen, dass die Kommunikations- und Wirtschaftsgrundrechte eigenständige Rechtsgüter normieren, während sich das Datenschutzgrundrecht durch seine instrumentelle Funktion als Vorfeldschutz vor Beeinträchtigungen der Persönlichkeitsentfaltung auszeichnet.[34] Noch komplexer wird die Rechtslage, wenn der Gesetzgeber öffentliche Interessen an einer die neuen Möglichkeiten etwa der Big Data-Analyse nutzenden Verarbeitung personenbezogener Daten beispielsweise im Regulierungsrecht normiert.[35]

Die soziale Relativierung von Datenschutzinteressen ist sowohl auf materieller als auch auf organisatorischer oder prozeduraler Ebene zu beachten. Dies gelingt jedoch weder in rechtspolitischen Diskussionen noch in allen Entscheidungen des EuGH[36] immer im gebotenen Ausmaß. Insbesondere droht das jüngst durch die DS-GVO reformierte Datenschutzrecht seiner anspruchsvollen Aufgabe nicht ausreichend gerecht zu werden, wenn es einerseits weitreichende Regelungsansprüche erhebt, aber andererseits Abwägungsentscheidungen auf der Vollzugsebene ohne hinreichende Vorgaben bei unabhängigen Aufsichtsbehörden, die vor allem den Datenschutzinteressen verpflichtet sind, monopolisiert.

3. Datenschutz als notwendiger Rahmen der Datenökonomie

Die hiermit angesprochenen strukturellen Defizite der aktuellen rechtlichen Ausgestaltung werden bislang zu wenig beachtet. Allerdings ginge es zu weit, wegen des Wachstums privater Datenverarbeitung etwa das datenschutzrechtliche Verbotsprinzip vollständig in Frage zu stellen.[37] Eine Deregulierung des Datenschutzrechts nach US-amerikanischem Vorbild wird jedoch weder den Gefährdungspotentialen einer dann weitgehend unge-

---

34 Hierzu überzeugend für das europäische Recht *Marsch*, Das europäische Datenschutzgrundrecht, Habilitationsschrift Freiburg 2017, S. 129 ff.; zur konzeptionell vergleichbaren, wenngleich von einem abweichenden normativen Ausgangspunkt beginnenden Debatte zum deutschen Recht auf informationelle Selbstbestimmung: *Britz*, in: Hoffmann-Riem (Hrsg.), Offene Rechtswissenschaft, 2010, S. 561 ff.

35 Dazu näher unten D.

36 EuGH vom 29.6.2010 – C-28/08; dabei ist aber auch zu beachten, dass der EuGH häufig auch unzureichende gesetzliche Vorgaben anzuwenden hat.

37 Auch Kritiker des generellen Verbotsprinzips wollen dieses daher nicht völlig aufgeben und durch andere, vorrangige Schutzmechanismen ergänzen: *Schneider*, Anwaltsblatt 2011, S. 233 ff.; *ders./Härting*, CR 2014, S. 306 (308 f.).

hemmten Datenverarbeitung noch den verfassungsrechtlichen Ausgestaltungsvorgaben gerecht. Datenschutz ist heute nicht weniger notwendig als 1983. Schon im damaligen Volkszählungsurteil formulierte das BVerfG mit guten Gründen, dass es „unter den Bedingungen der automatischen Datenverarbeitung kein `belangloses´ Datum mehr [gibt]".[38] Durch die neuen und künftigen „Big Data"-Analysetechniken erfährt diese Einschätzung eine damals noch ungeahnte Bestätigung, zumal wegen der heute massiv erleichterten Möglichkeiten zur Verknüpfung heterogener Datenbestände weit mehr Daten einen (potentiellen) Personenbezug aufweisen als damals. Ferner dürfen die Gefährdungspotentiale des geheimdienstlichen Zugriffs auf große private Datenbestände der global agierenden Internetkonzerne nicht ausgeblendet werden. Der Datenschutz ist somit keinesfalls abzubauen, sondern auf die heutigen Herausforderungen einzustellen und zugleich besser mit den gesellschaftlichen Interessen an einer Nutzung der Potentiale der Datenökonomie bzw. neuer Datenauswertungstechniken zugunsten öffentlicher Zwecke in Ausgleich zu bringen.

4. Die Globalisierung der Datenökonomie als Herausforderung für die Koordination verschiedener Rechtsordnungen

Grundlegend ist insoweit zunächst die Berücksichtigung der internationalen Dimension der internetbasierten Datenökonomie. Sowohl der EuGH in seiner Google Spain-Entscheidung als auch die DS-GVO mit der Verankerung des „Marktortprinzips" und der Europäisierung der Datenschutzgesetzgebung haben hierauf im Grundsatz zutreffend reagiert.[39] Damit verbunden ist allerdings eine massive Ausdehnung des Anwendungsbereichs der europäischen Datenschutzregeln, die bei ihrer Ausgestaltung zu berücksichtigen ist. Die Diskussion um das europäische Recht auf Vergessen gegenüber weltweit tätigen Suchmaschinenbetreibern bietet hierfür instruktives Anschauungsmaterial.[40]

---

38 BVerfGE 65, S. 1 (45).

39 Art. 3 Abs. 2 DS-GVO; EuGH vom 13.5.2014 – C-311/12, Rn. 53, 56.

40 *Schwartz*, Harv. L. Rev. 126 (2012-2013), S. 1966 ff; *Van Alsenoy/Koekkoek*, The extra-territorial reach of the EU´s „right to be forgotten", ICRI working paper 20/2015; s. auch *Körber*, NZKart 2016, S. 348 (355).

5. Schwächen der materiell-rechtlichen Vorgaben der DS-GVO

Den Bedeutungsgewinn der privaten Datenverarbeitung, das Wachstum der Datenökonomie und die Erweiterung ihres sachlichen Anwendungsbereichs durch den technisch bedingt häufiger anzunehmenden Personenbezug von Daten hat die DS-GVO in ihren materiell-rechtlichen Vorgaben hingegen nur unzureichend verarbeitet.

Offen ist, ob die traditionell für die Rechtfertigung privater Datenverarbeitungsvorgänge besonders wichtige Einwilligung der Betroffenen zukünftig weitgehend ihre Bedeutung für die Datenökonomie verliert. Zwar steht die Einwilligung des Betroffenen noch immer an der Spitze der in Art. 6 Abs. 1 DS-GVO aufgelisteten Rechtfertigungstatbestände. Neue Anforderungen an die Transparenz und Freiwilligkeit der Einwilligung gehören sogar zum Kern der europäischen Datenschutzreform.[41] Art. 7 Abs. 4 DS-GVO geht aber darüber noch hinaus, wenn bei der Beurteilung der Freiwilligkeit[42] „dem Umstand in größtmöglichem Umfang Rechnung getragen werden [muss]“, ob sich die Einwilligung auch auf die Verarbeitung von Daten bezieht, die für eine Vertragsdurchführung nicht erforderlich ist. Die Norm strebt einen im Grundsatz legitimen Ausgleich für Verhandlungsungleichgewichte in der Internetökonomie an.[43] Die Norm ist jedoch gekennzeichnet von einer Vielzahl unbestimmter Rechtsbegriffe, weshalb in der Literatur auch außerordentlich umstritten ist, inwieweit mit ihr ein striktes Kopplungsverbot normiert wurde.[44] Eine strikte Auslegung könnte dem für die Internetökonomie typischen Geschäftsmodell kostenloser Dienste gegen die Preisgabe von Daten in Europa ein Ende bereiten.[45] Dies entspräche eventuell dem im Gesetzgebungsverfahren zwischenzeitig formulierten Willen des Parlaments, nicht jedoch dem Charakter der Norm als Kompromissformel mit dem Rat. Befürworter einer strikten Lesart können jedoch auf den Erwägungsgrund 43 der DS-GVO verweisen, demzufolge eine Rechtfertigung einer Datenverarbeitung durch eine Einwilli-

41 Hierzu Schantz, NJW 2016, S. 1841 (1844 f.).

42 Die Beurteilung der Freiwilligkeit obliegt letztlich den Datenschutzaufsichtsbehörden oder im Rahmen des „private enforcement“ den Zivilgerichten.

43 *Frenzel*, in: Paal/Pauly (Hrsg.), DS-GVO, 2017, Art. 7 Rn. 18 ff., der aber auch auf Schwächen der Vorschrift hinweist.

44 Vgl. die Darstellung bei *Frenzel,* in: Paal/Pauly (Hrsg.), DS-GVO, 2017, Art. 7 Rn. 18.

45 *Damman*, ZD 2016, S. 307 (311); *Schantz*, NJW 2016, S. 1841 (1845).

gung bei einem „klaren Ungleichgewicht“ zwischen den Beteiligten ausgeschlossen sein soll, was im Verhältnis zwischen einzelnen Internetnutzern und den global agierenden Großkonzernen anzunehmen sein dürfte. Jedenfalls wirft die unklare Norm unnötige Debatten über die weitere Zulässigkeit weit verbreiteter Geschäftsmodelle auf.[46]

Im Ergebnis ist eine Chance vertan worden, mit einer hinreichend präzisen und zugleich (privat-)autonomiewahrenden Norm, Verbraucher gegen eine ungerechtfertigte Kopplung von Datenpreisgabe und Nutzung von Internetdiensten zu schützen. Wünschenswert wären etwa Lösungen, die ähnlich wie beim parallelen Angebot werbefinanzierter und werbefreier Varianten ein und derselben App den Nutzern ermöglichen, zwischen einer „datenhungrigen“ kostenlosen und einer entgeltpflichtigen, aber „datensparsamen“ Version zu wählen, sie also nicht dazu zwingen, zwischen funktional meist nicht völlig äquivalenten „datenhungrigen“ und „datensparsamen“ Angeboten unterschiedlicher Diensteanbieter zu wählen. Insbesondere bei Kommunikationsdiensten wie Messengerdiensten bedeutet die Wahl datensparsamer Angebote zudem regelmäßig den kompletten Verzicht auf den entsprechenden Kommunikationspfad und damit oft einer großen Zahl sozialer Kontakte. Im Interesse der Innovationsoffenheit und der Vollzugsfreundlichkeit könnte ein etwaiger gesetzlicher Zwang zu solchen Parallelangeboten nicht flächendeckend eingeführt werden, sondern auf marktmächtige Anbieter fokussiert werden. Das Ergebnis wäre eine asymmetrische Datenschutzregulierung ähnlich der asymmetrischen Telekommunikationsregulierung.

Unabhängig hiervon und ungeachtet anderer, grundsätzlich positiv zu beurteilender Reformelemente der DS-GVO zur Stärkung der Datensouveränität von Internetverbrauchern ist das Instrument der Einwilligung mit strukturellen Schwächen verbunden.[47] Empirische Untersuchungen belegen immer wieder die Überforderung der Nutzer durch die den Einwilligungen zugrunde liegende Datenschutzrichtlinien der Diensteanbieter, die

46 Ebenso zu früheren Entwurfsfassungen: *Schneider/Härting*, ZD 2012, S. 199 (201 f.).

47 Hierzu umfassend auf einer verhaltensökonomischen Grundlage: *Hermstrüwer*, Informationelle Selbstgefährdung, 2016; s. ferner *Radlanski*, Das Konzept der Einwilligung in der datenschutzrechtlichen Realität, 2016; *Rogosch*, Die Einwilligung im Datenschutzrecht, 2013.

funktional Allgemeinen Geschäftsbedingungen entsprechen.[48] Diese sind nicht nur außerordentlich umfangreich, sondern werden auch verbreitet immer wieder zum Vorteil der Unternehmen verändert. Zum Teil ist dies aber auch unvermeidlich, weil komplexe Datenverarbeitungsprozesse naturgemäß nicht mit für jedermann verständlichen und vom Umfang her lesbaren, dann jedoch inhaltlich unterkomplexen Datenschutzrichtlinien gesteuert werden können. Gleichwohl ist vielen Nutzern zumindest abstrakt bewusst, dass sie weitgehend auf den Schutz ihrer Daten etwa gegen die Weitergabe an Dritte oder gegen eine Auswertung zu einer Vielzahl künftiger Zwecke verzichten. Dennoch ist die Einwilligung nach einigen Untersuchungen keine Manifestation echter datenökonomischer Zahlungsbereitschaft der Post-Privacy-Gesellschaft, sondern vielmehr der Resignation geschuldet, andernfalls von Diensten der digitalen Daseinsversorgung abgeschaltet zu werden.[49] Die erwähnte Regelung des Art. 7 Abs. 4 DS-GVO bietet, wie gezeigt, in diesem Zusammenhang keinen hinreichend klaren und funktionalen Schutzmechanismus.[50] Zudem ist die Einwilligung nicht allein als Instrument des Selbstschutzes zu verstehen, da durch sie auch Gemeinwohlbelange berührt werden oder externe Effekte auf Dritte ausgehen.[51] Schließlich ist die Einwilligung aufgrund ihrer persönlichkeitsrechtlich begründeten, jederzeitigen Widerruflichkeit eine wenig rechtssichere Basis für mehrstufige und multipolare Datenverarbeitungsprozesse im Rahmen der Datenökonomie.[52] Beispiele hierfür wären Smart Energy-Dienste oder Connected Car-Strukturen im Kontext multimodaler Verkehrssysteme, auf die noch gesondert zurückzukommen ist.

Fehlt eine Einwilligung und handelt es sich nicht ausschließlich um eine unmittelbar auf die Durchführung von Verträgen bezogene private Datenverarbeitung im Sinne von Art. 6 Abs. 1 lit. b) DS-GVO, kommt subsidiär eine Rechtfertigung als Ergebnis einer Interessenabwägung in Betracht.[53] Diese ist jedoch in Art. 6 Abs. 1 lit. f) DS-GVO nur sehr ab-

48 Zu deren großer Bedeutung: *Hoffmann-Riem*, Innovation und Recht – Recht und Innovation, 2016, S. 644 ff.

49 *Turow/Hennessy/Draper*, The Tradeoff Fallacy. Report from the Annenberg School for Communication, University of Pennsylvania, 2015.

50 Vgl. *Frenzel,* in: Paal/Pauly (Hrsg.), DS-GVO, 2017, Art. 7 Rn. 21.

51 *Hermstrüwer*, Informationelle Selbstgefährdung, 2016, S. 158 ff., 363 ff., 386.

52 *Jöns*, Daten als Handelsware, (DIVSI) 2016, S. 46 ff.

53 *Frenzel*, in: Paal/Pauly (Hrsg.), DS-GVO, 2017, Art. 6 Rn. 26, will Art. 7 Abs. 1 lit. f) DS-GVO auf einen restriktiv zu interpretierenden Ausnahmetatbestand reduzieren.

strakt geregelt.[54] Anders als das BDSG kennt die DS-GVO keine verwendungsspezifischen Konkretisierungen der Interessenabwägung durch differenzierte Zuschreibungen von Darlegungslasten bzw. differenzierte Vermutungsregeln oder mittels unterschiedlich qualifizierter Anforderungen an das Überwiegen von Schutz- oder Verwendungsinteressen. Nach dem Verzicht auf Konkretisierungskompetenzen für Durchführungsrechtsakte der Kommission und angesichts des weitgehenden Fehlens mitgliedstaatlicher Konkretisierungskompetenzen in diesem Bereich[55] fällt die wirtschaftlich wie gesellschaftlich immens bedeutsame Konkretisierungsaufgabe den Datenschutzaufsichtsbehörden oder – im Rahmen des private enforcement bzw. des Rechtsschutzes gegen Behördenentscheidungen – den Gerichten zu. Das Risiko einer funktionalen und legitimatorischen Überforderung beider Instanzen ist hoch und bedarf weiterer Debatten.[56]

Leider ist in Bezug auf die angesprochenen Regelungsdefizite der DS-GVO eine Abhilfe durch den europäischen Gesetzgeber wegen der Schwerfälligkeit europäischer Gesetzgebungsverfahren, der datenschutzpolitischen „Erschöpfung“ nach dem Erlass der DS-GVO und der aktuellen Krise der Union kaum zu erwarten. Das derzeit laufende Gesetzgebungsverfahren für eine E-privacy-Verordnung ermöglicht allenfalls eine partielle Verbesserung der materiell-rechtlichen Situation.[57] Dessen Ausgang und genaues Ergebnis ist überdies noch offen.

6. Reformbedarf bei der Organisation der Datenschutzaufsicht in multipolaren Normkonflikten

Wenn Daten das Öl des 21. Jahrhunderts sind und ihre Preisgabe die zentrale Gegenleistung für den Erhalt von Internetdienstleistungen sowie künftig der Nutzung von Connected Cars, dann sind staatliche Instanzen, die über die Zulässigkeit der Datenverarbeitung aufgrund einer Einwilligung oder einer Interessenabwägung entscheiden, funktional allgemeine

---

54 *Roßnagel/Nebel/Richter*, ZD 2015, S. 455 (457); *Frenzel*, in: Paal/Pauly (Hrsg.), DS-GVO, 2017, Art. 6 Rn. 27.

55 *Marsch*, Das europäische Datenschutzgrundrecht, Habilitationsschrift Freiburg 2017, S. 249, 358 ff.

56 Erste Ansätze hierzu bei: *Marsch*, Das europäische Datenschutzgrundrecht, Habilitationsschrift Freiburg 2017, S. 248 ff.; *Schneider*, in: Wolff/Brink (Hrsg.), BeckOK-Datenschutzrecht, Edition 19 (2017 i.E.), Art. 52 DS-GVO Rn. 20.

57 Vgl. KOM (2017) 10.

Preisregulierungsbehörden der Datenökonomie.[58] Diese Aufgabe dürfte die Aufsichtsbehörden schon personell überlasten, denn die Ausstattung vieler Datenschutzaufsichtsbehörden hat mit dem Wachstum der Datenökonomie und dem damit verbundenen Bedeutungsgewinn der Datenschutzaufsicht in keiner Weise Schritt gehalten. Besonders eklatant ist dies in Bezug auf die großen privaten Internetfirmen wie Facebook, Google, Microsoft oder Amazon, deren Datenverarbeitung in der Europäischen Union federführend durch schwach ausgestattete Aufsichtsbehörden in Irland oder Luxemburg beaufsichtigt wird. Aber auch die für die private Datenverarbeitung zuständigen deutschen Landesdatenschutzbehörden verfügen nur über sehr begrenztes Personal.

Noch problematischer sind die analysierten vagen materiell-rechtlichen Maßstäbe der Datenschutzaufsicht, was die Aufgabe der zuständigen Behörden zusätzlich erschwert. Vor diesem materiell-rechtlichen Hintergrund ist das bisherige Konzept der Unabhängigkeit der Datenschutzbehörden diskussionsbedürftig. Das in Art. 52 Abs. 1 und 2 DS-GVO im Anschluss an die Interpretation der DSRL durch den EuGH sehr extensiv ausgestaltete Unabhängigkeitspostulat wird als Abschirmung gegen jede Form der Beeinflussung von außen jenseits einer parlamentarischen und gerichtlichen Kontrolle verstanden.[59] Sofern die Abwägung der Datenschutzbelange mit gegenläufigen Belangen sich nicht allein auf ausschließlich private Belange der beaufsichtigten Datenverarbeitungsstellen beschränkt, sondern auch öffentliche Interessen an Informationsfreiheit, Medienfreiheit oder der Nutzung von Daten für Regulierungsziele wie der Optimierung der Energieeffizienz des Stromverbrauchs oder die Belange privater Dritter einzubeziehen sind, fehlen derzeit organisatorische und prozedurale Mechanismen zur Abbildung der multipolaren Interessenkonstellation und deren unparteiischer Entscheidung. Einvernehmenserfordernisse zugunsten von Behörden, denen andere öffentliche Belange anvertraut sind, bei Entscheidungen der Datenschutzaufsichtsbehörden oder Divergenzbereinigungskompetenzen durch übergeordnete Behörden wie Ministerien sind mit dem bisherigen Verständnis der unabhängigen Datenschutzaufsicht unvereinbar. Damit unterscheidet sich das Datenschutzrecht erheblich von

58 Ähnlich *Körber*, NZKart 2016, S. 348 (349 f.); s. ferner *Schneider/Härting*, CR 2014, S. 306 (307).

59 Vgl. EuGH vom 9.3.2010 – C-518/07, Rn. 30; krit. hierzu *Schneider*, in: Wolff/Brink (Hrsg.), BeckOK-Datenschutzrecht, Edition 19 (2017 i.E.), Art. 52 DS-GVO Rn. 16.

den prozeduralen und organisatorischen Strukturen bei anderen komplexen Verwaltungsaufgaben etwa im Umwelt- und allgemeinen Wirtschaftsverwaltungsrecht. Angesichts der heutigen wirtschaftsverwaltungsrechtlichen Bedeutung des Datenschutzrechts ist diese Sonderstellung zumindest zu überdenken.

7. Ausgestaltungsspielräume der Datenschutzgesetzgebung

Die Auflösung der aufgezeigten Dysfunktionalitäten durch ein multifinales und multidimensionales Datenverkehrsrecht ist schwierig und kann in diesem Rahmen nur ansatzweise diskutiert werden (s. unten E.). Wichtig ist an dieser Stelle der Hinweis, dass die grundrechtlichen Vorgaben des Unionsrechts und des nationalen Verfassungsrechts für die Regulierung der privaten Datenverarbeitung offener sind, als dies vielfach angenommen wird. Richtig verstanden folgen aus den einschlägigen Grundrechten vor allem Ausgestaltungsaufträge mit erheblichem Gestaltungsspielraum für die zuständigen Gesetzgebungsorgane.[60]

Zu überdenken wäre etwa, ob das Unabhängigkeitspostulat des EU-Datenschutzrechts tatsächlich fordert, dass den Datenschutzbehörden stets die Letztentscheidungskompetenz im Verhältnis zu parallel zuständigen Fachbehörden zukommen muss.[61] Zumindest im bisherigen deutschen Recht gibt es insoweit auch abweichende Lösungen wie in § 115 Abs. 4 S. 2 TKG, nach dem der Bundesbeauftragte für den Datenschutz zwar über eigenständige Ermittlungsbefugnisse gegenüber Telekommunikationsdienstleistern verfügt, etwaige Beanstandungen jedoch nicht direkt an die Unternehmen richtet, sondern zur Sicherstellung konzentrierter Durchsetzungsbefugnisse an die Bundesnetzagentur, die ihrerseits eigenständig ihre datenschutzbezogenen Kontrollbefugnisse gegenüber den Unternehmen gemäß § 115 Abs. 1 bis 3 TKG ausübt.[62] Diese Lösung des geltenden TKG wird allerdings als Verstoß gegen die vom EuGH in anderem Kon-

---

60 *Marsch*, Das europäische Datenschutzgrundrecht, Habilitationsschrift Freiburg 2017, S. 250 ff.

61 S. auch *Schneider*, in: Wolff/Brink (Hrsg.), BeckOK-Datenschutzrecht, Edition 19 (2017 i.E.), Art. 52 DS-GVO Rn. 20; zur abweichenden h.M. statt vieler *Lüdemann/Wenzel*, RDV 2015, S. 285 (289).

62 Näher *Eckhardt*, in: Geppert/Schütz (Hrsg.), Beck´scher TKG-Kommentar, 4. Aufl. 2013, § 115 Rn. 23.

text konkretisierten Unabhängigkeitspostulate aus der DSRL 95/46 und damit auch gegen die künftig maßgebliche DS-GVO qualifiziert.[63] Dies ist jedoch nicht zwingend, da Unabhängigkeit und Letztentscheidungsbefugnis durchaus getrennt werden können.

Sollte sich die hier angedeutete offenere Sichtweise durchsetzen, wäre es ferner in Betracht zu ziehen, dass die Datenschutzaufsichtsbehörden ihre spezifisch datenschutzrechtliche Position ähnlich wie Umweltbehörden bei der Umweltverträglichkeitsprüfung eigenständig, transparent und jedermann erkennbar in „Verbundverfahren“ einbringen können, davon abweichende Gesamtabwägungsentscheidungen jedoch nicht vollkommen ausgeschlossen sind. Ergänzt werden könnte dies mit Klagerechten der Datenschutzaufsichtsbehörden gegen Gesamtabwägungsentscheidungen. Wegen der Vorrangwirkung der DS-GVO bedürfte es für eine solche Lösung allerdings entweder spezialgesetzlicher Ausnahmeregelungen oder einer Änderung der allgemeinen Vorgaben. Die ausgesprochen abstrakten primärrechtlichen Vorgaben der Art. 8 GRC und Art. 16 AEUV für eine unabhängige Datenschutzaufsicht stehen dem bei einem sachgerechten Verständnis nicht entgegen. Ob der EuGH eine solche Sichtweise einnehmen würde, ist jedoch keinesfalls sicher.

IV. Datenverkehrsrecht und Regulierungsrecht

Bevor im abschließenden Abschnitt E. ausgewählte Entwicklungsoptionen für ein zukunftsfähiges und innovationsoffenes Datenverkehrsrecht skizziert werden, soll an dieser Stelle eine spezifisch regulierungsrechtliche Perspektive auf die Herausforderungen, aber auch auf die Potentiale der modernen Datenökonomie eingeführt werden. Dabei beschränken sich die Ausführungen mit Rücksicht auf weitere Beiträge des Bandes[64] vor allem auf die Regulierung eines künftigen multimodalen Verkehrssystems und wenige anschließende Bemerkungen zur digitalisierten Energieversorgung.

---

63 *Lüdemann/Wenzel*, RDV 2015, S. 285 (289).

64 S. die Beiträge von Lange, Pielow, Holznagel, Schuler-Harms in diesem Band.

Multimodale Verkehrssysteme beruhen auf der Vernetzung unterschiedlicher Verkehrsträger.[65] Individualverkehr wird mit Angeboten des Öffentlichen Fern- oder Nahverkehrs kombiniert. Ziel ist eine optimierte Nutzung knapper Verkehrsressourcen (Parkraum, Straßen, Car Sharing, etc.) und die Reduktion der verkehrsbedingten Umweltverschmutzung. Auch wenn die hierbei zu überwindenden Schwierigkeiten aufgrund des erheblichen Investitionsbedarfs bei einer Vielzahl zu koordinierender Akteure keinesfalls unterschätzt werden dürfen[66], gibt es hinreichende Anzeichen, dass sich das Verkehrssystem in diese Richtung fortentwickeln wird. Das Verkehrssystem wird auf diese Weise stärker kollektiviert, was klassische Fragestellungen des Regulierungsrechts in Bezug auf die flächendeckend angemessene Versorgung durch eine wettbewerbsorientierte Koordinierung wechselseitig voneinander abhängiger Diensteanbieter aufwirft. Langfristige Infrastruktur- und Anlagenplanung ebenso wie die akute Steuerung von Verkehrsströmen in Echtzeit sind zentrale Aufgaben innerhalb eines multimodalen Verkehrssystems.

Beide Aufgaben können nur auf einer hinreichenden Datenbasis erfüllt werden. Die Erreichung der öffentlichen Regulierungsziele wie der individuellen Fahrziele wird nur durch eine umfassende Digitalisierung zur Messung und Lenkung der kollektiven Verkehrsströme, aber ebenso des individuellen Verkehrsverhaltens möglich.[67] Ein zentrales Element multimodaler Verkehrssysteme werden „autonome" Verkehrsmittel wie selbstfahrende Bahnen, Busse, Lkw und Pkw sein. Autonom werden diese Fahrzeuge jedoch primär im Verhältnis zu ihren menschlichen Nutzern sein. Gleichzeitig werden sie ständig auf telematische Steuerungsinformationen aus unterschiedlichsten Quellen bis hin zu Signalen von anderen Verkehrsteilnehmern zur Vermeidung von Unfällen oder Verkehrsstaus reagieren.

---

65 Zum Folgenden statt vieler *DIVSI Studie,* „Digitalisierte urbane Mobilität – Datengelenkter Verkehr zwischen Erwartung und Realität", 2016; *Sandrock* (Hrsg.), Intelligente Verkehrssysteme und Telematikanwendungen in Kommunen, 2015; s. ferner die *Kommissionsmitteilung* über Kooperative Intelligente Verkehrssysteme, KOM (2016) 766.

66 Vgl. zu den von Politik und interessierten Akteuren oft verdrängten Hindernissen anschaulich *DIVSI Studie* „Digitalisierte urbane Mobilität – Datengelenkter Verkehr zwischen Erwartung und Realität", 2016, S. 29 ff., 33, 35, 36 f., 41, 43, 44 f., 50 ff., 69 ff.

67 *DIVSI Studie,* „Digitalisierte urbane Mobilität – Datengelenkter Verkehr zwischen Erwartung und Realität", 2016, S. 29 ff.

Die für die Erreichung der Regulierungsziele notwendigen Datenflüsse umfassen in großem Maße personenbezogene Daten. Wie die Diskussion über Bewegungsprofile im Zusammenhang mit der Vorratsdatenspeicherung gezeigt hat[68], handelt es sich dabei sogar um sehr aussagekräftige Datensätze mit hoher Relevanz für die Persönlichkeitsentfaltung mobiler Menschen oder für den Wettbewerb zwischen Transportdienstleistern oder zwischen deren Kunden. Das Spannungsverhältnis zwischen der datenabhängigen Realisierung von Regulierungszielen und individuellen oder gesellschaftlichen Datenschutzbelangen bzw. Interessen der Transportwirtschaft und transportabhängigen Wirtschaft am Schutz von Betriebs- und Geschäftsgeheimnissen ist ebenso offenkundig wie bislang nur ansatzweise bewältigt. Eine individuelle, herrschaftsrechtlich konstruierte Datenhoheit lässt sich in dieser Konstellation zumindest vordergründig nur um den Preis erheblicher Einbußen bei der Verwirklichung der kollektiven Verkehrslenkungsinteressen realisieren. Umgekehrt ist eine gesetzliche Absicherung eines aufgabenadäquaten Informationsmanagements innerhalb multimodaler Verkehrssysteme nicht von vornherein datenschutzrechtlich ausgeschlossen. So erlaubt Art. 6 Abs. 1 lit. c) DS-GVO eine Datenverarbeitung durch private oder öffentliche Verkehrsunternehmen unabhängig von einer Einwilligung oder einer vertragsrechtlichen Grundlage aufgrund fachgesetzlicher (Datenverkehrs-)Verpflichtungen, die gemäß Abs. 3 S. 1 lit. b) auch von den Mitgliedstaaten erlassen werden können.

Ferner sind Fragen nach der mehr oder minder exklusiven Allokation aggregierter Daten bei einzelnen Akteuren innerhalb der digitalen Steuerungsebene des multimodalen Verkehrssystems zu beantworten. Die großen Internet- und Datenkonzerne zeigen jedenfalls ein starkes Interesse am Erwerb der entsprechenden Datenressourcen mit erheblichen industriepolitischen Konsequenzen etwa für die europäische Automobilindustrie.

Die aufgeworfenen informationsrechtlichen Ausgestaltungsfragen allein aus der Perspektive eines individualistisch konzipierten Datenschutzrechts zu beantworten, wäre ebenso unzureichend wie dessen Ausblendung oder bloß symbolische Einbeziehung zugunsten einer weitgehenden oder gar uneingeschränkten Dominanz regulierungsrechtlicher Ziele oder ökonomischer Effizienz. Nicht unwahrscheinlich ist schließlich eine unkoordinierte und dysfunktionale Entwicklung unterschiedlicher Regelungsansätze in getrennten Fachdiskursen.

---

68 S. nur EuGH vom 8.4.2014 – C-293/12, Rn. 26 ff.

Ein instruktives Beispiel liefert hierfür die Digitalisierung der Stromversorgung durch sogenannte Smart Meter. Die Bedeutung eines aufgabenadäquaten Informationsmanagements innerhalb eines zunehmend dezentral strukturierten Energiesystems mit fluktuierender Stromerzeugung wurde in den vergangenen Jahren immer deutlicher. In einem solchen System muss eine wachsende Zahl von miteinander im Wettbewerb stehenden Akteuren im Rahmen ganz unterschiedlicher Marktrollen unter anderem zur Gewährleistung der für die Funktionsfähigkeit des Gesamtsystems fundamentalen stabilen Frequenzhaltung innerhalb sehr kurzer Latenzzeiten beitragen. Gesetzgebung und Regulierungsinstanzen haben hierauf verzögert, neuerdings aber mit wachsendem Problembewusstsein reagiert, indem jedenfalls auf Übertragungsnetzebene konkrete Informationspflichten und abstraktere Informationssystempflichten etabliert und ausgestaltet wurden.[69] Eine entsprechende Informations- und Steuerungsinfrastruktur ist wegen der wachsenden dezentralen Stromeinspeisung künftig auch auf der Verteilnetzebene unverzichtbar. Gleichwohl wurden die normativen Vorgaben für die technische Architektur der Smart Meter weniger von diesen übergreifenden Belangen, sondern vom datenschutzrechtlichen Leitbild der Datenhoheit des Anschlussnehmers geprägt.[70] Teilweise geht man in der Literatur davon aus, dass hierdurch massive und kostenträchtige Friktionen mit den von der BNetzA vorgegebenen marktorientierten Informationsprozeduren auf anderen Systemebenen entstehen. Außerdem sei die anstehende Integration von Elektrofahrzeugen, die in multimodalen Verkehrskonzepten eine tragende Rolle einnehmen, in die lokalen und regionalen Smart Grids bei den Vorgaben für die Smart Meter ausgeblendet worden.[71] Auch wenn diese Thesen bislang noch nicht vollständig belegt sind, zeigt sich am Smart Metering jedenfalls sehr anschaulich der Koordinationsbedarf zwischen Regulierungs- und Datenschutzrecht.

Nur ergänzend sei erwähnt, dass das auch das Verhältnis zwischen Datenschutzrecht und Telekommunikationsrecht im Hinblick auf mittels Datenerhebung refinanzierter Kommunikationsdienste neu austariert werden

---

69 Grundlegend zu dieser Fragestellung: *Günnewicht*, Reguliertes Informationsmanagement in der Elektrizitätswirtschaft, 2015.

70 Hierzu anschaulich *Lorenz*, Optimierung von Verfahren zur Lösung rechtsrelevanter Wissensprobleme in kritischen Infrastrukturen, Diss. Freiburg WS 2016/17.

71 So *Lorenz*, Optimierung von Verfahren zur Lösung rechtsrelevanter Wissensprobleme in kritischen Infrastrukturen, Diss. Freiburg WS 2016/17.

muss, wobei Datenschutz und regulierungsrechtlicher Kundenschutz zunehmend funktionale Äquivalente darstellen.[72]

V. Entwicklungsoptionen für ein künftiges Datenverkehrsrecht

Wie bereits erwähnt, können nachfolgend nur wenige ausgewählte Facetten und Entwicklungsoptionen eines künftigen innovationsoffenen Datenverkehrsrechts angesprochen werden.

1. Zur aktuellen Debatte um ein Dateneigentumsrecht

Im Zentrum aktueller wissenschaftlicher und rechtspolitischer Debatten steht die Einführung eines sogenannten Dateneigentumsrechts. Sowohl das grundsätzliche Konzept als auch die Ausgestaltung verschiedener Konzepte ist ausgesprochen umstritten. Aktuell dominieren mangels gesetzgeberischer Maßnahmen vertragsrechtliche Lösungen.[73] Strittig ist deren Funktionalität, weil der vertragsrechtliche Grundsatz *pacta sunt servanda* mit der bereits erwähnten jederzeitigen Widerruflichkeit der datenschutzrechtlich vorgegebenen Einwilligung kollidiert. Auf die Einwilligung kommt es aber datenschutzrechtlich entscheidend an, wenn die Datenerhebung oder Datenverwendung nicht allein der unmittelbaren Vertragsdurchführung dient und somit nicht durch Art. 6 Abs. 1 lit. b) DS-GVO gerechtfertigt ist und eine Rechtfertigung mittels der vagen Interessenabwägung gemäß Art. 6 Abs. 1 lit. f) DS-GVO zu unsicher erscheint.[74] Verträge über nicht personenbezogene Daten unterliegen jedenfalls der AGB-Kontrolle, dürfen also den Vertragspartner nicht unangemessen benachteiligen.[75] Zudem bedarf es in mehrstufigen Verwertungskontexten eines aufwändigen Vertragsmanagements.

---

72 *Kühling*, in diesem Band; s. ferner *Wissenschaftlicher Arbeitskreis für Regulierungsfragen (WAR)* bei der BNetzA, Fragen der Regulierung von OTT-Kommunikationsdiensten, 2016.

73 Zum Folgenden: *Jöns*, Daten als Handelsware, (DIVSI) 2016, S. 47 ff.; s. ferner *Berberich/Golla*, PinG 2016, S. 165 (174, 175); *Faust*, NJW-Beil. 2016 (2), S. 29 ff.; *Sahl*, PinG 2016, S. 146 (149 ff.); *Wiebe*, GRUR Int. 2016, S. 877 (878, 884); zur praktischen Umsetzung s. *Assion/Mackert*, PinG 2016, S. 161 ff..

74 S. oben C. V.

75 *Sahl*, PinG 2016, S. 146 (150 f.).

Rechtspolitisch wird alternativ die Ermöglichung einer Monetarisierung von Daten über ein „eigentumsanaloges Herrschaftsrecht" in Erwägung gezogen.[76] Hierdurch könnte das Recht seine Ordnungs- und Bereitstellungsfunktion für die moderne Datenökonomie prinzipiell durchaus erfüllen. Unklar ist allerdings, wie ein solches Recht zivilrechtlich zu qualifizieren wäre. Die teilweise propagierte Anerkennung als absolutes Recht wirft eine Reihe praktischer Fragen auf, wozu insbesondere eine klare Regelung des Verhältnisses zum Datenschutzrecht gehört.[77] Zudem wird die mit einem solchen Recht zumindest potentiell einhergehende exklusive Kommerzialisierung von Daten problematisiert. Solche Exklusivrechte könnten der vorstehend angesprochenen gesellschaftlichen Nutzung wichtiger Daten entgegenstehen. Unklar ist ferner, wem das Dateneigentumsrecht ursprünglich zugeordnet werden soll.

Besonders anschaulich ist dies beim sogenannten „connected car", das einen der wichtigsten Auslöser der Debatte darstellt.[78] Wegen der hohen Personalisierungspotentiale der Daten zu Sitzeinstellungen und Fahrverhalten sowie der in die Informationssysteme der Fahrzeuge eingebundenen Mobiltelefone kommen bei einem klassischen datenschutzrechtlichen Ansatz sowohl der Eigentümer als auch der konkrete Fahrer des Fahrzeugs in Betracht. Interesse an einem Dateneigentum haben aber auch Fahrzeughersteller oder Zulieferer einzelner Komponenten wie Motoren, Fahrzeugelektronik und Sitze signalisiert. Und schließlich melden Softwareentwickler und -anbieter wie Google und Apple Ansprüche an. Der Abstimmungsbedarf zwischen allgemeinem Datenschutzrecht und einem etwaigen zivilrechtlichen Dateneigentum ist offenkundig. Wie die Ausführungen zu den multimodalen Verkehrssystemen gezeigt haben, kommen aus einer regulierungsrechtlichen Perspektive noch diverse weitere Verwendungsinteressen zusätzlicher Akteure ins Spiel. Auch insoweit bedarf es einer normativen Koordinierung.

Eine bedenkenswerte Variante in der aktuellen Diskussion stellen Konzepte mit einer lizenzrechtlichen Struktur dar, wie sie etwa im Recht des Geistigen Eigentums eine Kombination von Urheberpersönlichkeitsrech-

---

76 Aus der wissenschaftlichen Diskussion statt vieler *Berberich/Golla*, PinG 2016, S. 165 ff.; *Wiebe*, GRUR Int. 2016, S. 877 ff.; *Zech*, Journal of Intellectual Property Law & Practice, 11 (2016), S. 460 ff.; s. ferner *Jöns*, Daten als Handelsware, (DIVSI) 2016, S. 66 ff.

77 Dazu *Specht/Rohmer*, PinG 2016, S. 127 ff.

78 S. auch *Wiebe*, GRUR Int. 2016, S. 877 (878, 883).

ten und Vermögensverwertungsinteressen ermöglichen.[79] Zudem kennt etwa das Patentrecht das Institut der Zwangslizenz zur Fortentwicklung der vom Patent geschützten Erfindungen und damit ein Instrument zur Gewährleistung von Innovationsoffenheit, das zugleich die vom Patentschutz ausgehenden Innovationsanreize prinzipiell achtet, aber nicht verabsolutiert.[80]

2. Einsatzbereiche und Grenzen kartellrechtlicher Regelungsansätze

Gegenstand intensiver Debatten ist des Weiteren die künftige Rolle des Kartellrechts in Bezug auf digitale Märkte. Monopolkommission und Bundeskartellamt haben diesbezüglich 2015 bzw. 2016 wichtige konzeptionelle Überlegungen publiziert[81] und mit der derzeit diskutierten 9. GWB-Novelle soll auf die Herausforderungen durch digitale Märkte reagiert werden.[82] Angesichts anderer Beiträge können die damit verknüpften, genuin kartellrechtlichen Fragen etwa zur Prüfungsstruktur, Marktabgrenzung und zu Marktmachtkriterien ausgeblendet werden.[83] Ebenso kann auf einen Strukturvergleich zwischen Kartell- und Datenschutzrecht[84] und die (ambivalenten) Wirkungen des in Art. 20 DS-GVO geregelten Rechts auf Datenübertragbarkeit[85] verzichtet werden.

Bemerkenswert ist für die hiesigen Überlegungen die Debatte um das Verhältnis zwischen Kartellrecht und Datenschutzrecht. In der Literatur wird diesbezüglich die Eigenständigkeit der beiden Rechtsmaterien sehr betont und daraus abgeleitet, dass weder der Datenschutz Kartellrechtsverstöße legitimieren könne noch das Kartellverfahren mit seinen massiven

---

79 *Berberich/Golla*, PinG 2016, S. 165 (167 ff.); *Jöns*, Daten als Handelsware, (DIV-SI) 2016, S. 71 ff.; *Schwartmann/Hentsch*, PinG 2016, S. 117 ff.

80 Zur innovationspolitisch ambivalenten Funktion der Immaterialgüterrechte: *Hoffmann-Riem*, Innovation und Recht – Recht und Innovation, 2016, S. 433 ff.

81 *Monopolkommission*, Sondergutachten 68, „Wettbewerbspolitik: Herausforderungen digitaler Märkte“, 2015; *BKartA*, Arbeitspapier „Marktmacht von Plattformen und Netzwerken, 2016; Autorité de la concurrence/BKartA, Competition Law and Data, 2016.

82 Regierungsentwurf v. 7.11.2016, BT-Drs. 18/10207.

83 S. statt dessen *Schweitzer*, in diesem Band; *Körber*, NZKart 2016, S. 303 ff., 348 ff.; Krit. zur 9. GWB-Novelle in Bezug auf deren Regelung von Fragen der Digitalisierung Pohlmann/Wismann, NZKart 2016, S. 555 ff.

84 S. statt dessen *Kamann/Miller*, NZKart 2016, S. 405 ff.

85 Hierzu *Hennemann*, PinG 2017, S. 5 ff.; *Körber*, NZKart 2016, S. 348 (350).

Sanktionsdrohungen zum Durchsetzungsmechanismus für das Datenschutzrecht umfunktioniert werden sollte.[86] Den Kartellbehörden fehle insoweit die Fachkompetenz und eine Instrumentalisierung des Kartellverfahrens jenseits genuin wettbewerbsrechtlicher Ziele könne nicht systematisch überzeugend auf das Datenschutzrecht begrenzt werden. Denkbar sei ein Kartellrechtsverstoß jedoch bei einem Wettbewerbsbezug des Datenschutzrechtsverstoßes etwa durch die wirtschaftliche Verwertung der durch Rechtsbruch erlangten Daten und Inhalte.[87]

Dieser Ansatz der funktionalen Differenzierung von Datenschutzrecht und Kartellrecht ist im Grundsatz zutreffend. Zutreffend ist auch der Hinweis, dass eine kartellbehördliche Zugangsanordnung nach einer etwaigen Qualifizierung von Datenbeständen dominierender Internetkonzerne als wesentliche Einrichtungen i.S.v. § 19 Abs. 2 Nr. 4 GWB wegen der damit notwendigen Weitergabe personenbezogener Daten jedenfalls datenschutzrechtlich rechtfertigungsbedürftig ist.[88] Die Debatte zeigt, wie schwierig die genaue Abgrenzung der Zuständigkeiten ist. Sachgerecht ist in jedem Fall der mit der 9. GWB-Novelle abgesicherte bessere Informationsaustausch zwischen Datenschutz- und Wettbewerbsbehörden.[89] Dieser Austausch dürfte die aufgetretenen Koordinationsbedarfe bei der Überwachung der Internet- und Datenökonomie allerdings nur partiell abdecken. Wie bereits im Zusammenhang mit dem Datenschutzrecht erörtert, sollten darüber hinausgehend behördliche Entscheidungen mit „Doppelwirkungen" in beiden Rechtsgebieten besser miteinander koordiniert und die Zusammenarbeit von Kartell- und Datenschutzbehörden in konkreten Verwaltungsverfahren klarer strukturiert werden, damit die jeweiligen Fachkenntnisse und spezifischen Perspektiven der verschiedenen Behörden in multidimensionalen Problemlagen angemessen eingebunden werden.

3. *Zur Notwendigkeit einer multidimensionalen Datenverkehrsordnung*

Die Aufgabe für Wissenschaft und Gesetzgebung besteht mithin darin, Konzepte für eine multidimensionale Datenverkehrsordnung zu entwickeln. Datenschutzbelange müssen hierbei effektiv zur Geltung gebracht

86 *Körber*, NZKart 2016, S. 348 (351 ff.).
87 *Körber*, NZKart 2016, 348 (353 f.).
88 Körber, NZKart 2016, 348 (350 f.).
89 Hierzu *Pohlmann/Wismann*, NZKart 2016, S. 555 (563).

werden. Zugleich muss aber auch der angemessene Ausgleich zwischen Datenschutz und anderen privaten und öffentlichen Belangen etwa wettbewerbsrechtlicher oder regulierungsrechtlicher Art sowohl materiell-rechtlich als auch prozedural und organisatorisch hinreichend abgesichert und strukturiert werden. In diesem Rahmen darf, wie gezeigt[90], die Unabhängigkeit der Datenschutzaufsichtsbehörden nicht in einer Weise verabsolutiert werden, dass die notwendige, prinzipiell gleichrangige Zusammenarbeit mit Behörden, die für die Wahrnehmung gegenläufiger Belange zuständig sind, blockiert wird. Ein positives, wenngleich informelles Beispiel ist demgegenüber die Zusammenarbeit des Europäischen Datenschutzbeauftragten mit dem Europäischen Bürgerbeauftragten beim Ausgleich von Datenschutz und Informationsfreiheit.[91]

Vor diesem Hintergrund stellt sich die Frage, welchen Beitrag das Regulierungsrecht leisten kann. Mit den „Datenschätzen" der digitalen Wirtschaft entstehen bedeutende Ressourcen, an deren geordneter Nutzung in bestimmten, noch zu ermittelnden Konstellationen ein verfassungsrechtlich legitimes öffentliches Interesse bestehen kann. Angesprochen wurden vorstehend die Optimierung der Steuerung multimodaler Verkehrssysteme oder der dezentralisierten Energieversorgung durch den Einsatz von Big Data-Techniken mit dem Ziel der Gewährleistung von Effizienz, Versorgungssicherheit und Umweltverträglichkeit. In solchen Fällen könnte regulativ die Schaffung eines öffentlich nutzbaren Datenstamms vorgesehen werden. Zu regeln wäre, welche konkreten Daten für welche Anwendungsmöglichkeiten notwendig sind und wie diese (gesellschaftlich) möglichst in anonymisierter Form verfügbar gemacht werden können, ohne zugleich berechtigte Datenschutzbelange zu gefährden oder Innovationsanreize zu senken.

Verfassungsrechtlich deutlich schwerer zu beantworten ist die Frage, ob die bestehenden Datenbestände der großen Online-Plattformen als eigentumsrechtlich geschützte private Ressourcen zur Wahrung wettbewerblicher und gesellschaftlicher Vielfalt zumindest partiell als wesentliche Einrichtungen mit allgemeinen kartell- oder spezifisch regulierungsrechtlichen Drittzugangsrechten qualifiziert werden können. Trotz der Dynamik der digitalen Märkte bestehen angesichts starker Netzwerkeffekte die eingangs erwähnten erheblichen Zweifel daran, dass sich die auf exklusive

---

90 S. oben C.VI.

91 S. hierzu etwa *Marsch*, EPL 20 (2014), S. 127 (137 f.).

Datenbestände gestützten Macht- und Marktpositionen der Online-Plattformen bzw. Netzwerke von allein wieder auflösen oder zumindest hinreichend durch Wettbewerb kontrolliert werden. Die traditionellen Schutzmechanismen des Kartellrechts könnten sich in dieser Situation als nicht hinreichend wirksam erweisen. Zudem ist die gesetzliche Legitimation der Kartellbehörden für solche intensiven und auch komplexe Datenschutzfragen aufwerfenden Eingriffe allein aufgrund von kartellrechtlichen Generalklauseln zweifelhaft. Eher kommen spezialgesetzlich legitimierte regulatorische Eingriffe in Betracht. Deren Voraussetzungen und Zielsetzungen müssten jedoch noch weiter konkretisiert werden. Hierbei wird man dem Gesetzgeber gewisse Einschätzungsprärogativen zubilligen müssen, da in der Datenökonomie kaum reversible Vermachtungsprozesse mit erheblichen gesellschaftlichen Folgen denkbar sind.

Risiken irreversibler Beeinträchtigungen von Grundrechten wie der Rundfunkfreiheit durch eine ökonomisch verursachte Etablierung vorherrschender Meinungsmacht eröffnen nach der Rechtsprechung des BVerfG nicht nur Ausgestaltungsoptionen für den Gesetzgeber, sondern sogar Ausgestaltungsaufträge, wenngleich mit erheblicher inhaltlicher Gestaltungsfreiheit.[92] Eine dieser Optionen besteht nach dem Rundfunkstaatsvertrag in Drittzugangsrechten in der Form der von marktstarken Rundfunkveranstaltern zu finanzierenden Sendezeiten für unabhängige Dritte.[93] Die Bedeutung der Internetökonomie für eine vielfältige Medienordnung als Grundlage offener demokratischer Willensbildung ist in den vergangenen Jahren deutlich geworden, so dass eine vergleichbare Argumentation in Erwägung gezogen werden könnte. Allerdings ist die tatsächliche Nutzung etwa von datenbasierten Wahlkampfstrategien wenig transparent,[94] so dass auch ihre Wirksamkeit noch wenig erforscht und dementsprechend unklar ist. Ebenso unklar ist, welche Gegenstrategien zum Beispiel in Bezug auf die gezielte Verbreitung von „fake news" in sozialen Netzwerken geeignet und verfassungsrechtlich angemessen sind. Angesichts der Dynamik der Entwicklung und deren gesellschaftlicher Relevanz ist dem Gesetzgeber auch insoweit in Grenzen ein Einschätzungsspielraum zuzubilligen. Der Zugriff auf die angesprochenen Datenbestände der Internetkonzerne dürfte hierbei jedoch nur als ultima ratio in Betracht kommen, da die erwähnte Rundfunkrechtsprechung des BVerfG lediglich auf Maßnahmen zur Ver-

---

92 BVerfGE 57, S. 295 (323); 73, S. 118 (160); 95, S. 163 (173); 119, S. 181 (217).
93 Vgl. §§ 25 Abs. 4, 26 Abs. 4 S. 1 Nr. 3, 30 Nr. 1, 31 RStV.
94 S. oben bei Fn. 21.

meidung künftiger vorherrschender Meinungsmacht, nicht aber auf den nachträglichen Zugriff auf bereits bestehende Ressourcen zugunsten Dritter abzielte.

Die Wissenschaft ist in jedem Fall aufgerufen, die vielfältigen Dimensionen der Digitalisierung sowie etwaige gesetzgeberische Reaktionen mit wissenschaftlicher Distanz und Skepsis präzise und nachhaltig zu analysieren.

Datenschutz – Regulierung – Wettbewerb: Online-Plattformen als Referenzgebiet

Prof. Dr. Boris P. Paal

I. Einführung

Während die Digitalisierung immer neue Geschäftsfelder und Märkte eröffnet, fällt zugleich auf, dass – nicht zuletzt wegen der spezifischen Charakteristika von Online-Plattformen[1] – die tatsächlichen Verhältnisse vielfach durch marktmächtige Unternehmen geprägt sind. Die Domäne von Wettbewerbs- und Regulierungsrecht ist somit eröffnet; besondere Aufmerksamkeit erfährt dabei zunehmend der Umgang mit Daten als Gegenständen von Wettbewerb und mit Datenschutz als einem möglichen Schutzgegenstand von Wettbewerbs- und Regulierungsrecht.

1. Themenschwerpunkt 1: Daten(schutz) im Wettbewerb

Die hervorgehobene Bedeutung von Daten für den Wettbewerb ist augenfällig.[2] In der Folge kommt es zu einem Zusammentreffen verschiedener Rechtsmaterien mit unterschiedlichen Regelungsprämissen, so vornehmlich von Wettbewerbsrecht, Datenschutzrecht (verstanden – auch – als Regulierungsrecht) und Verbraucherschutzrecht (mit Bezügen sowohl zum Wettbewerbs- als auch zum Datenschutzrecht).

---

1 Siehe hierzu etwa *BKartA*, Arbeitspapier – Marktmacht von Plattformen und Netzwerken, 2016; Literatur, Rechtsprechung und Gesetzeslage bildem im Wesentlichen den Stand von November 2016 ab.

2 Siehe jüngst etwa *Körber/Immenga* (Hrsg.), Daten und Wettbewerb in der digitalen Ökonomie, 2017.

2. Themenschwerpunkt 2: Online-Plattformen als Referenzgebiet

Mit guten Gründen wird in diesen Tagen von einer Revolution durch die Online-Plattformen gesprochen (i.e. Platform Revolution[3]). Beispielhaft sei verwiesen auf die Kodifikationsvorschläge in der 9. GWB-Novelle[4], das Arbeitspapier des Bundeskartellamts (BKartA) („Marktmacht von Plattformen und Netzwerken" aus dem Juni 2016)[5], verschiedene EU-Vorhaben im Zusammenhang mit der Strategie für einen Digitalen Binnenmarkt[6] (i.e. Urheberrecht[7], Reform der AVMD-RL[8], Vertragsrecht[9]), die

3 Der Begriff lässt sich zurückzuführen auf *Parker/Van Alstyne/Choudary*, Platform Revolution, 2016.

4 Siehe den Gesetzesentwurf der Bundesregierung, http://www.bmwi.de/BMWi/Redaktion/PDF/E/entwurf-eines-neunten-gesetzes-zur-aenderung-des-gesetzes-gegen-wettbewerbsbeschraenkungen,property=pdf,bereich=bmwi2012,sprache=de,rwb=true.pdf (zuletzt abgerufen am 15.01.2017), sowie die Stellungnahme des Bundesrats, BR-Drs. 606/16. Zur geplanten 9. GWB-Novelle siehe etwa *Kahlenberg/Heim*, BB 2016, S. 1863; *Lettl*, WM 2016, S. 1961; *Mallmann/Lübbig*, NZKart 2016, S. 518; *Mäger/v. Schreitter*, DB 2016, S. 2159; *Ost/Roesen/Kallfaß*, NZKart 2016, S. 447; *Pohlmann/Wismann*, NZKart 2016, S. 555; *Preuß/Kersting*, WuW 2016, S. 394; *Scherzinger*, NZKart 2016, S. 513; *Suchsland/Rossmann*, NZKart 2016, S. 342 sowie die Dokumentation in NZKart 2016, S. 391.

5 *BKartA*, Arbeitspapier – Marktmacht von Plattformen und Netzwerken, 2016.

6 *Kommission*, Strategie für einen digitalen Binnenmarkt für Europa, COM(2015) 192 final. Siehe hierzu etwa *Brauneck*, GRUR Int. 2015, S. 889; *Schroeter*, ZVglRWiss 115 (2016), S. 270.

7 Vorschlag für eine Richtlinie des europäischen Parlaments und des Rates über das Urheberrecht im digitalen Binnenmarkt, COM(2016) 593 final. Siehe auch den Vorschlag für eine Verordnung des europäischen Parlaments und des Rates zur Gewährleistung der grenzüberschreitenden Portabilität von Online-Inhaltediensten im Binnenmarkt, COM(2015) 627 final. Siehe zur europäischen Urheberrechtsreform etwa *Rauer/Ettig*, K&R 2017, S. 7; *ders./Vonau*, GRUR-Prax 2016, S. 430; *Spindler*, CR 2016, S. 73.

8 Vorschlag für eine Richtlinie des europäischen Parlaments und des Rates zur Änderung der Richtlinie 2010/13/EU zur Koordinierung bestimmter Rechts- und Verwaltungsvorschriften der Mitgliedstaaten über die Bereitstellung audiovisueller Mediendienste im Hinblick auf sich verändernde Marktgegebenheiten, COM(2016) 287 final. Siehe hierzu etwa *Brings-Wiesen*, AfP 2016, S. 323.

9 Vorschlag für eine Richtlinie des europäischen Parlaments und des Rates über bestimmte vertragsrechtliche Aspekte der Bereitstellung digitaler Inhalte, COM(2015) 634 final. Siehe hierzu etwa *Ostendorf*, ZRP 2016, S. 69; *Spindler*, MMR 2016, S. 147 und 219; *Staudenmayer*, NJW 2016, S. 2719; *ders.*, ZEuP 2016, S. 801.

Arbeitsergebnisse der Bund-Länder-Kommission zur Medienkonvergenz[10] und des Wissenschaftlichen Arbeitskreises für Regulierungsfragen betreffend die „Fragen der Regulierung von OTT-Kommunikationsdiensten“[11].[12]

Vor diesem Hintergrund werden in diesem Beitrag Online-Plattformen mit ihren Netzwerkeffekten als konkretes Referenzgebiet dienen für den durch den Dreiklang aus Datenschutz – Regulierung – Wettbewerb.

3. Inhalt, Gang und Ziel

Es wird im Folgenden gehen um die herausfordernde Aufgabe der Ausbalancierung verschiedener Schutzzwecke betreffend Wettbewerbs- und Datenschutz (die Fragen der „Vielfaltssicherung durch Wettbewerbsrecht“ müssen ausgespart bleiben[13]) – und somit letztlich um den Versuch einer „Quadratur des Kreises“. Der im Kern der Auseinandersetzungen und Initiativen liegende Impetus eines Schutzes von Inhalte- und Leistungsanbietern, von Nutzerdaten und Persönlichkeitsrechten betrifft vor allem Marktmachtkonstellationen mit Online-Plattformen als Quasi-Monopolisten. Der Gang der nachfolgenden Untersuchung stellt sich wie folgt dar: Ausgehend von einer Befassung mit den Daten als Wettbewerbsfaktoren werden Online-Plattformen in den Blick genommen, bevor sodann der Datenschutz im Spannungsfeld von Wettbewerb und Regulierung behandelt wird.

---

10 https://www.bundesregierung.de/Content/DE/_Anlagen/BKM/2016/2016-06-14-medienkonvergenz-bericht-blk.pdf?__blob=publicationFile&v=3 (zuletzt abgerufen am 15.01.2017).

11 https://www.bundesnetzagentur.de/DE/Allgemeines/DieBundesnetzagentur/WAR/Stellungnahmen/Stellungnahme_OTT.pdf?__blob=publicationFile&v=2 (zuletzt abgerufen am 15.01.2017).

12 Siehe ferner auch den Diskussionsentwurf für eine mögliche Richtlinie über Online-Vermittlungsplattformen, hierzu und mit deutscher Übersetzung des Vorschlags *Busch/Dannemann/Schulte-Nölke*, MMR 2016, S. 787.

13 Hierzu grundlegend *Paal*, Medienvielfalt und Wettbewerbsrecht, 2010.

II. Daten als Wettbewerbsfaktoren

Häufig werden Daten bezeichnet als „Rohstoffe des 21. Jahrhunderts".[14] Will man in diesem – bei näherer Betrachtung etwas schiefen[15] – Bild von Bedeutung und Wesen der Daten bleiben, so ist zu untersuchen, wem die Abbau- bzw. Förderrechte zustehen bzw. zustehen sollen.[16] Fraglich ist in diesem Zusammenhang bereits im Ausgangspunkt, ob und inwieweit es überhaupt Rechte *an* und Märkte *für* Daten gibt bzw. geben soll.[17]

1. Wettbewerbliche Eigenheiten

In ökonomischer Hinsicht weisen Daten charakteristische Eigenschaften auf, die auch und gerade für die wettbewerbsrechtliche Betrachtung von Bedeutung sind: Daten können leicht vervielfältigt werden und stehen einer potenziell unbegrenzten Vielzahl von Nutzern zur Verfügung. Ihre Nutzung ist nicht-rival und, sofern Daten einmal öffentlich zugänglich waren, zudem auch nicht-exklusiv. Daten nutzen sich nicht ab, wenngleich sie selbstverständlich an Aktualität verlieren können.[18] Somit handelt es sich jedenfalls nicht um klassische Rohstoffe, wenngleich sicherlich um bedeutsame Wettbewerbsfaktoren und Schutzgüter.

2. Rechte und Vermögenszuordnung an Daten

Aus wettbewerbsrechtlicher Perspektive ist zu fragen, welche vermögensrelevanten Zuweisungsrechte an Daten bestehen bzw. bestehen sollten. Dabei ist zunächst festzuhalten, dass *de lege lata* gerade kein übertragba-

---

14 So etwa durch die Bundeskanzlerin Merkel, https://www.bundesregierung.de/Content/DE/Rede/2015/11/2015-11-03-merkel-publisher-summit.html (zuletzt abgerufen am 15.01.2017). Siehe auch *Schefzig*, K&R Beihefter 3/2015, S. 3: „Wem gehört das neue Öl?"

15 Dazu sogleich unter 1.

16 Siehe etwa *Drexl* u. a., GRUR Int. 2016, 914.

17 Zu Daten als Geschäftsmodell siehe etwa *Moos/Arning/Schefzig* (Hrsg.), K&R Beihefter 3/2015, passim.

18 Siehe etwa *Körber*, NZKart 2016, 303 (306).

res Ausschließlichkeitsrecht an Daten besteht:[19] Zwar ist ein Handel mit Daten möglich, es werden aber insoweit nur faktische Positionen ausgetauscht. Aufgeworfen sind somit Fragen des Eigentums an und des Schutzes für, der Zuordnung von sowie der Macht über Daten.

a) Kein Eigentum an Daten

Das Datenschutzrecht statuiert wichtige Vorgaben für den Umgang mit Daten und eröffnet einen Schutz der Betroffenen; das Zivil- und das Strafrecht greifen (überdies) ergänzend ein. Datenschutz vermag jedoch nach dem geltenden Recht gerade keine Eigentumszuweisung zu begründen. Handelt es sich um Daten ohne Personenbezug, ist das Datenschutzrecht zudem bereits nicht einschlägig.[20]

b) Strukturelle Verhandlungsasymmetrien

Unter Verweis auf eine strukturelle Asymmetrie in der Verhandlungsmacht von Datensubjekten und den mit Daten handelnden Unternehmen ließe sich das Vorliegen eines Marktversagens konstatieren – woraus wiederum ein Bedürfnis nach Regulierung abgeleitet werden könnte: Verwiesen werden kann darauf, dass einige wenige Unternehmen den Handel mit personenbezogenen Daten auf dem globalen Markt dominieren. Neben wettbewerbsrechtlichen Maßnahmen könnte daher eine eigentumsähnliche Ausgestaltung des Datenschutzes verschiedentliche Verbesserungen hervorbringen, so unter anderem angemessene Partizipationsmöglichkeiten der Datensubjekte, Zurückführung der übermäßigen Ausbeutung von Daten, Entlastung der Datenschutzbehörden sowie Kostensenkungen.

---

19 Siehe zur Debatte um ein ‚Eigentum' an Daten *Berberich/Golla*, PinG 2016, S. 165; *Böhm*, ZEuP 2016, S. 358; *Drexl u. a.*, GRUR Int. 2016, S. 914; *Ehlen/Brandt*, CR 2016, S. 570; *Ensthaler*, NJW 2016, S. 3473; *Grützmacher*, CR 2016, S. 485; *Härting*, CR 2016, S. 646; *Heymann*, CR 2016, S. 650; *ders.*, CR 2015, S. 807; *Malgieri*, PinG 2016, S. 133; *Schwartmann/Hentsch*, PinG 2016, S. 117; *Specht*, CR 2016, S. 288; *dies./Rohmer*, PinG 2016, S. 127; *Zech*, GRUR 2015, S. 1151.

20 Siehe nur Art. 2 Abs. 1 DS-GVO. Vgl. zum Begriff der personenbezogenen Daten *Ernst*, in: Paal/Pauly (Hrsg.), DS-GVO, 2017, Art. 4 Rn. 3 ff. Siehe ferner zum Personenbezug *Eckardt*, CR 2016, S. 786.

Gleichwohl fehlt es (trotz des Vorliegens von Ansätzen für den Rechtehandel an personenbezogenen Daten[21]) bislang an einer umfassenden normativen Fundierung für einen privatrechtlich determinierten Datenschutz. Nicht zuletzt das Google-Spain-Urteil des EuGH[22] gibt einigen Anlass, die Forschungsaktivitäten in diesem Bereich zu intensivieren. In diesem Zusammenhang sei darauf verwiesen, dass der EuGH in Google Spain, so richtig und wichtig der Schutz der Privatsphäre und der informationellen Selbstbestimmung unzweifelhaft ist, leider (weitgehend) offen lässt, wie bei der Durchsetzung des Löschungsanspruchs das berechtigte Interesse der Öffentlichkeit an dem Zugang zu den Informationen bewertet, gewichtet und geschützt werden soll.[23] Es erscheint bedenklich, einem als marktmächtig identifizierten privaten Unternehmen die Abwägung von komplexen Grundrechtspositionen zwischen Informationsfreiheiten, Kommunikationsfreiheiten und Persönlichkeitsrechten ohne weitere Handreichung(en) aufzuerlegen.

3. *Herausforderungen durch Big Data*

Im Big Data-Kontext besteht eine komplexe Gemengelage von Wettbewerbsfreiheit[24], Konsumentensouveränität und staatlicher Regulierung: Es treffen klassische datenschutzrechtliche Paradigmen, so insbesondere Datenvermeidung und -sparsamkeit sowie Zweckbindung und -begrenzung, die auf individuellem Persönlichkeitsrechtsschutz fußen, auf neue Herausforderungen durch die angestrebten Big Data-Anwendungen.[25] Die positiv

---

21 Siehe zu Daten als Gegenleistung im Rahmen des Richtlinien-Vorschlags zu vertragsrechtlichen Aspekten der Bereitstellung digitaler Inhalte die Nachweise in Fn. 9 sowie *Härting*, CR 2016, S. 735; *v. Westphalen/Wendehorst*, BB 2016, S. 2179.

22 EuGH, GRUR 2014, S. 895. Zur Entscheidung siehe etwa *Arning/Moos/Schefzig*, CR 2014, S. 447; *Kühling*, EuZW 2014, S. 527; *Piltz*, PinG 2014, S. 180; *Spindler*, JZ 2014, S. 981.

23 *Paal*, ZEuP 2016, S. 591 (625). Siehe in Bezug auf Online-Archive *Paal/Hennemann*, K&R 2017, S. 18 (19 f.).

24 Siehe etwa *Oettinger*, NZKart 2015, 341.

25 Zur Datenschutzkonformität von Big Data-Anwendungen siehe etwa *Arning*, K&R Beihefter 3/2015, 7; *Helbing*, K&R 2015, S. 145. Siehe aus grundrechtlicher Perspektive die Stellungnahme des Europäischen Datenschutzbeauftragten zur kohärenten Durchsetzung von Grundrechten im Zeitalter von Big Data, https://secure.edps.europa.eu/EDPSWEB/webdav/site/mySite/shared/Documents/Consultati-

besetzten Möglichkeiten von Big Data finden im klassischen Datenschutzrecht hierbei – bislang – kaum Berücksichtigung. Überdies harrt auch und gerade für die Big-Data-Sachverhalte die Frage nach einem Datenerzeugerrecht noch der Beantwortung.

Werden Big-Data-Anwendungen im Ausgangspunkt jedenfalls potenziell als gesamtgesellschaftlich und -wirtschaftlich sinnvoll angesehen, stellt sich die Frage nach der Notwendigkeit von rechtsdogmatischen Weiterentwicklungen. Einstweilen dienen das Wettbewerbsrecht und das Verbraucherschutzrecht als maßgebliche Kontrollmaßstäbe; diesen Befund belegen die jüngsten Entwicklungen (etwa das noch aufzugreifende Verfahren BKartA/Facebook[26]) anschaulich. So hat bislang das Wettbewerbsrecht auch und gerade den Vorzug höherer Sanktionsandrohungen gegenüber dem Verbraucherschutzrecht, für das die Beschränkung in § 890 ZPO (mit einer Grenze von € 250.000) greift. Das Sanktionspotenzial des Datenschutzrechts (und damit voraussichtlich auch dessen Praxisbedeutung) wird künftig im Zuge der Datenschutz-Grundverordnung (DS-GVO)[27] deutlich zunehmen: In Art. 83 Abs. 4 und 5 DS-GVO ist ein Bußgeldrahmen vorgesehen von bis zu € 10 Mio. respektive € 20 Mio. bzw. von 2% respektive 4% des weltweiten Jahresumsatzes eines Unternehmens. Die Berechnung des Umsatzes knüpft dabei am kartellrechtlichen Modell an; berücksichtigt werden also Umsätze der gesamten Unternehmensgruppe. Möglich sind vor diesem Hintergrund letztlich Milliardenbußgelder für Datenschutzverstöße.

---

on/Opinions/2016/16-09-23_BigData_opinion_DE.pdf (zuletzt abgerufen am 15.01.2017) sowie *Buttarelli*, K&R 12/2016, Editorial. Siehe ferner auch die vorläufige Stellungnahme des *Europäischen Datenschutzbeauftragten* zu „Privacy and competitiveness in the age of big data“, https://secure.edps.europa.eu/EDPSWEB/webdav/site/mySite/shared/Documents/Consultation/Opinions/2014/14-03-26_competitition_law_big_data_EN.pdf (zuletzt abgerufen am 15.01.2017).

26 Siehe nachfolgend sub IV. 1. und IV. 3. a).

27 Verordnung (EU) 2016/679; in Kraft getreten am 25.05.2016; gilt ab dem 25.05.2018. Einführung bei *Albrecht*, CR 2016, S. 88; *Kühling/Martini*, EuZW 2016, S. 448; *Piltz*, K&R 2016, S. 557 und 629; *Schantz*, NJW 2016, S. 1841; *Spindler*, DB 2016, S. 937. Siehe auch nachfolgend sub IV. 4.

III. Online-Plattformen im Wettbewerb

Bei Online-Plattformen handelt es sich in wettbewerblicher Hinsicht regelmäßig um sog. Winner-takes-it-all-Märkte, bei denen vor allem *um* den Markt, nicht dagegen *auf* dem Markt konkurriert wird.[28] Folgerichtig besteht eine Tendenz zur Entstehung von marktdominanten Stellungen.[29] Die Domäne des Wettbewerbsrechts ist eröffnet und es mag – darüber hinaus – der Ruf nach Regulierung ertönen.

1. Definitionen und Charakteristika

Es ist vorwegzuschicken, dass bereits hinsichtlich der Begriffsdefinition von Online-Plattformen keine Einigkeit besteht. Hierfür ursächlich sind vor allem unterschiedliche Erwartungen an Online-Plattformen bzw. deren rechtliche Einhegung, so etwa im Mediensektor und in der klassischen Ökonomie.

a) Unterschiedliche Definitionen

Als Plattformen sollen hier im Sinne des BKartA solche Unternehmen verstanden werden, „die als Intermediäre die direkte Interaktion zweier oder mehrerer Nutzerseiten, zwischen denen indirekte Netzwerkeffekte bestehen, ermöglichen."[30] Typische Plattformerscheinungen der analogen Welt sind Zeitungen, Kreditkartenunternehmen, Börsen und Auktionshäuser. In der digitalen Ökonomie sind Plattformen mit Netzwerkeffekten all-

---

28 *Evans*, Antitrust Issues Raised by Global Internet Economy, in: Evans (Hrsg.), Platform Economics, 2011, S. 276.

29 Zur Konzentrationstendenz von Plattformmärkten und den in diesem Zusammenhang bedeutsamen Faktoren siehe *Evans/Schmalensee*, Competition Pol'y Int'l 2007, S. 151 (164 ff.). Diese Kriterien wurden von der Monopolkommission und vom BKartA aufgegriffen, vgl. *Monopolkommission*, 68. Sondergutachten: Wettbewerbspolitik, Herausforderung digitale Märkte, 2015, S. 39 ff.; *BKartA,* Arbeitspapier – Marktmacht von Plattformen und Netzwerken, 2016, S. 49 ff. Die Kriterien finden sich in weiten Teilen auch im Regierungsentwurf zur 9. GWB-Novelle wieder, hierzu siehe die Nachweise in Fn. 4 sowie auch nachfolgend sub III. 2. b) und III. 3. b).

30 *BKartA*, Arbeitspapier – Marktmacht von Plattformen und Netzwerken, 2016, S. 14.

gegenwärtig, benannt seien an dieser Stelle Suchmaschinen, Immobilienportale, soziale Netzwerke, Dating-Plattformen.

b) Mehrseitige Märkte

Einigkeit besteht – soweit ersichtlich – jedenfalls dahingehend, dass Online-Plattformen vielfach zur Entstehung von zwei- oder mehrseitigen Märkten führen: Mehrseitige Märkte erfordern eine eigenständige wettbewerbliche Betrachtung. Maßgeblich hierfür ist vor allem auch die Existenz von Netzwerkeffekten,[31] die etablierte Aussagen über die Wettbewerblichkeit dieser Märkte nicht mehr ohne weiteres fortgelten lassen. So werden etwa häufig im Zuge einer asymmetrischen Preissetzungsstrategie bestimmte Nutzer durch die übrigen (Nutzer) „subventioniert", womit den Subventionierten die Leistung kostenlos angeboten wird.[32]

2. Kriterien zur Marktabgrenzung

Für das Wettbewerbsrecht vorentscheidend ist – auch im vorliegenden Zusammenhang – die Frage der Marktabgrenzung.

a) Unentgeltliche Austauschbeziehungen

Im Internet finden sich zahlreiche Angebote, die – scheinbar – kostenlos in Anspruch genommen werden können. Es ist deshalb die Frage zu stellen, ob für solche unentgeltlichen Leistungen überhaupt ein wettbewerbsrechtlich relevanter Markt existiert. Dies wurde in der behördlichen und gerichtlichen Praxis zunächst verneint (beispielsweise für die Zusammen-

---

31 Als Netzwerkeffekt (auch Netzeffekt) wird das Phänomen bezeichnet, dass für einen Konsumenten der Nutzen eines bestimmten Gutes von dem Nutzungsverhalten anderer Konsumenten abhängig ist, vgl. *Dewenter/Rösch*, Einführung in die neue Ökonomie der Medienmärkte, 2015, S. 26 ff.

32 Siehe *Peitz*, Perspektiven der Wirtschaftspolitik 2006, S. 317 (326 ff.). Weiterführend zur Preissetzung auf mehrseitigen Märkten aus der ökonomischen Literatur etwa *Armstrong*, RAND Journal of Economics 2006, S. 668; *Rochet/Tirole*, Journal of the European Economic Association 2003, S. 990.

schlussvorhaben Microsoft/Yahoo[33] und Springer/Pro7Sat.1[34]). In späteren Verfahren haben sodann sowohl die EU-Kommission 2014 in dem Verfahren Facebook/WhatsApp[35] als auch das BKartA 2015 in dem Verfahren zu Dating-Plattformen[36] – zu Recht – angenommen, dass auch bei Unentgeltlichkeit die Annahme eines kartellrechtlich relevanten Marktes in Betracht kommt.

b) Reaktion durch die 9. GWB-Novelle

Unentgeltliche Austauschbeziehungen sind auch und gerade mit Blick auf die untersuchungsgegenständlichen Daten mittlerweile der Regelfall, auf den es zu reagieren gilt. Vor diesem Hintergrund wird im Zuge der 9. GWB-Novelle[37] der folgende § 18 Abs. 2a GWB-E vorgeschlagen: „Der Annahme eines Marktes steht es nicht entgegen, dass eine Leistung unentgeltlich erbracht wird." Der benannte § 18 Abs. 2a GWB-E ist zu begrüßen: Die pauschale Trennung entgeltlicher und unentgeltlicher Angebote ist nicht länger sachgerecht. Die Diskussion über die Datenmacht dominanter Internetunternehmen wirft ein Schlaglicht auf den Befund, dass häufig die persönlichen Daten die Gegenleistung und die Nutzer das werbevermarktete Produkt darstellen – womit eben gerade doch „bezahlt" wird, wenngleich sich das Entgelt nicht in Geld, sondern vielmehr in Daten bemisst.

3. Bestimmung von Marktmacht

Kommt man nach erfolgter Marktabgrenzung zu dem Ergebnis, dass hohe Marktanteile bestehen, so muss selbstverständlich keinesfalls eine marktbeherrschende Stellung vorliegen.

---

33 *Kommission*, Entsch. v. 15.1.2010, COMP/M.5727 Rn. 62 ff.
34 *BKartA*, BeckRS 2009, 27546.
35 *Kommission*, Entsch. v. 3. 10.2014, COMP/M.7217 Rn. 45 ff.
36 *BKartA*, Beschl. v. 22.10.2015, B6-57/15 Rn. 81 ff.
37 Siehe die Nachweise oben in Fn. 4.

a) Besonderheiten der Internet-Ökonomie

Dieser Vorbehalt gilt insbesondere für die Internetökonomie, wo hohe Marktanteile nur bedingt eine belastbare Indizwirkung für die Marktbeherrschung entfalten.[38] Aufgrund der starken Marktdynamik sind hohe Marktanteile von Internetunternehmen häufig nicht von langer Dauer.[39] Selbst bei einem Vorliegen von hohen Marktanteilen besteht zumeist noch ein großer Innovationsdruck durch konkurrierende Unternehmen.[40] Fraglich ist deshalb, ob die etablierten Prüfungskriterien für die Bewältigung der neuen Herausforderungen (noch) ausreichen. Ganz grundsätzlich ist zu überlegen, wie Marktmacht auf den von der Digitalisierung und unentgeltlichen Geschäftsmodellen geprägten Märkten gemessen werden kann – und in diesem Zusammenhang, wann und unter welchen Voraussetzungen der Zugang zu Daten bzw. die Herrschaft über Daten zu einem wettbewerbsrechtlichen Problem wird.

b) Reaktion durch die 9. GWB-Novelle

Der vorgelegte Entwurf zur 9. GWB-Novelle[41] reagiert auf die beschriebenen Problemlagen durch einen neuen § 18 Abs. 3a GWB-E mit einem Katalog von Kriterien, die für die Beurteilung der Marktstellung eines Unternehmen ergänzend heranzuziehen sind, sofern ein mehrseitiger Markt oder ein Netzwerk vorliegt: Direkte und indirekte Netzwerkeffekte, parallele

---

38 Vgl. *Körber*, WuW 2015, S. 120 (128). Dass hohen Marktanteilen auf digitalen Märkten eine geringe(re) Aussagekraft zukommt, hat auch die Kommission erkannt und beim Zusammenschluss Microsoft/Skype trotz eines Marktanteils des Unternehmens Skype im Bereich der Konsumentenkommunikationsdienste von 90% keine marktbeherrschende Stellung angenommen, da ein dynamischer Markt vorlag, die betreffenden Dienste kostenlos angeboten wurden und keine erheblichen Wechselkosten für die Nutzer anfielen, vgl. *Kommission*, Entsch. vom 7.10.2011, COMP/M.6281 Rn. 108 ff.

39 Siehe *Monopolkommission*, 20. Hauptgutachten – Eine Wettbewerbsordnung für die Finanzmärkte, 2014, S. 60 Rn. 13.

40 Der Wettbewerb findet nicht „im", sondern „um" den Markt statt – hat eine konkurrierende Plattform den Innovationswettbewerb für sich entschieden, kann es innerhalb kürzester Zeit zu einem Wechsel der Marktführerschaft kommen. Zum Wettbewerb auf Innovationsmärkten siehe *Dreher*, ZWeR 2009, S. 149; *Rubinfeld*, GRUR Int 1999, S. 479.

41 Siehe die Nachweise oben in Fn. 4.

Nutzung mehrerer Dienste und Wechselaufwand für die Nutzer, Größenvorteile des Unternehmens im Zusammenhang mit Netzwerkeffekten, innovationsgetriebener Wettbewerbsdruck sowie der Zugang zu Daten.

4. *Feststellung von Missbrauch*

Zur Veranschaulichung der Probleme bei der Feststellung eines missbräuchlichen Wettbewerbsverhaltens sollen nachfolgend die Google-Verfahren der EU-Kommission (europäische Ebene) und das Verfahren des BKartA betreffend das Leistungsschutzrecht für Presseverleger (nationale Ebene) dienen.

a) Google-Kartellverfahren (EU-Kommission)

Die EU-Kommission hat bereits 2010 ein Kartellverfahren gegen Google eingeleitet betreffend die Bevorzugung eigener Seiten und Leistungen, das Kopieren der Inhalte anderer Anbieter, der Ausschluss von Konkurrenten bei Verträgen mit Anzeigenkunden und ein faktisches Verbot des Transfers von Anzeigen zu Konkurrenten.[42] Aus diesen vier Bedenken hat die Kommission zunächst den Vorhalt betreffend die Bevorzugung eigener Seiten und Leistungen durch die Preissuchmaschine Google Shopping herausgegriffen,[43] die übrigen Punkte wurden einstweilen informell weiter untersucht – im Sommer 2016 wurden dann die Werbepraktiken gesondert adressiert.[44] Zuletzt leitete die Kommission ein Verfahren zu dem Smartphone-Betriebssystem Android ein.[45] Zentraler Vorwurf ist insoweit, mit dem und durch das Betriebssystem erfolge eine Behinderung von Entwicklung und Marktzugang konkurrierender Dienste.

---

42 Siehe die Pressemitteilung der *Kommission* zur Einleitung des Verfahrens gegen Google, IP/10/1624 vom 30.11.2010.

43 Siehe *Kommission*, Pressemitteilung, IP/15/4780 v. 15.4.2015.

44 Siehe *Kommission*, Pressemitteilung, IP/16/2532 v. 14.7.2016.

45 Siehe *Kommission*, Pressemitteilung, IP/16/1492 vom 20.04.2016. Zum Preismissbrauch durch Gratislizenzierung von Android siehe auch *Körber*, NZKart 2014, S. 378 (382 f.).

b) Leistungsschutzrecht für Presseverlage (BKartA)

In 2013 wurde das Urheberrechtsgesetz um ein Leistungsschutzrecht für Presseverleger (§§ 87f-h UrhG) erweitert und ein eigenständiges Recht auf einen weitergehenden Schutz verlegerischer Leistungen im Internet geschaffen: Presseverleger sollen angemessene Lizenzgebühren für die gewerbliche Veröffentlichung ihrer Inhalte verlangen können.[46] Das Gesetz läuft allerdings weitgehend leer, denn Google verlangt für den Verbleib im News-Angebot die Erteilung einer Freigabeerklärung.[47]

Im Herbst 2015 hat das BKartA entschieden, wegen des bisherigen Verhaltens von Google in diesem Zusammenhang kein Verfahren einzuleiten: Auch ein marktbeherrschendes Unternehmen könne kartellrechtlich nicht verpflichtet werden, „bei einer ungeklärten Rechtslage ein erhebliches Schadensersatzrisiko einzugehen."[48] Anfang 2016 hat das LG Berlin zwar eine kartellrechtlich dominante Stellung von Google bejaht, im Ergebnis aber eine Diskriminierung der klagenden Verlage verneint: Durch das Modell der Suchmaschine entstehe ein allseitiger Vorteil, da sowohl die Verlage (durch Nutzerströme) als auch Google (durch Werbeeinnahmen) profitierten.[49] Der Rechtsstreit dauert an.

---

46 Zur neuen Rechtslage und den damit zusammenhängenden Problemfragen, insbesondere dem Verhältnis zur Vorschaubilder-Rechtsprechung des BGH, siehe Kommentierung von *Dreier*, in: Dreier/Schulze (Hrsg.), UrhG, 5. Aufl. 2015, §§ 87f-h; *Heine/Stang*, AfP 2013, S. 177; *Hossenfelde*r, ZUM 2013, S. 374; *Kahl*, MMR 2013, S. 348; *Kreutzer*, MMR 2014, S. 512; *ders.*, CR 2014, S. 542; *Peifer*, GRUR-Prax 2013, S. 149; *Wandtke*, ZUM 2014, S. 847.

47 Zu der Frage der Gratislizenzen und einer Zahlungsverpflichtung von Google im Zusammenhang des Leistungsschutzrechts vgl. *Kersting/Dworschak*, NZKart 2013, S. 46 (im Auftrag von Google); *Koenig/Meyer*, K&R 2014, S. 765 (im Auftrag der VG Media); *Podszun*, Google und das Leistungsschutzrecht für Presseverleger aus kartellrechtlicher Perspektive, 2014, http://papers.ssrn.com/sol3/papers.cfm?abstract_id=2504153 (zuletzt abgerufen am 15.01.2017) (im Auftrag von Google), wobei sich ein für die kartellrechtliche Bewertung relevanter Streit insbesondere um die Frage dreht, ob eine solche zugunsten *Google* eingeräumte „Gratislizenz" eine angemessene Gegenleistung für die Verwertung der Presseerzeugnisse darstellt.

48 http://www.bundeskartellamt.de/SharedDocs/Meldung/DE/Pressemitteilungen/2015/09_09_2015_Google_VGMedia.html (zuletzt abgerufen am 15.01.2017).

49 LG Berlin, MMR 2016, S. 620. Hierzu *Kersting/Dworschak*, ZUM 2016, S. 840; *Nordemann/Wolters*, ZUM 2016, S. 846.

IV. Daten(schutz) zwischen Wettbewerb und Regulierung

Datenschutz und Datenmacht sind nach dem Vorherigen somit wichtige Erprobungs- und Referenzgebiete für die Wirkungskraft von Wettbewerb sowie die etwaige Notwendigkeit eines regulatorischen Eingreifens.[50] Online-Plattform-Geschäftsmodelle gründen vielfach auf der Erhebung und Speicherung, Auswertung und Nutzung von Daten. Typisches Geschäftsmodell ist das Angebot einer – *prima facie* – kostenfreien Leistung im „Austausch“ gegen die Gewinnung von Nutzerdaten. In diesem Zusammenhang werden zunehmend Durchsetzungsdefizite des Datenschutzrechts beklagt, wofür etwa auch auf die Frage der Herstellung einheitlicher Marktbedingungen i.S.e. sog. level-playing-field verwiesen werden kann.[51] Es ist nunmehr zunächst zu fragen, ob und inwieweit der Datenschutz und dessen Implementierung bzw. Durchsetzung überhaupt als Aufgabe des Wettbewerbsrechts verstanden werden können.[52]

1. Datenschutz als Aufgabe des Wettbewerbsrechts

Bislang wurde vielfach vertreten, dass der Datenschutz gerade kein Thema des Wettbewerbsrechts sei. So formulierte etwa der EuGH 2006 in der Rs. Asnef-Equifax (betreffend den Informationsaustausch zwischen Finanzinstituten bezüglich der Zahlungsunfähigkeit von Kunden): „[Es] sind etwaige Fragen im Zusammenhang mit der Sensibilität personenbezogener Daten, die als solche nicht wettbewerbsrechtlicher Natur sind, nach den einschlägigen Bestimmungen zum Schutz solcher Daten zu beantworten.“[53] Die EU-Kommission führte 2014 für das Zusammenschlussvorhaben Facebook/WhatsApp aus: „Datenschutzspezifische Bedenken, die sich aus dem Umstand ergeben, dass nach dem Zusammenschluss größere Datenmengen unter der Kontrolle von Facebook stehen, fallen nicht in den Anwendungsbereich des EU-Rechts.“[54] Schließlich nahm die EU-Wettbe-

---

50 Siehe hierzu etwa *Körber*, NZKart 2016, S. 303 und 348; *ders.*, GRUR Int. 2016, S. 639; *Podszun*, ZGE 8 (2016) S. 350; *ders./de Toma*, NJW 2016, S. 2987.

51 Siehe aber zu den Sanktionen bereits oben sub B. III.

52 *Kamann/Miller*, NZKart 2016, S. 405; *Podszun/de Toma*, NJW 2016, S. 2987 (2989 ff.).

53 EuGH, EuZW 2006, S. 753 (757).

54 *Kommission*, Entsch. vom 3.10.2014, COMP/M.7217 Rn. 164: „Any privacy-related concerns flowing from the increased concentration of data within the control of

werbs-Kommissarin Vestager im Januar 2016 wie folgt Stellung: „So I don't think we need to look to competition enforcement to fix privacy problems."[55]

Allerdings hat in jüngerer Zeit durchaus – zu Recht – eine Hinwendung zum Instrumentarium des Wettbewerbsrechts im Kontext von Daten und Datenschutz stattgefunden: So hat das BKartA im März 2016 ein Verfahren gegen Facebook wegen der Verletzung von Datenschutzrecht eingeleitet[56] und im Mai 2016 gemeinsam mit der französischen Wettbewerbsbehörde ein Papier zu „Competition Law and Data"[57] herausgebracht. Weiterhin hat der EuGH bereits 2013 in der Rs. Allianz Hungária ausgeführt, dass ein Rechtsverstoß ein Anhalt für einen Wettbewerbsverstoß sein kann.[58] In diesem Sinne mag ein Verstoß gegen Datenschutzrecht auch einen Wettbewerbsverstoß darstellen. Insgesamt resultiert hieraus der Befund einer stärkeren Beachtung und Durchsetzung des Datenschutzrechts als ein möglicher Begrenzungsfaktor für zulässiges Wettbewerbsverhalten.

Die zunehmende an Bedeutung gewinnende DS-GVO könnte diese Entwicklung weiter verstärken und beschleunigen – worauf noch zurückzukommen sein wird.

2. *Lauterkeitsrechtliche Perspektive*

Aus lauterkeitsrechtlicher Perspektive stellt sich die Frage, ob eine unrechtmäßige Datenverarbeitung auf der Grundlage und am Maßstab des UWG sanktioniert werden kann.

Facebook as a result of the Transaction do not fall within the scope of the EU competition law rules but within the scope of the EU data protection rules."

55 Rede „Competition in a big data world", https://ec.europa.eu/commission/2014-2019/vestager/announcements/competition-big-data-world_en (zuletzt abgerufen am 15.01.2017).

56 Siehe nachfolgend sub IV. 3. a).

57 https://www.bundeskartellamt.de/SharedDocs/Publikation/DE/Berichte/Big%20-Data%20Papier.pdf?__blob=publicationFile&v=2 (zuletzt abgerufen am 15.01.2017).

58 EuGH, EuZW 2013, S. 716.

a) Datenschutzrechtliche Bestimmungen als Marktverhaltensregeln

Als lauterkeitsrechtliches Einfallstor ist zunächst § 3a UWG in den Blick zu nehmen, welcher der Durchsetzung von Marktverhaltensregelungen dient. So ist § 3a UWG praktisch höchst relevant, man denke etwa unlängst an die Entscheidungen zur Tagesschau-App betreffend das Auftreten öffentlich-rechtlicher Anstalten im Internet (Frage des Vorliegens von „nichtsendungsbezogenen presseähnlichen Angeboten“ iSd. § 11d Abs. 2 S. 1 Nr. 3 HS 2 RStV).[59]

Über die Qualifizierung von datenschutzrechtlichen Normen als Marktverhaltensregeln herrscht Uneinigkeit.[60] Eine Ansicht bejaht eine entsprechende Einordnung als Marktverhaltensregeln mit dem (Haupt-)Argument, dass Daten für Unternehmen regelmäßig einen wettbewerbsrechtlichen Bezug aufweisen und Daten folgerichtig gerade aus Gründen des Wettbewerbs(vorteils) erhoben werden.[61] Die Gegenansicht, die eine entsprechende Qualifizierung ablehnt, macht geltend, das Datenschutzrecht sei kein wirtschaftliches Instrument, sondern vielmehr (ganz überwiegend) persönlichkeitsrechtlich unterlegt.[62]

Vorzugswürdig ist eine vermittelnde Ansicht, die auf eine einzelfallabhängige Prüfung der jeweils betroffenen Regelung(en) abstellt.[63] Hiernach ist entscheidend, ob Daten „kommerzialisiert“ werden (und deswegen ein Marktbezug besteht); eine solche Kommerzialisierung mag sich etwa ergeben zu Werbezwecken und (zunehmend) betreffend Big-Data-Verwendungen[64].[65] Nicht in Frage gestellt werden dabei die übergeordneten leitbildhaften datenschutzrechtlichen Schutzzwecke, so insbesondere betreffend den Schutz von Persönlichkeitsrechten.[66]

---

59 OLG Köln, MMR 2017, S. 186; BGH, MMR 2015, S. 842; OLG Köln, MMR 2014, S. 199. Zur Entscheidung des BGH etwa *Paal*, AfP 2015, S. 500; *Hain/Brings*, AfP 2016, S. 1.

60 Übersicht über den Streitsatnd bei *Podszun/de Toma*, NJW 2016, S. 2987 (2990 mwN).

61 Nachweise bei *Podszun/de Toma*, NJW 2016, S. 2987 (2990).

62 Nachweise bei *Podszun/de Toma*, NJW 2016, S. 2987 (2990).

63 Paal, AfP 2015, S. 500 (503).

64 Zu den wettbewerbs- und datenschutzrechtlichen Fragestellungen von Big-Data-Anwendungen siehe unlängst etwa *Paal/Hennemann*, NJW 2016, S. 1687.

65 Nachweise bei *Podszun/de Toma*, NJW 2016, S. 2987 (2990).

66 Nachweise bei *Podszun/de Toma*, NJW 2016, S. 2987 (2990).

b) Irreführung und Belästigung

Für die weiteren lauterkeitsrechtlichen Ansatzpunkte kann auf die BGH-Entscheidung zu Facebooks „Freunde finden“-Funktion verwiesen werden. Hier wurden Verstöße gegen das Belästigungsverbot (§ 7 UWG) und das Irreführungsverbot (§§ 5, 5a UWG) bejaht.[67]

3. Kartellrechtliche Perspektive

Der Internetwettbewerb steht mit guten Gründen auch und gerade im Fokus des Kartellrechts. Die Besonderheiten von digitalen Märkten, insbesondere die Dynamik mit ihren disruptiven Entwicklungen und die Mehrseitigkeit, führen vielfach zu Rechtsunsicherheiten und langen Verfahrensdauern. Bisher gibt es – soweit ersichtlich – zudem keine einschlägige Fallpraxis für den Umgang mit Datenschutzverstößen. Somit bildet das BKartA-Verfahren betreffend Facebook einen wegweisenden Präzedenzfall.[68]

a) Konditionenmissbrauch: Facebook / BKartA

Für das Facebook-Verfahren wird vom BKartA das Vorliegen einer marktbeherrschenden Stellung auf einem Markt für soziale Netzwerke unterstellt.[69] Es ist hervorzuheben, dass hier wohl keine entgeltlichen Austauschbeziehungen vorliegen, wie sie für kartellrechtliche Märkte bislang gefordert werden bzw. wurden. Für die Beurteilung des Vorliegens einer Marktbeherrschung spielt sodann die Frage nach der Transferierbarkeit von Datenmacht in Marktmacht eine entscheidende Rolle. Netzwerkbeziehungen, Lock-in-Effekte und Pfadabhängigkeiten können Markmacht be-

---

67 BGH, NJW 2016, S. 3445. Hierzu etwa *Schaub*, GRUR 2016, S. 1017.

68 Siehe zum Verfahren *Bischke/Brack*, NZG 2016, S. 502; *Franck*, ZWeR 2016, S. 137; *Klotz*, WuW 2016, S. 58; *Körber*, NZKart 2016, S. 348 (351); *Telle*, WRP 2016, S. 814; *Wiedmann/Jäger*, K&R 2016, S. 217.

69 Siehe hierzu und zum folgenden die Pressemitteilung des *BKartA*, https://www.bundeskartellamt.de/SharedDocs/Meldung/DE/Pressemitteilungen/2016/02_03_2016_Facebook.html (zuletzt abgerufen am 15.01.2017).

gründen, was wiederum durch eine etwaige Datenportabilität unter Umständen aufgebrochen werden kann.

Das BKartA hält einen Datenschutzverstoß in Gestalt eines Ausbeutungsmissbrauchs für möglich. In Betracht kommt ein Konditionenmissbrauch, falls „Geschäftsbedingungen gefordert werden, die von denen abweichen, die sich bei wirksamem Wettbewerb mit hoher Wahrscheinlichkeit ergeben würden". Allerdings dürften auch bei wirksamem Wettbewerb viele Marktteilnehmer entsprechende AGB verwenden, will man nicht von der Existenz eines Wettbewerbs um Datenschutzfreundlichkeit ausgehen – was wiederum entsprechende nutzerseitige Präferenzen voraussetzt (sog. *privacy paradox*).

Weiterführende Ansatzpunkte finden sich in der BGH-Entscheidung VBL-Gegenwert aus 2013, wonach die Verwendung unzulässiger AGB einen Konditionenmissbrauch darstellen kann, wenn unzulässige Klauseln ein Ausdruck der Marktmacht des Unternehmens sind.[70] Es stellt sich konkret die Frage, ob ein Datenschutzverstoß vorliegt, der sich bei wirksamem Wettbewerb so nicht einstellen würde – und ob hierfür die Marktmacht ursächlich ist, sprich die Frage der Kausalität.

b) Anwendung der Essential-Facility-Doktrin

Marktdominante Online-Plattformen verkörpern einen faktischen Marktstandard, welcher durch Netzwerkeffekte vor Marktzutritten weitgehend abgeschirmt ist. Es sprechen deshalb gewichtige Argumente dafür, dass es sich um wesentliche Einrichtungen der digitalen Infrastruktur handelt. Allerdings fehlt es für die Anwendung der klassischen Essential-Facility-Doktrin regelmäßig (jedenfalls) an der Nicht-Duplizierbarkeit. Vor diesem Hintergrund wird das Vorliegen einer wesentlichen Einrichtung konsequenterweise zumeist abgelehnt. Damit ist allerdings noch keine abschließende Feststellung über das Vorliegen eines Marktmachtmissbrauchs verbunden. Vielmehr ist zu fragen, ob und inwieweit die Fallgruppe der „wesentlichen Einrichtung" einer modernisierenden Erweiterung bedarf, um die neuartigen Konstellationen von hohem Kontrahierungszwang ohne Ausweichmöglichkeiten zutreffend zu erfassen.

---

70 BGH, NZKart 2014, S. 31.

4. Impulse durch die Datenschutz-Grundverordnung

Bedeutsame Impulse auch für das Wettbewerbsrecht sind von der Datenschutz-Grundverordnung zu erwarten; vorliegend ist dabei das Recht auf Datenportabilität[71] (Art. 20 DS-GVO) besonders herauszugreifen.[72] Ausweislich der deutschen Fassung regelt Art. 20 ein Recht auf Datenübertragbarkeit.[73] Besser, weil präziser, wäre es allerdings, demgegenüber von einem Recht auf Daten-Übertragung oder zur Nutzung eines bestimmten Datensatzes zu sprechen; schließlich sieht die Vorschrift eine echte Interoperabilität mit guten Gründen nicht vor.[74] Abs. 1 betrifft das Recht auf Bereitstellung und die Befugnis zur Übermittlung der bereitgestellten Daten an einen anderen Verantwortlichen. Art. 20 Abs. 2 DS-GVO sieht ein Recht auf Direkt-Übermittlung an den anderen Verantwortlichen vor.

a) Bessere Kontrolle über die eigenen Daten

Das Recht auf Datenübertragbarkeit soll der betroffenen Person zunächst bei einer Verarbeitung personenbezogener Daten mithilfe automatischer Verfahren eine bessere Kontrolle über die eigenen Daten ermöglichen.[75] Darüber hinaus soll das Recht der betroffenen Person einen möglichst unkomplizierten Wechsel von einem Anbieter zu einem anderen eröffnen.[76]

Für den Wechsel hat der Verantwortliche die Daten in einem portablen Format zur Verfügung zu stellen und gegebenenfalls (diese Daten) direkt an den anderen Verantwortlichen zu übermitteln. Die Vorschrift verpflichtet zwar nicht zur Übernahme oder Beibehaltung technisch kompatibler Datenverarbeitungssysteme, soll aber i.S.d. Wettbewerbs interoperable Formate fördern.[77] Art. 20 DS-GVO ist nach der Vorstellung des Gesetz-

---

71 Die englische Fassung überschreibt Art. 20 DS-GVO mit „Right to data portability".

72 Zur Zurverfügungstellung von Daten nach Beendigung gemäß Art. 13 Nr. 2 lit. c des Richtlinien-Vorschlags zu vertragsrechtlichen Aspekten der Bereitstellung digitaler Inhalte (Nachweise hierzu oben in Fn. 9) siehe *Spindler*, MMR 2016, 219 (221 f.).

73 Ausführlich *Hennemann*, PinG 2017, S. 5.

74 *Hennemann,* PinG 2017, S. 5 (5).

75 Siehe ErwGr. 68 DS-GVO.

76 *Paal*, in: Paal/Pauly (Hrsg.), DS-GVO, 2017, Art. 20 Rn. 4.

77 Siehe ErgGr. 68 DS-GVO.

gebers damit auch und gerade Ausdruck eines Wettbewerbs um datenschutzfreundliche(re) Technologien,[78] da das Recht den Nutzern einen Wechsel in ein „datenschutzfreundliche(re)s“ Netzwerk erleichtern soll.[79] Das zur Marktöffnung verfolgte Konzept der nutzerseitigen Datenportabilität kann hierbei auf in der Telekommunikations- und Infrastrukturregulierung erprobte und bewährte Konzepte zurückgreifen.[80]

b) Wettbewerbsrechtliche Zielsetzungen

Zudem soll das Recht auf Datenübertragbarkeit etwaige Lock-in-Effekte minimieren und verfolgt daher auch und gerade wettbewerb(srecht)liche Zielsetzungen.[81] Allgemein standen in der Diskussion über das Recht auf Datenübertragbarkeit insbesondere auch soziale Netzwerke (wie etwa Facebook) im Fokus.[82] Es wird deutlich, dass der inhärente Vermögenswert von personenbezogenen Daten das Datenschutz- und das Wettbewerbsrecht immer weiter zusammenwachsen lässt.

Das neu geschaffene Recht auf Datenportabilität soll vor allem auch die Marktmacht von einzelnen Wettbewerbern begrenzen. Es wird insoweit dem Umstand Rechnung getragen, dass die Daten als Wirtschaftsgüter erheblich an Bedeutung gewonnen haben – und zugleich herrscht die vorstehend beklagte weitgehende Unklarheit über das Bestehen und die Reichweite von vermögenswerten Dispositionsbefugnissen über die Daten.

c) Praxiswirkungen

Abzuwarten bleiben die konkreten Praxiswirkungen des neuen Rechts auf Datenportabilität: So ist zum einen fraglich, ob die Nutzer ihr neues Recht im erhofften Umfange annehmen sowie zur Anwendung bringen werden – und solchermaßen dem Datenschutz gegenüber marktmächtigen Daten-

---

78 *Albrecht*, CR 2016, S. 88 (93).
79 Siehe *Roßnagel/Richter/Nebel*, ZD 2013, S. 103 (107).
80 Vgl. *Hennemann,* PinG 2017, S. 5 (6).
81 *Paal*, in: Paal/Pauly (Hrsg.), DS-GVO, 2017, Art. 20 Rn. 6; *Hennemann*, PinG 2017, S. 5 (5); jeweils m. w. N.
82 Siehe statt vieler *Paal*, in: Paal/Pauly (Hrsg.), DS-GVO, 2017, Art. 20 Rn. 6 sowie *Hennemann*, PinG 2017, S. 5 (5 f.); jeweils m. w. N.

sammlern zur Durchsetzung verhelfen.[83] Zum anderen wird zu klären sein, wie die personenbezogenen, regelmäßig mehr als eine Person betreffenden Daten rechtlich zuzuordnen sind und erforderlichenfalls technisch entflochten werden können.[84] Schließlich steht und fällt die Wirkungsmacht der Vorschrift mit der tatsächlichen Möglichkeit zu einer Nutzung der Daten bei dem anderen Anbieter (Interoperabilität).[85] Eine wesentliche Hürde für die Interoperabilität dürfte darin liegen, dass Betriebs- und Geschäftsgeheimnisse des ersten Anbieters erforderlich sind, um die Daten „auszuwerten" bzw. darzustellen.

V. Zusammenfassende Schlussbetrachtung in Thesen

1. Das Wettbewerbsrecht kann helfen, (auch) im Bereich des Datenschutzes die Normdurchsetzung zu effektuieren, so etwa wenn eine rationale Apathie der Nutzer (sog. *privacy paradox*) der Verwirklichung des angestrebten Schutzniveaus entgegensteht. Dabei ist das Wettbewerbsrecht allerdings weder Allheilmittel noch Reparaturbetrieb für andere Rechtsgebiete. Zudem sind die systemimmanenten Möglichkeiten und Grenzen des Wettbewerbsrechts zu gewärtigen: In diesem Sinne ist Datenschutz gerade keine originär kartellrechtliche Kategorie.

2. Datennutzungs- und -erzeugungsrechte können Märkte eröffnen und bedürfen zugleich einer sorgfältigen rechtsdogmatischen und rechtspolitischen Vergewisserung. Das neue Recht auf Datenportabilität aus Art. 20 DS-GVO könnte in diesem Zusammenhang einen wichtigen ersten Schritt markieren auf einem Weg, die Betroffenen von passiven Objekten zu aktiven Subjekten im Kontext des Handels mit Daten aufzuwerten. Dies setzt allerdings voraus, dass Art. 20 DS-GVO in Erweiterung des Rechts auf informationelle Selbstbestimmung so verstanden wird, dass Betroffene auch

---

83 Zweifel bei *Hennemann*, PinG 2017, S. 5 (6 ff.); *Kühling/Martini*, EuZW 2016, S. 448 (450); *Paal*, in: Paal/Pauly(Hrsg.), DS-GVO, 2017, Art. 20 Rn. 20; *Roßnagel/Richter/Nebel*, ZD 2013, S. 103 (107).

84 Ausgangspunkt der Diskussion ist die Regelung in Art. 20 Abs. 4 DS-GVO, hierzu *Paal*, in: Paal/Pauly (Hrsg.), DS-GVO, 2017, Art. 20 Rn. 25 ff.; *Hennemann*, PinG 2017, S. 5 (8).

85 *Hennemann*, PinG 2017, S. 5 (8).

nach erfolgter Einwilligung über die Zuordnung ihrer Daten mit eigentumsrechtlicher Relevanz disponieren können.[86]

3. Zwar gestehen die Wettbewerbshüter den Online-Unternehmen in Ansehung der dynamischen Entwicklungen von Technik und Inhalten zu Recht erhebliche Handlungsspielräume zu. Auf der Grundlage und am Maßstab des Wettbewerbsrechts sind aber auch für die Plattform- und Netzwerkmärkte mit ihrer herausgehobenen Bedeutung für die Informationsökonomie allfällige Wettbewerbsverstöße (und zwar nicht nur solche marktbeherrschender Unternehmen) zu unterbinden. Das Wettbewerbsrecht eröffnet hier ein eigenständiges Instrumentarium mit der Notwendigkeit sowohl einer Novellierung der Normenlage als auch einer Aktualisierung der Normanwendungspraxis.

4. Zu diskutieren ist insoweit vor allem auch der Umgang mit solchen Internetunternehmen, deren Dienste und Leistungen sich als wesentliche Infrastrukturen darstellen. Hier ist der aus dem analogen Zeitalter stammende Normenbestand für eine digitale Zukunft zu rüsten, die bereits begonnen hat. Das Zusammenspiel von Datenmacht und „Datenschatz" verdient (auch hier) besondere Aufmerksamkeit. Internetgiganten vermögen Nutzern eine weitreichende Zustimmung zur Nutzung, Verarbeitung und Verwertung ihrer Daten abzuverlangen, was wiederum in Verbindung mit allfälligen Synergie- und Netzwerkeffekten den Ausbau der marktmächtigen Stellung ermöglicht.

5. Im Zusammen- und Gegenspiel der Rechtsmaterien Verbraucherschutz-, Datenschutz- und Wettbewerbsrecht besteht ein institutionell abgesichertes Geflecht von Akteuren, die in ihrer Gesamtheit die Bewältigung des digitalen Wandels in Ansehung auch und gerade des Datenschutzes zu leisten vermögen. Wegen der langen Dauer von Verwaltungsverfahren dürfte (auch hier) die private, zivilgerichtliche Durchsetzung (i.e. *private enforcement*) an Bedeutung gewinnen. Ein funktionierender Wettbewerb der Akteure und Regelungsregime mit wechselseitigen Kontrollen und Überprüfungen lässt für die Rechtslage auf eine gute (Fort-)Entwicklung hoffen.

86 Siehe zur Diskussion *Jülicher/Röttgen/v. Schönfeld*, ZD 2016, S. 358 (360 f.). Siehe auch *Kamlah*, in: Plath (Hrsg.), BDSG/DSGVO, 2. Aufl. 2016, Art. 20 Rn. 4: „Dispositionsrecht".

What to do with OTT? - Die Regulierung von Gmail, WhatsApp & Co. de lege ferenda

Prof. Dr. Jürgen Kühling

Mit der Diskussion um die Regulierung von OTT-Diensten wie „Gmail, WhatsApp & Co." lässt sich das Oberthema der Tagung „Regulierung – Wettbewerb – Innovation" am Beispiel eines besonders umstrittenen Teilaspekts der Telekommunikationsregulierung exemplarisch aufzeigen. Dies soll in fünf Schritten erfolgen. So ist nach einem Problemaufriss (dazu I.) zunächst eine Begriffsklärung erforderlich, die näher darlegt, dass als Betrachtungsbereich sogenannte Internet-Kommunikationsdienste fokussiert werden sollen (II.). Vor diesem Hintergrund kann sodann der – hoch umstrittene – regulatorische Status quo analysiert werden (III.). Da hier nicht nur das „Wie", sondern schon das „Ob" der Regulierung jener Dienste umstritten ist, ist in einem vierten Schritt die Diskussion um die „richtige Regulierung" de lege ferenda von besonderem Interesse (IV.). Ein Fazit soll nicht nur die wesentlichen Ergebnisse zusammenfassen, sondern auch weitergehende Schlussfolgerungen für das Verhältnis von Regulierung, Wettbewerb und Innovation beinhalten und damit den Kreis zum Oberthema der Veranstaltung schließen (V.).

I. Problemaufriss

Wenn sich Wissenschaftler auch im Regulierungsrecht Gedanken machen und zu Entscheidungen kommen, wird sich in der regulierten Welt regelmäßig nicht unmittelbar etwas ändern. Dazu bedarf es einer Entscheidung einer der drei Gewalten – also der Exekutive, der Judikative und / oder der Legislative. Und so ist es auch bei unserem Thema gewesen.

In der Wissenschaft wird schon seit gut zehn Jahren über die Frage diskutiert, wie neue Diensteangebote regulatorisch erfasst werden sollen, die über das offene Internet verbreitet werden. Sie setzten damit auf dem Internet auf, bieten ihre Dienste also „over the top" (OTT) an. Als eine der ersten Dienste hat diese Diskussion die sogenannten Web-Mail-Dienste erfasst wie Gmail. Vereinfacht gesagt ging es also um die Frage: Unterfallen die Angebote von Gmail, GMX oder Web.de, also vor allem das Versenden von E-Mails über das offene Internet, dem europäischen und nationalen Telekommunikationsrecht oder nicht? In der Konsequenz bedeutet das zunächst einmal, dass jene Dienste einer Meldepflicht bei der Bundesnetzagentur unterliegen. Potenziell belastender sind natürlich die regulatorischen Konsequenzen der Marktregulierung, des Kundenschutzes und vor allem des Datenschutzes. Die ersten Stellungnahmen in der Literatur kamen zu dem Ergebnis, dass Webmail-Dienste als Telekommunikationsdienste zu qualifizieren seien.[1] Parallel dazu wurde die regulatorische Behandlung von Internet-(Video-)Telefoniediensten wie z.B. Skype unter anderem auch unter Beteiligung der damaligen Regulierungsbehörde für Telekommunikation und Post (RegTP)[2] rege diskutiert.[3] Letztlich wurde weitgehend auf regulatorische Eingriffe verzichtet und ein „evolutionary approach" gewählt.[4] Reale Regulierungskonsequenzen blieben damit weitgehend aus, bis die Bundesnetzagentur viele Jahre später mit einem Bescheid an Google tätig wurde: Sie stellte am 2.7.2012 in Ziffer 1 des Bescheides per Verwaltungsakt[5] fest, dass Gmail einen Telekommunikationsdienst erbringe, aber diesen nicht gemäß § 6 TKG angemeldet habe. In den Ziffern 2 bis 4 wird das Unternehmen wiederum per Verwaltungsakt[6] zur Stellungnahme und Nachholung der Anmeldung unter Androhung eines Zwangsgeldes aufgefordert. In der Literatur wurde die Diskussion parallel dazu erweitert von den seit vielen Jahren bestehenden Webmail-Diensten

---

1 So z.B. *Martini/von Zimmermann*, CR 2007, S. 427 (430) für die Dienstkomponenten der Zwischenspeicherung von E-Mails auf den Servern der Anbieter.

2 Forumsveranstaltung der RegTP am 18.10.2004 in Bonn, vgl. dazu MMR-Beilage 3/2005 mit Veranstaltungsbeiträgen.

3 Z.B. Dissertationen *Bonnekoh*, Voice over IP, 2007; *Meinberg*, Voice over IP, 2008 und zum Teil sehr frühe Aufsätze *Windthorst/Franke,* CR 1999, S. 14; *Meinberg/ Grabe*, K&R 2004, S. 409.

4 Eckpunktepapier *BNetzA*, Mitteilung Nr. 229/2005, Amtsblatt BNetzA 2005, S. 1340 (1341).

5 Rechtsgrundlage hierfür ist § 126 Abs. 1 TKG, vgl. VG Köln vom 11.11.2015, 21 K 450/15, CR 2016, S. 131 (132). Die Feststellung einer Pflichtverletzung ist als Verwaltungsakt anzusehen, *Mayen/Koch*, in: Scheuerle/Mayen (Hrsg.), Telekommunikationsgesetz, Kommentar, 2. Auflage 2008, § 126, Rn. 14.

6 Vgl. Formulierung VG Köln vom 11.11.2015, 21 K 450/15, CR 2016, S. 131 (135) „Die an die rechtmäßig getroffene Feststellung in Ziff. 1 des Bescheides vom 2.7.2012 geknüpften Anordnungen in Ziff. 2 bis 4 des Bescheides sind ebenfalls rechtmäßig." und *Mayen/Koch*, in: Scheuerle/Mayen (Hrsg.), Telekommunikationsgesetz, Kommentar, 2. Auflage 2008, § 126 Rn. 22.

hin zu neueren Angeboten wie Instant-Messaging-Systeme wie WhatsApp. Auch hier wurde im Schrifttum – zumindest wenn, wie z.B. bei WhatsApp Nachrichten über anbietereigene Server[7] versandt werden – die Meinung vertreten, insoweit handele es sich gleichermaßen um einen Telekommunikationsdienst. Umso erstaunlicher war es angesichts dieser Vorgeschichte, dass erst das Urteil des VG Köln vom 11.11.2015 zu einer breiten fachöffentlichen Diskussion dieses Themas führte: Das VG Köln bestätigte nämlich die Bundesnetzagentur in ihrer Einschätzung, dass Gmail einen Telekommunikationsdienst darstellt und schlug bei einigen Telekommunikationsrechtlern anscheinend wie eine Bombe ein. Die anschließende fachöffentliche Diskussion verlief jedenfalls ähnlich erhitzt wie der jüngste Streit um das Vectoring als zweite aktuelle Großbaustelle einer Telekommunikationsordnung im Wandel.[8]

Befeuert wird die Diskussion dabei auch von den klassischen Telekommunikationsunternehmen. Sie monieren, dass kein „level playing field" bestünde, wenn sie einer strengen Telekommunikationsregulierung unterliegen, während dies für jene mehr oder weniger neuartigen Diensteanbieter nicht der Fall ist. Es geht also um die Frage, ob die gegenwärtige Regulierung hier gegebenenfalls zwar Innovationen ermöglicht hat, aber nur auf Kosten der Verzerrung der Wettbewerbschancen der etablierten Telekommunikationsdiensteanbieter. In welchem Umfang das zutrifft, dazu im Fazit mehr.

7 Vgl. dazu die Nutzungsbedingungen von WhatsApp, abrufbar unter https://www.whatsapp.com/legal/, zuletzt abgerufen am 22.06.2017, „Deine Nachrichten. Normalerweise speichern wir deine Nachrichten im Rahmen der Bereitstellung unserer Dienste nicht. Sobald deine Nachrichten (einschließlich deiner Chats, Fotos, Videos, Sprachnachrichten, Dateien und Angaben zu „Standort senden") zugestellt sind, werden sie von unseren Servern gelöscht. Deine Nachrichten werden auf deinem eigenen Gerät gespeichert. Wenn eine Nachricht nicht sofort zugestellt werden kann (zum Beispiel, wenn du offline bist), können wir sie für bis zu 30 Tage auf unseren Servern behalten, während wir versuchen sie zuzustellen.".

8 Siehe dazu das Urteil VG Köln v. 17.3.2017, N&R 2017, S. 187, mit dem das VG Köln mehrere Klagen der Wettbewerber der Deutschen Telekom GmbH gegen die Entscheidung der BNetzA zum Vectoring im Nahbereich („Vectoring II") abgewiesen hat.

II. Internet-Kommunikationsdienste vs. Internet-Inhaltsdienste

Dazu sind in einem zweiten Schritt zunächst die Begriffe zu klären. Der Begriff des „Over-the-top"-Dienstes wurde wohl als erstes zur Kennzeichnung von Inhaltsdiensten verwendet, die über das Internet angeboten werden. Inzwischen hat sich insoweit eine Differenzierung etabliert, die zwischen OTT-1- und OTT-2-Diensten unterscheidet. Gegenstand des vorliegenden Beitrags sind ausschließlich OTT-1-Dienste. Treffender ist womöglich die Bezeichnung als Internet-Kommunikationsdienste, da jenen Diensten gemeinsam ist, dass sie eine Kommunikation über das Internet ermöglichen. Insoweit können weitere Dienstekategorien unterschieden werden. Alle drei wurden bereits eingangs genannt: Zunächst die Webmail-Dienste von Gmail, GMX oder Web.de, sodann die Internet-(Video-)-Telefonie-Dienste, deren bekanntester Skype ist, und die Instant-Messaging-Dienste von WhatsApp, Messenger und iMessage. Alle diese Angebote sind in ihrer Entwicklung durch eine hohe Dynamik gekennzeichnet, sowohl was die rasanten Steigerungen der Nutzerzahlen anbelangt, als auch im Hinblick auf immer neuen Nutzungsoptionen und auch Bündelungen. So hat beispielsweise WhatsApp bereits Anfang 2016 die Schallmauer der Nutzeranzahl von 1 Mrd. Menschen weltweit durchbrochen. In Deutschland nutzt inzwischen fast jeder zweite dieses Angebot. Es handelt sich also um Standard-Kommunikationskanäle. Es geht demnach um hoch innovative Diensteangebote, die sich ganz offensichtlich nicht nur weltweit, sondern auch in Deutschland und Europa rasant schnell verbreiten. Der Blick auf die Entwicklung der Telekommunikationsmärkte zeigt jedenfalls, dass es sich hier um die womöglich innovativsten Produktentwicklungen der letzten Dekade gehandelt hat.[9]

Diese Internet-Kommunikationsdienste oder OTT-1-Dienste unterscheiden sich von OTT-2-Diensten dadurch, dass sie keinen Inhalt produzieren oder Inhalte Dritter einer tendenziell unbegrenzten Öffentlichkeit zugänglich machen, sondern nur die vertrauliche Kommunikation an die vom Sender spezifizierten Dritten übertragen. Zu den OTT-2-Diensten gehören

9 Seit etwa 2013 wird die SMS zunehmend insbesondere durch WhatsApp verdrängt, vgl. https://de.statista.com/statistik/daten/studie/3624/umfrage/entwicklung-der-anzahl-gesendeter-sms--mms-nachrichten-seit-1999/, zuletzt abgerufen am 22.06.2017. Ein ähnlicher Trend besteht bei den Sprachverbindungsminuten, siehe 18. TK-Marktanalyse 2016 von Dialog Consult und VATM, S. 24, abrufbar unter http://www.vatm.de/vatm-marktstudien.html, zuletzt geprüft am 22.06.2017.

dann die Dienste, die umgekehrt jene (eigenen oder fremden) Inhalte einem weiten Kreis zugänglich machen, also beispielweise nutzergenerierte Videoportale wie YouTube, Social-Web-Angebote wie facebook oder Streaming-Dienste wie Netflix.

Die Abgrenzung ist im Einzelfall nicht einfach, zumal entsprechende OTT-2-Dienste teilweise mit OTT-1-Diensten kombiniert werden. So ist der Austausch nutzergenerierter Inhalte über facebook an sich ein OTT-2-Dienst. Zwar gestattet diese Plattform zum einen „befreundeten" Personen durch Beiträge, die nicht der Öffentlichkeit zugänglich sind, miteinander zu kommunizieren. Allerdings dürfen auch Dritte, oftmals Unternehmen, Informationen für die Öffentlichkeit zur Verfügung stellen, die dann von einzelnen Nutzern gezielt abonniert werden können. Facebook eröffnet aber auch eine Möglichkeit des Instant-Messaging, die einen OTT-1-Dienst darstellt. Diese Instant-Messaging-Funktionalität lässt sich sogar aus der Sicht von facebook relativ klar von den sonstigen Diensten des Unternehmens abgrenzen: So ist sie in der Standard-App auf dem Smartphone gar nicht mehr enthalten und muss separat, beispielsweise mittels der „Messenger"-App genutzt werden.

Schließlich sei ergänzend darauf hingewiesen, dass BEREC noch eine weitere Kategorie von Diensten anführt, nämlich OTT-0-Dienste.[10] Deren Besonderheit besteht darin, dass doch klassische Telefonanschlüsse genutzt werden, etwa ein Skype-Anruf auf eine Festnetz- oder Mobilfunknummer.

III. Regulatorischer status quo

Wie OTT-1-Dienste regulatorisch zu behandeln sind, soll nun in einem dritten Schritt skizziert werden. Dabei ist zwischen dem „Ob"[11] und dem „Wie" der Anwendung des telekommunikationsrechtlichen Regimes zu unterscheiden. Bundesnetzagentur und VG Köln haben bislang nur für eine Subkategorie der OTT-1-Dienste das „Ob" der Regulierung bejaht. Was das für das „Wie" der Regulierung und für andere Subkategorien bedeutet, ist bislang nur Gegenstand wissenschaftlicher Diskussionen.

---

10 *BEREC*, Report on OTT services, BoR (16) 35, S. 15 f.

11 Die folgenden Ausführungen gehen zum Teil zurück auf *Kühling/Schall*, CR 2015, S. 641; *dies.*, CR 2016, S. 185.

1. Das „Ob" der telekommunikationsrechtlichen Regulierung

Mit Blick auf das „Ob" müssen sowohl hinsichtlich der entsprechenden Definition in § 3 Nr. 24 TKG als auch in Art. 2 lit. c) der Rahmenrichtlinie drei Voraussetzungen kumulativ vorliegen: Es muss sich erstens um „Dienste" handeln (dazu a), die zweitens „gewöhnlich gegen Entgelt erbracht" werden (dazu b) und dabei drittens „ganz oder überwiegend in der Übertragung von Signalen über elektronische Kommunikationsnetze bestehen" (dazu c).

a) Der Dienstecharakter der Angebote

Der Dienstecharakter wird teilweise gleichsam aus der Anbieterperspektive verneint mit dem Argument, dass jene Diensteanbieter nicht vollständig die Kontrolle über den Transportvorgang innehaben, da dieser ja über das „offene Internet" und damit weitgehend über Dritte abgewickelt wird[12]. Richtigerweise ist diese Frage jedoch aus der Nutzersicht zu beantworten: Für diejenigen, die über Gmail E-Mails verschicken oder Kurznachrichten und Fotos via WhatsApp versenden oder via Skype Videotelefonate führen, sind die genannten Unternehmen ihre Diensteanbieter. Der Dienstecharakter ist demnach zu bejahen.

b) „gewöhnlich gegen Entgelt"

Die zweite Voraussetzung – „gewöhnlich gegen Entgelt" – ist noch offensichtlicher zu bejahen. Zum Teil wird hier sehr kurz gesprungen, wenn angeführt wird, dass doch ein Großteil der Diensteangebote kostenlos sei.[13] Schon ein Blick auf die allgemeine Rechtsprechung des EuGH zur Dienstleistungsfreiheit zeigt jedoch, dass es für das Erfordernis eines Entgelts

---

12 So ist wohl die Europäischen Kommission (DG Connect) zu verstehen, in einem Schreiben vom 13.02.2014 an die BNetzA im Gmail-Verfahren, zitiert bei VG Köln, CR 2016, S. 131 (132); ähnlich PTS, Which services and networks are subject to the Electronic Communications Act, PTS-ER-2009:12, 2009, S. 15 und 20 ff.

13 *Schuster*, CR 2016, S. 173 (182 f.); ähnlich *Grünwald/Nüßing*, MMR 2016, S. 91 (94).

nicht entscheidend darauf ankommt, dass zwischen Dientleistungsgeber und Dienstleistungsempfänger ein Geldfluss erfolgt. Vielmehr können die Leistungsströme auch in mehrpoligen Verhältnissen erfolgen. So ist es bei der Vielzahl jener OTT-1-Dienste. Statt unmittelbarer Geldzahlungen vom Nutzer erlangt der Dienstanbieter Zahlungen von dritter Seite, sei es das Nutzungsdaten verkauft werden oder Werbung geschaltet wird, für die dann Dritte zahlen. Mit Blick auf die Werbefinanzierung handelt es sich im Übrigen um kein neues Phänomen, wird doch das Privatfernsehen schon seit vielen Jahren über derartige „two-sided-markets" finanziert.[14] Neu ist hingegen die umfassende Kommerzialisierung der Nutzungsdaten. Gerade der streitbefangene Diensteanbieter Gmail ist bei diesen Geschäftsmodellen besonders erfolgreich und voranschreitend. Auch wenn nach eigenen Angaben[15] einzelne Mails nicht mitgelesen werden, durchsucht Gmail automatisch den Email-Inhalt, um die Werbung auf diesen abzustimmen. Zudem werden andere Informationen referenziert, um die Werbung auf die Kunden zuzuschneiden und damit für die Werbekunden attraktiver zu machen. Besonders aussagekräftig sind hier etwa Suchanfragen von Google Search, die mögliche Interessen der Nutzer signalisieren.[16]

---

14 Näher dazu *Schumacher*, K&R 2015, S. 771 (774 ff.) sowie *Kühling/Schall*, CR 2016, S. 185 (195 ff.).

15 So der Sprecher von Google Deutschland, Klaas Flechsig, gegenüber Zeit-Online, http://www.zeit.de/digital/datenschutz/2016-01/verbraucherschutz-google-gmail-abmahnung-werbung, zuletzt abgerufen am 22.06.2017.

16 So heißt es auf der Webseite von Gmail: „Wir suchen ständig nach neuen Mitteln und Wegen, Ihnen in Gmail relevante Werbung zu präsentieren, die auch tatsächlich zu Ihnen passt. Dabei helfen uns beispielsweise Ihre Suchanfragen und Klicks in Google, Ihr Google-Profil und weitere Informationen zu Ihrem Google-Konto." und in der Datenschutzerklärung, abrufbar unter https://www.google.com/policies/privacy/, zuletzt abgerufen am 22.06.2017, „Unsere automatisierten Systeme analysieren Ihre Inhalte (einschließlich E-Mails), um Ihnen für Sie relevante Produktfunktionen wie personalisierte Suchergebnisse, personalisierte Werbung sowie Spam- und Malwareerkennung bereitzustellen. Unter Umständen verknüpfen wir personenbezogene Daten aus einem Dienst mit Informationen und personenbezogenen Daten aus anderen Google-Diensten. Dadurch vereinfachen wir Ihnen beispielsweise das Teilen von Inhalten mit Freunden und Bekannten. Je nach Ihren Kontoeinstellungen werden Ihre Aktivitäten auf anderen Websites und in Apps gegebenenfalls mit Ihren personenbezogenen Daten verknüpft, um die Dienste von Google und von Google eingeblendete Werbung zu verbessern.". Dies lässt sich prinzipiell auch nicht deaktivieren, https://support.google.com/mail/answer/6603?hl=de, zuletzt abgerufen am 20.10.2016, „Auch wenn Sie die interessenbezogene

c) Ganz oder überwiegend Signalübertragung über elektronische Kommunikationsnetze

Entscheidend ist damit die Frage, ob die Signalübertragung über elektronische Kommunikationsnetze tatsächlich zumindest den überwiegenden Bestandteil des Dienstes ausmachen und daher auch die dritte Voraussetzung erfüllt ist. Diese Diskussion wird in der Literatur inzwischen sehr facettenreich geführt. Vereinfachend lassen sich zwei Pole der Debatte markieren: Auf der einen Seite wird eher eng und technisch darauf abgestellt, dass die eigentliche Signalübertragung über das elektronische Kommunikationsnetz im Wesentlichen nicht vom OTT-1-Diensteanbieter erbracht wird. Der Transport erfolgt nämlich tatsächlich zu großen Teilen über das offene Internet, dessen Infrastruktur weitgehend von den klassischen Telekommunikationsnetzbetreibern bereitgestellt und auch von diesen kontrolliert wird. Daraus wird in der inzwischen überwiegenden Meinung vor allem in der Regulierungspraxis geschlossen, dass keine Signalübertragung durch den OTT-1-Diensteanbieter erfolgt.[17] Teilweise wird in der Literatur noch näher danach differenziert, dass eben keine Übertragung durch den Dienstanbieter von einem Netzabschlusspunkt zum anderen erfolgt.[18] Nach Art. 2 lit. da) RRL wird als „Netzabschlusspunkt" der „physische Punkt, an dem einem Teilnehmer der Zugang zu einem öffentlichen Kommunikationsnetz[19] bereitgestellt wird" definiert, der in Netzen mit einer

---

Werbung deaktivieren, werden Ihre E-Mails im Rahmen der automatisierten Abläufe weiterhin von Google gescannt und gefiltert."

17 *Europäische Kommission*, Questionaire of the public consultation on the evaluation and the review of the regulatory framework for electronic communications networks and services, point 3.5.2. a) („Services such as so-called over-the-top services (OTTs) providing communications (voice messaging) [...] do not themselves include conveyance of signals") – der Fragebogen ist nicht mehr im Internet abrufbar; siehe ebenfalls das niederländische Handelsgericht College van Beroep voor het bedrijfsleven, Entscheidung vom 3.12.2014, ECLI:NL:CBB:2014:438, Ziff. 4.1.8 (in niederländich), abrufbar im WWW unter der URL http://uitspraken.rechtspraak.nl/inziendocument?id=ECLI:NL:CBB:2014:438 (letzter Abruf: 22.06.2017); ferner PTS, Which services and networks are subject to the Electronic Communications Act, PTS-ER-2009:12, 2009, S. 21 ff.

18 Vgl. dazu *Schuster*, CR 2016, S. 173 (176 f.); ähnlich auch *Brown*, Computer Law & Security Review 30 (2014), S. 359 („the service in question must be one of carriage of data from one point to another").

19 Ein „öffentliches Kommunikationsnetz" wird in Art. 2 lit. d) RRL definiert als „ein elektronisches Kommunikationsnetz [vgl. Art. 2 lit. a) RRL], das ganz oder über-

Vermittlung oder Leitwegbestimmung „anhand einer bestimmten Netzadresse bezeichnet“ wird. Dies sei nach der vorgenannten Ansicht bei Internetanschlüssen derzeit regelmäßig der Router.[20] Eine bloße Übertragung von Signalen hinter diesen Netzabschlusspunkten, beispielsweise von einem Router zu einem Server eines OTT-Unternehmens im LAN-Bereich, sei demgegenüber keine Signalübertragung bzw. jedenfalls keine „über elektronische Kommunikationsnetze“.[21] OTT-Kommunikationsdienste seien demnach zwar Kommunikationsdienste bzw. Dienst der (Tele-)Kommunikation, jedoch keine elektronischen Kommunikationsdienste i.S.d. Art. 2 lit. c) RRL.[22]

Auf der anderen Seite steht dem eine Auffassung entgegen, die eher funktional danach fragt, ob der Diensteanbieter in qualifizierter Art und Weise die Signalübertragung veranlasst hat und wesentlich zu ihrer Steuerung beiträgt, er also maßgeblichen Anteil daran hat, dass die Kommuni-

---

wiegend der Bereitstellung öffentlich zugänglicher elektronischer Kommunikationsdienste dient, die die Übertragung von Informationen zwischen Netzabschlusspunkten ermöglichen“.

20 *Schuster*, CR 2016, S. 173 (176).

21 Vgl. *Schuster*, CR 2016, S. 173 (176 f.).

22 *Brown*, Computer Law & Security Review 30 (2014), S. 359 („an over the top service [...] cannot be an electronic communication service“ und S. 360 („These services are, in a very real sense, responsible for enabling communications – the reason they exist is to enable people to communicate“ [...] they are not responsible für transmission, but their function is clearly that of communication“); *PTS*, Which services and networks are subject to the Electronic Communications Act, PTS-ER-2009:12, 2009, S. 22 („Skype Classic and [...] are examples of services that do not themselves constitute an electronic communications service [...] [they] only involve communication over a pre-existing electronic communications service“); *Gersdorf*, K&R 2016, S. 91 (94 ff.), der OTT-Kommunikationsdienste als Dienste der „Telekommunikation“ i.S.d. § 3 Nr. 22 TKG, nicht aber als „Telekommunikationsdienste“ i.S.d. § 3 Nr. 24 TKG einstuft; im Ergebnis tendenziell auch *das BEREC*, Report on OTT services, BoR (16) 35, das zwar einerseits konstatiert, dass die Frage, unter welchen Voraussetzungen eine Signalübertragung nach Art. 2 lit. c) RRL vorliegt, auch nach der EuGH-Rechtsprechung weiterhin unklar bleibe (S. 12 f.), dann aber davon ausgeht, dass die hier untersuchten OTT-1-Dienste im Gegensatz zu OTT-0-Diensten gegenwärtig nicht unter die ECS-Definition fallen (S. 17), auch wenn sie potentiell mit ECS konkurrieren. Etwas Anderes soll nach *Gersdorf*, K&R 2016, S. 91 (101) beispielsweise gelten, wenn der OTT-Anbieter seine Dienste nicht nach dem Best-Effort-Prinzip, sondern als sog. managed service von einem Internet-Provider übertragen lässt und dementsprechend mit diesem – wie ein Reseller – hinsichtlich der Signalübertragung in einer vertraglichen (Vorleistungs-)Beziehung steht.

kation des Senders auch tatsächlich beim Empfänger ankommt.[23] Dieser Ansicht hat sich auch das VG Köln in besagter November-Entscheidung angeschlossen.[24] Dabei ist jene Vermittlungsleistung in einem weiteren Sinne, den die OTT-1-Diensteanbieter erbringen, nicht zu gering zu schätzen. So ist insbesondere die Verzeichnisfunktion über die Server der OTT-1-Diensteanbieter, die eine automatisierte Zuordnung der statischen Nutzerkennungen zu den aktuellen dynamischen IP-Adressen der Kommunikationspartner erst ermöglicht, für die eigentliche Signalübertragung essentiell.[25] Zugespitzt formuliert: Die Kommunikation gelangt ja nicht durch Geisterhand bei den Empfängern, sondern gerade durch die innovativen technischen Leistungen der OTT-1-Diensteanbieter.

Bei den eingangs angeführten Subkategorien steht dieses Element der Signalübertragung auch im Vordergrund. Es macht den überwiegenden Teil des Dienstes aus. Auch hier ist wieder auf die Endkundensicht abzustellen. Die punktgenaue Lieferung der Kommunikation an den Gesprächspartner ist für den Endkunden der wesentliche Gegenstand des Dienstes. Dass der Diensteanbieter dabei auch auf Leistungselemente klassischer Telekommunikationsunternehmen zurückgreift, ist aus der Nutzerperspektive unerheblich. Wenn die Dienste also eine Vermittlungsfunktion i.w.S. übernehmen und so ihren Nutzern die Option eröffnen, im Rahmen einer statischen Benutzerkennung über das Internet zu kommunizieren, ohne dabei jeweils in Kenntnis der aktuellen IP-Adresse des bzw. der Kommunikationspartner sein zu müssen, liegt eine hinreichende Funktionalität im telekommunikationsrechtlichen Sinne vor. Es zeigt sich damit auch, dass die rechtlichen Definitionen des deutschen und europäischen Rechtsrahmens (namentlich die Definitionen des elektronischen Kommunikationsnetzes in Art. 2 lit. a) RRL, der elektronischen Kommunikationsdienste in Art. 2 lit. c) RRL und des Netzabschlusspunktes in Art. 2 lit. da) RRL)) durchaus imstande sind, die dynamische Entwicklung entsprechender Dienstangebote aufzunehmen.

---

23 Siehe insbesondere *Kühling/Schall*, CR 2015, S. 641 (651).

24 VG Köln, CR 2016, S. 131 (135, Rz. 61 a.E.).

25 Grundlegend zu dieser „Kernfunktionalität" der OTT-Kommunikationsdienste bereits *Raabe/Dinger/Hartenstein*, K&R 2007, Beihefter 1, S. 1 (4, 6 f. und 11), die insoweit treffend von einer „indirekten Vermittlung von Verbindungen" und einem „*mittelbaren* Einfluss auf das Routing der Datenpakete und mithin der Signalübertragung i.e.S" sprechen und dementsprechend explizit auch die SMTP-Server bei E-Mail-Diensten „als Vermittlungssystem" einordnen.

2. *Das „Wie" der telekommunikationsrechtlichen Regulierung*

Ist der Anwendungsbereich der Telekommunikationsordnung also eröffnet, stellt sich in der Folge die Frage des „Wie"[26] der telekommunikationsrechtlichen Regulierung. Hier zeigt nun die nähere Untersuchung, dass die Konsequenzen keineswegs so verheerend sind, wie manch Kritiker einer Qualifikation der „OTT-1"-Dienste als Telekommunikationsdienstes glauben machen will.[27] Neben eher formalen Pflichten wie der vor dem VG Köln umstrittenen Meldepflicht[28] zeigt ein Gang durch das TKG und entsprechende Vorgaben im europäischen Telekommunikationsrecht, dass die Anwendung der meisten Regulierungspflichten vorläufig nicht in Betracht kommt, sofern dies aber doch der Fall ist, auch unter teleologischem und grundrechtlichem Blickwinkel sinnvolle Ergebnisse erzielt werden.

a) Marktregulierung und das Problem der Interoperabilität

Das gilt zunächst für das klassische Recht der Marktregulierung, da zurzeit noch gar keine Märkte definiert sind, auf denen eine Regulierung jener Dienste in Betracht kommt.

Spannend ist hier allein die Frage nach der Interoperabilität jener Diensteangebote. Dabei ist zwischen den Diensten zu differenzieren: Bei Webmail-Diensten ist die Interoperabilität Standard. Selbstverständlich muss ein Nutzer, der von seinem – beispielsweise Universitäts-Mail-Pro-

---

26 Vgl. hierzu bereits die Stellungnahmen des *Wissenschaftlichen Arbeitskreises für Regulierungsfragen bei der Bundesnetzagentur*, Fragen der Regulierung von OTT-Kommunikationsdiensten vom 15.7.2016 und Evolution der Regulierung in den Telekommunikations- und Mediensektoren angesichts der Relevanzzunahme von OTT-Anbietern vom 18.11.2015.

27 Besonders scharf *Schuster*, CR 2016, S. 173 (175), „Büchse der Pandora".

28 GMail ist mittlerweile gemeldet mit dem Zusatz „(Anm.: Rechtsstreit zur Meldepflicht anhängig)". Sonst sind nur sehr wenige Anbieter gemeldet, z.B. aber auch die 1&1 Media-GmbH und 1&1-De-Mail-GmbH, zu der Web.de und GMX.de gehören. Allerdings bietet jedenfalls Web.de auch den Versand von SMS an, was evtl. eher der Grund sein könnte, warum 1&1 Media GmbH gemeldet ist. Interessanter sind z.B. die Meldungen von posteo.de und mailbox.org., die ausweislich ihres Webauftritts wohl tatsächlich reine Webmail-Anbieter sind. Intant-messenger sind gegenwärtig offensichtlich keine gemeldet. Insgesamt ist dies aber sehr schwer zu prüfen, da die BNetzA nur die Unternehmensnamen aufführt und nicht zwingend die Markennamen unter denen Produkte angeboten werden.

gramm – den Kunden des Microsoft-Dienstes „hotmail" anmailen möchte nicht auch Kunde jenes Unternehmens werden. Anders ist dies bei der Nutzung eines Instant-messaging-Dienstes. Dieses Thema ist von einiger Brisanz und hat es sogar in das Feuilleton der FAZ geschafft. Dort hat Martin Schallbruch am 13. September 2016 den Grundversorgungscharakter von Unternehmen wie WhatsApp betont und eine Interoperabilität zwischen entsprechenden Diensteanbietern verlangt.[29] Denn in der Tat: Eine SMS kann ganz selbstverständlich als Vodafone-Kunde an einen O2-Kunden gesendet werden, ohne O2-Kunde zu werden. Warum nicht auch eine WhatsApp? Das sei kein Problem, wird insbesondere von Ökonomen ausgeführt, da ja auch unproblematisch mehrere Instant-Messaging-Dienste parallel genutzt werden können, also ein sogenanntes multihoming möglich ist. Und in der Tat ist der Aufwand, neben WhatsApp auf dem Smartphone andere Instant-Messaging-Dienste wie Threema oder Viber einzurichten, nicht hoch. Binnen Sekunden ist die entsprechende App runter geladen. Geldzahlungen müssen dafür auch nicht geleistet werden. Allerdings, und das ist der springende Punkt, muss der Nutzer die Datenschutzbestimmungen jedes dieser Anbieter akzeptieren. Bei WhatsApp bedeutet das etwa, dass das Kontaktverzeichnis ausgelesen[30] wird und, sofern der Nutzer auch facebook-Kunde ist, die Daten ausgetauscht werden. Der Nut-

29 *Schallbruch/faz.net*, http://www.faz.net/aktuell/feuilleton/medien/whatsapp-wer-sichert-digitale-grundversorgung-14432403-p2.html, zuletzt abgerufen am 21.10.2016.

30 Vgl. dazu die Nutzungsbedinungungen von WhatsApp, abrufbar unter https://www.whatsapp.com/legal/, zuletzt abgerufen am 22.06.2017, die folgende Ausführungen enthalten: „Adressbuch. Du stellst uns regelmäßig die Telefonnummern von WhatsApp-Nutzern und deinen sonstigen Kontakten in deinem Mobiltelefon-Adressbuch zur Verfügung. Du bestätigst, dass du autorisiert bist, uns solche Telefonnummern zur Verfügung zu stellen, damit wir unsere Dienste anbieten können.". Hinsichtlich der Weitergabe von Daten an Facebook sehen die Nutzungsbedingungen folgendes vor: „Wir gehören seit 2014 zur Facebook-Unternehmensgruppe. Als Teil der Facebook-Unternehmensgruppe erhält WhatsApp Informationen von den Unternehmen dieser Unternehmensgruppe und teilt Informationen mit ihnen. Wir können mithilfe der von ihnen erhaltenen Informationen und sie können mithilfe der Informationen, die wir mit ihnen teilen, unsere Dienste sowie ihre Angebote betreiben, bereitstellen, verbessern, verstehen, individualisieren, unterstützen und vermarkten. Dazu gehört auch die Unterstützung bei der Verbesserung von Infrastruktur und Zustellsystemen, des Verstehens der Art der Nutzung unserer bzw. ihrer Dienste, der Absicherung der Systeme und der Bekämpfung von Spam, Missbrauch bzw. Verletzungshandlungen. Facebook und die anderen Unternehmen in der Facebook-Unternehmensgruppe können Informationen von uns

zer bezahlt also für das einmalige Vergnügen, an einer WhatsApp-Gruppe teilzunehmen, mit seinem vollständigen Adressverzeichnis.

b) Datenschutzrechtlicher Schwerpunkt der Regulierung

Das Beispiel zeigt sogleich: Die regulatorischen Herausforderungen liegen letztlich nicht im Bereich der klassischen Marktregulierung und auch nicht bei Fragen des klassischen Kundenschutzes vor Preishöhenmissbräuchen o.ä., sondern im Bereich des Datenschutzes. Und hier spricht schon aus grundrechtlicher Sicht alles dafür, OTT-1-Dienste und klassische Telekommunikationsdienste einheitlich zu regulieren. In beiden Fällen geht es um Gefahren der distanzüberwindenden Kommunikation und in beiden Fällen ist daher ein identischer Schutz des Fernmeldegeheimnisses aus Art. 10 GG und gegebenenfalls des Rechts auf informationelle Selbstbestimmung aus Art. 2 Abs. 1 i.V.m. Art. 1 Abs. 1 GG indiziert. Denn gerade hier lauern bei den neuartigen Internet-Kommunikationsdiensten völlig neue Gefahren: So soll in Allo, dem neuen Instant-messenger von Google, der Google-Assistent in Gespräche eingebunden werden und die App selbst soll – derzeit nur in der englischen Fassung – den Kommunikationsstil ihres Nutzers erlernen können.[31] Facebook arbeitet an ähnlichen

auch verwenden, um deine Erlebnisse in ihren Diensten, wie Vorschläge zu unterbreiten (beispielsweise Freunde oder Verbindungen oder interessante Inhalte) und um relevante Angebote und Werbeanzeigen zu zeigen. Deine WhatsApp-Nachrichten werden nicht für andere sichtbar auf Facebook geteilt. Tatsächlich wird Facebook deine WhatsApp-Nachrichten nicht für irgendeinen anderen Zweck nutzen, als uns beim Betreiben und bei der Bereitstellung unserer Dienste zu unterstützen.“ Hinsichtlich der Löschung des WhatsApp-Accounts gilt folgendes: „Löschen deines WhatsApp-Accounts. Du kannst deinen WhatsApp-Account jederzeit löschen (also auch wenn du deine Zustimmung zu unserer Verwendung deiner Informationen widerrufen möchtest), indem du unsere In-App-Funktion „Meinen Account löschen“ nutzt. Wenn du deinen WhatsApp-Account löschst, werden deine nicht zugestellten Nachrichten sowie jedwede deiner sonstigen Informationen, die wir nicht mehr zum Betreiben und Bereitstellen unserer Dienste benötigen, von unseren Servern gelöscht.“

31 Vgl. die Präsentation auf https://allo.google.com/, zuletzt abgerufen am 22.06.2017, „Smart Reply lets you keep the conversation moving with a single tap by suggesting text and emoji responses based on your personality. For example, it learns if you're more of a "haha" or "lol" person so the more you use Google Allo, the more "you" the suggestions become.“; vgl. dazu auch *Jo Bager/heise.de*, http://www.heise.de/ct/ausgabe/2016-21-Smarter-Messenger-Allo-mit-Assis-

Diensten, die auch „Chatbots" bezeichnet werden.[32] Hier sind aber die Vorgaben der Telekommunikations-Datenschutzrichtlinie 2002/58/EG wesentlich strenger als die bisherigen allgemeinen datenschutzrechtlichen Vorgaben etwa in der Datenschutzrichtlinie 95/46/EG. Um das nur an einem Beispiel zu verdeutlichen: Nutzerprofile für eine Verbesserung der Werbung zu benutzen – also etwa wie eingangs erwähnt Ergebnisse von Suchanfragen mit dem Google-Profil zu verknüpfen und auf dieser Basis die Werbung bei der Nutzung des E-Mail-Dienstes abzustimmen, ist nach geltendem TKG gemäß § 96 Abs. 3 nur mit einer ausdrücklichen Einwilligung des Betroffen zulässig. Es ist also ein „opt in" erforderlich. Sofern angenommen wird, es läge kein Telekommunikationsdienst vor, ist nach einem anderen Zulässigkeitstatbestand zu suchen. Insoweit läge dann wohl ein Telemediendienst nach deutschem Recht vor und es griffe § 15 Abs. 3 TMG. Diese lässt aber die „opt-out"-Lösung genügen. Das heißt, eine entsprechende Verwendung der Nutzungsprofile ist solange zulässig, wie der Nutzer dem nicht widersprochen hat.

Der geringere Datenschutz im Allgemeinen europäischen Datenschutzrecht gilt – mit Abstrichen – auch für die ab Mitte 2018 geltende Datenschutzgrundverordnung. Da die Datenschutzgrundverordnung keine spezifischen Regeln für OTT-Kommunikationsdienste enthält, wird auch das im Rahmen der anstehenden Überarbeitung des TK-Richtlinienpaketes und hier der Telekommunikations-Datenschutzrichtlinie 2002/58/EG zu klären sein.

IV. Anpassungen des Regulierungsrahmens im europäischen Kodex für die elektronische Kommunikation

Damit sind schon die erforderlichen Anpassungen des Regulierungsrahmens de lege ferenda adressiert. Die Kommission hat hier am 14. September 2016 ihre Vorschläge vorgelegt.[33] Das bisherige über mehrere Richtlinien verstreute europäische Telekommunikationsrecht soll in einer Richtli-

---

tent-3333554.html, zuletzt abgerufen am 22.06.2017, wonach die Konversationen in der Cloud gespeichert und ausgewertet werden sollen.

32 *Adrian Lobe/faz.net*, http://www.faz.net/aktuell/feuilleton/debatten/facebook-gibt-vor-worueber-die-nutzer-reden-sollen-14487233.html, zuletzt abgerufen am 22.06.2017.

33 COM (2016) 590 final.

nie zusammengefasst und ergänzt werden, die einen europäischen Kodex für die elektronische Kommunikation etabliert (EKEK; im Folgenden EKEK-KomE).

1. Die neue Subkategorie der „interpersonellen Kommunikationsdienste"

Mit Blick auf OTT-1-Dienste zielen die Vorschläge darauf ab, diese künftig explizit in den ECS-Begriff aufzunehmen. So soll der bisher in Art. 2 lit. c RRL angeführte Begriff des elektronischen Kommunikationsdienstes in einem künftigen Art. 2 Nr. 4 EKEK-KomE neben Internetzugangsdiensten auch eine neue Subkategorie von Diensten aufnehmen, nämlich den Begriff des „interpersonellen Kommunikationsdienstes" („interpersonal communications service" (ICS)). Dieser wird in Art. 2 Nr. 5 S. 1 EKEK-KomE verstanden als ein Dienst, der einen direkten interpersonellen Informationsaustausch über elektronische Kommunikationsnetze zwischen einer endlichen Anzahl von Personen ermöglicht, und dadurch geprägt ist, dass die Kommunikationsteilnehmer, den Kreis der weiteren Rezipienten bestimmen. Das Abgrenzungsproblem bei gemischten Angeboten insbesondere mit OTT-1- und OTT-2-Elementen wird in der Norm ebenfalls explizit adressiert. So gibt Art. 2 Nr. 5 S. 2 EKEK-KomE vor, dass in den Fällen kein ICS vorliegt, in denen die Kommunikationsmöglichkeit nur eine untergeordnete Nebenfunktion ausmacht, der mit dem Hauptdienst untrennbar verbunden ist. Darunter könnte etwa der Instant-Messaging-Dienst von facebook erfasst werden oder die Kommunikationsmöglichkeiten über die Playstation. Das zweitgenannte Beispiel wird auch von der Kommission in Erwägungsgrund 17 des Richtlinienvorschlages herangezogen. Sodann differenziert dieser zwischen nummerngebundenen ICS und nummernunabhängigen ICS. Dabei soll danach unterschieden werden, ob eine nummernbezogene Verbindung zum öffentlichen Telefonnetz („Public Switched Telephone Network", PSTN) besteht. Nummerngebundene interpersonelle Kommunikationsdienste sollen – jedenfalls künftig – grundsätzlich umfassend in die Telekommunikationsregulierung einbezogen werden. Für nummernunabhängige interpersonelle Kommunikationsdienste greifen lediglich bestimmte regulatorische Verpflichtungen – insbesondere mit Blick auf die Notruffunktionalität.[34]

34 Siehe Art. 102 Abs. 2 S. 2 EKEK-KomE.

2. Die Regulierung der „interpersonellen Kommunikationsdienste“

Hinsichtlich des „Ob“ des Regulierens seien im Folgenden exemplarisch die drei angeführten Themengebiete der Meldepflicht, der Interoperabilität und des Datenschutzes angeführt.

a) Meldepflicht

Unklar ist, ob die nach Unionsrecht zulässige Meldepflicht künftig nur für nummerngebundene ICS und nicht für nummernunabhängige ICS gelten wird. Rechtspolitisch wäre das jedenfalls solange gut vertretbar, wie kein regulatorisches Bedürfnis für eine entsprechende Meldung besteht. Sinn und Zweck der Meldepflicht ist bislang vor allem die Überwachung der Einhaltung der telekommunikationsrechtlichen Vorschriften insbesondere im Rahmen der Marktregulierung gewesen. Da diese aber bei nummernunabhängigen ICS nicht im Vordergrund stehen, könnte auf eine entsprechende Verpflichtung womöglich verzichtet werden. Art. 12 Abs. 3 EKEK-KomE sieht die entsprechende Möglichkeit einer Meldepflicht vor. Da diese an die Allgemeingenehmigung des Art. 12 Abs. 2 EKEK-KomE anknüpft, jene Bestimmung aber nummernunabhängige ICS nicht erfasst, dürfte wohl bei systematischer Interpretation die diesbezügliche regulatorische Befreiung jener Dienste die Folge sein.

b) Interoperabilität

Entscheidender ist aber ohnehin die Frage der Interoperabilität, da eine regulatorische Verpflichtung hier gravierendere Konsequenzen hätte. Insoweit sieht Art. 59 Abs. 1 UAbs. 2 lit. c EKEK-KomE nunmehr eine spezifische Regelung für nummernunabhängige ICS vor. So soll für jene Dienste eine Interoperabilitätsverpflichtung abweichend von der Situation für nummerngebundene ICS in Art. 59 Abs. 1 UAbs. 2 lit. c EKEK-KomE nur dann greifen, wenn der Notruf oder die durchgehende Konnektivität zwischen Endnutzern („end-to-end connectivity between end-users“) andernfalls bedroht wäre. Dieses „Bedrohungserfordernis“ wird in Art. 59 Abs. 1 UAbs. 3 lit. ii EKEK-KomE noch weiter ausdifferenziert: So muss materiell „eine nennenswerte Bedrohung“ („appreciable threat“) innerhalb eines oder mehrerer oder sämtlicher Mitgliedstaaten vorliegen. Institutionell muss die Kommission auf der Basis eines bei BEREC eingeholten Berichts Implementierungsmaßnahmen nach Art. 110 Abs. 2 EKEK-KomE entworfen haben.

Fraglich ist dabei, was genau eine nennenswerte Bedrohung für den Notruf oder die durchgehende Konnektivität zwischen Endnutzern darstellt. Beim Notruf könnte man an die Situation denken, dass immer weniger Dienstenutzer über anderweitige Möglichkeit eines Notrufs insbesondere auch auf der Basis von nummernbasierten Diensten verfügen. Aber wie ist die Bedrohung einer durchgehenden Konnektivität zwischen Endnutzern zu verstehen? Genügt hier schon, dass ein bestimmter Dienst prinzipiell proprietär ist und keine Schnittstelle für eine Ende-zu-Ende-Kommunikation vorsieht? Dann würden die Instant-Messaging-Dienste hierunter fallen, da hier genau das nicht der Fall ist – anders als bei Webmail-Diensten. Oder genügt es, wenn im Rahmen von Multihoming die anderen Endkunden dann doch, nur eben nicht über jeden Anbieter der Dienstekategorie erreicht werden können, solange nur die Zutrittshürden zu jenem Diensteanbieter gering sind. Das würde zur Folgefrage führen, ob die eingangs skizzierten datenschutztechnischen Hürden – also die Notwendigkeit, etwa ein vollständiges Adressverzeichnis zur Verfügung zu stellen – eine Zutrittsbarriere darstellt, die eine weiter verstandene Ende-zu-Ende-Kommunikation nennenswert bedroht. Wenn diese Vorschrift nicht wenigstens in diesem Sinne verstanden werden kann, wäre sie weitgehend sinnentleert. Mit Blick auf eine möglichst effektive Anwendung jener Bestimmung sprechen jedoch die besseren Gründe dafür, für jeden einzelnen Dienst grundsätzlich eine Ende-zu-Ende-Kommunikation zu verlangen. Denn im Übrigen ist es nach Art. 59 Abs. 1 UAbs. 3 lit. i EKEK-KomE ohnehin erforderlich, dass die auferlegt regulatorische Maßnahme den zur Gewährleistung der Interoperabilität notwendigen Umfang nicht überschreitet.

Setzt sich dieser Vorschlag durch, wird jedenfalls künftig klargestellt, dass auch OTT-1-Dienste einer Interoperabiltätsverpflichtung unterworfen werden können, sofern dies mit Blick auf die Ermöglichung einer Ende-zu-Ende-Kommunikation notwendig ist.

c) Datenschutzrechtliche Anforderungen

Mit der künftigen Erfassung der OTT-1-Dienste unter den EU-Rechtsrahmen ist auch die prinzipielle datenschutzrechtliche Erfassung explizit normiert, da dem europäischen Telekommunikationsrecht ein einheitlicher Begriff der elektronischen Kommunikation zugrunde liegt. So wäre künftig auch die Eröffnung des Anwendungsbereichs der spezifischen Verordnung über Privatsphäre und elektronische Kommunikation (im Folgenden: TK-DSVO-KomE) geklärt, die die Datenschutzrichtlinie für elektronische Kommunikation (TK-DSRL) ersetzen soll und für die die Kommission am 10. Januar 2017 einen Entwurf vorgestellt hat.[35] Gerade hier ist es angesichts des oben Gesagten wichtig, dass auch nummernunabhängige ICS grundsätzlich erfasst werden, indem die Verordnung gemäß Art. 2 Abs. 1 TK-DSVO-KomE „für die Verarbeitung elektronischer Kommunikationsdaten [gilt], die in Verbindung mit der Bereitstellung und Nutzung [*sämtlicher*] elektronischer Kommunikationsdienste erfolgt". Dabei sind für die TK-DSVO-KomE gemäß Art. 4 Abs. 1 lit. b die entsprechenden Definitionen des EKEK-KomE heranzuziehen mit der Besonderheit, dass der TK-DSVO-KomE auch die Dienste erfasst, die eine interpersonelle Kommunikation lediglich als untergeordnete Nebenfunktion ermöglicht. Für die Vorschriften zur Datensicherheit in den Art. 40, 41 EKEK-KomE war das schon entsprechend vollzogen. Sie finden auf nummernunabhängige und nummerngebundene Dienste gleichermaßen Anwendung.

V. Fazit und Ausblick

Zunächst ist zu konstatieren, dass die Regulierung in der EU jedenfalls nicht die rasante Verbreitung hoch innovativer OTT-1-Dienste *verhindert* hat. Ganz im Gegenteil. Vielmehr mag man sich umgekehrt die Frage stellen, ob nicht gerade die Regulierungsapathie vor allem im Datenschutzrecht die Verbreitung ganz wesentlich *beschleunigt* hat: Innovationsförderung durch ein datenschutzrechtliches Vollzugsdefizit, mag insoweit das zynische Fazit sein. Auch das „level playing field" ist faktisch sicherlich nicht gewahrt (gewesen). Während klassische Telekommunikationsdienste einem strengen datenschutzrechtlichen Regime unterliegen, sind die datenschutzrechtlichen Anforderungen auf neuere Dienste schlichtweg unklar. Faire Wettbewerbschancen sind so im Datenschutzrecht jedenfalls nicht gewährleistet.

35 COM (2017) 10 final.

Dabei ist das materiell-rechtliche Regulierungsregime bei richtiger Auslegung durchaus sinnvoll aufgestellt. Wie der Gang durch die Regulierungsbereiche gezeigt hat, besteht ja weniger ein Regulierungsbedürfnis im klassischen Telekommunikationsrecht, also bei der Marktregulierung und auch nicht beim Kundenschutz. Das sinnvoll ausdifferenzierte Regulierungsregime hätte sich hier auch im Falle einer rascheren Bejahung der prinzipiellen Anwendbarkeit bewährt, in dem es tatsächlich nicht zur Anwendung gekommen wäre. Im Bereich der Marktregulierung hätte es zumindest auf den klassischen Telekommunikationsmärkten an marktbeherrschenden Stellungen gefehlt – wie auch immer die Märkte im Einzelnen abgegrenzt werden. Im klassischen Kundenschutzbereich fehlt es an einem pekuniären Missbrauch. Da der Gesetzgeber entsprechenden Entwicklungen aber nicht entsprechend rasch hinterherkommt, ist es gut und sinnvoll, dass der Rechtsrahmen technologieneutral und damit auch offen für die Erfassung neuerer Diensteangebote ist. Die Schwerfälligkeit des europäischen Gesetzgebungsprozesses führt im Telekommunikationsrecht letztlich zur Notwendigkeit einer dynamischen Interpretation des Regulierungsregimes. Daher spricht vieles dafür, dass das VG Köln im November 2015 Webmail-Dienste zu Recht als Telekommunikationsdienste qualifiziert hat. Dieselbe Einordnung gilt für andere OTT-1-Dienste wie die Internet-(Video)-Telefonie und Instant-Messaging-Dienste. Ultimativ kann das aber nur der EuGH entscheiden. Schon jetzt ist zu vermuten, dass eine entsprechende Klärung nur noch von rechtshistorischem Interesse sein wird, da das Rechtsregime gerade ohnehin einem Anpassungsprozess unterworfen ist. Die mangelnde Vorlagebereitschaft des VG Köln ist hier zu bedauern. Gerade in derartigen fundamentalen regulatorischen Fragen sollten die Unterinstanzen rasch den Austausch im gerichtlichen Mehrebenenverbund suchen.

Schon im geltenden Recht lassen sich bei dieser Einordnung im Rahmen der anschließenden Anwendung des Rechtsrahmens jedenfalls sinnvolle Ergebnisse erzielen. Die rechtspolitische Zweckmäßigkeit aus Sicht der Kommission bestätigt letztlich auch die geplante Novellierung des EU-Telekommunikationsrechtsrahmens, die von einer entsprechenden Erfassung jener Dienste ausgeht. Für die umstrittene Frage der Interoperabilität sieht der Kommissionsvorschlag eine Regelung vor, die zwar ausdifferenzierter ist, aber deren Ergebnis schon jetzt im geltenden Recht hergestellt werden könnte. Ungeklärt ist bislang noch die Frage der künftigen Adaption des telekommunikationsspezifischen Datenschutzrechts. Hier sprechen die stärksten Gründe für eine prinzipiell parallele Behandlung von nummerngebundenen und nummernunabhängigen elektronischen Kommunikationsdiensten, wie es sich jetzt auch im Entwurf der Verordnung über Privatsphäre und elektronische Kommunikation abzeichnet.

Insgesamt wirft die Diskussion einmal mehr einen kritischen Blick auf institutionelle Aspekte des europäischen Telekommunikationsrechts. In mehreren Etappen hat sich hier eine komplexe Entscheidungsstruktur im Mehrebenensystem aufgebaut, um die Regulierung der Märkte bis ins Detail zu harmonisieren. Sinnvolle Instrumente, um in so grundlegenden Fragen wie der Reichweite des Regulierungsrahmens selbst eine zügige Klärung strittiger Fragen herbeizuführen, fehlen hingegen. Legen die nationalen Gerichte dann nicht vor, wirkt sich jenes Defizit noch massiver aus. Derweil verbreiten sich derartige Angebote in datenschutzrechtlicher Hinsicht – zugespitzt formuliert – teilweise eher in Wildwestmanier. Besonders sinnfällig ist das vielleicht bei WhatsApp: Hier sahen die Nutzerregeln jahrelang vor, dass dieser Dienst erst ab 16 Jahren genutzt werden könne, obwohl allgemein bekannt war, dass der Dienst in breitem Umfang auch von jüngeren Kindern und Jugendlichen rege genutzt wird. Immerhin wird das auch bei einer bloßen Anwendung der Datenschutzgrundverordnung künftig nicht mehr zulässig sein. Dass Massenkommunikationsdienste wie Webmail-Dienste, Instant-Messaging-Dienste und Internet-(Video)-Telefonie auch Jahre nach ihrer flächendeckenden Verbreitung in ihrer datenschutzrechtlichen und auch regulatorischen Behandlung noch vollkommen ungeklärt sind, wirft jedenfalls kein gutes Licht auf die Leistungsfähigkeit des EU-Telekommunikationsrechtsrahmens. Das ist weder im Interesse der Kunden und Nutzer, noch einer Regulierung von Innovationen, die für faire Wettbewerbsbedingungen sorgt. Dabei kann die künftige Diskussion über das angemessene Datenschutzniveau ja durchaus die Frage aufwerfen, ob denn das strenge telekommunikationsrechtliche Regime angemessen ist oder nicht auch bei entsprechender Transparenz und dem Vorliegen von Alternativen unterschiedliche Modelle angeboten werden, die entweder auf eine pekuniäre Bezahlung oder auf eine solche durch Daten oder Werbung setzen. Das sollte nur nicht durch die normative Kraft des Faktischen hergestellt werden, sondern durch die demokratisch legitimierte normative Kraft des Normativen, um eine Formulierung von Juli Zeh aufzugreifen.[36]

---

36 *Zeh*, Wir brauchen ein digitales Grundrecht, FAZ vom 11.2.2014, abrufbar im WWW www.faz.net › Feuilleton › Debatten › Die Digital-Debatte › Politik in der digitalen Welt.

Regulierung der OTT-Dienste

Prof. Dr. Hubertus Gersdorf

I. Einleitung

Die klassischen Telekommunikationsanbieter von Inhalten und Diensten sehen sich zunehmend der Konkurrenz durch Dienste ausgesetzt, die dem Endnutzer über das offene Internet bereitgestellt werden (Over The Top-Dienste – OTT-Dienste). Komplementäre und substitutive Wettbewerbsverhältnisse sind in den Bereichen der Massen- und Individualkommunikation zu verzeichnen. Im Feld der Massenkommunikation sind neben die tradierten Fernseh- bzw. Hörfunk- und On Demand-Anbieter sowie die klassischen Plattformbetreiber (Kabel und Satellit) internetbasierte Inhalteanbieter (Netflix, Google Play Filme & Serien, Amazon, Spotify, Apple Music etc.) und internetbasierte Plattformbetreiber mit linearen Medieninhalten (Zattoo, Magine TV etc.) getreten. Im Bereich der Individual- einschließlich Gruppenkommunikation treten neben die leitungsvermittelten bzw. paketvermittelten (Voice over IP – VoIP) Sprachtelefondienste und Textdienste (SMS) der klassischen Telekommunikationsunternehmen neue, rein internetbasierte Diensteformen wie (Video-)Telefonie-Dienste (Voice over Internet – WhatsApp, Skype etc.) und Instant-Messaging (WhatsApp, Messenger etc.). Aktuelle Marktanalysen zeigen, dass die internetgestützten Telefon- und Instant-Messaging-Dienste immer mehr an Bedeutung gewinnen und klassische Dienste – wie etwa SMS – zum Teil verdrängen.[1]

Während OTT-Anbieter in der Praxis von erheblicher Bedeutung sind und ihre Marktanteile stetig wachsen, fristet ihre rechtliche Behandlung und Einordnung im rechtswissenschaftlichen Schrifttum eher ein Schattendasein.[2] OTT-Dienste werden in der Literatur entweder überhaupt nicht

---

1 Vgl. hierzu *Kühling/Schall*, CR 2015, S. 641 (642 f.); *Schumacher*, K&R 2015, S. 771 (771 f.).

2 Zutreffend die Analyse von *Schumacher*, K&R 2015, S. 771 (772).

oder nur im Hinblick auf bestimmte Fragestellungen behandelt.[3] Eingehend erörtert werden lediglich Einzelfragen im Hinblick auf bestimmte Dienste, etwa, ob Skype an die Rufnummernvorschriften gebunden ist[4] oder ob Dienste wie WhatsApp den Datenschutzbestimmungen des TKG unterliegen.[5] Eine umfassende Darstellung der Einbettung der OTT-Dienste in das System der telekommunikationsrechtlichen Regulierung fehlt bislang.

Erst in neueren Aufsätzen wird dieser Frage im Einzelnen nachgegangen und die – für die Reichweite der telekommunikationsrechtlichen Regulierung zentrale – Frage behandelt, ob OTT-Anbieter Telekommunikationsdienste iSd § 3 Nr. 24 TKG erbringen.[6] Hintergrund dieses aufkommenden Interesses im Schrifttum an der telekommunikationsrechtlichen Einordnung von OTT-Anbietern ist ein aktueller Rechtsstreit zwischen Google und der Bundesnetzagentur (BNetzA). Gegenstand des Rechtsstreits ist die Frage, ob der von Google betriebene Webmaildienst Gmail ein Telekommunikationsdienst iSd § 3 Nr. 24 TKG ist und damit der Anmeldepflicht nach § 6 Abs. 1 TKG unterliegt. Der Rechtsstreit betrifft unmittelbar zwar lediglich Google, faktisch jedoch sämtliche OTT-Anbieter, sofern ihr Geschäftsmodell nicht auf der Vermarktung von Inhalten und Anwendungen beruht. Dem Rechtsstreit kommt daher für die rechtliche Einordnung der OTT-Dienste im System des telekommunikationsrechtlichen Regulierungsrahmens grundsätzliche Bedeutung zu.

Gegenstand des vorliegenden Beitrags ist die Regulierung der OTT-Dienste. Hierbei wird in mehreren Schritten vorgegangen. Zunächst wird geklärt, was unter OTT-Diensten begrifflich zu verstehen ist. OTT-Dienste lassen sich zwischen OTT-Kommunikations- und OTT-Inhaltsdiensten unterscheiden (s. II). Sodann wird auf einzelne Fragen der Regulierung der OTT-Inhaltsdienste eingegangen (s. III). Den Schwerpunkt bilden indes Regulierungsfragen im Zusammenhang mit OTT-Kommunikationsdiensten. Ob OTT-Kommunikationsdienste nach geltendem Recht der telekommunikationsrechtlichen Regulierung unterfallen, wird nur knapp darge-

---

3 So in Bezug auf die Netzneutralitätsproblematik (vgl. *Gersdorf*, K&R 2015, Beihefter 1, S. 1 ff.) oder auf § 48 TKG (vgl. *Janik*, in: Beck`scher TKG-Kommentar, 4. Aufl. 2013, § 48 Rn. 27).

4 Siehe nur *Bergmann/Schaper*, MMR 2013, S. 230 ff.

5 *Schneider*, ZD 2014, S. 231 ff.; siehe auch *Lutz/Weigl*, CR 2014, S. 85 ff.

6 Vgl. *Kühling/Schall*, CR 2015, S. 641 ff.; *Schumacher*, K&R 2015, S. 771 ff.; *Gersdorf*, K&R 2016, S. 91 ff.

stellt. Der derzeit anhängige Rechtsstreit um die Einordnung von Gmail soll hier nicht nochmals im Einzelnen nachgezeichnet werden. Vielmehr liegt der Fokus auf der Fragestellung, in welchen Bereichen und nach welchen Maßstäben OTT-Kommunikationsdienste künftig reguliert werden sollten (s. zum Ganzen IV).

II. Begriff des OTT-Dienstes

1. Begriff

Eine allgemein anerkannte Definition von OTT existiert nicht, geschweige denn eine rechtlich ausgeformte (Legal-)Definition. Das Gremium europäischer Regulierungsbehörden (GEREK) versteht OTT als einen Inhalt, einen Dienst oder eine Anwendung, der/die dem Endnutzer über das offene Internet bereitgestellt wird.[7] Das Charakteristikum von OTT ist daher nicht ein bestimmter Anwendungstyp oder Dienst, sondern die Art und Weise der Bereitstellung eines Inhalts, eines Dienstes oder einer Anwendung. Der Transport erfolgt über das offene Internet unabhängig von dem Internetzugangsanbieter des Endnutzers.[8] OTT-Anbieter haben über den Vorgang des Signaltransports keine Herrschaft. Die Inhalte, Dienste und Anwendungen von OTT-Anbietern werden über das offene Internet nach dem hierfür geltenden Best-Effort-Prinzip transportiert. Die Möglichkeit einer Qualitätssicherung besteht insoweit nicht. Hierin unterscheiden sich OTT-Dienste von Diensten, die von Betreibern der Zugangsnetze angeboten werden. So beruht VoIP im Zugangsnetz der Netzbetreiber auf qualitätssichernden Techniken, die im rein internetbasierten Voice over Internet nicht zur Verfügung stehen. Auch ist der qualitätsgesicherte, „ruckelfreie" Transport von linearen Fernsehdiensten der Rundfunkveranstalter und von nichtlinearen Mediendiensten der Netzbetreiber in den Zugangsnetzen seit jeher gewährleistet, während den OTT-Anbietern von linearen bzw. nichtlinearen Inhalten sowie OTT-Plattformbetreibern ein solcher Qualitätsstandard nicht garantiert ist; ihre Inhalte werden nach Maßgabe des im Internet herrschenden Best-Effort-Prinzips weitergeleitet. Unter dem Stichwort der Netzneutralität wird die Frage diskutiert, ob – in Ergänzung zum

---

7 *Berec*, Report on OTT services (draft), BoR (15) 142, p. 14.

8 *Monopolkommission*, Telekommunikation 2015: Märkte im Wandel, Sondergutachten 73, 2015, Rz. 152.

Best-Effort-Prinzip – auch im Internet eine entsprechende Qualitätssicherung von Diensten (weiterhin) erlaubt bleiben soll, die den OTT-Anbietern und OTT-Rezipienten Gleichstellung und Wahlfreiheit ermöglicht.[9] Den OTT-Anbietern fehlt es – nach Lage der Dinge – an der Möglichkeit einer solchen Qualitätssicherung, weil ihre Inhalte, Dienste oder Anwendungen nach dem Best-Effort-Prinzip über eine Vielzahl, nicht einmal bestimmbarer (Teil-)Netze des Internet verbreitet werden. Die OTT-Anbieter stehen – abgesehen von ihrem Zugangs-Internetserviceprovider (Access-ISP) – zu den Netzbetreibern nicht in einer vertraglichen oder rechtlichen Beziehung, die es ihnen erlaubte, auf den Vorgang und damit auf die Qualität des Transports ihrer Inhalte, Dienste oder Anwendungen Einfluss zu nehmen.

Ob Dienstanbieter, die qualitätsgesicherte Spezialdienste iSd Verordnung (VO) 2015/2120[10] anbieten, als OTT-Anbieter zu qualifizieren sind, erscheint zweifelhaft. Die Zweifel beruhen zum einen darauf, dass solche qualitätsgesicherten Spezialdienste nicht – wie OTT-Anbieter – über das offene Internet nach Maßgabe des Best-Effort-Prinzips transportiert werden. Zum anderen differenziert die VO 2015/2120 zwischen den Typformen Spezialdienste und Internetzugangsdienste. Spezialdienste gelten nach der VO 2015/2120 nicht als Internetzugangsdienste (vgl. Art. 3 Abs. 5 VO 2015/2120).[11]

2. *Differenzierung zwischen OTT-Kommunikations- und OTT-Inhaltsdiensten*

Innerhalb der Gruppe der OTT-Dienste ist zwischen den OTT-Kommunikationsdiensten und den OTT-Inhaltsdiensten zu unterscheiden. OTT-Kommunikationsdienste lassen sich als OTT-I-Dienste und OTT-Inhalts-

---

9 Vgl. hierzu *Gersdorf*, K&R 2015, Beihefter 1, S. 8.

10 Verordnung des Europäischen Parlaments und des Rates über Maßnahmen zum Zugang zum offenen Internet und zur Änderung der RL 2002/22/EG über den Universaldienst und Nutzerrechte bei elektronischen Kommunikationsnetzen und -diensten, ABl. L Nr. 310 vom 26.11.2015, S. 1; vgl. auch die Empfehlung des Europarats zur Netzneutralität vom 13.1.2016 (abrufbar unter https://wcd.coe.int).

11 Vgl. Art. 3 Abs. 5 VO 2015/2120: „Dienste, die keine Internetzugangsdienste sind".

dienste als OTT-II-Dienste bezeichnen.[12] Die beiden Dienstformen sind durch das Begriffsmerkmal des Telekommunikationsdienstes iSd § 3 Nr. 24 TKG „ganz oder überwiegend" voneinander abzugrenzen. Die Begriffsvoraussetzung, dass der Dienst „ganz oder überwiegend" aus der Signalübertragung bestehen muss, dient der Abgrenzung der Telekommunikationsdienste von den Inhaltsdiensten; Inhaltsdienste unterliegen nach europäischem und deutschem Telekommunikationsrecht nicht der telekommunikationsrechtlichen Regulierung.[13] Fraglich ist jedoch, worin der Anknüpfungspunkt für die notwendige Abgrenzung zwischen Telekommunikations- und Inhaltsdiensten liegt. Wenig überzeugend wäre es, insoweit stets auf das gesamte, aus Transport- und Inhaltsleistungen bestehende Leistungsbündel abzustellen. Unter Zugrundelegung eines solches Ansatzes wäre etwa bei einer Vermarktung von Rundfunkprogrammen durch Kabelnetzbetreiber für die Abgrenzung danach zu fragen, ob der Schwerpunkt in der Transportfunktion und in der Versorgung mit Rundfunkprogrammen liegt. Dies aber wäre mit Art. 2 lit. c) RRL und mit § 3 Nr. 24 TKG unvereinbar, wonach die Übertragung von Rundfunkinhalten in Telekommunikations- bzw. Rundfunknetzen einen elektronischen Kommunikationsdienst bzw. Telekommunikationsdienst darstellt. Nach europäischem und deutschem Telekommunikationsrecht ist zwischen den technischen und inhaltlichen Versorgungsleistungen des Leistungsbündels zu differenzieren. Während die technischen Transportleistungen der Telekommunikationsregulierung unterfallen, ist dies im Hinblick auf die Vermarktung von Rundfunkinhalten nicht der Fall. Im Übrigen würde eine Gesamtbetrachtung dazu führen, dass die Einordnung als Telekommunikationsdienst allein von der Produktzusammenstellung des jeweiligen Anbieters abhängig wäre.[14] In diesem Fall könnte sich ein Anbieter durch entsprechende Erweiterung seines Produktbündels um weitere inhaltsbezogene Leistungen der telekommunikationsrechtlichen Regulierung entziehen.

---

12 Zu dieser Differenzierung s. Wissenschaftlicher Arbeitskreis für Regulierungsfragen (WAR) bei der BNetzA, Evolution der Regulierung in den Telekommunikations- und Mediensektoren angesichts der Relevanzzunahme von OTT-Anbietern, 18.11.2015, S. 3 ff., und Fragen der Regulierung von OTT-Kommunikationsdiensten, 15.07.2016, S. 3.

13 Zu dieser Funktion vgl. nur *Kühling/Schall*, CR 2015, 641, 645.

14 *Koenig/Neumann*, K&R 2004, Beilage 3, S. 1 (9); *Kühling/Schall*, CR 2015, S. 641 (645 f.); *Kühling/Schall/Biendl*, Telekommunikationsrecht, 2. Aufl. 2014, Rd. 126; *Martini/Zimmermann*, CR 2007, S. 427 (427 f.); *Säcker*, in: Säcker (Hrsg.), Berliner TKG-Kommentar, 3. Aufl. 2013, § 3 Rn. 63.

Ebenso wenig zu überzeugen vermag die im Schrifttum vertretene Ansicht, dass für die Bewertung als Telekommunikationsdienst auf die rein technische Trennbarkeit der jeweiligen Leistungskomponenten abzustellen sei.[15] Danach wäre eine Gesamtbetrachtung eines Leistungsbündels und zugleich die Variante der „überwiegenden Signalübertragung“ iSd § 3 Nr. 24 TKG von vornherein ausgeschlossen.[16] Darüber hinaus besteht bei einer solchen technischen Separierung die Gefahr, dass Dienste, die aus der Perspektive der Nachfrager eine untrennbare Einheit darstellen, in kleinste Bestandteile künstlich aufgespalten und ggf. unterschiedlichen Regulierungsregimes unterworfen würden.[17]

Zutreffend erscheint die zwischen den beiden dargestellten Extrempositionen vermittelnde Ansicht. Danach ist der zu beurteilende Dienst nach Maßgabe des Kriteriums der potentiellen isolierten Markzugänglichkeit zu ermitteln.[18] Gebündelte Leistungen sind daher trennbar und einer gesonderten Bewertung zu unterziehen, sofern sie für sich genommen marktfähig sind, d.h. als Produkt isoliert nachgefragt werden.[19] Scheidet (aus Sicht der Nachfrager) eine wirtschaftliche Teilbarkeit aus, kommt es auf den Schwerpunkt („überwiegend“) der Gesamtleistung an. Nur wenn dieser in der Signalübertragung liegt, ist der Dienst als Telekommunikationsdienst zu qualifizieren.

Beispiele für OTT-Kommunikationsdienste (OTT-I-Dienste) sind (Web-)Maildienste (Gmail, GMX, Web.de etc.) und OTT-Messaging-Dienste (WhatsApp etc.), VoIP sowie Videotelefonie (Skype, WhatsApp, Google Duo etc.). Zu nennen ist aber auch VoIP over Internet der Netzbetreiber (WLAN Call, WiFi Calling); dieser Dienst ermöglicht dem Nutzer

---

15 *Koenig/Neumann*, K&R 2004, Beilage 3, S. 1 (9).

16 *Kühling/Schall*, CR 2015, S. 641 (646); *Kühling/Schall/Biendl*, Telekommunikationsrecht, 2. Aufl. 2014, Rd. 126; *Martini/Zimmermann*, CR 2007,S. 427 (428).

17 *Kühling/Schall*, CR 2015, S. 641 (646); *Kühling/Schall/Biendl*, Telekommunikationsrecht, 2. Aufl. 2014, Rd. 126; vgl. auch *Martini/Zimmermann*, CR 2007, S. 427 (428).

18 *Martini/Zimmermann*, CR 2007, S. 427 (428); zustimmend *Kühling/Schall*, CR 2015, S. 641 (646); *Kühling/Schall/Biendl*, Telekommunikationsrecht, 2. Aufl. 2014, Rd. 126; vgl. auch *Kremer/Völkel*, CR 2015, S. 501 (502 und 503 f.).

19 *Martini/Zimmermann*, CR 2007, S. 427 (428); ebenso *Kühling/Schall*, CR 2015, S. 641 (646); *Kühling/Schall/Biendl*, Telekommunikationsrecht, 2. Aufl. 2014, Rd. 126; ähnlich VG Köln, vom 11.11.2015, 21 K 450/15, Umdruck, S. 12, das allerdings nicht auf die Marktfähigkeit der Teilleistung abstellt, sondern eine umfassende Bewertung vornimmt, „die sowohl die Nutzer- als auch die Anbietersicht, aber auch die gesetzgeberischen Intentionen mit in den Blick zu nehmen hat“.

die telefonische Erreichbarkeit unter der Mobilfunknummer im Internet. Beispiele für OTT-Inhaltsdienste (OTT-II-Dienste), die durch eine inhaltliche Leistung gekennzeichnet sind, sind (audiovisuelle) Plattformbetreiber mit redaktioneller Verantwortung für Inhalte („nichtlinearer Mediendienst“ wie maxdome, Netflix) und ohne redaktionelle Verantwortung für Inhalte („Videoplattformen“ wie YouTube), aber auch Suchmaschinen (Google, Bing etc.). Zur Gruppe der OTT-Inhaltsdienste dürften auch soziale Netzwerke wie Facebook zählen, die nicht nur – wie Messaging-Dienste – die technische Plattform für Individual-, Gruppen- oder Massenkommunikation zur Verfügung stellen, sondern durch Ausgestaltung des Newsfeed-Algorithmus o.ä. auch inhaltliche Leistungen erbringen.

III. OTT-Inhaltsdienste

1. Regulatorische Differenzierung zwischen linearen (Rundfunk) und nicht-linearen (Telemedien) audiovisuellen-Angeboten (System abgestufter Regulierungstiefe)

Das geltende Medienrecht beruht auf einem System abgestufter Regulierungstiefe, das für den linear verbreiteten Rundfunk strengere Regelungen vorsieht (vgl. Art. 14 ff. AVMDRL, §§ 3 ff. RStV) als für die nichtlinearen Telemedien (Art. 12 f. AVMDRL, §§ 54 ff. RStV). Im Rahmen dieses Systems werden Dienste, die in den (geschlossenen) Rundfunknetzen verbreitet werden, und OTT-Inhaltsdienste, die über das offene Internet angeboten werden, regulatorisch grundsätzlich gleichbehandelt. Eine Ausnahme stellt § 20b RStV dar, der den ausschließlich im Internet verbreiteten Hörfunk vom Zulassungserfordernis des § 20 Abs. 1 Satz 1 RStV dispensiert; im Übrigen aber unterliegt auch der Internethörfunk den für den Hörfunk geltenden rundfunkrechtlichen Zulässigkeitsvoraussetzungen. Eine weitere Ausnahme findet sich im System der Plattformregulierung, das Anbieter privilegierter Plattformen von den Bindungen der Plattformregulierung prinzipiell befreit (vgl. § 2 Abs. 2 Nr. 13 iVm § 52 Abs. 1 Satz 2 RStV). Der Hauptanwendungsfall privilegierter Plattformen sind die Anbieter von Plattformen in offenen Netzen wie dem Internet (§ 52 Abs. 1 Satz 2 Nr. 1 RStV). Nach der Gesetzesbegründung können in solchen Netzen „Anbieter von Rundfunk oder Telemedien ihre Angebote unmittelbar und ohne die Zusammenfassung durch einen Plattformbetreiber bereitstellen".[20] Nach der auf der Grundlage des § 53 RStV ergangenen Zugangs- und Plattformsatzung (ZPS) der Landesmedienanstalten[21] sind offene Netze die Übertragungskapazitäten innerhalb dieser Netze, „die dadurch gekennzeichnet sind, dass keine Vorauswahl durch einen Plattformanbieter erfolgt, sodass Anbieter von Rundfunk und vergleichbaren Telemedien ihre Angebote unmittelbar bereitstellen können" (§ 1 Abs. 2 Satz 1 Nr. 1 Satz 2 ZPS). Fehlt es – im Gegensatz zum Referenzfall des Transports von Rundfunkprogrammen in Kabelanlagen – an einer Gatekeeper-Stellung des Netzbetreibers, die Abhängigkeiten der Inhalteanbieter sowie der Rezipienten und damit Regulierungsbedarf begründet, entfällt der eine Regulierung rechtfertigende Grund. Dies gilt allerdings nur dann, wenn der Plattformbetreiber in offenen Netzen über keine marktbeherrschende Stellung verfügt (§ 52 Abs. 1 Satz 2 Nr. 1 RStV, § 1 Abs. 2 Nr. 1 Satz 1 ZPS), weil diese wiederum Abhängigkeitsverhältnisse mit sich bringt, die aus Sicht des Gesetzgebers eine Regulierung rechtfertigen sollen.[22]

Abgesehen von wenigen Ausnahmen sind OTT-Inhaltsdienste mit den Inhaltsdiensten, die in den (geschlossenen) Rundfunknetzen verbreitet werden, regulatorisch gleichgestellt. Demgemäß besteht insoweit ein Level Playing Field. Die (nicht mehr zeitgemäße und gleichheitswidrige) regulatorische Differenzierung zwischen linearen und nichtlinearen Medienanbietern betrifft die linearen OTT-Rundfunkdienste ebenso wie die in den Rundfunknetzen (DVB-S, DVB-C und DVB-T) verbreiteten klassischen Rundfunkanbieter. Auch insoweit existieren regulatorisch keine Unterschiede.

2. *Vom Medien- zum (Massen-)Kommunikationsprivileg*

Der Datenschutz und damit der Schutz des Rechts auf informationelle Selbstbestimmung nimmt im Rahmen der Diskussion der Regulierung von OTT-Kommunikationsdiensten einen herausragenden Stellenwert ein.[23] Das gleiche gilt im Hinblick auf die OTT-Inhaltsdienste. Insoweit ist die

---

20 BayLT-Drs. 15/9667, S. 23.

21 Abrufbar unter http://www.die-medienanstalten.de/fileadmin/Download/Rechtsgrundlagen/Satzungen/Zugangs-und_Plattformsatzung_04.03.2009.pdf.

22 Vgl. die Gesetzesbegründung, BayLT-Drs. 15/9667, S. 23.

23 S. im Einzelnen hierzu noch unten sub D) IV. 4.

Frage zu beantworten, ob die Freistellung der Medien von datenschutzrechtlichen Vorschriften auf sämtliche OTT-Inhaltsdienste der Massenkommunikation (Facebook etc.) ausgedehnt werden sollte.

Medien und der Persönlichkeitsschutz stehen in einem natürlichen Spannungsverhältnis. Journalistische Arbeit ist auf umfassende Informationsbeschaffung gerichtet. Der grundrechtliche Schutz der Medien umfasst das Recht auf Erhebung, Speicherung, Verwendung und Weitergabe personenbezogener Daten. Demgegenüber zielt der Datenschutz auf die Verwirklichung grundrechtlichen Schutzes vor Erhebung, Speicherung, Verwendung und Weitergabe personenbezogener Daten. Die Auflösung dieses Spannungsverhältnisses ist seit jeher geregelt. Presse, öffentlich-rechtlicher und privater (linear verbreiteter Programm-)Rundfunk und Telemedien mit journalistisch-redaktionellen Inhalten genießen ein sogenanntes Medienprivileg. Das Medienprivileg stellt die Medien bei der Wahrnehmung ihrer grundrechtlich geschützten Aufgabe von der Einhaltung der Datenschutzbestimmungen weitgehend frei. Denn ohne Erhebung, Verarbeitung und Nutzung personenbezogener Daten auch ohne Einwilligung der jeweils Betroffenen wäre journalistische Arbeit nicht möglich. Ebenso wenig können die weiteren datenschutzrechtlichen Grundsätze der Erforderlichkeit, der Datenvermeidung und Datensparsamkeit auf Medien Anwendung finden, weil Medien auf eine umfassende Informationsbeschaffung angewiesen sind, zu der auch die Erhebung personenbezogener Daten gehört – insbesondere von Personen der Zeitgeschichte.

Die Exemtion der Medien von datenschutzrechtlichen Bindungen bedeutet nicht, dass kollidierende Persönlichkeitsrechte keine Geltung beanspruchen und gegenüber den Informations- und Berichterstattungsinteressen der Medien a priori zurücktreten. Der von Verfassungs wegen erforderliche Schutz der Persönlichkeitsrechte wird durch das Medienordnungsrecht und das Äußerungsrecht gewährt. Medien haben im Rahmen ihrer publizistischen Tätigkeit bestimmte journalistische Standards zu erfüllen.[24] Darüber hinaus bietet das Äußerungsrecht mit seinen umfangreichen Schutzinstrumenten den notwendigen Schutz in jedem Einzelfall. Die auf dem Medienprivileg beruhende Freistellung der Medien vom Datenschutzregime lässt die Verpflichtung der Medien zur Wahrung von Persönlichkeitsrechten unberührt. Medienordnungsrecht und Äußerungsrecht dienen diesen Schutzfunktionen.

---

24 Vgl. statt vieler *Caspar*, NVwZ 2010, S. 1451 ff.

Das datenschutzrechtliche Medienprivileg ist in mehrfacher Hinsicht beschränkt. In personaler Hinsicht sollen – nach dem Wortlaut der gesetzlichen Bestimmungen – nur Unternehmen und Hilfsunternehmen der Medien geschützt sein. Und in sachlicher Hinsicht sind Medien nur geschützt, wenn die personenbezogenen Daten „ausschließlich zu eigenen journalistisch-redaktionellen, künstlerischen oder literarischen Zwecken" erhoben, verarbeitet oder genutzt werden. Die inhaltsbezogene, an publizistischen Maßstäben orientierte Tätigkeit der Medien und ihre hierauf bezogenen (ggf. auch inhaltsneutralen) Hilfstätigkeiten sind vom Medienprivileg umfasst. Diese Medienprivilegien bestehen nicht im individuellen Interesse der Medien, sondern im Interesse der den Medien zukommenden überindividuellen Funktion für den demokratischen Meinungs- und Willensbildungsprozess.[25]

Neben dem Medienprivileg existiert noch eine weitere Vorrangregel im geltenden Recht: Sofern personenbezogene Daten aus allgemein zugänglichen Quellen (Internet o.ä.) stammen und deshalb dem besonderen Schutz des Grundrechts der Informationsfreiheit (Art. 5 Abs. 1 Satz 1 Alt. 2 GG, Art. 10 Abs. 1 Satz 2 EMRK, Art. 11 Abs. 1 Satz 2 GRC) unterfallen, ist die Erhebung, Speicherung und Verwendung personenbezogener Daten zulässig, es sei denn, dass das Betroffeneninteresse *offensichtlich* überwiegt. Dieses auf einem Primat der Informationsfreiheit beruhende Wertungsmodell liegt dem geltenden Recht zugrunde (vgl. § 28 Abs. 1 Satz 1 Nr. 3, § 29 Abs. 1 Satz 1 Nr. 2 BDSG), was insbesondere für die rechtliche Bewertung von Geodatendiensten wie Google Street View und MS Street Side von Bedeutung ist:[26] Nicht die fehlende Einwilligung der von der Bebilderung „Betroffenen", sondern umgekehrt eine mögliche gesetzliche Begründung eines solchen Einwilligungserfordernisses ist verfassungsrechtlich prekär.

Im Übrigen aber trägt das geltende Recht der verfassungsrechtlichen Notwendigkeit einer umfassenden Abwägung zwischen dem Grundrecht auf informationelle Selbstbestimmung und den Kommunikationsgrundrechten kaum Rechnung. Es berücksichtigt nicht hinreichend, geschweige

25 BVerfG, 1 BvR 77/96 vom 22.08.2000, Absatz-Nr. 9; BVerfG, 1 BvR 1398/01 vom 13.09.2001, Absatz-Nr. 8; *Dix*, in: Simitis (Hrsg.), Bundesdatenschutzgesetz, 7. Aufl., 2011, § 41 Rn. 1; *Dörr*, ZUM 2004, S. 536 (540); *Mann/Smid*, in: Spindler/Schuster, Recht der elektronischen Medien, 2. Aufl., 2011, 7. Teil, Rn. 120.

26 Vgl. *Forgó/Krügel/Müllenbach*, CR 2010, S. 616 (620 f.); *Holznagel/Schumacher*, JZ 2011, S. 57 (63).

denn verarbeitet konzeptionell die maßgeblichen Änderungen im Wirkungsfeld der grundrechtlich geschützten Kommunikationsfreiheiten. Weshalb das Medienprivileg auf Unternehmen und Hilfsunternehmen der Medien reduziert ist, erscheint im Zeitalter des Web 2.0 schlechthin anachronistisch. Unter den Bedingungen der modernen Massenkommunikation sind Medienfreiheiten Jedermann-Freiheiten. Jeder Einzelne kann sich ohne großen Aufwand publizistisch betätigen und an der grundrechtlich geschützten Massenkommunikation mitwirken, auch und gerade in sozialen Netzwerken. Vor allem aber spielen inhaltsneutrale Intermediäre – wie Suchmaschinen und soziale Netzwerke – im Rahmen der individuellen und öffentlichen Kommunikation eine zunehmend größere Bedeutung, ohne dass ihnen ein hinreichender Schutz zugedacht wird. Diesem Bedeutungswandel wird nicht genügend Rechnung getragen.

Der Gesetzgeber hat konzeptionell noch nicht hinreichend verarbeitet, dass Datenschutzbelange mit Informations- und Kommunikationsbedürfnissen kollidieren können. Es ist seine Aufgabe, das Spannungsverhältnis zwischen dem Grundrecht der informationellen Selbstbestimmung und den Kommunikationsgrundrechten aufzulösen und den grundrechtlichen Positionen zur bestmöglichen Verwirklichung zu verhelfen. Medien sind nicht die einzigen Akteure im Wirkungsfeld des Art. 5 GG, Art. 11 GRC und Art. 10 EMRK. Das Medienprivileg bedarf einer Fortentwicklung in Richtung eines (Massen-)Kommunikationsprivilegs um sicherzustellen, dass im Rahmen der Abwägung die schutzwürdigen Belange nicht nur der Medien, sondern auch anderer Träger des Art. 5 GG, Art. 11 GRC und Art. 10 EMRK Berücksichtigung finden. Umgekehrt bedarf es einer genauen Untersuchung, ob die dem Medienprivileg korrespondierenden spezifischen Pflichten des Medienordnungsrechts auf die neuen Akteure des Internet (Intermediäre etc.) zu erstrecken sind. Denkbar wäre etwa die Implementierung eines Anreizsystems, das eine Freistellung von datenschutzrechtlichen Bindungen an die Erfüllung bestimmter medienordnungsrechtlicher Standards (Impressums-, Sorgfaltspflichten etc.) knüpft, soweit hierdurch die Tätigkeit von Intermediären nicht übergebührend eingeengt würde. So erscheint fraglich, ob Plattformbetreiber, die ein Forum für anonyme bzw. pseudonyme Kommunikation bereithalten, in den Genuss der Privilegien von Medien kommen, die der Impressumspflicht unterliegen, welche für die Durchsetzung der (Persönlichkeits-)Rechte der von der Berichterstattung Betroffenen von erheblicher Bedeutung ist. Die von Verfassungs wegen erforderliche Weiterentwicklung des Medienprivilegs zu einem (Massen-)Kommunikationsprivileg bedarf weiterer, differenzierender Überlegungen. Eine pauschale Einbeziehung sämtlicher Intermediäre in das Medienprivileg verbietet sich ebenso wie ein Beharren auf den status quo.[27]

IV. Regulierung der OTT-Kommunikationsdienste

Wie eingangs erwähnt, befinden sich Google und die BNetzA derzeit in einem Rechtsstreit, der die Frage betrifft, ob der von Google betriebene Webmaildienst Gmail ein Telekommunikationsdienst iSd § 3 Nr. 24 TKG ist und damit der Anmeldepflicht nach § 6 Abs. 1 TKG unterliegt. Während die Europäische Kommission[28], die Monopolkommission[29] sowie Teile des Schrifttums[30] OTT-Angebote nicht als elektronische Kommunikations- (Art. 2 lit. c) RRL) bzw. Telekommunikationsdienste (§ 3 Nr. 24 TKG) qualifizieren, vertritt das VG Köln im Google-Rechtsstreit nunmehr den gegenteiligen Standpunkt.[31] Nach Ansicht des Gerichts erbringt Google mit Gmail einen Telekommunikationsdienst iSd § 3 Nr. 24 TKG,

---

27 Siehe *Gersdorf*, in: Hill/Schliesky (Hrsg.), Die Vermessung des virtuellen Raums, 2012, S. 163 (171 ff.).

28 Die Generaldirektion Kommunikationsnetze, Inhalte und Technologien der Europäischen Kommission vertritt in einem Schreiben vom 13.2.2014 die Ansicht, dass der Webmaildienst Gmail nicht als elektronischer Kommunikationsdienst gem. Art. 2 lit. C) RRL einzustufen ist, weil der Anbieter nicht die Kontrolle über und Verantwortung für die Übertragung der E-Mail vom Sender an den Empfänger über elektronische Kommunikationsnetze ausübt, sondern nur IP-Pakete für die Übermittlung an das richtige Ziel verschlüsselt (wiedergegeben in VG Köln vom 11.11.2015, 21 K 450/15, Umdruck, S. 4 f.). Die Europäische Kommission hat zwischen dem 11.09.2015 und 7.12.2015 eine öffentliche Konsultation zum Änderungsbedarf im Zuge des nächsten TK-Reviews durchgeführt, in der sie u.a. danach fragt, ob die derzeitige Definition des elektronischen Kommunikationsdienstes in Art. 2 lit. c) RRL und insbesondere das Merkmal der „Signalübertragung" im Hinblick auf OTT-Dienste geändert werden soll. Sie vertritt die Auffassung, dass OTT-Dienste in Ermangelung einer „Signalübertragung" dem geltenden TK-Rechtsrahmen nicht unterfallen, vgl. die Ausführungen sub Ziff. 3.5.2.a) der Umfrage zum bevorstehenden TK-Review (abrufbar unter https://ec.europa.eu/digital-agenda/en/news/public-consultation-evaluation-and-review-regulatory-framework-electronic-communications).

29 *Monopolkommission*, Telekommunikation 2015 (Fn. 8), Rz. 166.

30 *Brown*, Computer Law & Security Review, 30 (2014), S. 357 (359 f.); *Holznagel*, MMR 2014, S. 18 (20); *Schneider*, ZD 2014 S. 231 (236).

31 VG Köln, MMR 2016, S. 141 ff.; ebenso *Kühling/Schall*, CR 2015, S. 641 ff.; *Schumacher*, K&R 2015, S. 771 ff.

der der Anmeldepflicht nach § 6 Abs. 1 TKG unterliegt. Gegen den zur Anmeldung auffordernden und die TK-Dienstanbietereigenschaft feststellenden Bescheid hatte Google Inc. geklagt, insbesondere mit der Begründung, sie kontrolliere bei ihrem Webmaildienst die technische Signalübertragung über das offene Internet nicht und übernehme für die Signalübertragung auch keine Verantwortung. Dies sei aber Voraussetzung für den Betrieb eines Telekommunikationsdienstes. Dieser Argumentation ist das VG Köln nicht gefolgt und hat die Klage abgewiesen. Auch wenn die Signalübertragung bei Gmail über das offene Internet erfolge, sei sie bei einer wertend-funktionalen Betrachtung gleichwohl überwiegend dem Webmaildienst von Google zuzurechnen.[32]

Im gegebenen Zusammenhang soll das Urteil der VG Köln nicht in Einzelnen nachgezeichnet und analysiert werden.[33] Folgende Kritik muss genügen: Entgegen der Ansicht des VG Köln und vereinzelter Stimmen im Schrifttum sind Telekommunikationsdienste nicht Dienste der Telekommunikation, sondern Dienste der „Übertragung von Signalen" (§ 3 Nr. 24 TKG), also Dienste des Signaltransports. Dass OTT-Anbieter – wie Gmail – Signale „senden" und „empfangen", reicht zwar für den Begriff der Telekommunikation iSd § 3 Nr. 22 TKG aus, nicht aber für den Begriff des Telekommunikationsdienstes iSd § 3 Nr. 24 TKG. Dem wird in der Literatur teilweise mit dem Argument entgegengetreten, dass für den Begriff der Telekommunikation die Voraussetzungen des „Aussendens", „Übermittelns" und „Empfangs" von Signalen kumulativ vorliegen müssten.[34] Dies ist erkennbar unzutreffend, wie das Beispiel der unidirektionalen Nachrichtenübertragung zeigt, bei der der Sender Signale nur „aussendet" und ggf. „übermittelt", nicht aber „empfängt" („blinder" Broadcast etc.). Auch reicht für „Übertragung von Signalen" iSd § 3 Nr. 24 TKG nicht die Adressierung von Signalen (Bereitstellung von Verzeichnungsfunktionen wie IP- und E-Mail-Adressen) aus.[35] Mit Ausnahme einiger (nicht: aller) Fälle der unidirektionalen Nachrichtenübertragung (Bsp.: „blinder" Broadcast) setzt jeder Telekommunikationsvorgang die Adressierung der Sendesignale voraus. Dienste der Telekommunikation iSd § 3 Nr. 22 TKG sind von Diensten der „Übertragung von Signalen" (§ 3 Nr. 24 TKG) zu unterscheiden. Der Begriff „Übertragung von Signalen" erfordert, dass der

---

32 VG Köln, MMR 2016, S. 141 (143 ff.).

33 Hierzu umfassend *Gersdorf*, K&R 2016, S. 91 ff.

34 *Kühling/Schall*, CR 2016, S. 185 (190 f.).

35 Vgl. hierzu zuletzt *Kühling/Schall*, CR 2016, S. 185 (192).

Dienstanbieter entweder die tatsächliche und rechtliche Kontrolle (Funktionsherrschaft) oder (zumindest) die rechtliche Kontrolle über den Vorgang der Signalübertragung ausübt bzw. ausüben kann. Die Funktionsherrschaft über den Vorgang der Signalübermittlung liegt bei den Netzbetreibern. Ein Beispiel für die (allein) rechtliche Kontrolle über den Vorgang der Signalübertragung ist der Wiederverkäufer („Reseller“), der bei einem Netzbetreiber entsprechende Transportdienstleistungen einkauft. Keine der beiden Voraussetzungen, also weder die tatsächliche noch die rechtliche Kontrolle über den Vorgang der Signalübertragung, liegen bei den über das offene Internet erbrachten OTT-Diensten vor, weil die Anbieter über die Signalübertragung im Internet keinerlei Kontrolle ausüben. (OTT-)Dienste wie (Web-)E-Maildienste sind nur dann als Telekommunikationsdienste zu qualifizieren, wenn sie als qualitätsgesicherte Spezialdienste iSd Art. 3 Abs. 5 VO 2015/2120 erbracht werden. (Nur) In diesem Fall besitzen Dienstanbieter – wie Reseller – aufgrund entsprechender vertraglicher Abreden mit den ISP die nach § 3 Nr. 24 TKG erforderliche rechtliche Kontrolle über den Vorgang der Signalübertragung.[36]

Ungeachtet der im anhängigen Rechtsstreit zu klärenden Frage, ob OTT-Kommunikationsdienste der geltenden telekommunikationsrechtlichen Regulierung unterfallen, soll im Folgenden der Blick auf das künftige Recht gerichtet werden. OTT-Dienste sind oftmals durch Besonderheiten gekennzeichnet, die es als nicht sachgerecht erscheinen lassen, sie wie die klassischen Kommunikationsdienste der Netzbetreiber zu regulieren.

1. Grundsätzliches

Sofern OTT-Kommunikationsdienste mit den Kommunikationsdiensten der Netzbetreiber funktional austauschbar sind, also zwischen beiden Dienstformen ein Wettbewerbsverhältnis besteht, muss im Interesse der Chancengleichheit im Wettbewerb ein einheitliches Regulierungsniveau bestehen. Damit ist indes noch nicht entschieden, ob das derzeit geltende Regulierungsniveau angemessen ist. Die Herstellung eines Level Playing Field verlangt nur Wettbewerbsgleichheit, und zwar ungeachtet der gesetzlich festgelegten Regulierungstiefe.

36 S. im Einzelnen *Gersdorf*, K&R 2016, S. 91 (96 ff.).

Umfang und Tiefe der Regulierung bestimmen sich maßgeblich nach der Wettbewerbsintensität. Zwischen Regulierungsbedürftigkeit und Wettbewerbsintensität besteht ein korrelativer Zusammenhang. Dementsprechend ist die Regulierungsnotwendigkeit in (strukturell) vermachteten Märkten besonders hoch. In Märkten mit hoher Wettbewerbsintensität ist der Regulierungsbedarf entsprechend gering. In ausbalancierten Märkten ist die Verwirklichung der Schutzziele möglicher Regulierung dem Wettbewerb zu überantworten. Verbraucher- und Datenschutz (Datensouveränitätsschutz) sind (auch) im und durch Wettbewerb zu gewährleisten. Die Herausbildung eines angemessenen Verbraucher- und Datenschutzniveaus ist in erster Linie dem Wettbewerb zu überantworten. Auch insoweit entfaltet Wettbewerb als Entdeckungsverfahren seine ihn prägende wohlfahrtsfördernde Steuerungskraft.

Die Diskussion über die Regulierung von OTT-Kommunikationsdiensten sollte Anlass zur kritischen Reflektion sein, ob sich die mit einer Regulierung verbundenen Erwartungen überhaupt erfüllen lassen. Unter den Bedingungen universeller und ubiquitärer Vernetzung droht die Gefahr einer symbolischen (Über-)Regulierung, die ihren Schutzauftrag bereits mit Blick auf schier unendliche Anzahl von Kommunikationsanbietern verfehlen muss.[37] Waren in der Vergangenheit nur einige wenige Personen und Gegenstände miteinander vernetzt, wird künftig der Informationsaustauch zwischen Menschen (Mensch2Mensch-Kommunikation), zwischen Menschen und Endgeräten (Mensch2Maschine-Kommunikation) und zwischen Endgeräten (Maschine2Maschine-Kommunikation) – etwa Rahmen von Wirtschaft 4.0 – allgegenwärtig sein, d.h. das private, berufliche, gesellschaftliche und wirtschaftliche Leben ganz maßgeblich prägen. Vor diesem Hintergrund dürfte der (Regulierungs-)Staat die Grenzen seiner Leistungsfähigkeit überschreiten, wenn er bei Beibehaltung oder Ausweitung des Regulierungsniveaus sämtliche Kommunikationsdienste einer Regulierung unterwirft.

---

37 Vgl. bereits *Gersdorf*, K&R 2016, S. 91 (96).

2. *Vorschlag der Kommission für eine Richtlinie über den europäischen Kodex für die elektronische Kommunikation*

Im Rahmen der Novellierung des Telekommunikationsrechtsrahmens hat die Europäische Kommission am 14. September 2016 einen Vorschlag für eine Richtlinie über den europäischen Kodex für die elektronische Kommunikation (EKEK-RL-Entwurf) vorgelegt.[38] Neben einer Vielzahl telekommunikationsrechtlicher Themenfelder betrifft der Entwurf auch die OTT-Kommunikationsdienste. Der Entwurf zielt auf einen einheitlichen Regulierungsrahmen für sämtliche funktional gleichwertige, d.h. austauschbare Dienste. OTT-Dienste sollen demnach der Regulierung unterfallen, wenn sie mit den klassischen Diensten der Netzbetreiber in einem Wettbewerbsverhältnis stehen. Auf diese Weise sollen gleiche Wettbewerbsbedingungen für Netzbetreiber und Anbieter, die ihre Dienste über das Internet erbringen (OTT), geschaffen werden. Um dieses Ziel zu erreichen, soll der Begriff der regulierungsbedürftigen elektronischen Kommunikationsdienste ausgeweitet werden. Neben dem bereits regulierten Internetzugangsdienst sollen auch sog. interpersonelle Kommunikationsdienste dem Begriff elektronische Kommunikationsdienste und der Regulierung unterfallen (Art. 2 Ziff. 4 EKEK-RL-Entwurf). Im Hinblick auf interpersonelle Kommunikationsdienste (Art. 2 Ziff. 5 EKEK-RL-Entwurf) soll weiter zwischen nummerngebundenen und nummernunabhängigen interpersonellen Kommunikationsdiensten (Art. 2 Ziff. 6 und 7 EKEK-RL-Entwurf) unterschieden werden. Für nummerngebundene interpersonelle Kommunikationsdienste und Internetzugangsdienste soll in zentralen Regulierungsfeldern wie der Sicherheit, der Interoperabilität und des Verbraucherschutzes im Wesentlichen ein einheitlicher Regulierungsstandard gelten. Demgegenüber sieht der Entwurf für nummernunabhängige interpersonelle Kommunikationsdienste lediglich ein Mindestmaß an Regulierung vor.

Der Entwurf knüpft an den Begriff interpersoneller Kommunikationsdienst an, der in Art. 2 Ziff. 5 EKEK-RL-Entwurf definiert wird. Dienste, die auf einer Kommunikation zwischen Mensch und Maschine oder zwischen Maschine und Maschine beruhen, sollen von dem für Internetzugangsdienste und nummerngebundene interpersonelle Kommunikationsdienste geltenden strengen telekommunikationsrechtlichen Regulierungsstandard dispensiert sein. Der Entwurf sucht auf diese Weise der Gefahr

38 COM(2016) 590 final.

einer Überregulierung vorzubeugen. Allerdings erscheint eine Regulierung, die zwischen nummerngebundenen und nummernunabhängigen interpersonellen Kommunikationsdiensten differenziert, nicht geeignet, die von der Kommission intendierten gleichen Wettbewerbsbedingungen für funktional austauschbare Dienste herbeizuführen. Eine Vielzahl von Diensten wie etwa Messenger-Dienste oder (Web-)VoIP-Dienste funktionieren nummernunabhängig, ohne hierdurch ihre Eigenschaft als Substitut zu den klassischen Diensten der Netzbetreiber einzubüßen.[39] Zur Herstellung eines Level Playing Field ist ein horizontaler Regulierungsansatz erforderlich, der für sämtliche funktional vergleichbare und damit im Wettbewerb stehende Dienste einen einheitlichen Regulierungsstandard vorsieht.[40]

Darüber hinaus muss sich der Kommissionsentwurf Kritik gefallen lassen, weil er die Problematik der telekommunikationsrechtlichen Regulierung von Spezialdiensten nicht regelt. Spezialdienste gelten nach der VO 2015/2120 nicht als Internetzugangsdienste (vgl. Art. 3 Abs. 5 VO 2015/2120).[41] Sie dürften nach dem Entwurf nur dann der strengen telekommunikationsrechtlichen Regulierung unterliegen, wenn es sich um nummerngebundene interpersonelle Kommunikationsdienste handelt. Eine regulatorische Differenzierung zwischen Internetzugangsdiensten und Spezialdiensten ist jedoch kaum sachgerecht, da Spezialdienste den Vorgang der Signalübertragung rechtlich kontrollieren.[42] Aufgrund dieser rechtlichen Kontrolle über den Vorgang der Signalübertragung erscheint es erforderlich, Internetzugangsdienste und Spezialdienste regulatorisch gleich zu behandeln.

3. (Weisungs-)Unabhängigkeit der BNetzA?

Sofern die Regulierung der OTT-Anbieter nicht differenzierend, d.h. nach Maßgabe der einzelnen Schutzziele im jeweiligen bereichsspezifischen

---

39 Stellungnahme der *ANGA Verband Deutscher Kabelnetzbetreiber* zu dem EKEK-RL-Entwurf der Kommission, 13.12.2016, S. 8.

40 Ebenso Beschluss des *Bundesrates* zu dem EKEK-RL-Entwurf der Kommission, BRat-Drs. 612/16, S. 9; Stellungnahme der *ANGA Verband Deutscher Kabelnetzbetreiber* zu dem EKEK-RL-Entwurf der Kommission, 13.12.2016, S. 8.

41 Vgl. Art. 3 Abs. 5 VO 2015/2120: „Dienste, die keine Internetzugangsdienste sind“.

42 S. hierzu im Einzelnen *Gersdorf*, K&R 2016, S. 91 (96 f. und 98 f.).

Fachrecht, sondern – wie bislang – einheitlich im Telekommunikationsrecht geregelt wird, stellt sich die Frage, welche Organisationsstruktur für die mit der Aufsicht über diese Dienste betrauten BNetzA vorzusehen ist. Die BNetzA ist in den (hierarchischen) Aufbau der bundeseigenen Verwaltung eingegliedert und unterliegt nach geltendem Recht der Rechts-, Fach- und Dienstaufsicht des übergeordneten Bundesministeriums für Wirtschaft und Energie oder des Bundesministeriums für Verkehr und digitale Infrastruktur. Die Fachaufsichtskompetenz schließt die Befugnis zu Weisungen ein. Nach geltendem Recht sind Einzelweisungen und allgemeine Weisungen zulässig, die gem. § 117 TKG im Interesse der Herstellung von Transparenz im Bundesanzeiger zu veröffentlichen sind.[43]

An dieser Rechtslage kann nicht mehr festgehalten werden, nachdem die Richtlinie 2009/140/EG vom 25.11.2009, mit der u.a. die Richtlinie 2002/21/EG über einen gemeinsamen Rechtsrahmen für elektronische Kommunikationsnetze und –dienste (RRL) geändert wird,[44] eine umfassende Stärkung der Unabhängigkeit der nationalen Regulierungsbehörden vorsieht (Erwägungsgrund 13 Richtlinie 2009/140/EG, Art. 3 Abs. 3 und 3 a RRL). Neben der Verpflichtung der Mitgliedstaaten zur funktionsgerechten Ausstattung der nationalen Regulierungsbehörden (eigener Haushaltsplan, Zurverfügungstellung ausreichender personeller und finanzieller Ressourcen) und der Verpflichtung zur gesetzlichen Vorabfestlegung der Voraussetzungen für eine (mögliche) Entlassung des Leiters der nationalen Regulierungsbehörde ist die (Fachaufsichts-)Weisungsfreiheit der nationalen Regulierungsbehörden ausdrücklich vorgeschrieben (Erwägungsgrund 13 Richtlinie 2009/140/EG, Art. 3 a RRL). Die Struktursicherungsklausel des Art. 23 Abs. 1 GG ist dadurch nicht verletzt (vgl. Art. 3 a RRL: „im Einklang mit dem nationalen Verfassungsrecht"). Zwar verlangt das Prinzip demokratischer Legitimation prinzipiell die hierarchische Aufbau- und Ablauforganisation der (unmittelbaren) Bundesverwaltung einschließlich der Weisungsunterworfenheit der untergeordneten Stellen.[45] Ministerialfreie Räume lassen sich von Verfassungs wegen nur durch gegenläufige, mit Verfassungsrang ausgestattete Organisationsprinzipien rechtferti-

---

43 Zur Zulässigkeit von Weisungen nach bisherigem TKG vgl. *Mayen*, in: Scheuerle/Mayen (Hrsg.), TKG, Kommentar, 2. Auflage 2008, § 116 Rdnrn. 13 ff.

44 Richtlinie 2009/140/EG vom 25.11.2009 zur Änderung der Richtlinie 2002/21/EG, der Richtlinie 2002/19/EG und der Richtlinie 2002/20/EG (ABl. L 337, S. 37).

45 Vgl. nur BVerfGE 44, S. 125 (139); 47, S. 253 (271 f.); 83, S. 60 (71 f.); 93, S. 37 (66 f.); 89, S. 155 (182); 107, S. 59 (87 f.).

gen. Ein solches gegenläufiges Organisationsprinzip mit Verfassungsrang ergibt sich aus Art. 87 f Abs. 2 Satz 1 GG. Solange und soweit der Bund an den Nachfolgeunternehmen Kapital- und Stimmrechtsanteile hält, rechtfertigt Art. 87 f Abs. 2 Satz 1 GG die (Weisungs-)Unabhängigkeit der BNetzA, weil diese der Vermeidung eines (sachwidrigen) Zielkonflikts zwischen wettbewerblichen und fiskalischen Interessen bei der Regulierung dient.[46] Die Vermeidung eines solchen Interessenkonflikts bildet die maßgebliche Voraussetzung für die Verwirklichung der dem Bund nach Art. 87 f Abs. 2 Satz 1 GG obliegenden Verpflichtung zur Gewährleistung eines funktionsmäßigen Wettbewerbs auf den Post- und Telekommunikationsmärkten.

Allerdings existiert ein solches die (Fachaufsichts-)Weisungsfreiheit rechtfertigendes Spannungsverhältnis nur im Bereich der asymmetrischen (Markt-)Regulierung. Im Bereich der symmetrischen Regulierung (Datenschutz, Kundenschutz etc.) ist für eine fachaufsichts- und weisungsfreie Regulierungsinstanz sub specie des Prinzips demokratischer Legitimation kein Platz. Diese verfassungsrechtliche Direktive ist bei der Regulierung der OTT-Dienste zu berücksichtigen. Im Kern geht es insoweit um eine symmetrische Regulierung, die unabhängig von der Marktmacht einzelner Anbieter gilt. Im Bereich symmetrischer Regulierung ist kein Grund mit Verfassungsrang erkennbar, der eine Abweichung von den Erfordernissen des Prinzips demokratischer Legitimation und damit eine weisungsfreie und unabhängige BNetzA rechtfertigen könnte.

4. *Regulierungsfelder*

a) Marktregulierung

Eine asymmetrische Regulierung der OTT-Anbieter nach dem zweiten Teil des TKG dürfte bereits aus formalen Gründen kaum in Betracht kommen, weil ihre Leistungen den von der EU-Kommission in der aktuellen Märkteempfehlung[47] als regulierungsbedürftig eingestuften vier Vorleis-

46 *Gersdorf*, Die Verwaltung 45, S. 287 (288); (im Ergebnis ebenso) *Kühling*, in: Bonner Kommentar, 175. Erg.-Lfg. Oktober 2015, Art. 87 f Rn. 156 ff.

47 Empfehlung der *Kommission* vom 9. Oktober 2014 über relevante Produkt- und Dienstmärkte des elektronischen Kommunikationssektors, die aufgrund der Richtlinie 2002/21/EG des Europäischen Parlaments und des Rates über einen gemein-

tungsmärkten nicht zuzuordnen sind.[48] Allerdings könnte die BNetzA gem. § 10 TKG auch regulierungsbedürftige Märkte festlegen, die in der Märkteempfehlung nicht enthalten sind. Dann hätte die EU-Kommission bei einer solchen Abweichung von der Märkteempfehlung gem. § 12 Abs. 2 Nr. 3 lit a) TKG ein Vetorecht. Mit Blick hierauf dürfte eine Regulierung von OTT-Anbietern de facto ausgeschlossen sein.[49]

Ungeachtet dieser formalen Gründe bereitet die Bestimmung des sachlich relevanten Marktes erhebliche Schwierigkeiten. Ob Datenbesitz einen sachlich relevanten Markt bildet, bedürfte der näheren Begründung.[50] Auch ist der Besonderheit Rechnung zu tragen, dass Daten im Unterschied zu anderen ökonomischen Gütern beliebig häufig kopiert und genutzt werden können, d.h. andere (Unternehmen) von der Nutzung nicht ausschließen. Daten besitzen mithin die ökonomische Eigenschaft der Nicht-Rivalität; mehrere Unternehmen und Personen können die Daten nutzen, ohne andere in der Nutzung einzuschränken.[51]

b) Zusammenschaltung

Im Hinblick auf einen Teil der OTT-Kommunikationsdienste (OTT-Messaging- und OTT-Telefondienste) wird die Frage diskutiert, ob OTT-Anbieter zur Zusammenschaltung ihrer Dienste verpflichtet werden sollten,[52] so wie dies bei den Netzbetreibern der Fall ist (vgl. § 18 TKG). Es handel-

---

samen Rechtsrahmen für elektronische Kommunikationsnetze und -dienste für eine Vorabregulierung in Betracht kommen, ABl. L 295/79 vom 11.10.2014.

48 Vgl. *Kühling/Schall*, CR 2015, S. 641 (653); *Wissenschaftlicher Arbeitskreis für Regulierungsfragen (WAR)* bei der BNetzA, Fragen der Regulierung von OTT-Kommunikationsdiensten, 15.07.2016, S. 5; *Grünwald/Nüßing*, MMR 2016, S. 91 (96).

49 *Kühling/Schall*, CR 2015, S. 641 (653).

50 Vgl. hierzu *Wissenschaftlicher Arbeitskreis für Regulierungsfragen (WAR)* bei der BNetzA, Fragen der Regulierung von OTT-Kommunikationsdiensten, 15.07.2016, S. 5 f.

51 *Wissenschaftlicher Arbeitskreis für Regulierungsfragen (WAR)* bei der BNetzA, Fragen der Regulierung von OTT-Kommunikationsdiensten, 15.07.2016, S. 6.

52 Vgl. hierzu *Hermann/Heilmann/Werkmeister*, N&R 2016, S. 130 (139); *Kühling/Schall*, CR 2015, S. 641 (653 f.); *Monopolkommission*, Telekommunikation 2015, Sondergutachten 73, Rz. 172 ff.; *Grünwald/Nüßing*, MMR 2016, S. 91 (96); *Wissenschaftlicher Arbeitskreis für Regulierungsfragen (WAR)* bei der BNetzA, Fragen der Regulierung von OTT-Kommunikationsdiensten, 15.07.2016, S. 7 ff.

te sich um eine symmetrische Zugangsverpflichtung, die unabhängig von der Marktmacht des einzelnen OTT-Anbieters gilt. Gegen eine Zusammenschaltungsverpflichtung spricht, dass die Sachgründe, auf denen die Verpflichtung zur Interconnection von Netzen beruhen, im Fall von OTT-Kommunikationsdiensten nicht vorliegen. So kann der Nutzer – etwa durch Installation mehrerer Apps – eine Vielzahl von OTT-Messaging- bzw. OTT-Telefondiensten nutzen (Multihoming), was bei den klassischen Telekommunikationsdiensten – wenigstens derzeit – nicht möglich ist.[53] Das Multihoming ermöglicht dem Nutzer regelmäßig ohne Wechselkosten die Kommunikation mit anderen auf einer Vielzahl von Plattformen, sodass es im Unterschied zum Fall der Interconnection von Netzen einer Zusammenschaltung der OTT-Dienste nicht bedarf.[54]

Im Übrigen ist zu berücksichtigen, dass OTT-Messaging-Dienste denkbar sind, die eine Kommunikation nur zwischen Menschen mit bestimmten Eigenschaften (Alter, Geschlecht, Religion, politische Überzeugung etc.) ermöglichen sollen. Eine Verpflichtung zur Zusammenschaltung mit anderen OTT-Messaging-Diensten wäre mit der (mannigfaltig) grundrechtlich geschützten „Tendenzfreiheit“ solcher Netzwerke kaum zu vereinbaren.

c) Kundenschutz

Eine Übertragbarkeit der für die klassischen Telekommunikationsdienste geltenden Kundenschutzvorschriften (Art. 43a ff. TKG, Art. 10 ff. Universaldienst-RL) auf OTT-Kommunikationsdienste erscheint wenig sinnvoll und angemessen.[55] Die Kundenschutzbestimmungen sind erkennbar auf

---

53 Vgl. *Monopolkommission*, Telekommunikation 2015, Sondergutachten 73, Rz. 175; *Wissenschaftlicher Arbeitskreis für Regulierungsfragen (WAR)* bei der BNetzA, Fragen der Regulierung von OTT-Kommunikationsdiensten, 15.07.2016, S. 8.

54 *Monopolkommission*, Telekommunikation 2015, Sondergutachten 73, Rz. 75; *Grünwald/Nüßing*, MMR 2016, S. 91 (96); *Wissenschaftlicher Arbeitskreis für Regulierungsfragen (WAR)* bei der BNetzA, Fragen der Regulierung von OTT-Kommunikationsdiensten, 15.07.2016, S. 8.

55 Vgl. *Grünwald/Nüßing*, MMR 2016, S. 91 (96); *Kühling/Schall*, CR 2015, S. 641 (652 f.); *Wissenschaftlicher Arbeitskreis für Regulierungsfragen (WAR)* bei der BNetzA, Fragen der Regulierung von OTT-Kommunikationsdiensten, 15.07.2016, S. 9 ff.

klassische, die Bereitstellung eines Netzanschlusses beruhende Telekommunikationsdienste zugeschnitten.[56] OTT-Kommunikationsdienste weisen im Vergleich zu den klassischen Telekommunikationsdiensten kundenschutzrechtlich relevante Unterschiede auf:

Erstens werden die OTT-Kommunikationsdienste über das offene Internet erbracht. Ist der Einzelne mit dem Internet verbunden, bedarf es zum Bezug von OTT-Diensten keiner weiteren Hardwareanschlüsse oder Zusatzgeräte. Kundenschutzregelungen, die an den Anschluss an öffentliche Telekommunikationsnetze anknüpfen (vgl. etwa § 45d Abs. 2 TKG, Art. 10 Abs. 2 Universaldienst-RL), haben insoweit keinen Anwendungsbereich.[57]

Zweitens fehlt es OTT-Kommunikationsdiensten regelmäßig an der für klassische Telekommunikationsdienste typischen Exklusivität.[58] Im Unterschied zu klassischen Telekommunikationsdiensten bedarf es bei OTT-Kommunikationsdiensten, die regelmäßig einen Betrieb von mehreren Plattformen zulassen, keiner Regulierung, die einen Anbieterwechsel erleichtern soll (vgl. § 46 Abs. 1 und 2 TKG, Art. 30 Abs. 4 UA 2 und 3 Universaldienst-RL). Auch beinhalten Verträge von OTT-Dienstanbietern regelmäßig keine feste Vertragslaufzeit. Doch selbst wenn vertraglich eine solche feste Laufzeit existiert, wäre dies wegen der Unentgeltlichkeit und der Möglichkeit des Multihoming unschädlich. Eine Übertragung der für klassische Telekommunikationsdienstleistungen geltenden Vorschrift über die Vertragslaufzeit (vgl. § 43b TKG, Art. 30 Abs. 5 Universaldienst-RL) auf OTT-Dienste macht wenig Sinn.[59] Ebenso besteht wegen der bei OTT-Diensten bestehenden Möglichkeit des Multihoming kein Bedürfnis, die für klassische Telefondienste geltende Vorschrift über die Rufnummernportabilität (vgl. § 46 Abs. 3 und 4 TKG, Art. 30 Abs. 1 bis 4 Universaldienst-RL) auf (nummernunabhängige und nummernabhängige) OTT-Dienste zu übertragen. Im Hinblick auf die Portabilität von E-Mailadressen wäre indes zu überlegen, OTT-Anbieter zu verpflichten, in einer ge-

---

56 *Wissenschaftlicher Arbeitskreis für Regulierungsfragen (WAR)* bei der BNetzA, Fragen der Regulierung von OTT-Kommunikationsdiensten, 15.07.2016, S. 9.

57 *Wissenschaftlicher Arbeitskreis für Regulierungsfragen (WAR)* bei der BNetzA, Fragen der Regulierung von OTT-Kommunikationsdiensten, 15.07.2016, S. 9.

58 *Wissenschaftlicher Arbeitskreis für Regulierungsfragen (WAR)* bei der BNetzA, Fragen der Regulierung von OTT-Kommunikationsdiensten, 15.07.2016, S. 9.

59 *Wissenschaftlicher Arbeitskreis für Regulierungsfragen (WAR)* bei der BNetzA, Fragen der Regulierung von OTT-Kommunikationsdiensten, 15.07.2016, S. 9.

setzlich zu regelnden Übergangszeit E-Mails an die neue E-Mailadresse weiterzuleiten.[60] Vor einem solchen Markteingriff sollte jedoch überprüft werden, ob nicht bereits der Wettbewerb entsprechende Serviceleistungen bereitstellt.

Drittens unterscheiden sich OTT-Dienste von klassischen Telekommunikationsdiensten dadurch, dass sie grundsätzlich nicht von der Erhebung eines monetären Entgelts abhängig sind. Deshalb sind diese Dienste jedoch nicht „kostenlos", da Daten das Entgelt des 21. Jahrhunderts sind.[61] Der Schutz des Nutzers ist nicht nur Gegenstand des Datenschutzes, sondern auch des Verbraucherschutzes. Der Verbraucher ist vor „Ausbeutung" wirksam zu schützen. Das gilt vor allem deshalb, weil von einem autonomen Aushandeln der Vertragsbedingungen zwischen Kunden und OTT-Anbieter regelmäßig nicht die Rede ist. Die vertragliche Beziehung ist oftmals (etwa wegen des Lock-in-Effekts) durch eine strukturelle Überlegenheit des OTT-Anbieters gekennzeichnet, die einen besonderen Schutz des Nutzers erforderlich macht.[62] Erforderlich erscheinen deshalb Regelungen zur Verbesserung der Transparenz.[63] Allerdings ist einzuräumen, dass die (wirtschafts- und rechts-)wissenschaftliche Forschung insoweit noch „in den Kinderschuhen steckt". Wem Daten „gehören" ist ebenso ungeklärt wie die Ermittlung ihres Wertes. Auch bereitet umgekehrt die Bestimmung des Werts des OTT-Dienstes erhebliche Schwierigkeiten.[64]

---

60 Vgl. *Wissenschaftlicher Arbeitskreis für Regulierungsfragen (WAR)* bei der BNetzA, Fragen der Regulierung von OTT-Kommunikationsdiensten, 15.07.2016, S. 10.

61 Vgl. hierzu *Faust*, 71. DJT, Gutachten A, A 16 ff.; Vgl. *Wissenschaftlicher Arbeitskreis für Regulierungsfragen (WAR)* bei der BNetzA, Fragen der Regulierung von OTT-Kommunikationsdiensten, 15.07.2016, S. 10 ff.

62 Zu den grundrechtlichen Schutzpflichten des Staates bei gestörter Vertragsparität vgl. BVerfGE 81, S. 242 (255); 84, S. 212 (229); 85, S. 191 (213); 89, S. 214 (232); 92, S. 365 (395); 97, S. 169 (176 f.); 103, S. 89, 100 f.; 114, S. 1 (34 f.); 114, S. 73 (90).

63 Vgl. *Wissenschaftlicher Arbeitskreis für Regulierungsfragen (WAR)* bei der BNetzA, Fragen der Regulierung von OTT-Kommunikationsdiensten, 15.07.2016, S. 11.

64 Vgl. *Wissenschaftlicher Arbeitskreis für Regulierungsfragen (WAR)* bei der BNetzA, Fragen der Regulierung von OTT-Kommunikationsdiensten, 15.07.2016, S. 11 f.

d) Datenschutz

(1) Vom Datenschutz zum Datensouveränitätsschutz

Der Datenschutz nimmt im Rahmen der Regulierung der OTT-Anbieter einen herausragenden Stellenwert ein. Der Staat ist unter dem Gesichtspunkt seiner Schutzpflichten im Hinblick auf das Fernmelde- (Art. 10 GG) bzw. Kommunikationsgeheimnis (Art. 7 GRC), das Grundrecht auf informationelle Selbstbestimmung (Art. 2 Abs. 1 i.V.m. Art. 1 Abs. 1 GG) bzw. den Schutz personenbezogener Daten (Art. 8 GRC) und das Grundrecht auf Gewährleistung der Vertraulichkeit und Integrität informationstechnischer Systeme (Art. 2 Abs. 1 i.V.m. Art. 1 Abs. 1 GG) verpflichtet, für einen wirksamen Schutz der Grundrechte gegenüber Beeinträchtigungen durch OTT-Kommunikationsdienste zu sorgen.

Im Unterschied zum vertikalen Verhältnis zwischen Staat und Bürger stellt sich auf horizontaler Ebene zwischen dem Nutzer und dem OTT-Anbieter die Frage, nach welchen Maßstäben das vom Staat zu garantierende hinreichende Schutzniveau zu bestimmen ist. Die Problematik beruht darauf, dass das allgemeine Persönlichkeitsrecht respektive seiner spezifischen Ausprägungen wie dem Grundrecht auf informationelle Selbstbestimmung einen Doppelcharakter besitzt. Erstens: Das Grundrecht auf informationelle Selbstbestimmung enthält das Recht auf Nicht-Preisgabe (Geheimhaltung) personenbezogener Daten. Diese grundrechtliche Dimension gilt vor allem im Verhältnis des Einzelnen zum Staat; sie hat aber (selbstredend) auch Bedeutung im Verhältnis zwischen Grundrechtsträgern, also im Verhältnis des Nutzers zum OTT-Anbieter. Das hierauf bezogene Schutzinstrument ist das Opt-in-Verfahren.

Zweitens: Das Grundrecht auf informationelle Selbstbestimmung enthält auch (umgekehrt) das Recht auf Preisgabe personenbezogener Daten durch den Einzelnen. Im Internet zeichnet sich bei einem Teil der Nutzer ein Paradigmenwechsel im Umgang mit persönlichen Daten ab. In sozialen Netzwerken offenbaren (nicht nur dem besonderen Schutz der Verfassung unterliegende minderjährige) Nutzer persönliche Daten, die noch vor wenigen Jahren als sakrosankt angesehen wurden und deren Veröffentlichung als „unschicklich“ verstanden wurde: Geburtsdatum, politische und religiöse Überzeugung oder gar sexuelle Orientierung. Viele offenbaren „ihre“ Daten ganz bewusst, weil sie sich davon (private und berufliche) Vorteile versprechen und weil sie das „Gen“ der auf Offenheit setzenden Rationalität des Internet in sich tragen. Geheimniskrämerei gilt als „uncool". Diese Form autonomer Offenbarung personenbezogener Daten darf nicht als „Datenstriptease" negativ konnotiert oder gar stigmatisiert werden, sie ist die Wahrnehmung des Grundrechts auf informationelle Selbstbestimmung, also die Ausübung grundrechtlich geschützter Freiheit. Bereits in der Magna Charta des Datenschutzrechts, im Volkszählungsurteil, hat das Bundesverfassungsgericht festgestellt, dass es Sache des Einzelnen ist, grundsätzlich selbst zu entscheiden, wann und innerhalb welcher Grenzen er persönliche Lebenssachverhalte offenbart.[65] Gibt der Einzelne in sozialen Netzwerken personenbezogene Daten preis (Alter, Geschlecht, Konfession etc.), liegt darin kein Verzicht auf das Grundrecht auf informationelle Selbstbestimmung, sondern die Ausübung dieses Grundrechts.[66] Darüber hinaus ist die Preisgabe personenbezogener Daten regelmäßig die Wahrnehmung der Kommunikationsgrundrechte des Art. 5 Abs. 1 GG,[67] die einen besonderen verfassungsrechtlichen Schutz genießen.

Das auf das Recht auf Offenbarung personenbezogener Daten bezogene Schutzinstrument ist das Opt-out-Verfahren. Es dient nicht nur kommerziellen Interessen des datenschutzrechtlich „Verantwortlichen", sondern der Entfaltung des Grundrechts des Nutzers auf Preisgabe personenbezogener Daten gem. Art. 2 Abs. 1 i.V.m. Art. 1 Abs. 1 GG.

Der Begriff Datenschutz hat im Zusammenhang mit der klassischen grundrechtlichen Funktion des status negativus weiterhin seine Berechtigung. In der horizontalen Beziehung zwischen Nutzer und Anbieter trägt er dem Doppelcharakter des Grundrechts auf informationelle Selbstbestimmung dagegen nicht hinreichend Rechnung. An die Stelle des Begriffs Datenschutz sollte die Kategorie des Datensouveränitätsschutzes treten. Mit Datensouveränität ist das Recht des Einzelnen sowohl auf Nicht-Preisgabe als auch umgekehrt auf Preisgabe seiner personenbezogenen Daten gemeint.

(2) Schutzniveau

Da im Zusammenhang mit der Datenverarbeitung durch klassische Telekommunikationsdienste und durch OTT-Kommunikationsdienste vergleichbare Gefährdungen auftreten, hat der Gesetzgeber sub specie seiner

---

65 BVerfGE 65, S. 1 (41 f.); ebenso BVerfGE 78, S. 77 (84); 103, S. 21 (33).
66 *Gersdorf*, BayVBl. 2015, S. 625 (627 f.)
67 Vgl. hierzu im Einzelnen *Gersdorf*, BayVBl. 2015, S. 625 (628).

grundrechtlichen Schutzpflichten für ein einheitliches Schutzniveau Sorge zu tragen. Ungeachtet dieser Notwendigkeit ist fraglich, ob als Referenzmaßstab für die Bestimmung des einheitlichen Schutzniveaus das Recht auf Nicht-Preisgabe oder das Recht auf Preisgabe personenbezogener Daten heranzuziehen ist. Während das Recht auf Nicht-Preisgabe personenbezogener Daten eine Opt-in-Regelung (vgl. § 96 Abs. 3 TKG) notwendig macht, ist für das Recht auf Preisgabe personenbezogener Daten die Opt-out-Regelung (vgl. § 15 Abs. 3 TMG) das passgenaue Schutzinstrument. Der Gesamtproblematik wird nicht hinreichend entsprochen, wenn man sie auf die Frage eines höheren oder niedrigeren datenschutzrechtlichen Schutzniveaus reduziert.[68] Vielmehr kommt es auf die spezifischen Schutzbedürfnisse der jeweils adressierten Personengruppe an. Sehen die einen Nutzer in der Erhebung und Weitergabe personenbezogener Daten einen Nachteil, erblicken die anderen hierin einen Vorteil. Der Gesetzgeber steht vor der Aufgabe, differenzierende Regelungen zu schaffen, die den unterschiedlichen Schutzbedürfnissen der jeweiligen Nutzergruppen Rechnung tragen. Hierbei spielt der Erhebungszweck eine maßgebliche Rolle. Sollen Daten zu Werbezwecken erhoben und verwendet werden, dürfte eine Opt-in-Regelung den Nutzerinteressen am ehesten entsprechen. Dient die Datenerhebung und -weitergabe hingegen (interpersonellen) kommunikativen Zwecken, könnten die Interessen eines (Groß-)Teils der Nutzer ggf. anders liegen.

Weiter stellt sich die Grundsatzfrage, ob eine Querschnittsregulierung sämtlicher Bestands-, Verkehrs- und Standortdaten unabhängig von der Eigenart der jeweiligen Daten sachgerecht erscheint und vor allem dem Grundsatz der Verhältnismäßigkeit entspricht. Bei der Beurteilung von Beschränkungen des allgemeinen Persönlichkeitsrechts differenziert das Bundesverfassungsgericht nach Sphären der Betroffenheit und der Berührungsintensität (Sphärentheorie). Es gelten unterschiedliche Rechtfertigungsanforderungen je nachdem, ob der Einzelne in seiner Intim-, Privat- oder Sozialsphäre betroffen ist. Die drei Sphären dienen dabei als Orientierungspunkt für die Beurteilung der Intensität der Grundrechtsbeeinträchtigung und für die Gewichtung der diese Beeinträchtigung rechtferti-

68 In diesem Sinne aber *Wissenschaftlicher Arbeitskreis für Regulierungsfragen (WAR)* bei der BNetzA, Fragen der Regulierung von OTT-Kommunikationsdiensten, 15.07.2016, S. 17.

genden Gründe.[69] Mit Blick hierauf erscheint zweifelhaft, ob dem Grundsatz der Verhältnismäßigkeit hinreichend Rechnung getragen ist, wenn sämtliche OTT-Kommunikationsdienste einer einheitlichen telekommunikationsrechtlichen Regulierung unterworfen werden.

Als alternatives Regulierungskonzept käme die Gewährleistung eines datenschutzrechtlichen Mindeststandards im Telekommunikationsrecht in Betracht, der sich am Regulierungsniveau der DSRL orientiert, die auch nach Geltung der DSGVO am 25. Mai 2018 (vgl. Art. 99 Abs. 1 DSGVO) (fort-)gilt (vgl. Art. 95 DSGVO). Ggf. könnte ein weitergehender Schutzstandard im jeweiligen Fachrecht (Sozial- und Gesundheitsrecht etc.) erforderlich sein. Und schließlich kann der Wettbewerb der einzelnen Kommunikationsdienstanbieter zu einem über den Mindeststandard hinausgehenden Datenschutzstandard führen. Ein hoher Sicherheits- und Datenschutzstandard trägt zur Qualität und Attraktivität des Angebots maßgeblich bei. Datensicherheit und Datenschutz sind (auch) im und durch Wettbewerb zu gewährleisten.

---

69 Vgl. BVerfGE 119, S. 1 (30); zur Sphärentheorie vgl. *Gersdorf*, in: Gersdorf/Paal (Hrsg.), BeckOK Informations- und Medienrecht, Art. 2 GG Rn. 43 f. m.w.N.

Das Verhältnis von wirtschaftlicher Macht und Innovationen – am Beispiel der im Jahr 2016 novellierten Anreizregulierungsverordnung

Prof. Dr. Jochen Mohr

I. Problemstellung

Das Verhältnis von Innovationen und wirtschaftlicher Macht stellt eine der komplexesten Fragestellungen der Wettbewerbs- und Regulierungstheorie dar, wie sie schlagwortartig im Gegensatz von statischen und dynamischen Effizienzen[1] oder im Aufeinanderprallen von neoklassisch geprägter Wohlfahrtsökonomie und freiheitlichen Wettbewerbstheorien zum Ausdruck kommt.[2] Im Rahmen einer Tagung der Regulierungsrechtslehrer/innen liegt es nahe, theoretische Erwägungen an einem regulierungsrechtlichen Thema zu spiegeln. Und aus Sicht des Energiewirtschaftsrechtlers liegt es nahe, hierzu die jüngst reformierte Anreizregulierungsverordnung (ARegV) in den Blick zu nehmen, da die Änderungen auf grundsätzlicher Ebene mit der Notwendigkeit begründet wurden, durch innovative Techniken auch unter den Bedingungen einer Energiewende eine sichere und bezahlbare Netzinfrastruktur zur Verfügung stellen zu können.[3] Konkret ist

---

1 Näher *Mohr*, Sicherung der Vertragsfreiheit durch Wettbewerbs- und Regulierungsrecht, 2015, S. 271 ff.

2 Unter dem Aspekt der Zielkonflikte zwischen Freiheits- und Wohlfahrtsfunktionen des Wettbewerbs etwa *Mohr*, Sicherung der Vertragsfreiheit durch Wettbewerbs- und Regulierungsrecht, 2015, S. 226 f. sowie allgemein S. 206 ff.

3 Vgl. BR-Drucks. 296/16 v. 2.6.2016, S. 20: „Die Verteilernetze für Strom und Gas sollen weiter gestärkt werden, damit sie ihre zentrale Rolle in der Energieversorgung und bei der Energiewende auch weiterhin verlässlich und *innovativ* ausüben können. [...] Bei der Weiterentwicklung ist es wichtig, die Bedingungen für langfristige Investitionen in die Infrastruktur zu stärken, ohne die Kostenbelastung, d. h. die Netzentgelte für den Verbraucher, aus den Augen zu verlieren. *Innovative Lösungen in intelligente Verteilernetze* sollen angeregt und *ein Sog in ausschließlich kapitalintensive Lösungen verhindert* werden. Ziel ist es einen regulatorischen ‚Maßanzug' für das Verteilernetz der Zukunft zu schaffen. Investitionen sollen mit einer kostengünstigen Optimierung des Betriebs verknüpft werden." (Hervorhebung durch Verf.).

zu fragen, ob die Neuregelungen der ARegV die Netzbetreiber wirklich zu einem innovativen und gleichzeitig kosteneffizienten Netzbetrieb anhalten.[4] Dies erfordert neben einer Annäherung an den unscharfen Begriff der Innovation einige theoretische Überlegungen zum Verhältnis von Innovationsförderung und sektorspezifischer Regulierung. Denn während „Innovation" im Rahmen wettbewerblich organisierter Marktbeziehungen bei allen begrifflichen Unschärfen auf das Unbekannte, Neue verweist, verfolgt der Staat mit der Regulierung der Energienetze ex ante vorbestimmte Zwecke, seien es solche der Wettbewerbsförderung und/oder sonstige außerwettbewerbliche Gemeinwohlbelange.[5] Im Anschluss sind die theoretischen Erkenntnisse auf die im September 2016 reformierte ARegV anzuwenden. Am Anfang der Darstellung ist in der gebotenen Kürze auf die Grundkonzeption der ARegV und wesentliche Änderungen des Jahres 2016 einzugehen.[6] Der Schwerpunkt liegt auf dem bislang im Fokus der Energiewende stehenden Stromsektor.

II. Anreizregulierung zwischen kosteneffizienter und kostenorientierter Leistungserbringung

1. Grundkonzeption der Anreizregulierung

a) Wettbewerbsanaloge Netzentgelte

Da sich ein Marktversagen in monopolistisch organisierten Märkten nach industrieökonomischer Erfahrung zumeist in antikompetitiv überhöhten Preisen äußert,[7] markiert deren Kontrolle nicht nur historisch einen zentra-

---

4 Siehe dazu schon *Mohr,* RdE 2017, S. 273 ff.; aus Sicht der Netzbetreiber der europäische Verband Eurelectric, Electricity Distribution Investments: What regulatory framework do we need, Brüssel, Mai 2014, im Internet abrufbar unter http://www.eurelectric.org/media/131742/dso_investment_final-2014-030-0328-01-e.pdf (letzter Abruf 15.11.2016); dazu *Günther/Maeding/Noack*, et 11/2016, S. 56 ff.

5 *Eifert*, Innovationsfördernde Regulierung, in: Eifert/Hoffmann-Riem, Innovation und Recht II, Innovationsfördernde Regulierung, 2009, S. 11. Zu den Zwecken des Regulierungsrechts bereits *Mohr*, Zugangs- und Entgeltregulierung als Aufgaben des Regulierungsrechts, in: Säcker/Schmidt-Preuß, Grundlagen des Regulierungsrechts, 2015, S. 94 ff.

6 Dazu bereits *Mohr*, N&R 2016, S. 194 ff.

7 *Schmidt*, WuW 2012, S. 795.

len Ausgangspunkt des Energiewirtschaftsrechts,[8] sondern bildet auch heute noch einen wesentlichen Kern desselben.[9] Denn die Wirksamkeit einer Verpflichtung zur Zugangsgewährung zu einem Infrastrukturnetz hängt in der Rechtswirklichkeit ganz wesentlich davon ab, zu welchen Bedingungen der Zugang erfolgen kann.[10] Ohne eine Verpflichtung zu wettbewerbsanalogen, dh. effizienten und diskriminierungsfreien Netzentgelten bestünde die Gefahr, dass die Netzbetreiber ihre Monopolstellung ausnutzen, um antikompetitiv überhöhte Entgelte von den Zugangspetenten zu fordern.[11]

Nach der Grundkonzeption der Anreizregulierung können die Stromnetzbetreiber daher nicht sämtliche Kosten auf die Netznutzer umlegen, sondern gem. § 6 Abs. 1 ARegV allein solche, die nach den Vorgaben der Stromnetzentgeltverordnung (StromNEV) anerkennungswürdig sind. Nach der Grundlagenvorschrift des § 4 Abs. 1 StromNEV sind bilanzielle und kalkulatorische Kosten des Netzbetriebs wiederum nur insoweit anzusetzen, als sie den Kosten eines effizienten und strukturell vergleichbaren Netzbetreibers entsprechen. Im Rahmen der Anreizregulierung werden diese Kosten zudem gem. § 4 Abs. 1, 2 iVm. § 16 Abs. 1 ARegV periodisch von den Erlösen entkoppelt, um den Netzbetreibern Anreize für eigenverantwortliche Kostensenkungen zu setzen.[12] Zu diesem Zwecke erfolgt im vorletzten Kalenderjahr vor Beginn der Regulierungsperiode auf der Basis der Daten des letzten abgeschlossenen Geschäftsjahres eine Kostenprüfung. Auf der Grundlage der hiernach anerkennenswerten Kosten gibt die Regulierungsbehörde den Netzbetreibern für die einzelnen Kalenderjahre der fünfjährigen Regulierungsperiode einen individuellen Gesamterlöspfad vor, der grundsätzlich von der tatsächlichen Entwicklung

---

8 *Schorkopf*, JZ 2008, S. 20 (22 f.); *Masing*, AöR 128 (2003), S. 558.

9 *Ruthig/Storr*, Öffentliches Wirtschaftsrecht, 2. Aufl. 2008, Rn. 558.

10 *Masing*, Gutachten für den 66. DJT 2006, S. 117; *Trute/Broemel*, ZHR 170 (2006), S. 706 (717).

11 Monopolkommission, Wettbewerbspolitik im Schatten „nationaler Champions“, 15. Hauptgutachten 2002/2003, 1. Aufl. 2005, Rn. 1164 ff. Gegen das Konzept wettbewerbsanaloger Preise *Weyer*, Regulierung, Investitionsfreiheit und technischer Fortschritt, in: Schmidt-Preuß/Körber (Hrsg.), Regulierung und Gemeinwohl, 1. Aufl. 2016, S. 176 (185); dafür *Mohr*, in: BerlKommEnR, 3. Aufl. 2014, § 29 GWB Rn. 34 ff.

12 *Mohr*, Sicherung der Vertragsfreiheit durch Wettbewerbs- und Regulierungsrecht, 2015, S. 626 f.

der Kosten unabhängig ist.[13] Angepasst wird die allgemeine Erlösobergrenze während des Laufes der Regulierungsperiode gem. § 4 Abs. 3, 4 ARegV ua. an die allgemeine Geldentwicklung unter Berücksichtigung eines generellen sektoralen Produktivitätsfaktors, vor allem aber gem. § 16 Abs. 1 ARegV an die unternehmensindividuelle Effizienzvorgabe, den sog. X-Faktor.[14] Steigert das regulierte Unternehmen seine Produktivität in größerem Umfang als dies dem X-Faktor entspricht, darf es die entsprechenden Erlöse dauerhaft als Gewinne behalten.[15] Produktivitätssteigerungen, die unterhalb der regulatorischen Effizienzvorgaben liegen, wirken sich demgegenüber gewinnmindernd aus.[16] Folgerichtig hat der Netzbetreiber auch ohne diskretionäre Vorgaben durch die Regulierungsbehörde einen endogenen Anreiz zur Optimierung seiner Leistungserbringung, ähnlich der Situation wie bei wirksamem Wettbewerb.[17] Letzteres ist in der Rechtswirklichkeit besonders bedeutsam, weiß der Netzbetreiber doch regelmäßig besser als eine Behörde, in welchen Unternehmensbereichen Potential für Verbesserungen besteht.[18]

b) Abgrenzung zur Cost-plus-Regulierung

Die geschilderte Konzeption der Anreizregulierung führt somit näherungsweise zu einer Preisbildung wie bei wirksamem Wettbewerb.[19] Auch bei diesem können Unternehmen auf ihre Vertragspartner keine beliebigen Kosten überwälzen, sondern nur solche, die ein effizient produzierender

---

13 Monopolkommission, Energie 2013: Wettbewerb in Zeiten der Energiewende, Sondergutachten 65, 2013, Rn. 425; Danner/Theobald/*Hummel*, Energierecht, 86. EL, ARegV Einführung Rn. 15.

14 *Brunekreeft/Meyer*, et 1&2/2011, S. 40.

15 Von einer neuen Rechtskategorie unternehmensbezogener Effizienzanforderungen spricht *Ludwigs*, Die Verwaltung 49 (2014), S. 155 (164); ausführlich *ders.*, Unternehmensbezogene Effizienzanforderungen im Öffentlichen Recht, 2013.

16 *Fritsch*, Marktversagen und Wirtschaftspolitik, 8. Aufl. 2010, S. 211.

17 *Brunekreeft/Bauknecht*, Regulierung und Innovationstätigkeit: eine ökonomische Perspektive, in: Eifert/Hoffmann-Riem (Hrsg.), Innovation und Recht II, Innovationsfördernde Regulierung, 2009, S. 243 (246).

18 *Mohr*, Sicherung der Vertragsfreiheit durch Wettbewerbs- und Regulierungsrecht, 2015, S. 624.

19 *Berndt*, Die Anreizregulierung in den Netzwirtschaften, 2011, S. 69.

Wettbewerber ebenfalls haben würde.[20] Höhere Produktionskosten führen somit gerade nicht automatisch zu einem höheren Marktpreis, wie dies dem derzeit wieder im Vormarsch befindlichen Konzept der kostenorientierten (Cost-plus-)Regulierung entspricht, bei dem die tatsächlichen Vollkosten des Unternehmens als gegeben hingenommen und nicht auf etwaige Effizienzreserven überprüft werden.[21] Im Rahmen der Anreizregulierung entsprechen dem Konzept der kostenorientierten Entgeltbildung grundsätzlich die sog. dauerhaft nicht beeinflussbaren Kosten gem. § 11 Abs. 2 ARegV.

Im Gegensatz zur Anreizregulierung ist eine Cost-plus-Regulierung also nicht „marktkonstitutiv“, sondern „marktkompensatorisch“.[22] Zwar wäre es in einem Wettbewerbsmarkt nicht ohne Weiteres begründbar, dass Unternehmen die Netzerlöse bis zur Höhe der festgelegten Erlösobergrenze behalten dürfen, auch wenn ihre tatsächlichen Netzkosten inklusive einer angemessenen Eigenkapitalverzinsung geringer sind. Diese zusätzlichen Effizienzanreize sollen die Netzbetreiber jedoch zur Behebung von Ineffizienzen anreizen, an deren Beseitigung sie ansonsten mangels Wettbewerbsdrucks kein rational begründbares Interesse hätten.[23] Die Effizienzanreize sind somit modellimmanent erforderlich, um normativ eine Situation simulieren zu können, die derjenigen wie bei wirksamem Wettbewerb möglichst nahekommt (Als-ob-Wettbewerb).[24]

2. *Budgets für (innovative) Investitionen*

a) Zureichende Anreize für innovative (Verteiler-)Netze?

Seit Langem wird diskutiert, ob die Anreizregulierung zureichende Anstöße für volkswirtschaftlich gebotene Investitionen setzt, wobei der Fokus

---

20 *Säcker*, AöR 130 (2005), S. 181 (200 f.); *Mohr*, Sicherung der Vertragsfreiheit durch Wettbewerbs- und Regulierungsrecht, 2015, S. 619.

21 *Berndt*, Die Anreizregulierung in den Netzwirtschaften, 2010, S. 66.

22 Zu dieser Begriffsbildung *Fornasier*, Freier Markt und zwingendes Vertragsrecht, 2013, S. 65.

23 *Weyer*, Regulierung, Investitionsfreiheit und technischer Fortschritt, in: Schmidt-Preuß/Körber (Hrsg.), Regulierung und Gemeinwohl, 1. Aufl. 2016, S. 176 (186).

24 *Mohr*, ZWeR 2015, S. 1 (9).

zunehmend auf innovativen Lösungen liegt.[25] So verursachen Netzinvestitionen regelmäßig erhebliche Kosten,[26] die nach allgemeinen Grundsätzen zwar über die Netzentgelte refinanziert werden, dies aber erst ab Beginn der kommenden Regulierungsperiode. Dauert die Periode fünf Jahre, kann es somit in Kombination mit der Kostenprüfung im Basisjahr zu einem Zeitverzug bei der Refinanzierung von maximal sieben Jahren kommen (t-7-Zeitversatz).[27] Hieraus resultiert für Netzbetreiber nicht nur ein Renditenachteil. Bei steigenden Netzinvestitionen kann es theoretisch sogar zu Liquiditäts- und Ergebnislücken kommen.[28]

Speziell mit Blick auf Investitionen in Verteilernetze wird zudem vorgebracht, dass es sich bei der Anreizregulierung um ein zeitpunktbezogenes Konzept handele, das im Rahmen seiner regulierungsperiodenbezogenen Betrachtung langfristig wirkende Innovationen vernachlässige.[29] Ganz im Gegenteil könne es für Netzbetreiber verführerisch sein, die Kosten kurzfristig zu Lasten der Ausgaben für Forschung und Entwicklung zu senken, um die Gewinne innerhalb der Regulierungsperiode zu steigern.[30] Dies gelte umso mehr mit Blick auf das strikte Unbundling der Energienetze von den Wettbewerbsbereichen, da Innovationen hiernach nicht den Netzbetreibern, sondern primär Erzeugungs- und ggf. auch Vertriebsunter-

---

25 Vgl. bereits *Meinzenbach,* Die Anreizregulierung als Instrument zur Regulierung von Netznutzungsentgelten im neuen EnWG, 2008, S. 242 ff.; *Brunekreeft/Bauknecht*, Regulierung und Innovationstätigkeit: eine ökonomische Perspektive, in: Eifert/Hoffmann-Riem (Hrsg.), Innovation und Recht II, Innovationsfördernde Regulierung, 2009, S. 243 (248 ff.); Monopolkommission, Strom und Gas 2011: Wettbewerbsentwicklung mit Licht und Schatten, Sondergutachten 59, 2011, Rn. 339 ff.

26 Klassischer Weise sind dies vor allem Kapitalkosten (CAPEX). Der „intelligente Netzausbau" geht freilich mit einer gewissen Verlagerung zu den operativen Kosten (OPEX) einher; vgl. Bundesnetzagentur, Evaluierungsbericht nach § 33 Anreizregulierungsverordnung, 2015, S. 244 ff.

27 Bundesnetzagentur, Evaluierungsbericht nach § 33 Anreizregulierungsverordnung, 2015, S. 100; *Korte/Gawel*, Wirtschaftsdienst 2015, S. 127 (129).

28 *Brunekreeft/Meyer,* et 1&2/2011, S. 40 (41); Kment/*Hermann*, EnWG, 2015, § 21a Rn. 71.

29 Eurelectric, Electricity Distribution Investments: What regulatory framework do we need, Brüssel, Mai 2014, abrufbar unter http://www.eurelectric.org/media/131742/dso_investment_final-2014-030-0328-01-e.pdf (letzter Abruf 15.11.2016).

30 *Brunekreeft/Bauknecht*, Regulierung und Innovationstätigkeit: eine ökonomische Perspektive, in: Eifert/Hoffmann-Riem (Hrsg.), Innovation und Recht II, Innovationsfördernde Regulierung, 2009, S. 243 (249).

nehmen zugutekämen.[31] Die veränderten politischen und ökonomischen Rahmenbedingungen erforderten einen Paradigmenwechsel, der den erhöhten Risiken der Geschäftstätigkeit der Netzbetreiber Rechnung trage.[32] Gerade in Deutschland gebe es aufgrund des Anwendungsbereichs und des Umfangs der Kostenanerkennung praktisch keinen wirksamen, dh. zeitnahen und risikoangepassten regulatorischen Mechanismus zur Anreizung von Innovationsprojekten.[33] Demgegenüber existierten in mehreren anderen europäischen Ländern spezifische Regulierungsmechanismen zur generellen Anerkennung von Innovationskosten, die eine „klar positive Korrelation zwischen den regulatorischen Rahmenbedingungen und den Handlungsanreizen für die [...] Unternehmen" offenbarten.[34] Beispielsweise dürften Verteilernetzbetreiber – stark verallgemeinert – in Norwegen 0,3 Prozent und in Großbritannien sogar zwischen 0,5 Prozent und 1,0 Prozent ihrer Umsatzerlöse zusätzlich für Innovationsprojekte erlösen.[35] Anders als dies in Deutschland bislang der Fall sei, müsse eine innovationsfreundliche Regulierung deshalb „eine zeitnahe Anerkennung von Kosten für Forschung und Entwicklung (F&E), Pilotprojekten und Innovationen gewährleisten; vorhersehbar und stabil sein; unternehmerischen Spielraum belassen und so unbürokratisch wie möglich sein; Betriebskosten bei der Kostenanerkennung einschließen und mittels effizienter Portallösungen zur Information über die F&E-Ergebnisse beitragen".[36] Letzteres sei auch im Interesse der deutschen Volkswirtschaft, da „der mögliche Technologieexport der deutschen Wirtschaft den potenziell größten globalen Klimanutzen" darstelle.[37]

Schon vor der ARegV-Novelle 2016 hatte der Verordnungsgeber freilich mehrere Budgets geschaffen, um die Netzbetreiber zu Investitionen in

---

31 *Müller/Growitsch/Wissner*, WIK Diskussionsbeitrag Nr. 349, Regulierung und Innovationsanreize in der ökonomischen Theorie, Smart Grid-gerechte Weiterentwicklung der Anreizregulierung, 2010, S. 30.

32 Eurelectric, Innovation incentives for DSOs – a must in den new energy market development, Brüssel, Juli 2016, im Internet abrufbar unter http://www.eurelectric.org/media/285583/innovation_paper-2016-030-0379-01-e.pdf (letzter Abruf 15.11.2016).

33 *Günther/Maeding/Noack*, et 11/2016, S. 56 f.

34 *Günther/Maeding/Noack*, et 11/2016, S. 56 (57).

35 Einzelheiten bei *Günther/Maeding/Noack*, et 11/2016, 56 (57 f.).

36 *Günther/Maeding/Noack*, et 11/2016, 56 (58).

37 So in Anlehnung an die Ergebnisse des BDI-Arbeitskreises Energieforschung und -technologien *Nießen/Rolle*, et 11/2016, S. 23.

einen sicheren und innovativen Aus- und Umbau der Stromnetze anzureizen. Hierzu im Folgenden.

b) Investitionsmaßnahme

Der technischen und gemeinwohlbezogenen Sonderrolle von Transportnetzen will die ARegV insbesondere durch das Instrument der Investitionsmaßnahme gem. § 23 Rechnung tragen,[38] das für Erweiterungs- und Umstrukturierungsinvestitionen, nicht jedoch für Ersatzinvestitionen greift.[39] Seit dem Jahr 2012 werden ansatzfähige Kapital- und Betriebskosten dort nur noch dem Grunde nach geprüft, also keiner Effizienzkontrolle mehr unterzogen. Vielmehr werden die Kapitalkosten sowie pauschalierte Betriebskosten als Schätzwerte – wir sprechen von Plankosten – unmittelbar im Jahr ihrer Entstehung in der Erlösobergrenze abgebildet.[40] Damit zusammenhängend gelten die Kosten für den Verlauf der Genehmigung nach § 11 Abs. 2 Nr. 6 ARegV als dauerhaft nicht beeinflussbar, soweit sie im Einklang mit dem Genehmigungsinhalt stehen und tatsächlich kostenwirksam geworden sind. Nach dem Ablauf der Genehmigung fließen die Kosten zwar als beeinflussbare oder vorübergehend nicht beeinflussbare Kosten in das Ausgangsniveau für die Festsetzung der Erlösobergrenze der nächsten Regulierungsperiode ein.[41] Sie unterliegen dann theoretisch auch einem Effizienzvergleich.[42] Dies entspricht aber der allgemeinen Konzeption der Anreizregulierung, die Netzbetreiber durch Abwendung von einer Cost-plus-Regulierung zu einem kosteneffizienten

---

38 Ausführlich *Mohr*, N&R 2016, S. 194 ff.

39 Verordnungsbegründung, BR-Drs. 417/07, S. 37 (66 f.).

40 BGH, Beschl. vom 14.7.2015 – EnVR 6/14 (=RdE 2015, S. 463) Rn. 11 f.; OLG Düsseldorf, Beschl. vom 11.12.2013 – VI-3 Kart 249/12 (V) (=BeckRS 2015, S. 14351) Rn. 35. Ein Abgleich der Plankosten mit den tatsächlich entstandenen Ist-Kosten erfolgt nachträglich über das Regulierungskonto, sobald der Regulierungsbehörde die Daten über die tatsächlich getätigten Investitionen vorliegen (§ 5 Abs. 1 S. 2 ARegV); vgl. *Mohr*, N&R 2016, S. 194 (197). Gemäß § 5 Abs. 1a ARegV 2016 wird die Differenz zwischen Plan- und Ist-Kosten auf dem – künftig vom Netzbetreiber zu führenden (§ 5 Abs. 1 S. 4 ARegV 2016) – Regulierungskonto verbucht.

41 OLG Düsseldorf, Beschl. vom 11.12.2013 – VI-3 Kart 249/12 (V) (=BeckRS 2015, S. 14351) Rn. 36.

42 *Mohr*, N&R 2016, S. 194 (197).

Verhalten zu bewegen.[43] Auf einem anderen Blatt steht, ob die Regulierungsbehörden Kosten mit Blick auf den derzeit dringend benötigten Netzausbau tatsächlich im Nachhinein als ineffizient bewerten würden, die zunächst im Rahmen einer Investitionsmaßnahme anerkannt wurden. Jedenfalls wirkte eine derartige Bewertung lediglich ex nunc, hätte somit auf die Kostenwirksamkeit der Investitionsmaßnahme keine Auswirkungen.

c) Erweiterungsfaktor

Das zweite Investitionsbudget speziell für Strom-Verteilernetzbetreiber bildet bis zur 2019 beginnenden dritten Regulierungsperiode[44] der Erweiterungsfaktor gemäß § 10 ARegV.[45] Dieser Faktor soll bei der Bestimmung der Erlösobergrenze diejenigen Änderungen des von einem Netzbetreiber zu erbringenden Leistungsumfangs erfassen, die mit nachhaltigen Veränderungen der Versorgungsaufgabe in einem Netzgebiet innerhalb einer Regulierungsperiode verbundenen sind (vgl. § 4 Abs. 4 S. 1 Nr. 1 iVm. S. 2 ARegV).[46] Dem Erweiterungsfaktor liegt die pauschalierende Annahme zugrunde, dass mit einer erheblichen Erweiterung der Versorgungsaufgabe im Allgemeinen – wenn auch nicht notwendig in jedem Einzelfall – Mehrkosten für den Netzbetreiber verbunden sind, seien es Kapital- oder Betriebskosten.[47] Andere als die durch eine Erweiterungsmaßnahme bedingten Mehrkosten – etwa Kosten für Erneuerungsmaßnahmen oder Mehrkosten für die Verlustdeckung infolge steigender Strompreise – werden durch den Erweiterungsfaktor nicht abgedeckt.[48] Unter den Voraussetzungen des § 23 Abs. 6 und 7 ARegV können die Verteiler-

---

43 OLG Düsseldorf, Beschl. vom 23.3.2011 – VI 3 Kart 10/10 (V), (=BeckRS 2011, S. 24058) unter 1.1.3.; *Mohr*, N&R 2016, S. 194 (197).

44 Vgl. die Übergangsvorschrift in § 34 Abs. 7 S. 1 ARegV 2016.

45 Zum Vorstehenden Bundesnetzagentur, Evaluierungsbericht nach § 33 Anreizregulierungsverordnung, 2015, S. 370.

46 Zum Folgenden Consentec, Gutachten zur Weiterentwicklung des Erweiterungsfaktors gemäß § 10 ARegV für Stromverteilernetzbetreiber, 2014, S. 1 ff. (3).

47 Vgl. Bundesverband der Energie und Wasserwirtschaft (BDEW), Stellungnahme v. 2.5.2016 zur Novelle der Anreizregulierungsverordnung, S. 11.

48 *Mohr*, N&R 2016, S. 194 (196).

netzbetreiber bis zum Ende der zweiten Regulierungsperiode außerdem Investitionsmaßnahmen beantragen.[49]

d) Positive Sockeleffekte

Ergänzend wirken bislang zugunsten aller Netzbetreiber sog. positive Sockeleffekte, quasi als die gegenteiligen Effekte des angesprochenen t-7-Zeitversatzes bei Investitionen.[50] Der wohl wichtigste positive Sockeleffekt ergibt sich für spätestens im Basisjahr aktivierte Bestandsanlagen, die innerhalb der Regulierungsperiode noch nicht abgeschrieben sind. Im Interesse der Gewährleistung eines langfristig angelegten leistungsfähigen und zuverlässigen Netzbetriebs ist zwar die Wertminderung der betriebsnotwendigen Anlagegüter gem. § 6 Abs. 1 S. 1 StromNEV als Kostenposition bei der Ermittlung der Netzkosten in Ansatz zu bringen (sog. kalkulatorische Abschreibungen). Die Kapitalkosten werden im allgemeinen System der Anreizregulierung aber nach den Investitionskosten des Basisjahrs berechnet und damit für die Dauer der kommenden Regulierungsperiode „eingeloggt", obwohl sich die Restbuchwerte des Investitionsvolumens aufgrund von Abschreibungen jedes Jahr kontinuierlich verringern.[51] Im Ergebnis handelt es sich um ein pauschales Investitionsbudget, das ua. zur Vornahme von Ersatzinvestitionen dienen kann.[52]

e) Forschungs- und Entwicklungskosten (§ 25a ARegV)

Im Fokus der Kritik bezüglich unzureichender Anreize für innovative Lösungen in den Aus- und Umbau der (Verteiler-)Netze steht vor allem die regulatorische Behandlung von Forschungs- und Entwicklungskosten.[53]

---

49 Zur Wirkung genehmigter Investitionsmaßnahmen bei Verteilernetzen siehe die Übergangsvorschriften in § 34 Abs. 7 S. 2 bis 6 ARegV 2016.

50 *Weyer*, Regulierung, Investitionsfreiheit und technischer Fortschritt, in: Schmidt-Preuß/Körber (Hrsg.) Regulierung und Gemeinwohl, 1. Aufl. 2016, S. 176 (188).

51 *Müller-Kirchenbauer/Paust/Weyer*, in: Holznagel/Schütz (Hrsg.), ARegV, 2013, § 23 Rn. 53. Siehe auch BGH, Beschl. v. 14.7.2015 – EnVR 6/14, (= RdE 2015, 463) Rn. 34.

52 Verordnungsbegründung, BR-Drs. 296/16, S. 20; *Mohr*, N&R 2016, S. 194 (196).

53 Beispielhaft *Günther/Maeding/Noack*, et 11/2016, S. 56 (57).

Nach dem im Jahr 2013 geschaffenen § 25a ARegV[54] können Netzbetreiber im regulären Verfahren[55] den Ansatz von Forschungs- und Entwicklungskosten in der allgemeinen Erlösobergrenze mittels eines besonderen Zuschlags beantragen.[56] Anders als es die weit gefasste Überschrift suggeriert, gilt § 25a ARegV aber lediglich für Eigenanteile öffentlich geförderter und betreuter – man mag hinzufügen: gem. Art. 107 f. AEUV beihilferechtlich zulässiger[57] – Energieforschungsvorhaben.[58] Nach der Verordnungsbegründung orientiert sich die staatliche Energieforschungsförderung ua. an folgenden Kriterien:[59] „Wirksamkeit des Instruments (hinreichende Anreizwirkung für ein verstärktes Engagement der Netzbetreiber bei Forschung, Entwicklung und Demonstration neuer Technologien); Effizienz (einfaches und zügiges Verfahren, begrenzte bürokratische Belastung, Vermeidung von Mitnahmeeffekten und Doppelförderungen); Ausgewogenheit (Eigenbeitrag der Netzbetreiber, finanzielle Obergrenze für die Förderung); Transparenz (Informationen zu Projekten und Zuwendungsempfängern) sowie Bereitstellung der Ergebnisse für die Allgemeinheit zur Rechtfertigung der Berücksichtigung von Forschungs- und Entwicklungskosten in den allgemein zu zahlenden Netzentgelten.“[60] Die Verknüpfung der Anerkennungsfähigkeit von Kosten mit der staatlichen Forschungsförderung soll gewährleisten, dass die vorbenannten Kriterien auch im Rahmen der Anreizregulierung Berücksichtigung finden.[61] Nach Einschätzungen der Bundesnetzagentur obliegen Forschung und Entwicklung im Bereich der Energienetze allerdings primär den Hochschulen in

54 Art. 4 der Verordnung zur Änderung von Verordnungen auf dem Gebiet des Energiewirtschaftsrechts vom 14.8.2013, BGBl. I 3250 v. 21.8.2013. Gem. Art. 6 S. 1 der Verordnung tritt Art. 4 am Tag nach der Verkündung in Kraft.

55 Nicht antragsberechtigt sind nach der Bundesnetzagentur Netzbetreiber im vereinfachten Verfahren, da § 24 Abs. 3 S. 1 ARegV nicht auf § 11 Abs. 2 S. 1 Nr. 12a ARegV verweise. Vgl. Bundesnetzagentur, Beschlusskammer 8, Hinweise für Netzbetreiber zur regulatorischen Umsetzung des § 25a ARegV-Forschungs- und Entwicklungskosten, Stand. 5.4.2016.

56 *Hummel*, in: Danner/Theobald (Hrsg.), Energierecht, 88. EL März 2016, § 25a ARegV Rn. 1.

57 Siehe die Leitlinien der EU-Kommission für staatliche Umweltschutz- und Energiebeihilfen, ABlEU Nr. C 200/1 v. 28.6.2014, Rn. 18, 23 ff.; dazu *Frenz*, ZNER 2014, S. 345; *Mohr*, RdE 2015, S. 433 (436).

58 Krit. deshalb *Günther/Maeding/Noack*, et 11/2016, S. 56 (57).

59 BR-Drucks. 447/13 vom 29.5.2013, S. 20.

60 BR-Drucks. 447/13 vom 29.5.2013, S. 20.

61 BR-Drucks. 447/13 vom 29.5.2013, S. 20.

den Bereichen Elektrotechnik und Anlagenbau sowie den entsprechenden Industriezweigen.[62] Es gehe deshalb vor allem darum, Forschungspartnerschaften zwischen Universitäten und Industrie sowie den Netzbetreibern nicht zu behindern.[63]

Nach der vorgeschilderten Ausrichtung erfasst § 25a ARegV primär Projekte, die zwar von einem Netzbetreiber durchgeführt werden, aber auch für andere Netzbetreiber bzw. die Allgemeinheit relevant sind, indem etwa geklärt wird, ob sich bestimmte Technologien unter realen Bedingungen bewähren.[64] Im Blick hatte der Verordnungsgeber insbesondere „größere Projekte (Demonstrationsvorhaben und größere Untersuchungen) in den Bereichen Netztechnik, Systemführung und der praktischen Technologieerprobung in Demonstrationsvorhaben",[65] wie sie neuerdings beispielsweise im Rahmen des „Schaufensters intelligente Energie – Digitale Agenda für die Energiewende" (SINTEG) zum Tragen kommen.[66] Aus ökonomischer Sicht geht es um das Problem sog. Trittbrettfahrer.[67] Auf Wettbewerbsmärkten können Patentrechte dazu beitragen, derart positive externe Effekte zu internalisieren, um zu vermeiden, dass volkswirtschaftlich sinnvolle Innovationen unterbleiben.[68] Da sich die Innovationstätigkeit der Netzbetreiber aber nur selten in Patenten niederschlagen wird,[69] stellt der Verordnungsgeber – im Ausgangspunkt vertretbar – auf eine öffentliche Forschungsförderung ab, um die Netzbetreiber trotz der Gefahr externer Effekte und der damit verbundenen Minimierung der Innovati-

---

62 Bundesnetzagentur, Evaluierungsbericht nach § 33 Anreizregulierungsverordnung, 2015, S. 234.

63 So Bundesnetzagentur, Evaluierungsbericht nach § 33 Anreizregulierungsverordnung, 2015, S. 234.

64 Bundesnetzagentur, Evaluierungsbericht nach § 33 Anreizregulierungsverordnung, 2015, S. 247.

65 BR-Drucks. 447/13 vom 29.5.2013, S. 20; siehe auch Bundesnetzagentur, Evaluierungsbericht nach § 33 Anreizregulierungsverordnung, 2015, S. 249.

66 Bundesministerium für Wirtschaft und Energie (BMWi), Bekanntmachung zur Förderung von Forschung, Entwicklung und Demonstration „Schaufenster intelligente Energie – Digitale Agenda für die Energiewende" (SINTEG) v. 19. Januar 2015, S. 9.

67 Dazu *Kerber/Schwalbe*, in: MünchKommEUWettbR Band 1, 2. Aufl. 2015, Einl. Rn. 1453 ff.

68 Bundesnetzagentur, Evaluierungsbericht nach § 33 Anreizregulierungsverordnung, 2015, S. 247.

69 Netzbetreiber sind vor allem in die Umsetzung und Demonstration von Innovationen, also in die Diffusion involviert; dazu sogleich.

onsrendite zu einer gemeinwohlinduzierten Forschungs- und Entwicklungstätigkeit anzuhalten. Jedenfalls nach dem Wortlaut der Regelung ebenfalls erfasst sind allerdings Projekte, die vorwiegend oder ausschließlich dem forschenden Netzbetreiber selbst nützlich sind, ohne dass positive Externalitäten auftreten.[70]

Die forschungs- und entwicklungsspezifischen Regelungen des § 25a ARegV sind nur dann anwendbar, wenn der Fördergeber die berücksichtigungsfähigen Kosten nicht anderweitig refinanzieren kann, sei es über das Instrument der Investitionsmaßnahme, die allgemeine Erlösobergrenzenregulierung oder den noch zu schildernden Kapitalkostenabgleich.[71] Durch diese Einschränkung soll eine doppelte Berücksichtigung von Kosten ausgeschlossen werden.[72] So kann der nicht öffentlich geförderte Teil von Kosten, die in einem Basisjahr für Forschungs- und Entwicklung anfallen, unter den Voraussetzungen der §§ 4 ff. ARegV in voller Höhe im Rahmen der Erlösobergrenzenbestimmung berücksichtigt werden.[73] Als Beispiel nennt die Verordnungsbegründung Kosten für Mitarbeiter, die ein Forschungsprojekt betreuen sollen.[74] Im Ergebnis kommt § 25a ARegV damit nur dann zum Tragen, wenn die von § 25a ARegV anerkannten Kosten nach dem Basisjahr ansteigen[75] und auch dann nur, wenn nicht die Investitionsmaßnahme oder der Kapitalkostenabgleich einschlägig sind.

Anders als nach den vorstehenden Instrumenten fließen die berücksichtigungsfähigen (nicht öffentlich geförderten) Kosten eines antragsbefugten Netzbetreibers gem. § 25a Abs. 1 S. 2 ARegV nur zu 50 Prozent in den Zuschlag ein,[76] und zwar als nicht beeinflussbare Kostenanteile (§ 11 Abs. 2 S. 1 Nr. 12a ARegV). Die anderen 50 Prozent kann der Netzbetreiber während der laufenden Regulierungsperiode auch nicht an anderer

70 Bundesnetzagentur, Evaluierungsbericht nach § 33 Anreizregulierungsverordnung, 2015, S. 247.

71 § 25a Abs. 2 S. 2 ARegV idF. der ARegV-Novelle 2016; siehe zur Vorgängerversion auch *Hummel*, in: Danner/Theobald (Hrsg.), Energierecht, 88. EL März 2016, § 25a ARegV Rn. 12.

72 *Hummel*, in: Danner/Theobald, Energierecht, 88. EL März 2016, § 25a ARegV Rn. 14.

73 BR-Drucks. 447/13 v. 29.5.2013, S. 20.

74 BR-Drucks. 447/13 v. 29.5.2013, S. 20.

75 BR-Drucks. 447/13 v. 29.5.2013, S. 20; *Hummel*, in: Danner/Theobald (Hrsg.), Energierecht, 88. EL März 2016, § 25a ARegV Rn. 14.

76 Krit. *Günther/Maeding/Noack*, et 11/2016, S. 56 (57).

Stelle einsetzen.[77] De facto soll dieser Selbstbehalt die Netzbetreiber zu einer risikoadäquaten Verwendung der öffentlichen Gelder anhalten.[78] Nach dieser Zwecksetzung müsste der Selbstbehalt auch dann greifen, wenn die nicht öffentlich geförderten Kosten im Rahmen der Bestimmung der individuellen Erlösobergrenze, einer Investitionsmaßnahme oder des Kapitalkostenabgleichs geltend gemacht werden. Eine andere Bewertung wäre allenfalls dann induziert, wenn die Rechnungsgegenstände des § 25a ARegV, also Forschung und Entwicklung aufgrund ihrer Zukunftsbezogenheit eine besondere Regelung erforderten, um die Netzbetreiber zu einem sorgfältigen Verhalten anzuhalten. Selbst wenn man dies bejahte, wäre jedoch zu begründen, weshalb Forschungs- und Entwicklungskosten im Rahmen der allgemeinen Erlösobergrenze zu 100 Prozent, über § 25a ARegV jedoch nur zu 50 Prozent erlöst werden können, weshalb also der mehr oder weniger zufällige Zeitpunkt der Kostenwirksamkeit über die Höhe der Ersatzfähigkeit entscheiden soll.

Ebenso wie § 23 ARegV verpflichtet § 25a ARegV iVm. § 11 Abs. 2 S. 1 Nr. 12a ARegV die Regulierungsbehörde nicht zu einer Effizienzprüfung, vorliegend aus der Erwägung heraus, diese erfolge bereits durch die Fördergeber.[79] In der Tat ist es nicht die Aufgabe der Regulierungsbehörden, die Forschungsprioritäten für die Energiewende festzulegen.[80] Insoweit folgerichtig will die 8. Beschlusskammer der Bundesnetzagentur die Forschungs- und Entwicklungskosten vornehmlich daraufhin überprüfen, ob sie „eindeutig dem Netzbereich zuzuordnen sind".[81] In gewissem Gegensatz hierzu hatte die Bundesnetzagentur in ihrem Evaluierungsbericht zur ARegV aus dem Jahr 2015 noch betont, dass § 25a ARegV im Interesse der Bürokratievermeidung alle Kosten erfasse, die durch eine (andere)

---

77 *Hummel*, in: Danner/Theobald, Energierecht, 88. EL März 2016, § 25a ARegV Rn. 16.

78 Siehe BR-Drucks. 447/13 vom 29.5.2013, S. 20: „Damit wird – auch unter Berücksichtigung der Förderquote des Projektes – ein ausgewogenes Verhältnis zwischen dem Kostenrisiko, das die Netzbetreiber tragen und dem, welches sie über die Netzentgelte an die jeweiligen Netzkunden weitergeben können, erreicht."

79 BR-Drucks. 447/13 vom 29.5.2013, S. 20.

80 Dazu *Nießen/Rolle*, et 11/2016, S. 23 ff.

81 Bundesnetzagentur, Beschlusskammer 8, Hinweise für Netzbetreiber zur regulatorischen Umsetzung des § 25a ARegV - Forschungs- und Entwicklungskosten, Stand. 5.4.2016.

zuständige Bundes- oder Landesbehörde bewilligt worden seien.[82] Insbesondere müsse sich die Bundesnetzagentur nicht „mit dem Innovationspotential und der Geeignetheit der Forschungsvorhaben" beschäftigen.[83] Die in den Zuwendungsbescheiden ausgewiesenen Kosten würden aber gerade „nicht 1:1 für die Ermittlung des Zuschlags in der Erlösobergrenze zugrunde gelegt, sondern [...] entsprechend den Regelungen der StromNEV/ GasNEV auf Basis der vorgelegten Kostennachweise bewertet".[84] In der Tat ist es kaum wahrscheinlich, dass ein Fördergeber den spezifisch-regulatorischen Anforderungen an die Genehmigungsfähigkeit von Netzkosten genügt. Auch die Verordnungsbegründung versteht unter „Effizienz" wie gesehen lediglich ein „einfaches und zügiges Verfahren", eine „begrenzte bürokratische Belastung" sowie die „Vermeidung von Mitnahmeeffekten und Doppelförderungen",[85] also keine Überprüfung im Hinblick auf eine effiziente Leistungserbringung.

Berücksichtigungsfähig sind nach § 25a ARegV weiterhin nur solche Kosten, die bei einem antragsbefugten Netzbetreiber selbst anfallen, was ein Tätigwerden als Unterauftragnehmer oder Dienstleister ausschließen soll.[86] Nach der Bundesnetzagentur muss der Netzbetreiber selbst Zuwendungsempfänger sein, da andernfalls keine Kostenprüfung durch die nach Bundes- oder Landesrecht zuständige Genehmigungsbehörde erfolgen könne.[87] Nicht ausgeschlossen erscheint eine Antragstellung jedenfalls bei einer wettbewerbsrechtlich zulässigen Forschungs- und Entwicklungskooperation.[88]

---

82 Bundesnetzagentur, Evaluierungsbericht nach § 33 Anreizregulierungsverordnung, 2015, S. 248.

83 Bundesnetzagentur, Evaluierungsbericht nach § 33 Anreizregulierungsverordnung, 2015, S. 248.

84 Bundesnetzagentur, Evaluierungsbericht nach § 33 Anreizregulierungsverordnung, 2015, S. 248.

85 BR-Drucks. 447/13 vom 29.5.2013, S. 20.

86 Bundesnetzagentur, Beschlusskammer 8, Hinweise für Netzbetreiber zur regulatorischen Umsetzung des § 25a ARegV - Forschungs- und Entwicklungskosten, Stand. 5.4.2016.

87 Bundesnetzagentur, Beschlusskammer 8, Hinweise für Netzbetreiber zur regulatorischen Umsetzung des § 25a ARegV - Forschungs- und Entwicklungskosten, Stand. 5.4.2016.

88 Siehe die Verordnung (EU) Nr. 1217/2010 vom 14.12.2010 über die Anwendung von Art. 101 Abs. 3 AEUV auf bestimmte Gruppen von Vereinbarungen über Forschung und Entwicklung, ABl.EU Nr. L 335/36 v. 18.12.2010.

Auch wenn sich die Termini Forschung und Entwicklung in einer ersten Annäherung auf neue, bislang noch unbekannte Techniken beziehen, erlaubt § 25a ARegV keinen Ansatz von Schätzwerten. Vielmehr ist nach § 4 Abs. 3 S. 1 Nr. 2 Hs. 1 ARegV auf die im vorletzten Kalenderjahr entstandenen Ist-Kosten abzustellen (t-2-Zeitverzug).[89] Nach § 25a Abs. 3 S. 2 ARegV besteht zwar die Möglichkeit, einen Antrag für mehrere Regulierungsperioden zu stellen. Der Verordnungsgeber will mit dieser Regelung dem Umstand Rechnung tragen, dass die Dauer von Forschungsprojekten zeitlich inkongruent mit der Dauer einer Regulierungsperiode sein kann.[90] Die praktische Relevanz einer periodenübergreifenden Antragstellung wird jedoch durch die Ansatzfähigkeit allein von Ist-Kosten erheblich gemindert.[91] Denn auf dieser Grundlage kann nur bedingt eine vorausschauende Betrachtung erfolgen, wie sie für eine periodenübergreifende Antragstellung erforderlich wäre.

3. Die Novelle der Anreizregulierungsverordnung des Jahres 2016

a) Systemwechsel für Verteilernetzbetreiber

Um die Bedingungen für Investitionen und Innovationen gerade auf der Ebene der Verteilernetze zu verbessern, wurde im September 2016 nach mehrjährigem intensivem Nachdenken eine modifizierte Fassung der ARegV erlassen [nachfolgend: ARegV (2016)].[92] Zentrale Neuerung ist die Einführung eines Kapitalkostenabgleichs ab der dritten Regulierungsperiode für Verteilernetzbetreiber.[93] Der Verordnungsgeber begründet diesen Systemwechsel verschiedentlich mit der Notwendigkeit, die Anreize

89 BR-Drucks. 447/13, S. 21 vom 29.5.2013, S. 21: „Die Bestimmung, dass die Antragstellung rechtzeitig erfolgen muss, trägt dem Umstand Rechnung, dass die Projekte in der Regel unmittelbar nach Erteilung des Zuwendungsbescheids beginnen und die Beantragung des Zuschlags bei der Regulierungsbehörde auf der Basis von Ist-Werten erfolgt.“ Siehe auch *Hummel*, in: Danner/Theobald (Hrsg.), Energierecht, 88. EL März 2016, § 25a ARegV Rn. 9.

90 BR-Drucks. 447/13, S. 21 v. 29.5.2013, S. 21.

91 *Hummel*, in: Danner/Theobald (Hrsg.), Energierecht, 88. EL März 2016, § 25a ARegV Rn. 20.

92 BGBl. I vom 16.9.2016, S. 2147 ff.

93 Zu den Übergangsvorschriften insbesondere im Hinblick auf den Kapitalkostenabzug siehe *Mohr*, N&R 2016, S. 194 (205).

für innovative Lösungen beim Netzausbau zu stärken.[94] Im Wortlaut der neuen Vorschriften sucht man – wie noch zu zeigen ist mit guten Gründen – vergebens nach Verknüpfungen zwischen Regulierung und Innovationen. Insbesondere der Effizienzbonus für „supereffiziente Verteilernetzbetreiber" wird damit begründet, langfristig wirkende Innovationen anzureizen.[95] Durch den Kapitalkostenabgleich will der Verordnungsgeber Über- und Unterdeckungen der Kapitalkosten von Verteilernetzbetreibern vermeiden, die bislang insbesondere beim Erweiterungsfaktor aufgetreten seien.[96] Für Übertragungsnetzbetreiber bleibt es demgegenüber gem. §§ 6 Abs. 4, 10a Abs. 10 ARegV (2016) beim alten System der ARegV, dh. bei der allgemeinen Erlösobergrenzenregulierung in Verbindung mit positiven Sockeleffekten und dem Instrument der Investitionsmaßnahme, pauschal begründet mit dem Umstand, dass hierdurch die Kostenstruktur typischer Großprojekte sachgerechter abgebildet werde.[97] Worin genau diese höhere Sachgerechtigkeit liegt, bleibt freilich im Dunklen. Vor allem aber ist der Kapitalkostenabgleich eigentlich so konzipiert, dass er – hält man das Konzept für überzeugend – auf alle (Transport- und Verteiler-)Netzbetreiber gleichermaßen angewandt werden kann.[98]

Im Ergebnis kommen ab der dritten Regulierungsperiode zwei unterschiedliche Regulierungssysteme zur Anwendung, je nachdem, ob es sich um Verteiler- oder um Transportnetze handelt.[99] Ob die beiden Regulierungssysteme auch in der Rechtswirklichkeit zu unterschiedlichen Ergebnissen führen, bleibt abzuwarten. Der Kapitalkostenabgleich umfasst seinerseits zwei Elemente, die auf die Erlösobergrenze einwirken, den Kapitalkostenabzug und den Kapitalkostenaufschlag.[100] Zunächst überblickshaft zu Ersterem.

---

94 Siehe die Verordnungsbegründung, BR-Drs. 296/16, S. 20.

95 Verordnungsbegründung, BR-Drs. 296/16, S. 20 (31).

96 Verordnungsbegründung, BR-Drs. 296/16, S. 20 f.

97 Bundesverband der Energie und Wasserwirtschaft (BDEW), Stellungnahme vom 2.5.2016 zur Novelle der Anreizregulierungsverordnung, S. 15.

98 Vgl. Bundesnetzagentur, Evaluierungsbericht nach § 33 Anreizregulierungsverordnung, 2015, S. 372.

99 *Mohr*, N&R 2016, S. 194, (204 f.).

100 Dazu bereits *Mohr*, N&R 2016, S. 194 (205).

b) Kapitalkostenabzug

Über den Kapitalkostenabzug sollen die Netznutzer künftig von Kostensenkungen profitieren, indem die positiven Sockeleffekte abgeschafft werden, die durch die Fixierung des Anlagenbestands im Basisjahr entstehen, unter Vernachlässigung der jährlichen Abschreibungen.[101] Hierzu modifiziert § 6 Abs. 3 ARegV (2016) die Behandlung von Kapitalkosten für Anlagegüter, soweit sie vor dem jeweiligen Basisjahr einer Regulierungsperiode aktiviert worden sind, indem die Regulierungsbehörde für diese Anlagen für jedes Jahr der Regulierungsperiode einen Kapitalkostenabzug ermittelt.[102] Die relevanten Kapitalkosten setzen sich zusammen aus der Summe der kalkulatorischen Kosten gem. Den §§ 6 bis 8 StromNEV, also aus den kalkulatorischen Abschreibungen, der kalkulatorischen Eigenkapitalverzinsung, der kalkulatorischen Gewerbesteuer und dem Aufwand für Fremdkapitalzinsen. Der jährliche Betrag für den Kapitalkostenabzug ergibt sich aus der Differenz der Kapitalkosten gem. § 6 Abs. 1 und 2 ARegV (2016) im Basisjahr und den fortgeführten Kapitalkosten im jeweiligen Jahr der Regulierungsperiode. Die fortgeführten Kapitalkosten werden unter Berücksichtigung der im Zeitablauf abschreibungsbedingt sinkenden kalkulatorischen Restbuchwerte der betriebsnotwendigen Anlagengüter des Ausgangsniveaus gem. § 6 Abs. 1 und 2 ARegV (2016) sowie der im Zeitablauf sinkenden Werte der hierauf entfallenden Netzanschlussbeiträge und Baukostenzuschüsse berechnet.[103] Die konkrete Berechnung erfolgt nach den Grundsätzen in Anlage 2a zur ARegV.[104]

Um einen doppelten Abzug von Ineffizienzen zu vermeiden, wird der Abbaupfad der Ineffizienzen gem. § 16 Abs. 1 ARegV gem. § 11 Abs. 3 und 4 ARegV (2016) wie bislang erst nach Abzug der dauerhaft nicht be-

101 *Mohr*, N&R 2016, S. 194 (206); *Uwer/Meinzenbach*, KSzW 2016, S. 160 (166); *Dobler/Wolf*, VersorgungsW 2016, S. 293 (294); aA *Smousavi/Küll*, RdE 2015, S. 167 (174), wonach die positiven Sockeleffekte notwendig zur Kompensation der negativen Sockeleffekte seien, obwohl diese Funktion doch gerade der Kapitalkostenabgleich übernehmen soll.

102 *Uwer/Meinzenbach*, KSzW 2016, S. 160 (166).

103 *Gersemann/Maqua*, VersorgungsW 2016, S. 297 (298). Da auch die im Zeitablauf sinkenden Werte der hierauf entfallenden Netzanschlusskostenbeiträge und Baukostenzuschüsse berücksichtigt werden, führt dies faktisch zu einem niedrigeren jährlichen Kapitalkostenabzug und damit zu höheren Erlösen; *Uwer/Meinzenbach*, KSzW 2016, S. 160 (167 mit Fn. 59).

104 Dazu im Einzelnen *Gersemann/Maqua*, VersorgungsW 2016, S. 297 (298 f.).

einflussbaren Kosten, künftig aber auch ohne Berücksichtigung des Kapitalkostenabzugs angewandt.[105] Denn der Effizienzvergleich erfasst grundsätzlich auch solche Kostenbestandteile, die später dem Kapitalkostenabgleich unterliegen.[106] Allerdings greifen beim Kapitalkostenabzug rechtspolitisch motivierte Übergangsregelungen. Diese wurden bereits an anderer Stelle erläutert.[107]

c) Kapitalkostenaufschlag

Bei der Bestimmung des jährlichen Kapitalkostenabzugs werden gem. § 6 Abs. 3 S. 5 ARegV (2016) keine Kapitalkosten aus Investitionen berücksichtigt, die nach dem Basisjahr erfolgen.[108] Für derartige Neuinvestitionen gilt ab der 3. Regulierungsperiode vielmehr ein Kapitalkostenaufschlag gem. § 10a ARegV (2016), der anders als der Kapitalkostenabzug nicht auf die Interessen der Netzkunden blickt, sondern zu Gunsten der Netzbetreiber den Zeitverzug zwischen einer getätigten Investition und deren Wirksamkeit in der Erlösobergrenze beseitigen soll.[109]

Nach § 10a Abs. 1 S. 1 ARegV (2016) genehmigt die Regulierungsbehörde nach Maßgabe der Absätze 2 bis 9 einen Kapitalkostenaufschlag auf die Erlösobergrenze für Kapitalkosten, die aufgrund nach dem Basisjahr getätigter Investitionen in den Bestand betriebsnotwendiger Anlagegüter entstehen.[110] Im Gegenzug entfallen für die betroffenen Verteilernetzbetreiber der Erweiterungsfaktor und die Investitionsmaßnahme.[111] Ansatzfähig sind nach § 10a Abs. 2 ARegV (2016) entweder die Ist-Kosten von Anlagegütern, die nach dem Basisjahr aktiviert worden sind, oder Plan-Kosten für das entsprechende Folgejahr, also das Anpassungsjahr für die Ermittlung der Netzentgelte.[112] Der Kapitalkostenaufschlag wird nach

---

105 *Uwer/Meinzenbach*, KSzW 2016, S. 160 (167).

106 Zum Vorstehenden *Uwer/Meinzenbach*, KSzW 2016, S. 160 (167).

107 Dazu näher *Mohr*, N&R 2016, S. 194 (205).

108 Zur Vermeidung einer Reglungslücke sollte dasselbe gelten für Kapitalkosten, die nach dem Basisjahr und vor Beginn der Regulierungsperiode anfallen.

109 *Dobler/Wolf*, VersorgungsW 2016, S. 293 (295); *Mohr*, N&R 2016, S. 194 (205).

110 Vgl. Bundesnetzagentur, Evaluierungsbericht nach § 33 Anreizregulierungsverordnung, 2015, S. 370 u. 377.

111 § 34 Abs. 7 S. 1 ARegV; siehe auch die Verordnungsbegründung, BR-Drs. 296/16, S. 20.

112 Vgl. *Dobler/Wolf*, VersorgungsW 2016, S. 293 (295).

§ 10a Abs. 3 ARegV (2016) auf der Grundlage der Anschaffungs- und Herstellungskosten berechnet. Er umfasst die kalkulatorischen Abschreibungen, die kalkulatorischen Verzinsungen sowie die kalkulatorische Gewerbesteuer.[113] Verzinsungsbasis ist die Summe der bereits getätigten oder geplanten Investitionen abzüglich der Baukostenzuschüsse und der Hausanschlusskostenbeiträge.[114] Der Saldo wird nach § 10a Abs. 7 ARegV (2016) – insoweit anders als beim Kapitalkostenabzug – mit einem typisierten Mischzinssatz multipliziert, unabhängig von der unternehmensindividuellen Finanzierungsstruktur, wobei die Zinssätze des Basisjahres gelten.[115] Auf die derart bestimmte kalkulatorische Eigenkapitalverzinsung wird die kalkulatorische Gewerbesteuer gewährt.[116]

Regelungstechnisch unterfällt der Kapitalkostenaufschlag nicht den dauerhaft nicht beeinflussbaren Kosten, sondern erhält in der Regulierungsformel einen eigenen Summanden. Er unterliegt damit keinen Effizienzvorgaben. Die Investitionen müssen nach § 10a Abs. 1 S. 1 ARegV (2016) lediglich „betriebsnotwendig" sein, worin manche ein schwaches Effizienzelement sehen wollen.[117]

Anders als bei der Investitionsmaßnahme gem. § 23 Abs. 1 S. 4 ARegV wird beim Kapitalkostenaufschlag keine Betriebskostenpauschale gewährt, da bei Neuinvestitionen in den ersten Jahren nach Inbetriebnahme regelmäßig nur geringe und daher zu vernachlässigende Betriebskosten anfielen, weshalb diese Kosten in der individuellen Erlösobergrenze zu berücksichtigen seien.[118]

d) Effizienzvergleich

Selbst wenn die Instrumente der Investitionsmaßnahme und des Kapitalkostenaufschlags die Kapitalkosten – und bei der Investitionsmaßnahme auch die Betriebskosten – in weitem Umfang von den unternehmensindividuellen Effizienzvorgaben ausnehmen, bleibt der Effizienzvergleich in teleologischer Hinsicht der Kern der ARegV. Dieser wird bei Verteiler-

---

113 *Gersemann/Maqua*, VersorgungsW 2016, S. 297 (300).
114 *Gersemann/Maqua*, VersorgungsW 2016, S. 297 (300).
115 *Dobler/Wolf*, VersorgungsW 2016, S. 293 (295).
116 *Gersemann/Maqua*, VersorgungsW 2016, S. 297 (300).
117 *Uwer/Meinzenbach*, KSzW 2016, S. 160 (166).
118 Verordnungsbegründung, BR-Drs. 296/16, S. 20 (22).

netzbetreibern ab der dritten Regulierungsperiode nicht mehr anhand gesetzlich vorgegebener Pflichtparameter durchgeführt, sondern auf der Basis von regulierungsbehördlich festgelegten Vergleichsparametern [§ 13 Abs. 3 ARegV (2016)]. Der Verordnungsgeber begründet diese Änderung damit, dass Pflichtparameter die Versorgungsaufgabe und die relevanten Unterschiede in der Gebietsstruktur der Netzbetreiber nicht präzise abbildeten.[119] So setze die hervorgehobene Verwendung des Parameters „Leitungslänge“ Anreize zugunsten eines konventionellen Netzausbaus, und nicht zu dessen Verringerung durch innovative technische Lösungen.[120] Nicht übernommen hat der Verordnungsgeber demgegenüber – im Ergebnis überzeugend – den Vorschlag, bei „innovativen Betriebsmitteln“ ganz auf eine Effizienzprüfung der Betriebskosten zu verzichten,[121] schon weil die Regulierungsbehörde hierzu ermitteln müsste, was innovativ und was nicht innovativ ist.

e) Regulierungsperiode

Im Zuge der Einführung des Kapitalkostenabgleichs sollte die Laufzeit der Regulierungsperiode eigentlich für alle Netzbetreiber von fünf Jahren auf vier Jahre verkürzt werden (§ 3 Abs. 2 S. 2 ARegV-RefE).[122] Hierdurch sollten insbesondere die verteilernetzseitigen Kapitalkostenaufschläge schneller einer Effizienzprüfung unterzogen und zudem Betriebskosten eher in den Erlösobergrenzen berücksichtigt werden.[123] Diese zentrale Änderung wurde nicht in die endgültige Fassung der Verordnung übernommen, da die Energiewirtschaft eine substantielle Verschärfung des Kostensenkungsdrucks befürchtete.[124] Zudem hätte die Reduzierung des Prüfungszeitraums wohl zu einer deutlichen Zunahme des Aufwands der Re-

---

119 Verordnungsbegründung, BR-Drs. 296/16, S. 20 (38).

120 *Bundesnetzagentur*, Evaluierungsbericht nach § 33 Anreizregulierungsverordnung, 2015, S. 246.

121 Siehe dazu *Weyer*, Regulierung, Investitionsfreiheit und technischer Fortschritt, in: Schmidt-Preuß/Körber (Hrsg.), Regulierung und Gemeinwohl, 1. Aufl. 2016, S. 176 (196 f.).

122 Vgl. bereits *Mohr*, N&R 2016, S. 194 (206).

123 Begründung zum ARegV-RefE, S. 20, 25.

124 Vgl. Bundesverband der Energie und Wasserwirtschaft (BDEW), Stellungnahme vom 2.5.2016 zur Novelle der Anreizregulierungsverordnung, S. 9.

gulierungsbehörden geführt.[125] Ebenfalls nicht in der endgültigen Fassung der ARegV 2016 findet sich die noch im Regierungsentwurf enthaltene Regelung, Ineffizienzen nicht mehr gleichmäßig über die ganze Regulierungsperiode, sondern bereits innerhalb der ersten drei Jahre abzubauen, was eine weitere Verstärkung der Effizienzanreize bewirkt hätte.[126]

f) Effizienzbonus

Wie gesehen, handelt es sich beim Kapitalkostenabgleich ebenso wie bei der Investitionsmaßnahme nicht um ein effizienzkostenbasiertes Anreizsystem, sondern um eine Spielart der Cost-plus-Regulierung. So kann der marktmächtige Netzbetreiber hier seine tatsächlich entstandenen Kosten zunächst weitgehend an die Netznutzer weiterreichen und hat deshalb nur reduzierte Anreize, die Kosten auf ein wettbewerbsanaloges Niveau zu begrenzen.[127] Vor diesem Hintergrund will der Verordnungsgeber (nur) die Verteilernetzbetreiber mit dem neuen § 12a ARegV (2016) zu weiteren Effizienzanstrengungen anreizen.[128] Nach dieser Vorschrift können auch bereits effiziente Netzbetreiber für die Dauer einer nachfolgenden Regulierungsperiode einen Aufschlag auf ihre Erlösobergrenze von bis zu fünf Prozent erhalten. Höhere Effizienzgewinne kommen demgegenüber den Netznutzern zugute, indem sie am Ende einer Regulierungsperiode abgeschöpft werden.[129]

III. Der Begriff der Innovation

Verschiedentlich wurde bereits der Begriff der Innovation eingeführt, ohne diesen näher zu explorieren. Dies soll nunmehr nachgeholt werden.

---

125 So *Dobler/Wolf*, VersorgungsW 2016, S. 293.

126 Verordnungsbegründung, BR-Drs. 296/16, S. 20 (39).

127 Zur Unterscheidung zwischen Cost-plus- und Effizienzkostenregulierung *Mohr*, Zugangs- und Entgeltregulierung als Aufgaben des Regulierungsrechts, in: Säcker/Schmidt-Preuß (Hrsg.), Grundsatzfragen des Regulierungsrechts, 2015, S. 94 (106).

128 Verordnungsbegründung, BR-Drs. 296/16, S. 20 (31).

129 Verordnungsbegründung, BR-Drs. 296/16, S. 20 (38).

1. Phasen des technischen Fortschritts

Das Standardwerk von *Hauschildt/Salomo* zum Innovationsmanagement beginnt seine Ausführungen mit der Beobachtung, Innovation sei „ein schillernder, modischer Begriff".[130] Im vorliegenden Zusammenhang folgt eine erste Konkretisierung daraus, dass es um netztechnische Innovationen geht, die durch das Recht beeinflusst werden sollen,[131] also nicht um soziale Innovationen.[132] Unter „Technik" kann man wiederum den Bereich des körperlich Greifbaren verstehen, also die Welt der Dinge, ihrer Funktionen und Eigenschaften.[133] Technische Innovationen sind damit neue Produkte, Prozesse sowie neues technisches Wissen.[134] Körperlich greifbar sind auch Naturkräfte, selbst wenn sie sich wie die Elektrizität der unmittelbaren menschlichen Beobachtung entziehen. Es genügt, dass sie festgestellt oder gemessen werden können, auch wenn hierzu Hilfsmittel erforderlich sind.[135] Der letztgenannte Gesichtspunkt ist für die weitere Untersuchung nicht entscheidend, bezieht sich die ARegV doch auf die Netze als körperlich-technische Transportmedien und nicht auf die Produktion der „durchgeleiteten" Energie.

In Anlehnung an die immer noch grundlegenden Untersuchungen *Schumpeters*[136] wird der technische Fortschritt als Prozess des Übergangs zu neuen oder neuartigen Produktionsverfahren oder zur Schaffung neuer

---

130 *Hauschildt/Salomo*, Innovationsmanagement, 5. Aufl. 2011, S. 3, im Original fettgedruckt.

131 Zu dieser Unterscheidung *Hoffmann-Riem*, Immaterialgüterrecht als Referenzgebiet des innovationserheblichen Rechts, in: Eifert/Hoffmann-Riem (Hrsg.), Innovation und Recht I, Geistiges Eigentum und Innovation, 2008, S. 15 (19 f.).

132 Siehe zu den sozialen, nichttechnischen Innovationen, die „nicht in physischen Trägermedien verstofflicht sind", *Hoffmann-Riem*, Innovation und Recht – Recht und Innovation, 2016, S. 200 ff., der den Begriff nicht auf sozialpolitische Gesichtspunkte ieS verengen will, sondern für ein weites Verständnis plädiert. Zu den Verknüpfungen zwischen technischen und sozialen Innovationen siehe *Hoffmann-Riem*, aaO, S. 202 ff.

133 So zu § 1 PatG *Bacher*, in: Benkard (Hrsg.), Patentgesetz, 11. Aufl. 2015, § 1 Rn. 46a.

134 *Hauschildt/Salomo*, Innovationsmanagement, 5. Aufl. 2011, S. 9.

135 *Bacher*, in: Benkard (Hrsg.), Patentgesetz, 11. Aufl. 2015, § 1 Rn. 46a.

136 Zum „Grundphänomen der wirtschaftlichen Entwicklung" *Schumpeter*, Theorie der wirtschaftlichen Entwicklung, 6. Aufl. 1964, S. 88 ff., zur „Durchsetzung neuer Kombinationen", die nicht kontinuierlich erfolgt, sondern „diskontinuierlich", insb. S. 100 ff. (zitiert auch bei *Hauschildt/Salomo*, Innovationsmanagement, 5. Aufl. 2011, S. 10).

Produkte oder neuer Qualitäten von Produkten in drei Hauptphasen unterteilt:[137] Erstens die Erfindung oder Invention, zweitens die Entwicklung oder Innovation, drittens die Verbreitung oder Diffusion.[138] Der oft gebrauchte Terminus „Forschung und Entwicklung" (F&E) umfasst im Wesentlichen die beiden ersten Phasen der Invention und Innovation.[139] Die neuere Innovationsforschung betont allerdings zu Recht, dass die vorgenannte Dreiteilung angesichts der rekursiven, netzwerkförmigen Struktur von Innovationsprozessen nicht zur empirischen Beschreibung, sondern allenfalls zur Strukturierung der Diskussion über den Umgang mit Neuerungen dienen kann.[140] Dies ist etwa bedeutsam für die Frage, inwieweit ein Patentschutz die Fortentwicklung von Grundlageninnovationen durch Folgeinnovationen ermöglicht oder behindert, sofern Innovationen nicht in Einzelschritten, sondern kumulativ erfolgen.[141] Unabhängig davon ist das Innovationsgeschehen nicht selten durch Pfadabhängigkeiten (sog. Lock-in-Effekte) gekennzeichnet,[142] wonach weitere Innovationen durch frühere Weichenstellungen für ein bestimmtes technologisches Regime oder für bestimmte Arten seiner Weiterentwicklung vorgeprägt sind.[143] Derartige Pfadabhängigkeiten können durch vorangegangene Investitionen im Sinne der bei natürlichen Monopolen relevanten „sunk costs" begründet wer-

---

137 Eine Auflistung der in den Wirtschaftswissenschaften diskutierten Innovationsstadien findet sich bei *Hoffmann-Riem*, Innovation und Recht – Recht und Innovation, 2016, S. 192 f.: Idee; Entdeckung/Kognition; Erfindung/Invention; Innovation ieS.; Diffusion; Weiterentwicklung; Variation; Kombination; Imitation; Adaption; Begleitbetreuung und Nachsorge; Revision; Erosion.

138 *Ann*, in: Kraßer/Ann (Hrsg.), Patentrecht, 7. Aufl. 2016, § 3 Rn. 30.

139 *Ann*, in: Kraßer/Ann (Hrsg.), Patentrecht, 7. Aufl. 2016, § 3 Rn. 30.

140 *Bora*, Innovationsregulierung als Wissensregulierung, in: Eifert/Hoffmann-Riem (Hrsg.), Innovation und Recht II, Innovationsfördernde Regulierung, 2009, S. 24 (29); *Hoffmann-Riem*, Innovation und Recht – Recht und Innovation, 2016, S. 210.

141 Ausführlich *Zech*, Neue Technologien als Herausforderungen des Immaterialgüterschutzes, in: Hilti (Hrsg.), Herausforderung Innovation: Eine interdisziplinäre Debatte, 2012, S. 81 ff.

142 Hiervon zu unterscheiden sind die oben beschriebenen Lock-in-Effekte im Rahmen der Sockeleffekte der ARegV.

143 *Hoffmann-Riem*, Innovation und Recht – Recht und Innovation, 2016, S. 213. Aus der allgemeinen institutionenökonomischen Literatur siehe *Richter/Furubotn*, Neue Institutionenökonomik, 4. Aufl. 2010, S. 370; *Picot/Dietl*, WiSt 19 (1990), S. 178 (179).

den,[144] aber auch durch das (Regulierungs-)Recht selbst.[145] Im vorliegenden Rahmen folgen wesentliche Pfadabhängigkeiten aus der Entscheidung des Gesetzgebers für einen beschleunigten Umbau des Energieversorgungssystems, weg von der Stromerzeugung durch konventionelle Großkraftwerke hin zur dezentralen Erzeugung aus überwiegend volatilen erneuerbaren Energiequellen, mit dem dadurch induzierten umfassenden Umbau der Transport- und Verteilernetze.[146] Ungeachtet dieser Einschränkungen sind nachfolgend die Termini der Invention, Innovation und Diffusion zu erläutern.

2. Invention

Unter einer Invention ist grundsätzlich das Auffinden neuer Ideen in der vormarktlichen Phase zu verstehen, im Sinne der Schaffung wissenschaftlicher Grundlagen.[147] An das Vorliegen einer Invention knüpft insbesondere der Patentschutz an. Das Patentrecht adressiert also nicht die wirtschaftliche Verwertung des Neuen, auch wenn das Innehaben eines Patents die Art der Verwertung durch den Ausschluss anderer von der Patentnutzung oder durch die Erteilung von Patentlizenzen beeinflusst.[148] Gem. § 1 Abs. 1 PatG werden Patente für Erfindungen auf allen Gebieten der Technik erteilt, sofern sie neu sind, auf einer erfinderischen Tätigkeit beruhen und gewerblich anwendbar sind. Eine abschließende Definition der Erfindung ist bislang nicht gelungen, schon weil der Begriff der Technik zeitlichen Wandlungen unterworfen ist.[149] Nach zutreffender Ansicht des BGH ist eine Erfindung eine angewandte Erkenntnis auf technischem Gebiet, also eine Anweisung, mit bestimmten technischen Mitteln zur Lösung einer

---

144 Dazu *Mohr*, Sicherung der Vertragsfreiheit durch Wettbewerbs- und Regulierungsrecht, 2015, S. 411, 526 ff., 571 ff., insb. 574.

145 *Hoffmann-Riem*, Innovation und Recht – Recht und Innovation, 2016, S. 213 f.

146 Zum Recht der Energiewende als einem Recht der Beschleunigung *Hofmann*, Die Verwaltung 47 (2014), S. 349 (350); siehe auch *Mohr*, RdE 2015, S. 433.

147 Bundesnetzagentur, Evaluierungsbericht nach § 33 Anreizregulierungsverordnung, 2015, S. 234.

148 *Hoffmann-Riem*, Immaterialgüterrecht als Referenzgebiet innovationserheblichen Rechts, in: Eifert/Hoffmann-Riem (Hrsg.), Innovation und Recht I, Geistiges Eigentum und Innovation, 2008, S. 15, 21.

149 *Bacher*, in: Benkard (Hrsg.), Patentgesetz, 11. Aufl. 2015, § 1 Rn. 42.

technischen Aufgabe ein technisches Ergebnis zu erzielen.[150] Allgemeiner formuliert, aber sachlich gleichbedeutend ist Erfindung eine Lehre zum planmäßigen Handeln unter Einsatz beherrschbarer Naturkräfte zur unmittelbaren Erreichung eines kausal übersehbaren technischen Erfolges.[151] Nicht als Erfindungen in diesem Sinne gelten nach § 1 Abs. 3 Nr. 1 PatG Entdeckungen, also das bloße Auffinden von Naturgesetzen oder von in der Natur vorkommenden Stoffen.[152]

3. Innovation

Ist das Wissen über die Eigenschaften einer Technik erlangt, müssen die technischen Einsatzbedingungen geschaffen werden.[153] Dies geschieht durch Anwendung des Grundlagenwissens im Rahmen der Innovationsphase, um ein neues Produkt zu kreieren und zu konstruieren, etwa einen Prototypen.[154] Innovationen können sich sowohl auf Prozesse als auch auf Produkte beziehen.[155] Sie sind nicht notwendig durch den Erfinder selbst durchzuführen, sondern können – in den Schranken des Immaterialgüterrechts – auch durch andere erfolgen.[156]

---

150 So BGH, Beschl. vom 21.3.1958 – I ZR 160/57 (=GRUR 1958, S. 602, (603)).

151 *Bacher*, in: Benkard (Hrsg.), Patentgesetz, 11. Aufl. 2015, § 1 Rn. 42.

152 BGH, Urt. vom 14.3.1969 – X ZR 2/66 (BPatG) (=GRUR 1969, S. 531). Dies wird damit begründet, dass vom Patentrecht nicht wissenschaftliche Erkenntnisse und Bemühungen, sondern die gewerbliche Tätigkeit gefördert werden solle. Darüber hinaus sei die freie Zugänglichkeit der Naturgesetze und ihre Kenntnis eine unerlässliche Voraussetzung für den technischen Fortschritt; vgl. *Bacher*, in: Benkard (Hrsg.), Patentgesetz, 11. Aufl. 2015, § 1 Rn. 44.

153 *Oppenländer*, GRUR 1977, S. 362 (363).

154 *Oppenländer*, GRUR 1977, S. 362 (363); Bundesnetzagentur, Evaluierungsbericht nach § 33 Anreizregulierungsverordnung, 2015, S. 234.

155 *Hauschildt/Salomo*, Innovationsmanagement, 5. Aufl. 2011, S. 5 ff.; speziell im vorliegenden Zusammenhang *Brunekreeft/Bauknecht*, Regulierung und Innovationstätigkeit: eine ökonomische Perspektive, in: Eifert/Hoffmann-Riem (Hrsg.), Innovation und Recht II, Innovationsfördernde Regulierung, 2009, S. 243 (249); allgemein *Hoffmann-Riem*, Immaterialgüterrecht als Referenzgebiet des innovationserheblichen Rechts, in: Eifert/Hoffmann-Riem (Hrsg.), Innovation und Recht I, Geistiges Eigentum und Innovation, 2008, S. 15 (21).

156 *Zech*, Neue Technologien als Herausforderungen des Immaterialgüterschutzes, in: Hilti (Hrsg.), Herausforderung Innovation: Eine interdisziplinäre Debatte, 2012, S. 81 (91 ff.), wonach das Tätigen oder Vermarkten von Folgeinnovationen durch schutzrechtsimmanente oder schutzrechtsexterne Beschränkungen des

Unter Prozessinnovationen sind „neuartige Faktorkombinationen" zu verstehen, die keinen investiven Charakter haben, sondern vorliegend im Wesentlichen den Betrieb der Energienetze tangieren und diesen beispielsweise durch innovative Betriebsabläufe effizienter gestalten.[157] Dies führt häufig zu einer Reduktion der operativen Kosten (OPEX) und betrifft damit die – noch näher darzustellende – produktive Effizienz.[158] Prozessinnovationen entsprechen im System der Anreizregulierung damit vor allem den Ersatzinvestitionen zur Verringerung der variablen Produktionskosten durch eine ggf. kurzfristige Erhöhung der Kapitalkosten.[159] Wie gesehen, refinanzieren Übertragungsnetzbetreiber die Kapitalkosten von Ersatzinvestitionen nicht über die Investitionsmaßnahmen gem. § 23 ARegV, sondern über die positiven Sockeleffekte sowie über die Verzinsung des eingesetzten Kapitals im Rahmen der allgemeinen Erlösobergrenze. Verteilernetzbetreiber können die Kapitalkosten von Ersatz(neu-)investitionen über den Kapitalkostenabgleich erlösen.

Produktinnovationen betreffen nicht allein neuartige Faktorkombinationen, sondern zudem den Verwertungsprozess am Markt, indem sie den Nutzern erlauben, neue Zwecke oder vorhandene Zwecke in völlig neuartiger Weise zu erfüllen.[160] Vorliegend unterfallen den Produktinnovationen etwa kapitalkostenintensive Investitionen in die materielle, technologische Aufwertung der Netzinfrastruktur, etwa in den Aufbau eines Smart Grids.[161] Diese Innovationen können – in gewissem Vorgriff auf die nachfolgenden theoretischen Erwägungen – zwar kurzfristig statische Ineffizi-

---

Schutzumfangs, etwa durch patent- oder kartellrechtliche Zwangslizenzen vom Ausschließlichkeitsrecht des Grundlageninnovators ausgenommen werden kann.

157 *Hauschildt/Salomo*, Innovationsmanagement, 5. Aufl. 2011, S. 5: „Ziel dieser Innovation ist die Steigerung der Effizienz"; *Müller/Growitsch/Wissner*, WIK Diskussionsbeitrag Nr. 349, Regulierung und Innovationsanreize in der ökonomischen Theorie, Smart Grid-gerechte Weiterentwicklung der Anreizregulierung, 2010, S. 23.

158 *Müller/Growitsch/Wissner*, WIK Diskussionsbeitrag Nr. 349, Regulierung und Innovationsanreize in der ökonomischen Theorie, Smart Grid-gerechte Weiterentwicklung der Anreizregulierung, 2010, S. 23.

159 *Brunekreeft/Bauknecht*, Regulierung und Innovationstätigkeit: eine ökonomische Perspektive, in: Eifert/Hoffmann-Riem (Hrsg.), Innovation und Recht II, Innovationsfördernde Regulierung, 2009, S. 243 (249).

160 *Hauschildt/Salomo*, Innovationsmanagement, 5. Aufl. 2011, S. 5.

161 *Müller/Growitsch/Wissner*, WIK Diskussionsbeitrag Nr. 349, Regulierung und Innovationsanreize in der ökonomischen Theorie, Smart Grid-gerechte Weiterentwicklung der Anreizregulierung, 2010, S. 23.

enzen aufweisen, haben aber langfristig jedenfalls das Potential für die dynamische Effizienzen.[162] Im Rahmen der Anreizregulierung sind Produktinnovationen grundsätzlich den Erweiterungsinvestitionen zuzuordnen, was einer höheren Ausbringungsmenge aufgrund höherer Kapitalkosten (CAPEX) entspricht.[163] Sie werden sowohl von der Investitionsmaßnahme gem. § 23 Abs. 1 ARegV als auch vom Kapitalkostenabgleich erfasst.

4. *Diffusion*

Damit potentieller technischer Fortschritt tatsächlich wirksam werden kann, ist die Anwendung von Innovationen durch Hersteller und/oder Verbraucher erforderlich.[164] Dies ist die Diffusionsphase, welche die Durchsetzung neuer Produkte am Markt behandelt.[165] Die konkrete Anwendung von Technologien in Form von Produkten, Produktionsprozessen und anderen Ergebnissen menschlichen Handelns steht besonders im Fokus der rechtlichen Innovationsforschung, da sie am Ehesten durch rechtliche Vorgaben beeinflusst werden kann.[166] Auf der Übertragungsnetzebene stehen derzeit etwa die Erdverkabelung, die Implementierung der Hochspannungsgleichstromtechnik oder der Einsatz von Hochtemperaturleiterseilen in Rede.[167] Auf der Verteilernetzebene geht es beispielsweise um den Einbau von intelligenten Messsystemen oder sonstiger innovativer Technolo-

---

162 *Müller/Growitsch/Wissner*, WIK Diskussionsbeitrag Nr. 349, Regulierung und Innovationsanreize in der ökonomischen Theorie, Smart Grid-gerechte Weiterentwicklung der Anreizregulierung, 2010, S. 23.

163 *Brunekreeft/Bauknecht*, Regulierung und Innovationstätigkeit: eine ökonomische Perspektive, in: Eifert/Hoffmann-Riem (Hrsg.), Innovation und Recht II, Innovationsfördernde Regulierung, 2009, S. 243 (249).

164 *Oppenländer*, GRUR 1977, S. 362 (363).

165 *Hoffmann-Riem*, Immaterialgüterrecht als Referenzgebiet innovationserheblichen Rechts, in: Eifert/Hoffmann-Riem (Hrsg.), Innovation und Recht I, Geistiges Eigentum und Innovation, 2008, S. 15 (21); Bundesnetzagentur, Evaluierungsbericht nach § 33 Anreizregulierungsverordnung, 2015, S. 234.

166 Hierauf verweist *Hoffmann-Riem*, Innovation und Recht – Recht und Innovation, 2016, S. 199.

167 Siehe *Schucht* ua. (Übertragungsnetzbetreiber), Netzentwicklungsplan Strom 2025, Version 2015. Dazu schon *Weyer*, Regulierung, Investitionsfreiheit und technischer Fortschritt, in: Schmidt-Preuß/Körber (Hrsg.), Regulierung und Gemeinwohl, 1. Aufl. 2016, S. 176 (192).

gien wie regelbarer Ortsnetztransformatoren.[168] Nach der Entscheidung des Gesetzgebers sind die Kosten des grundzuständigen Messstellenbetreibers für den Messstellenbetrieb von modernen Messeinrichtungen und intelligenten Messsystemen nach § 7 Abs. 2 MsbG allerdings kein Bestandteil der regulierten Netzentgelte, sondern unterfallen einer „besonderen Kostenregulierung".[169] Diese soll es ermöglichen, zur Sicherstellung der wirtschaftlichen Vertretbarkeit des Einsatzes moderner Messinfrastruktur individuelle Preisobergrenzen vorzugeben.[170] Im Ergebnis wurde dem Regime der ARegV damit aus sozialpolitischen Gründen ein wesentlicher Bereich innovativer Tätigkeiten entzogen, was auf übergeordneter Ebene dem Gemeinwohlbezug des Regulierungsrechts zugeordnet werden kann.[171] Die Implementierung einer besonderen Kostenregulierung vermindert jedenfalls die Legitimität des Systemwechsels bei Verteilernetzbetreibern hin zu einem Kapitalkostenabgleich; denn maßgebliche Netzinnovationen erfolgen auf Verteilernetzebene insbesondere durch die Umrüstung auf Smart Grids und Smart Meters.

IV. Erkenntnisse der Innovationsforschung

Nachdem die Grundlagen der Anreizregulierung betrachtet und der Begriff der Innovation soweit möglich operationalisiert wurde, sollen nunmehr theoretische Erkenntnisse der Innovationsforschung präsentiert werden. Angesichts der Komplexität der Thematik erheben die Ausführungen keinen Anspruch auf Vollständigkeit.[172] Im Anschluss werden die Erkenntnisse auf die ARegV des Jahres 2016 gespiegelt.

---

168 *Büchner* u.a., Moderne Verteilernetze für Deutschland („Verteilernetzstudie"), 2014.

169 Dazu *Dobler/Wolf*, VersorgungsW 2016, S. 293 (294).

170 BR-Drucks. 543/15 v. 6.11.2015, S. 115.

171 Dazu näher *Lepsius*, Regulierung in sozialpolitischer Perspektive, in: Schmidt-Preuß/Körber (Hrsg.), Regulierung und Gemeinwohl, 1. Aufl. 2016, S. 102 ff.

172 Einen vertieften Überblick über den Stand der rechtswissenschaftlichen Innovationsforschung gibt *Hoffmann-Riem*, Innovation und Recht – Recht und Innovation, 2016.

1. Wettbewerbs- und Immaterialgüterrecht

Es ist es heute überwiegend anerkannt, dass die Innovationsfähigkeit einer Volkswirtschaft mit dem Schutz der wirtschaftlichen Selbstbestimmung der Bürger und damit zugleich mit dem Schutz freier und unverfälschter Wettbewerbsprozesse zusammenhängt.[173] So betont etwa *Hoffmann-Riem*, dass ein normativ gesicherter Wettbewerb aus Sicht der juristischen Innovationsforschung „das überragend wichtige Medium der Innovationsstimulierung" darstelle.[174] Der ökonomische Ableitungszusammenhang lautet nach *Martin Eifert*, unter Verweis auf *Adam Smith* und *Alois Schumpeter*:[175] „Wettbewerb ist der geeignete Mechanismus zur Optimierung der Gesamtwohlfahrt [...] und Innovation ist das zentrale Moment der Entwicklungsdynamik der Wettbewerbsmärkte [...]".

Wettbewerb ist somit – für den Wettbewerbsrechtler ist dies keine neue Erkenntnis – kein Selbstzweck, sondern dient der Erfüllung bestimmter, vorab definierter Wettbewerbsfunktionen, sei es die Beförderung der Gesamtwohlfahrt und/oder die Sicherung der individuellen Selbstbestimmung.[176] Bereits der klassische Liberalismus hat insoweit herausgearbeitet, dass freie Märkte als Selbststeuerungsmechanismen fungieren, da sie gewährleisten, dass die privatautonom-egoistischen Entscheidungen der Marktteilnehmer zu volkswirtschaftlich erstrebenswerten Ergebnissen führen.[177] Dem Schutz dieser Selbststeuerungskräfte dient das Recht gegen Wettbewerbsbeschränkungen, von *Josef Drexl* einprägsam als konstituti-

---

173 *Eifert*, Innovationsfördernde Regulierung, in: Eifert/Hoffmann-Riem (Hrsg.), Innovation und Recht II, Innovationsfördernde Regulierung, 2009, S. 11 (13); *Neef*, Innovationsförderung durch Schutz der Vertragsfreiheit in § 1 GWB, in: Hilti (Hrsg.), Herausforderung Innovation: Eine interdisziplinäre Debatte, 2012, S. 65 ff.

174 *Hoffmann-Riem*, Innovation und Recht – Recht und Innovation, 2016, S. 293.

175 *Eifert*, Innovationsfördernde Regulierung, in: Eifert/Hoffmann-Riem (Hrsg.), Innovation und Recht II, Innovationsfördernde Regulierung, 2009, S. 11 (13 mit Fn. 15).

176 *Säcker*, Zielkonflikte und Koordinationsprobleme im deutschen und Europäischen Kartellrecht, 1971, S. 15 f.; *Mohr*, Sicherung der Vertragsfreiheit durch Wettbewerbs- und Regulierungsrecht, 2015, S. 221.

177 *Adam Smith*, An Inquiry into the Nature and Causes of the Wealth of Nations, 5. Aufl. 1789 (deutsche Übersetzung 1974 von *Recktenwald*), Kap. 7 und 8 S. 48 ff.; *Olten*, Wettbewerbstheorie und Wettbewerbspolitik, 1995, S. 13; *Kerber*, in: Vahlens Kompendium der Wirtschaftstheorie und Wirtschaftspolitik, 9. Aufl. 2007, S. 369.

ves Verbraucherschutzrecht benannt.[178] Bei dessen Ausgestaltung und Anwendung steht die Rechtsordnung vor der anspruchsvollen Aufgabe, kompetitive von antikompetitiver wirtschaftlicher Macht zu unterscheiden.[179] Wirtschaftliche Macht kann einerseits zur Ausbeutung von anderen Marktteilnehmern benutzt werden, weshalb entsprechende Verhaltensweisen zu untersagen sind.[180] Andererseits ist ein gewisses Maß an Marktmacht unentbehrlich zur Generierung der vorliegend in Rede stehenden Innovationsprozesse.[181] Denn ein dynamischer Wettbewerb ist nichts anderes als ein Prozess der Neubildung und Erosion von Machtvorsprüngen von Unternehmen gegenüber ihren Wettbewerbern, die aus der größeren Fähigkeit zur Beherrschung ihrer Umwelt folgen.[182]

Vor diesem Hintergrund geben die Größe oder der Marktanteil eines Unternehmens für sich allein keine Handhabe für das Eingreifen der wettbewerbsrechtlichen Missbrauchsaufsicht.[183] Dies erklärt, weshalb die wettbewerbsrechtlichen Missbrauchsverbote gem. Art. 102 AEUV und § 19 GWB nicht an das Innehaben wirtschaftlicher Macht anknüpfen, auch wenn diese zu einer Markbeherrschung führt,[184] sondern erst an einen Missbrauch der Marktmacht zu Lasten der Wettbewerber oder der Marktgegenseite. Aus wettbewerbstheoretischer Sicht sollte der Staat wegen seines fehlenden Lenkungs- und Regulierungswissens im Regelfall nicht unmittelbar regulierend auf die Innovationskapazität von Unternehmen zugreifen. So haben sich etwa die sog. Neo-*Schumpeter*-Hypothesen im Sinne abstrakt-genereller Bedingungen für ein innovationsfreundliches Investitionsklima wie die Größe von Unternehmen oder die Konzentration eines

178 *Drexl*, Die wirtschaftliche Selbstbestimmung des Verbrauchers, 1998, S. 293 ff.

179 *Säcker*, Macht im Zivilrecht, in: Hauer/Rudkowski/Gooren (Hrsg.), Jahrbuch Junger Zivilrechtswissenschaftler (JJZ) 2013, S. 9 (12).

180 Zum wettbewerbsrechtlichen Verbot von Ausbeutungsmissbräuchen siehe *Mohr*, Sicherung der Vertragsfreiheit durch Wettbewerbs- und Regulierungsrecht, 2015, S. 479 ff.

181 *Säcker*, Macht im Zivilrecht, in: Hauer/Rudkowski/Gooren (Hrsg.), Jahrbuch Junger Zivilrechtswissenschaftler (JJZ) 2013, S. 9 (12).

182 Insoweit überzeugend *Hoppmann*, Marktmacht und Wettbewerb, 1977, S. 10 f.

183 *Rieble*, Arbeitsmarkt und Wettbewerb, 1996, Rn. 54; *Säcker*, in: Hauer/Rudkowski/Gooren (Hrsg.), Jahrbuch Junger Zivilrechtswissenschaftler (JJZ) 2013, S. 9 (12).

184 Zur Marktbeherrschung durch Kartelle *Lukes*, Der Kartellvertrag, 1959, S. 135.

Marktes bei empirischer Analyse als nicht tragfähig erwiesen.[185] Auch spieltheoretisch fundierte Fusions-Simulationen können aufgrund der modellhaften Abbildung der Märkte und dem Fehlen geeigneter Daten dynamische Aspekte wie die Repositionierung von Produkten durch Konkurrenten, Investitionen oder Marktzutritte bislang nicht adäquat abbilden.[186] Vor diesem Hintergrund sollte sich eine staatliche Innovationsförderung – in Fortführung der grundlegenden Erkenntnisse *von Hayeks*[187] – im Kern auf die Sicherung wettbewerblich organisierter Märkte im Hinblick auf deren systemeigene, nachhaltige Innovationsorientierung konzentrieren.[188] So stellt sich für die Unternehmen ein innovationsaverses Verhalten dann als ökonomisch rational dar, wenn der Markterfolg durch eine Beschränkung des Wettbewerbs und damit auch durch die Beschränkung von Innovationen größer ist als bei der Förderung derselben.[189] Zudem kann der Staat die Zugangs- und Nutzungsbedingungen von Informationen in den Blick nehmen („Regulierung von Wissen").[190] Der Ermöglichung und Sicherung einer wirtschaftlichen Verwertung von Informationen dient insbesondere das Immaterialgüterrecht in Form des Patent- und Urheberrechts, das angesichts der spezifischen Eigenschaften von Informationen als „öffentlichen Gütern" zeitlich begrenzte Verwertungsmonopole vorsieht, dadurch aber zugleich den Innovationsprozess verlangsamen und verteuern

---

185 *Kerber/Schwalbe*, in: MünchKommEUWettbR Band 1, 2. Aufl. 2015, Einl. Rn. 107; ausführlich *I. Schmidt*, Wettbewerbspolitik und Kartellrecht, 9. Aufl. 2012, S. 134 ff.

186 *Böge*, WuW 2004, S. 726 (732); *Schwalbe/Zimmer*, Kartellrecht und Ökonomie, 2. Aufl. 2011, S. 265; *I. Schmidt*, in: FS Säcker, 2011, S. 939, 945.

187 *Von Hayek*, Der Wettbewerb als Entdeckungsverfahren, 1968, S. 3. Siehe etwa *Eifert*, Innovationsfördernde Regulierung, in: Eifert/Hoffmann-Riem (Hrsg.), Innovation und Recht II, Innovationsfördernde Regulierung, 2009, S. 11 (14 mit Fn. 21). Zur Bedeutung im Wettbewerbsrecht siehe *Mohr*, Sicherung der Vertragsfreiheit durch Wettbewerbs- und Regulierungsrecht, 2015, S. 317 ff.; *Thomas*, Regulierung in sozialpolitischer Perspektive, in: Schmidt-Preuß/Körber (Hrsg.), Regulierung und Gemeinwohl, 1. Aufl. 2016, S. 70 (78 ff.).

188 MwN *Eifert*, Innnovationsfördernde Regulierung, in: Eifert/Hoffmann-Riem (Hrsg.), Innovation und Recht II, Innovationsfördernde Regulierung, 2009, S. 11 (14).

189 So *Hoffmann-Riem*, Innovation und Recht – Recht und Innovation, 2016, S. 294.

190 *Bora*, Innovationsregulierung als Wissensregulierung, in: Eifert/Hoffmann-Riem (Hrsg.), Innovation und Recht II, Innovationsfördernde Regulierung, 2009, S. 23 (31).

kann.[191] Wahlweise oder ergänzend kommt deshalb – vorbehaltlich ihrer beihilferechtlichen Zulässigkeit – eine staatliche Forschungsförderung in Betracht, etwa zur sachgerechten Behandlung der in Zusammenhang mit § 25a ARegV thematisierten positiven externen Effekte der Grundlagenforschung. Die komplexen Einzelheiten können hier nicht behandelt werden.[192]

2. *Wettbewerbs- und innovationsfördernde Regulierung der Netzwirtschaften*

a) Zurückhaltung gegenüber unmittelbaren Innovationsanreizen

In den Netzwirtschaften ist die Situation scheinbar komplizierter, offenbart sich hier doch das schon einleitend angesprochene Spannungsfeld zwischen zukunftsoffener Innovationsförderung und sektorspezifischer Regulierung.[193] So vollzieht sich der technische Fortschritt in dern Netzwirtschaften nicht auf wettbewerblich organisierten „freien" Märkten, sondern innerhalb eines Regulierungsrahmens, der die Bedingungen für das Handeln der Normadressaten detailliert vorgibt, von der maximal zulässigen kalkulatorischen Eigenkapitalquote bis hin zur Höhe der Eigenkapitalverzinsung.[194] Vor diesem Hintergrund könnte es naheliegen, dass der Staat auch die Innovationskapazität und Innovationstätigkeit der Unternehmen

191 *Hofmann*, Information und Wissen als Gegenstand oder Ressource von Regulierung, Politische Vierteljahresschriften 46/2012, S. 5, 10 und öfter.

192 Ausführlich aus juristischer Perspektive *Hoffmann-Riem*, Innovation und Recht – Recht und Innovation, 2016, S. 1 ff.

193 *Schwarz*, ZUM 2012, S. 270.

194 Vgl. *Günther/Maeding/Noack*, et 11/2016, S. 56; siehe auch die Stellungnahme des Verbands Eurelectric, Innovation incentives for DSOs – a must in den new energy market development, Brüssel, Juli 2016, im Internet abrufbar unter http://www.eurelectric.org/media/285583/innovation_paper-2016-030-0379-01-e.pdf (letzter Abruf 15.11.2016), S. 3: „Distribution Systems Operators (DSOs) play a key role in implementing innovative ideas to improve the functioning of electricity distribution networks and to develop smart energy systems with the ultimate goal of benefiting customers. Because DSOs are natural monopolies and regulated businesses, they have to develop innovative concepts under a certain regulatory framework that incentivises them."

selbst „proaktiv" steuert.[195] Allerdings fehlt es ihm angesichts der Neuheit von Innovationen – sieht man vielleicht von der Diffusion theoretisch bereits konzipierter Produkte und Verfahren ab[196] – auch in den regulierten Sektoren am notwendigen Lenkungs- und Regulierungswissen. Im Regulierungsrecht setzt sich die allgemeine wettbewerbsrechtliche Zurückhaltung gegenüber einem direkten staatlichen Zugriff auf Innovationen somit – um erneut *Martin Eifert* zu zitieren – „in einer Zurückhaltung gegenüber dem direkten regulatorischen Zugriff auf die Innovationen fort".[197]

b) Regulatorische Innovationszonen als Lösung?

Auf der Netzebene wird die Zurückhaltung gegenüber dem direkten regulatorischen Zugriff auf Innovationen zuweilen in ein Konzept der „Regulierungsferien" transformiert,[198] neudeutsch auch als „innovation waivers" bezeichnet.[199] Eine andere Formulierung ist „regulatorische Innovationszonen".[200] Im Energierecht sind derartige Konzepte von der gasspezifischen Regelung des § 28a EnWG bezüglich „neuer Infrastrukturen"[201] und von Art. 17 der Stromhandels-VO Nr. 714/2009 bekannt.[202] Sie laufen im Ergebnis darauf hinaus, Netzbetreibern zeitlich begrenzte Monopolgewinne zu erlauben, die – so hofft man – für innovatorische Tätigkeiten einge-

195 Für eine sozialpolitische Orientierung des Regulierungsrechts mittels staatlicher Steuerung plädiert etwa *Lepsius*, Regulierung in der sozialpolitischen Perspektive, in: Schmidt-Preuß/Körber (Hrsg.), Regulierung und Gemeinwohl, 1. Aufl. 2016, S. 102 ff.

196 *Fehling*, NZBau 2012, S. 673 (674).

197 *Eifert*, Innnovationsfördernde Regulierung, in: Eifert/Hoffmann-Riem (Hrsg.), Innovation und Recht II, Innovationsfördernde Regulierung, 2009, S. 11 (15).

198 Der EuGH hat das Konzept der Regulierungsferien gem. § 9a TKG aF. als rechtswidrig angesehen, da es die Kompetenzen der nationalen Regulierungsbehörde unzulässig einschränke; EuGH vom 3.12.2009 – C-424/07 (=EuZW 2010, S. 109) Rn. 93.

199 Zur Herkunft aus dem US-amerikanischen Umweltrecht *Holznagel*, MMR 2006, S. 661 f.

200 Dazu *Bauknecht/Heinemann/Stronzik/Schmitt*, et 7/2015, S. 61.

201 Die Einschränkung auf Gas folgt nicht aus der Überschrift, wohl aber aus den Tatbestandsmerkmalen der Norm; siehe auch *Thole*, in: BerlKommEnR, 3. Aufl. 2014, § 28a EnWG Rn. 1 ff.

202 Dazu *Weyer*, Regulierung, Investitionsfreiheit und technischer Fortschritt, in: Schmidt-Preuß/Körber (Hrsg.), Regulierung und Gemeinwohl, 1. Aufl. 2016, S. 176 (200 ff.).

setzt würden. Wie oben dargestellt, ist es aus wettbewerbs- und regulierungstheoretischer Sicht jedoch weder geboten noch sinnvoll, dem Innovationsziel einen absoluten Vorrang gegenüber anderen Zielen wie der Kosteneffizienz einzuräumen.[203] Geboten ist vielmehr eine sachgerechte Behandlung wirtschaftlicher Macht, die ihre negativen Effekte kompetitiv neutralisiert, ohne ihre positiven Effekte über Gebühr zu beeinträchtigen.

Im Schrifttum wird zudem diskutiert, ob man das vor allem im Telekommunikationssektor bekannt gewordene Instrument der Regulierungsferien überhaupt auf andere Sektoren wie die Energiewirtschaft übertragen könne,[204] auch wenn der Gesetzgeber dort – wie zuvor gesehen – ebenfalls die Möglichkeit geschaffen hat, Regulierungsfreistellungen zu implementieren. So ist die Energiewirtschaft von einem strikten Unbundling der Netze von den Wettbewerbsbereichen geprägt.[205] Dies hat im vorliegenden Zusammenhang zur Folge, dass die Betreiber von Energienetzen im Rahmen der Vorgaben der ARegV zwar die Kosten der Innovationen auf ihre Vertragspartner umlegen können, aber nicht notwendig am Nutzen derselben profitieren, weshalb sie keine endogenen Anreize für technische Innovationen haben. Von Letzteren profitieren auf der Basis des bestehenden Marktdesigns insbesondere die Erzeuger von Energie, die gerade nicht an den Netzkosten beteiligt sind.[206] Vor diesem Hintergrund wird verständlich, dass § 28a Abs. 1 Nr. 3 EnWG für neue Gas-Infrastrukturen auch Ausnahmen von den transportnetzbezogenen Unbundlingvorschriften der §§ 8 bis 10e EnWG vorsieht. Ungeachtet ihrer rechtlichen Zulässigkeit – im Stromsektor dürften national ausgerichtete Innovationszonen man-

---

203 So *Hoffmann-Riem*, Innovation und Recht – Recht und Innovation, 2016, S. 267. Siehe auch *Müller/Growitsch/Wissner*, WIK Diskussionsbeitrag Nr. 349, Regulierung und Innovationsanreize in der ökonomischen Theorie, Smart Grid-gerechte Weiterentwicklung der Anreizregulierung, 2010, S. 30: deutliche Tendenz zur Deregulierung.

204 *Müller/Growitsch/Wissner*, WIK Diskussionsbeitrag Nr. 349, Regulierung und Innovationsanreize in der ökonomischen Theorie, Smart Grid-gerechte Weiterentwicklung der Anreizregulierung, 2010, S. 30.

205 Dazu – speziell zu den Übertragungsnetzen – *Säcker/Mohr*, N&R 2012 Beilage Heft 2, S. 1 ff.; *dies*, in: BerlKommEnR, 3. Aufl. 2013, §§ 8 bis 10e EnWG.

206 Gem. § 15 Abs. 1 S. 3 StromNEV fallen für die Einspeisung elektrischer Energie – anders als für die Entnahme – keine Netzentgelte an.

gels Erlaubnisnorm unzulässig sein[207] – benötigen derartige Konzepte jedenfalls einer kompetitiven Einhegung, damit die Unternehmen die zusätzlichen Finanzmittel tatsächlich für die erhofft-volkswirtschaftlich positiven Zwecke einsetzen.[208]

c) Schaffung innovationsfreundlicher Rahmenbedingungen

Im Ergebnis sollte der Staat Netzinnovationen somit nicht unmittelbar anreizen, auch nicht durch eine zeitlich befristete Freistellung von der Regulierung, sondern indirekt durch kompetitiv-innovationsfreundliche Rahmenbedingungen befördern.[209] Die allgemeine Regulierungstheorie hat insoweit Grundsätze erarbeitet, die als erste Leitplanken zur Auflösung des Zielkonflikts zwischen den Interessen der Netzbetreiber an innovationsfreundlichen Rahmenbedingungen und denjenigen der Zugangspetenten an wettbewerbsanalogen Netzzugangsbedingungen dienen.[210] Hierzu sind die Innovationsbedingungen positiv zu beeinflussen, indem die Innovatoren wettbewerbsanaloge Verwertungschancen erhalten, ohne dadurch die Zugangsmöglichkeiten anderer zu angemessenen Bedingungen nachhaltig zu beeinträchtigen.[211] Konkret müssen die regulierten Unternehmen kompetitive Vorsprungsgewinne erzielen können, da sie ansonsten keinen endogenen Anreiz für Innovationen haben.[212] Derartige Vorsprungsgewinne

---

207 *Schneider*, Planungs-, genehmigungs- und naturschutzrechtliche Fragen des Netzausbaus und der untertägigen Speichererrichtung zur Integration erneuerbarer Energien in die deutsche Stromversorgung, Gutachten für den Sachverständigenrat für Umweltfragen, Endbericht 2010, S. 37.

208 *Kühling*, Innovationsschützende Zugangsregulierung in der Informationswirtschaft, in: Eifert/Hoffmann-Riem (Hrsg.), Innovation und Recht II, Innovationsfördernde Regulierung, 2009, S. 47 (57 ff.).

209 Ohne Betonung des Wettbewerbsaspekts *Günther/Maeding/Noack*, et 11/2016, S. 56.

210 *Kühling*, Innovationsschützende Zugangsregulierung in der Informationswirtschaft, in: Eifert/Hoffmann-Riem (Hrsg.), Innovation und Recht II, Innovationsfördernde Regulierung, 2009, S. 47 (51 ff.); *Mohr*, Sicherung der Vertragsfreiheit durch Wettbewerbs- und Regulierungsrecht, 2015, S. 530 ff.

211 Hierin kann eine Folge der Gewährleistungsverantwortung des Staates gesehen werden, vgl. *Hoffmann-Riem*, Innovation und Recht – Recht und Innovation, 2016, S. 294.

212 Dies betonen auch *Möschel*, MMR 2010, S. 450 (451); *Fetzer*, Staat und Wettbewerb in dynamischen Märkten, 2013, S. 238 f.

sind somit regulatorisch zu sichern, über die allgemeine Erlösobergrenzenregulierung oder über sonstige Instrumente. Im Gegenzug ist ein „level playing field“ zu sichern, sei es durch wirksame Anreize für einen Verfolgungswettbewerb oder durch eine am Grundsatz des Als-ob-Wettbewerb angelehnte Marktverhaltens- und Marktstrukturregulierung. Zu verhindern sind insbesondere innovationsbehindernde Wettbewerbsbeschränkungen. Schließlich muss die Regulierung institutionelle Bewertungsparameter beachten, beispielsweise die Unabhängigkeit der Regulierungsinstanz von der konkreten Tagespolitik, die Vorhersehbarkeit der Regulierung sowie das Treffen von Entscheidungen in einem fairen, transparenten und partizipationsoffenen Prozess. Mit *Jürgen Kühling*[213] sind die vorstehenden Grundsätze zwar nur eingeschränkt zur Ausgestaltung konkreter Regelungsbereiche verwertbar. Sie stellen aber wichtige Orientierungsposten dar, um eine hinreichende Innovationsoffenheit der sektorspezifischen Zugangsregulierung zu sichern.

3. *Regulierung der Energienetze zwischen statischen und dynamischen Effizienzen*

a) Ambivalenz natürlicher Marktmacht

Blicken wir spezifisch auf die Regulierung der Energienetze.[214] Bekanntlich ist der praktisch immer noch wichtigste Grund, der aus ökonomischer Sicht für eine wettbewerbsfördernde Regulierung der Energienetze spricht, das Vorliegen eines natürlichen Monopols,[215] die zugleich eine „essential facility“ für die Wirtschaftstätigkeit auf benachbarten Märkten darstellt.[216] Die moderne Netzökonomie hat – in Fortführung der oben dargestellten wettbewerbstheoretischen Erkenntnisse – herausgearbeitet,

---

213 *Kühling*, Innovationsschützende Zugangsregulierung in der Informationswirtschaft, in: Eifert/Hoffmann-Riem (Hrsg.), Innovation und Recht II, Innovationsfördernde Regulierung, 2009, S. 47 (52).

214 Ausführlich *Mohr*, Sicherung der Vertragsfreiheit durch Wettbewerbs- und Regulierungsrecht, 2015, S. 526 ff.

215 *Donges/Schmidt*, in: Picot (Hrsg.) 10 Jahre wettbewerbsorientierte Regulierung von Netzindustrien in Deutschland, 2008, S. 37 (46); *Baldwin/Cave/Lodge*, Understanding Regulation, 2. Aufl. 2012, S. 15.

216 Die restriktiven Vorgaben der kartellrechtlichen Essential-Facilities-Doktrin sind nur zur dogmatischen Einordnung maßgeblich. Zur Essential-Facilities-Doktrin

dass natürliche Monopole nicht notwendig mit einem Ausschluss von den Grundprinzipien des Wettbewerbs einhergehen, sondern einer wettbewerbsfördernden Zugangs-, Entgelt- und Entflechtungsregulierung unterstellt werden können, um durch ihre kompetitive Neutralisierung einen wirksamen Wettbewerb auf den vor- und nachgelagerten Marktstufen zu ermöglichen.[217] Ebenso wie auf „regulären Märkten" ist ein natürliches Netzmonopol somit nicht automatisch gleichzusetzen mit antikompetitiver wirtschaftlicher Macht. Vielmehr muss die Rechtsordnung die positiven Wirkungen der netzspezifischen Marktmacht für die Investitions- und Innovationsbereitschaft der Netzbetreiber fördern und gleichzeitig deren missbräuchliche Ausübung verhindern.[218] Demgegenüber führen unregulierte natürliche Monopole – bei rationalem Verhalten der Normadressaten gemäß dem ökonomischen Verhaltensmodell des homo oeconomicus[219] – regelmäßig zu Marktmachtmissbräuchen.[220] So wird ein rational handelnder Monopolist sein Angebot regelmäßig verknappen, um auf diesem Wege einen gewinnmaximalen Preis zu erzielen.[221] Darüber hinaus kann ein Netzmonopolist seine Marktmacht dazu nutzen, um Wettbewerber auf vor- und nachgelagerten Marktstufen zu behindern, indem er diese Märkte verschließt.[222] Schließlich – und das ist vorliegend entscheidend – hat die wirtschaftshistorische Erfahrung gezeigt, dass Monopolisten aufgrund fehlenden Wettbewerbsdrucks häufig innovationsavers produzieren, da sie infolge der nicht gegebenen Substitutionsmöglichkeiten durch die Nachfrager auch mit einer im Zeitverlauf schlechteren Produktion bestehen blei-

---

siehe EuGH Urt. vom 6.4.1995 – verb. Rs. C-241/91 P u. C-242/91 P, Slg. 1995, I-743; EuGH Urt. vom 26.11.1998 – Rs. C-7/97, Slg. 1998, I-7791.

217 *Knieps*, Wettbewerbsökonomie, 3. Aufl. 2008, S. 23 ff.; *Heise*, WuW 2009, S. 1024 (1025).

218 In Anlehnung an *Säcker*, Macht im Zivilrecht, in: Hauer/Rudkowski/Gooren (Hrsg.), Jahrbuch Junger Zivilrechtswissenschaftler (JJZ) 2013, S. 9 (12).

219 *Kirchner*, Riesenhuber (Hrsg.), Europäische Methodenlehre, 2. Aufl. 2010, S. 123 (145); siehe auch *Mohr*, Sicherung der Vertragsfreiheit durch Wettbewerbs- und Regulierungsrecht, 2015, S. 249 ff.

220 *Haucap/Coenen*, Regulierung und Deregulierung in Telekommunikationsmärkten: Theorie und Praxis, 2010, 3.1.

221 Dazu *Brunekreeft*, in: Knieps/Brunekreeft (Hrsg.), Zwischen Regulierung und Wettbewerb, 2. Aufl. 2003, S. 25 (39).

222 *Möschel*, in: Immenga/Mestmäcker (Hrsg.), GWB, 4. Aufl. 2007, Anhang 1 Telekommunikation Rn. 2.

ben.[223] Diese Überlegungen bestätigen die oben geäußerte Kritik am Konzept der Regulierungsferien. Unregulierte wirtschaftliche Machtpositionen führen eben nicht automatisch zu billigeren, besseren und neueren Produkten, sondern bewirken regelmäßig genau das Gegenteil: die Produkte werden teurer und schlechter. Andererseits benötigen die Netzbetreiber innerhalb der Vorgaben der sektorspezifischen Regulierung adäquate Innovationsanreize. Dies stellt die eigentliche Problematik der Innovationsförderung durch Regulierung dar, wie sie sich anschaulich am Zielkonflikt zwischen statischen und dynamischen Effizienzen aufzeigen lässt; denn die sektorspezifische Regulierung blickt klassischer Weise vor allem auf kurzfristig wirksame produktive Effizienzen.

b) Statische versus dynamische Effizienzen

Historisch adressiert der Terminus „natürliches Monopol" einen auf dem Konzept der vollkommenen Konkurrenz im Sinne der neoklassischen Wohlfahrtsökonomie beruhenden Effizienztatbestand.[224] Zentraler Beurteilungsmaßstab ist danach die Allokationseffizienz.[225] Diese ist gewährleistet, wenn die Zuordnung der Güter und Produktionsfaktoren auf die Akteure der Volkswirtschaft in der ökonomisch sinnvollsten Weise erfolgt, wenn also keine Allokation denkbar ist, die es Haushalten und Unternehmen ermöglicht, sich gegenüber dem Status Quo zu verbessern.[226] Preise sollen hiernach den Grenzkosten der Herstellung eines Gutes entsprechen.[227] Das in der Allokationseffizienz enthaltene Konzept der produkti-

---

223 Der Begriff X-Ineffizienz bezieht sich auf die organisationsinterne Effizienz; siehe *Haucap/Coenen*, Regulierung und Deregulierung in Telekommunikationsmärkten: Theorie und Praxis, 2010, 3.1.

224 Statt anderer *Windisch*, in: Windisch (Hrsg.), Privatisierung natürlicher Monopole, 1987, S. 1 (41); *Hermes*, Staatliche Infrastrukturverantwortung, 1998, S. 316; *Kühnberg*, Disziplinierung von Marktmacht durch Privatisierung von Schieneninfrastruktur, 2009, S. 4; *Mohr*, Sicherung der Vertragsfreiheit durch Wettbewerbs- und Regulierungsrecht, 2015, S. 530.

225 Dazu *Schwalbe/Zimmer*, Kartellrecht und Ökonomie, 2. Aufl. 2011, S. 4; *Ludwigs*, Die Verwaltung 46 (2013), S. 155 (156 f.); ausführlich *Ludwigs*, Unternehmensbezogene Effizienzanforderungen im Öffentlichen Recht, 2013, S. 35 ff.; *Mohr*, Sicherung der Vertragsfreiheit durch Wettbewerbs- und Regulierungsrecht, 2015, S. 273 ff.

226 *Schwalbe/Zimmer*, Kartellrecht und Ökonomie, 2. Aufl. 2011, S. 4.

227 *Winzer*, in: Beck'scher TKG-Kommentar, 4. Aufl. 2013, § 32 TKG Rn. 15.

ven Effizienz bezieht sich auf den Einsatz von Faktoren zur Produktion von Gütern durch die einzelnen Unternehmen.[228] Verallgemeinernd gesprochen produziert ein Unternehmen dann effizient, wenn es bei gegebener Technologie jeden Output mit dem geringstmöglichen Input produziert.[229] Nach einer verbreiteten Ansicht stellt die produktive Effizienz den Kern der Entgeltregulierung dar, da Letztere auf die Kosten der effizienten Leistungsbereitstellung blickt.[230] Demgemäß werden produktive Effizienz und Kosteneffizienz verbal häufig gleichgesetzt.[231]

Bei der produktiven Effizienz handelt es sich um ein statisches Konzept, das Veränderungen der Technologien, des Know-hows oder der Industriestrukturen über die Zeit, also die vorliegend interessierenden technischen Innovationen nicht erfasst.[232] Wie bereits erläutert, bildet der technische Fortschritt in Form neuer Produkte und Produktionstechnologien aber die wichtigste Determinante für die Sicherung der Selbstbestimmung der Bürger und die langfristige Steigerung volkswirtschaftlicher Wohlfahrt.[233] So kommt der Wettbewerbsprozess vor allem durch eine kreative Leistung von Anbietern in Gang, die dadurch zeitweise eine marktstarke Stellung erhalten und auf dieser Grundlage Marktanteilsgewinne erzielen, die sog. Innovationsrenditen. Wettbewerber können und sollen diese Vorsprungsgewinne abbauen, indem sie – soweit immaterialgüterrechtlich zulässig – die Innovation nachahmen oder fortentwickeln oder eine gänzlich neue Innovation auf den Markt bringen. Reagieren die Wettbewerber hingegen nicht, besteht die Gefahr einer dauerhaft-antikompetitiven Mono-

228 Genauer: Die allokative Effizienz impliziert, dass auch die produktive Effizienz gegeben ist; *Schwalbe*, in: Fleischer/Zimmer (Hrsg.), Effizienz als Regelungsziel im Handels- und Wirtschaftsrecht, 2008, S. 43 (49); *Mohr*, Sicherung der Vertragsfreiheit durch Wettbewerbs- und Regulierungsrecht, 2015, S. 276.

229 *Schwalbe/Zimmer*, Kartellrecht und Ökonomie, 2. Aufl. 2011, S. 8; zum Minimal- und Maximalprinzip weiterführend *Ludwigs*, Die Verwaltung 46 (2013), S. 155 (156 und 158).

230 *Ludwigs*, Die Verwaltung 46 (2013), S. 155 (169); siehe auch *Winzer*, in: Beck'scher TKG-Kommentar, 4. Aufl. 2013, § 32 TKG Rn. 15.

231 So der – instruktive – Beitrag von *Ludwigs*, Die Verwaltung 46 (2013), S. 155 (169), der jedoch zugleich die hohe Bedeutung dynamischer Effizienzen hervorhebt.

232 *Schwalbe/Zimmer*, Kartellrecht und Ökonomie, 2. Aufl. 2011, S. 9.

233 So *Kerber/Schwalbe*, in: MünchKommEUWettbR, Band 1, 2. Aufl. 2015, Einl. Rn. 135; es existiere deshalb auch ein breiter Konsens, dass die Innovation und Diffusion neuer Produkte und Technologien zu den wesentlichen Funktionen des Wettbewerbs gehörten; aaO, Rn. 1025.

polstellung.[234] Die dynamischen Funktionen des Wettbewerbs wie die Anpassungsflexibilität und der technische Fortschritt können somit nur unter Bedingungen erfüllt werden, die einer Erreichung der statischen Funktionen des Wettbewerbs entgegenstehen. Denn ein vorstoßendes Verhalten setzt Marktunvollkommenheiten und damit die Möglichkeit voraus, aufgrund temporärer wirtschaftlicher Machtpositionen überdurchschnittliche Gewinne zu erzielen. Diese Unvollkommenheiten scheinen auf den ersten Blick mit den statischen Funktionen des Wettbewerbs unvereinbar.[235] Das Regulierungsrecht muss deshalb innerhalb des normativ vorgegebenen Handlungsrahmens – in der oben gewählten Terminologie – die Zugangsmöglichkeiten Dritter zu den Leistungen der Netzbetreiber sichern, ohne die Verwertungschancen für innovative Leistungen zu beeinträchtigen.

c) Dynamische Effizienzen durch Forschung und Entwicklung

Vor dem Hintergrund der vorstehenden Erkenntnisse nimmt die moderne (Netz-)Ökonomie mit dem Maßstab der dynamischen (innovatorischen) Effizienz auch die kreativen Funktionen des Wettbewerbsprozesses in den Blick.[236] Eine derart dynamische Betrachtung zeichnet sich im Gegensatz zu einer statisch-intertemporalen Betrachtung durch ihren Prozesscharakter aus, indem sie die Entdeckung neuer Produkte, Prozesse und Organisationsformen ermöglicht, die zum Zeitpunkt der Entscheidungsfindung noch nicht – auch nicht wahrscheinlichkeitstheoretisch – vorhersehbar sind.[237] Dessen ungeachtet haben dynamische Effizienzen in der wohlfahrtsökonomisch geprägten Wettbewerbs- und Regulierungstheorie bislang noch nicht dieselbe modelltheoretische Bedeutung erlangt wie die Produktionseffizienz.[238] Sowohl im Modell des vollkommenen Wettbewerbs als auch in der Theorie des allgemeinen Gleichgewichts wird vielmehr von gegebenen Produkten und Technologien ausgegangen, um im

---

234 *Olten*, Wettbewerbstheorie und Wettbewerbspolitik, 1975, S. 69.

235 *Schmidt/Engelke*, WiSt 18 (1989), S. 399 (402).

236 Zur dynamischen Effizienz *Ludwigs*, Die Verwaltung 49 (2014), S. 155 (158).

237 *Von Hayek*, Individualismus und wirtschaftliche Ordnung, 1976, S. 49 ff.

238 *Kerber/Schwalbe*, in: MünchKommEUWettbR, Band 1, 2. Aufl. 2015, Einl. Rn. 159 f.; aus juristischer Sicht *Drexl*, in: Bogdandy/Bast (Hrsg.), Europäisches Verfassungsrecht, 2. Aufl. 2009, S. 905 (937 f.).

Sinne einer „Optimierung unter Nebenbedingungen“[239] überhaupt wissenschaftlich verwertbare Aussagen über Marktprozesse treffen zu können.[240] Um die wichtigen dynamischen Effizienzen gleichwohl zu erfassen, unterstellt die herrschende wohlfahrtsökonomische Lehre, dass ein positiver Zusammenhang zwischen Ausgaben für Forschung und Entwicklung sowie den erwünschten dynamischen Effizienzen besteht.[241] Nimmt man dies als dem Stand der Wissenschaft entsprechend hin, gibt es auch im Rahmen der ARegV gute Gründe dafür, nicht nur die kurzfristige Kosteneffizienz, sondern auch langfristig wirkende Forschungs- und Entwicklungsaktivitäten der Netzbetreiber in den Blick zu nehmen.[242] In diesem Sinne geht die innovationsspezifische Regelung des § 25a ARegV davon aus, dass die Förderung von Forschung und Entwicklung den Netzbetrieb unter den sich mittelfristig deutlich wandelnden Bedingungen der Energiewende verbessere und damit zugleich die gesamtgesellschaftliche Wohlfahrt optimiere. Eine vergleichbare Argumentation liegt bezüglich Investitionen im Allgemeinen der Investitionsmaßnahme gem. § 23 ARegV und dem Kapitalkostenabgleich gem. § 10a ARegV 2016 zu Grunde. Damit ist allerdings noch nicht gesagt, dass die konkrete Ausgestaltung der benannten Vorschriften den selbstformulierten Anspruch einlöst, Investitionen in innovative Netztechnik zu befördern. Insbesondere ist zu beachten, dass die Anreizregulierung als unentbehrlicher Handlungsrahmen zur kompetitiven Neutralisierung netzspezifischer Marktmacht durch die zeitweilige Entkoppelung der Kosten von den Erlösen schon systemimmanente Anreize auch für kostensenkende Innovationen setzt, da die Netzbetreiber von überobligatorischen Kosteneinsparungen innerhalb einer Regulierungsperiode selbst profitieren. Es kann deshalb nicht um eine faktische Abschaffung der Anreizregulierung im Wege einer flächendeckenden Implementierung von Cost-plus-Elementen gehen, sondern nur um eine punktuelle Weiterentwicklung des allgemeinen Funktionsmechanismus; etwa durch regulierungsperiodenübergreifend wirksame Regelungen. Der Verordnungsgeber hat sich mit den §§ 10a, 23 und 25a ARegV anders entschieden.

---

239 Dazu *Streissler/Streissler*, Volkswirtschaftslehre für Juristen, 3. Aufl. 1994, S. 5 Rn. 21; *Söllner*, Die Geschichte des ökonomischen Denkens, 3. Aufl. 2012, S. 43.

240 *Kerber/Schwalbe*, in: MünchKommEUWettbR Band 1, 2. Aufl. 2015, Einl. Rn. 155.

241 *Schwalbe/Zimmer*, Kartellrecht und Ökonomie, 2. Aufl. 2011, S. 9 f.

242 *Haucap/Heimeshoff*, WiVerw 2010, S. 92 (95).

V. Innovationsförderung in der neuen Anreizregulierung

1. Immanente Anreize zur Hebung dynamischer Effizienzen

a) Ausrichtung auf effizienten Netzbetrieb

Wie herausgearbeitet, ist es dem Staat infolge seines strukturellen Wissensdefizits nur begrenzt möglich, Investitionen in innovative Netztechnik direkt anzureizen. Er sollte sich deshalb darauf beschränken, soweit möglich die Rahmenbedingungen für Forschung und Entwicklung zu verbessern, etwa durch ein sachgerecht ausgestaltetes Patentrecht oder eine staatliche Forschungsförderung. Auch die praktisch wichtige Diffusion theoretisch bereits entwickelter Produkte und Verfahren[243] ist selten Hauptzweck staatlicher Innovationsförderung, sondern wird regelmäßig für andere Hauptzwecke instrumentalisiert.[244] Vor diesem Hintergrund wird verständlich, dass die ARegV klassischer Weise nicht auf eine Förderung von netzspezifischer Forschung und Entwicklung abzielt, sondern auf die kompetitive Neutralisierung der netzspezifischen Marktmacht durch Imitation der Wettbewerbsbedingungen wie auf kompetitiven Märkten.[245] Der scheinbare Widerspruch zwischen Innovation und Regulierung wird im Grundsystem der Anreizregulierung aufgelöst, indem Erstere im Interesse eines anderen regulatorischen Hauptzwecks – des wettbewerbsanalogen Netzbetriebs – eingesetzt sowie auf eine bestimmte zeitliche Dimension – die Regulierungsperiode – begrenzt wird.[246] Insoweit folgerichtig werden Neuerungen wie der Kapitalkostenabgleich oder der Effizienzbonus in der Verordnungsbegründung zur AregV des Jahres 2016 wie gesehen zwar (auch) mit der Förderung von Innovationen in Verbindung gebracht. Im Normtext sucht man einen derartigen Konnex aber vergebens, da die ARegV kein besonderes Innovations- oder Investitionsgesetz ist, sondern ein solches

---

243 *Fehling*, NZBau 2012, S. 673 (674).

244 *Eifert*, Innovationsfördernde Regulierung, in: Eifert/Hoffmann-Riem (Hrsg.), Innovation und Recht II, Innovationsfördernde Regulierung, 2009, S. 11 (16).

245 Bundesnetzagentur, Evaluierungsbericht nach § 33 Anreizregulierungsverordnung, 2015, S. 234; zu den Zwecken der Anreizregulierung *Groebel*, in: Britz/Hellermann/Hermes, § 21a EnWG Rn. 1; *Mohr*, Sicherung der Vertragsfreiheit durch Wettbewerbs- und Regulierungsrecht, 2015, S. 624.

246 *Eifert*, Innovationsfördernde Regulierung, in: Eifert/Hoffmann-Riem (Hrsg.), Innovation und Recht II, Innovationsfördernde Regulierung, 2009, S. 11 (16).

zur kompetitiven Neutralisierung netzspezifischer Marktmacht im Allgemeinen.

b) Immanenter Anreiz für Kostensenkungen

Im Grundsystem der Anreizregulierung sind die regulierten Netzentgelte für die Dauer der Regulierungsperiode von den zugrunde liegenden Kosten des Unternehmens entkoppelt. Hierdurch werden nicht nur produktive Effizienzen gehoben, sondern – wenn auch beschränkt auf die Dauer der Regulierungsperiode – dynamische Anreize zur effizienten Leistungsbereitstellung gesetzt. Denn wie gesehen, kommt jede Produktivitätssteigerung, die innerhalb der Regulierungsperiode höher ausfällt als diejenige der Regulierungsvorgaben, dem regulierten Unternehmen zugute, während sich darunter liegende Produktivitätssteigerungen gewinnmindernd auswirken.[247] Damit auch längerfristig hinreichende Anreize für dynamische Effizienzen bestehen, müssen die Anreize regelmäßig überprüft und ggf. angepasst werden. Dies geschieht durch eine Neujustierung des Effizienzfaktors zu Beginn jeder Regulierungsperiode.[248] Als Mittel zur Beseitigung etwaiger Ineffizienzen können innerhalb der Regulierungsperiode F&E-Aktivitäten der Netzbetreiber und der daraus resultierende technische Fortschritt dienen. Der Dauer der Regulierungsperiode kommt im allgemeinen System der Anreizregulierung somit nicht nur unter grundrechtlichen,[249] sondern auch unter effizienz- und innovationsbezogenen Aspekten entscheidende Relevanz zu. Auf den entsprechenden trade-off ist zurückzukommen.

c) Angemessene, wettbewerbliche und risikoangepasste Eigenkapitalverzinsung

Die Anreizregulierung befördert (Ersatz-)Investitionen und Innovationen zudem dadurch, dass sie den Netzbetreibern – über die benannten positi-

247 *Fritsch*, Marktversagen und Wirtschaftspolitik, 8. Aufl. 2010, S. 211.

248 *Eifert*, Innovationsfördernde Regulierung, in: Eifert/Hoffmann-Riem (Hrsg.), Innovation und Recht II, Innovationsfördernde Regulierung, 2009, S. 11 (18).

249 So zur zeitlichen Streckung des Abbaus von Ineffizienzen in der ARegV *Ludwigs*, Die Verwaltung 49 (2014), S. 156 (173).

ven Sockeleffekte hinaus – eine angemessene, wettbewerbliche und zudem risikoangepasste Verzinsung des eingesetzten Eigenkapitals sichert (§ 21 Abs. 2 S. 1 EnWG).[250] Die Eigenkapitalverzinsung muss dem Umstand Rechnung tragen, dass die Netzbetreiber zur Generierung dynamischer Effizienzen ü ein gewisses Maß an zeitlich begrenzter Marktmacht in Form kompetitiver Erlöszuflüsse benötigen, da derartig kompetitive Monopolgewinne eine wichtige Funktion als Investitions- und Innovationsanreize ausüben.[251] In funktionaler Hinsicht könnte man die Sockeleffekte sowie die normativ gesicherte Verzinsung des Eigenkapitals somit näherungsweise mit der gesicherten Verwertung von Erfindungen durch das Patentrecht gleichsetzen.[252] Während Unternehmen im allgemeinen Wirtschaftsleben freilich das Innovationsrisiko tragen, die Innovationsrente somit erst bei einer erfolgreichen Markteinführung ihrer Produkte oder Leistungen erhalten, sichert der Gesetzgeber den Netzbetreibern die Geldzuflüsse ex ante verbindlich zu. Darin liegt – was zuweilen aus dem Blick gerät – eine nicht unerhebliche Privilegierung, die mit der zentralen Bedeutung eines sicheren, zuverlässigen, leistungsfähigen, zugleich aber diskriminierungsfreien und wettbewerbsanalogen Netzbetriebs iSd. § 11 Abs. 1 S. 1 EnWG für die Wirtschafts- und Staatsordnung, somit für das Gemeinwohl gerechtfertigt werden kann.[253] Die komplizierten Einzelheiten der Ermittlung der kalkulatorischen Eigenkapitalverzinsung können an dieser Stelle nicht behandelt werden.[254]

d) Vorteile gegenüber einer Cost-plus-Regulierung

Die Anreizregulierung soll die Netzbetreiber zu einem produktiv-effizienten Netzbetrieb anhalten, da sich eine Cost-plus-Regulierung nach shistorischer Erfahrung als marktwirtschaftsinkonform erwiesen hat. So besteht

250 *Weyer*, Regulierung, Investitionsfreiheit und technischer Fortschritt, in: Schmidt-Preuß/Körber (Hrsg.), Regulierung und Gemeinwohl, 1. Aufl. 2016, S. 176 (196).

251 *Kerber*, in: Vahlens Kompendium der Wirtschaftstheorie und Wirtschaftspolitik, 9. Aufl. 2007, S. 369 (387); *I. Schmidt*, in: FS Säcker, 2011, 939 (942).

252 Zu den Funktionen des Patentschutzes *Ann*, in: Kraßer/Ann, Patentrecht, 7. Aufl. 2016, § 3 Rn. 31 ff.

253 Zu den gemeinwohlbezogenen Regulierungsgründen siehe *Mohr*, Sicherung der Vertragsfreiheit durch Wettbewerbs- und Regulierungsrecht, 2015, S. 539 ff.

254 Siehe für die 3. Regulierungsperiode Strom die BNetzA, Beschl. v. 5.10.2016 – BK4-16-160; *Friedl/Kühling*, et 11/2016, S. 86 ff.

bei einer Cost-plus-Regulierung eine strukturelle Informationsasymmetrie zu Lasten der Regulierungsbehörde, die sich in einer Genehmigung zu hoher Entgelte zu Lasten der Netznutzer niederschlagen kann.[255] Die Anreizregulierung weist auch unter dem Gesichtspunkt dynamischer Effizienzen erhebliche Vorteile gegenüber Cost-plus-Ansätzen auf.[256] So wird ein Netzbetreiber, der kostensenkende Innovationen durchführt, hierfür in einem Cost-plus-System nicht belohnt, sondern durch Absenkung des genehmigten Entgelts bestraft.[257] Reichen die der ARegV immanenten Anstöße für Investitionen und Innovationen – neben den Sockeleffekten ist dies insbesondere die gesicherte Eigenkapitalverzinsung – nicht aus, die volkswirtschaftlich gebotenen Innovationsaktivitäten zu entfalten,[258] kann der Verordnungsgeber zusätzliche finanzielle Anreize implementieren. Im geltenden Rechtsrahmen sind dies insbesondere die Investitionsmaßnahme und der Kapitalkostenabgleich. Bei der konkreten Ausgestaltung dieser „Tools“ ist jedoch dem oben herausgearbeiteten Zielkonflikt zwischen statischen und dynamischen Effizienzen angemessen Rechnung zu tragen. Demgemäß dürfen die zusätzlichen Innovationsanreize in Form gesicherter Monopolgewinne nicht derart weitreichend sein, dass sie die systemischen Wirkungen der Anreizregulierung als Instrument zur Beförderung wettbewerbsanalog-effizienter Netzzugangsbedingungen grundlegend und nachhaltig beeinträchtigen.[259] Denn der regulatorisch zu fingierende Wettbewerb bleibt auch unter dem Blickwinkel dynamischer Effizienzen der entscheidende Innovationsanreiz.[260] Besonders problematisch ist insoweit der Kapitalkostenabgleich. Denn „[i]n einer Kostenregulierung mit jährli-

---

255 *Ludwigs*, NVwZ 2008, S. 954: Gefahr eines Mikromanagements zu Lasten der Unternehmen.

256 *Haucap/Rötzel*, in: Säcker/Busse von Colbe, Wettbewerbsfördernde Anreizregulierung, 2007, S. 53 (61 f.); *Knieps*, Wettbewerbsökonomie, 3. Aufl. 2008, S. 107. Siehe bereits *Mohr*, Sicherung der Vertragsfreiheit durch Wettbewerbs- und Regulierungsrecht, 2015, S. 626 f.

257 *Fritsch*, Marktversagen und Wirtschaftspolitik, 8. Aufl. 2010, S. 203.

258 *Brunekreeft/Bauknecht*, Regulierung und Innovationstätigkeit: eine ökonomische Perspektive, in: Eifert/Hoffmann-Riem (Hrsg.), Innovation und Recht II, Innovationsfördernde Regulierung, 2009, S. 243 (249).

259 Vgl. *Mohr*, N&R 2016, S. 194 (207).

260 Ebenso *Eifert*, Innovationsfördernde Regulierung, in: Eifert/Hoffmann-Riem (Hrsg.), Innovation und Recht II, Innovationsfördernde Regulierung, 2009, S. 11 (17).

cher Kostenprüfung“ gibt es „außerhalb des Effizienzvergleichs gar keine Anreize mehr für kostensenkende Innovationen.“[261]

2. *Verknüpfung der Anreizregulierung mit Innovationsphasen*

a) Innovationsoffenheit der ARegV

Da die Beförderung von Innovationen im Rahmen der ARegV kein Selbstzweck ist, sondern die Netzbetreiber zur langfristig kostengünstigen und zugleich (versorgungs-)sicheren Erfüllung ihrer Netzbetriebs- und Netzausbaupflichten anhalten soll,[262] ist es von eher nachrangiger Bedeutung, ob eine Tätigkeit der Netzbetreiber den Phasen Invention, Innovation oder Diffusion zuzuordnen ist, zumal es sich wie gesehen sowieso nur um eine näherungsweise Einteilung handelt. Insoweit folgerichtig blickt die Bundesnetzagentur in ihrem Evaluierungsbericht zur Anreizregulierung aus dem Jahr 2015 nicht nur auf innovative Betriebsmittel im eigentlichen Sinne, sondern auch auf sonstige innovative Flexibilitätsoptionen.[263] Gleichwohl lassen sich bestimmte Elemente der ARegV tendenziell bestimmten Innovationsphasen zuordnen, was eine sachgerechte Bewertung erleichtern kann.

b) Förderung von Forschung und Entwicklung

Aktivitäten der Netzbetreiber auf den Gebieten von Forschung und Entwicklung will der Verordnungsgeber durch § 25a ARegV anreizen, in der Hoffnung, dass sich hieraus die erwünschten dynamischen Effizienzen ergeben. Die Vorschrift soll wie gesehen insbesondere das Trittbrettfahrerproblem lösen, das bei positiven externen Effekten zu beobachten ist. Die konkrete Ausgestaltung der Norm überzeugt freilich nur bedingt. So kann die Regelung nur dann ihr Anreizpotential entfalten, wenn man mit dem

261 Bundesnetzagentur, Evaluierungsbericht nach § 33 Anreizregulierungsverordnung, 2015, S. 244.
262 Bundesnetzagentur, Evaluierungsbericht nach § 33 Anreizregulierungsverordnung, 2015, S. 234.
263 Bundesnetzagentur, Evaluierungsbericht nach § 33 Anreizregulierungsverordnung, 2015, S. 236 und 238.

Verordnungsgeber unterstellt, dass Netzbetreiber relevante F&E-Tätigkeiten entfalten, die weder von der Investitionsmaßnahme noch vom Kapitalkostenabgleich erfasst sind. Selbst dann wird der Selbstbehalt von 50 Prozent dazu führen, dass Netzbetreiber ihre F&E-Aktivitäten soweit möglich auf das Basisjahr verlagern, da sie dann die entsprechenden Kosten – deren Effizienz vorausgesetzt – vollumfänglich erlösen können.[264] Das Eingreifen des Selbstbehalts hängt somit von dem mehr oder weniger zufälligen Zeitpunkt der Forschungs- und Entwicklungstätigkeit ab: Erfolgt diese im Basisjahr, sind nicht öffentlich geförderte effiziente Kosten zu 100 Prozent ersatzfähig. Findet sie – wie bei zeitlich gestreckten Forschungs- und Entwicklungsprojekten – auch nach dem Basisjahr statt, sind nur 50 Prozent der Kosten ansatzfähig, dann aber ohne netzentgeltspezifische Effizienzprüfung. Aus innovationstheoretischer Sicht ist zudem problematisch, dass § 25a ARegV anders als § 23 ARegV keine Plankosten erfasst, obwohl die Neuartigkeit von Innovationen eigentlich eine langfristige Betrachtung indiziert.[265] Sofern allein Ist-Kosten ansatzfähig sind, gibt es anders als bei § 23 ARegV wiederum keinen Grund, auf eine Effizienzprüfung zu verzichten. Nicht überzeugend ist insbesondere das Argument, es solle eine unnötige Doppelprüfung von Kosten durch zwei Behörden vermieden werden. Denn die Fördergeber prüfen die ansatzfähigen Kosten gerade nicht anhand der Vorgaben der Netzentgeltregulierung. Die Nichtdurchführung einer Effizienzprüfung durch die Regulierungsbehörde kann somit allenfalls damit begründet werden, dass eine unmittelbare Anreizung von Forschung und Entwicklung zur Generierung produktiver Effizienzen ein gewisses Maß an Gestaltungsfreiheit erfordert, die sich einer strikten Prüfung anhand kurzfristig-produktiver Effizienzvorgaben entzieht.

c) Schwerpunkt auf der Diffusion

Faktisch führt die Wirkungsorientierung der ARegV zu einer Schwerpunktsetzung auf die späten Phasen des Innovationszyklus insbesondere

---

264 Ein Basisjahreffekt (Fotojahreffekt) ist auch von § 23 ARegV bekannt; siehe dazu *Mohr*, N&R 2016, S. 194 (197 und 203).

265 Dies betont auch Bundesnetzagentur, Evaluierungsbericht nach § 33 Anreizregulierungsverordnung, 2015, S. 240 f., 245.

auf die Diffusion.[266] Denn nur theoretisch verfügbare oder jedenfalls erkennbare Techniken ermöglichen eine zeitnahe Zweckerreichung und nur deren möglichst hohe Marktdurchdringung sichert eine effektive Zweckerreichung.[267] Die praktische und finanzielle Relevanz der Diffusion wird durch einen Blick auf den energiewendebedingten Aus- und Umbau der Verteilernetze bestätigt. Zwar gibt es derzeit eine Reihe spezifischer F&E-Projekte von Netzbetreibern in Zusammenarbeit mit Herstellern und Forschungseinrichtungen.[268] Bedeutsamer für den Umbau zu intelligenten Netzen ist aber die Marktdurchdringung innovativer Lösungen über eine große Anzahl von Netzbetreibern hinweg.[269] Vor diesem Hintergrund kann es geboten sein, die Erkenntnisse der (Grundlagen-)Forschung und Entwicklung allen Netzbetreibern verfügbar zu machen, wie dies auch die Intention des § 25a ARegV ist.

3. Technologiespezifische und technologieneutrale Regulierung

a) Differenzierung zwischen Übertragungs- und Verteilernetzen

Die Ausrichtung der Anreizregulierung auf die Generierung von statischen und zugleich von dynamischen Effizienzen impliziert, dass die Auswahl der besten technischen Lösungen – außerhalb staatlich geförderter Forschungsprojekte, bei denen der Fördergeber im Rahmen der Vorgaben des EU-Beihilferechts die Forschungsprioritäten determiniert[270] – grundsätzlich den Netzbetreibern überlassen bleiben sollte, im Sinne einer technologieneutralen Regulierung.[271] Im geltenden Regulierungsrahmen sind In-

266 *Eifert*, Innovationsfördernde Regulierung, in: Eifert/Hoffmann-Riem (Hrsg.), Innovation und Recht II, Innovationsfördernde Regulierung, 2009, S. 11 (18).

267 *Eifert*, Innovationsfördernde Regulierung, in: Eifert/Hoffmann-Riem (Hrsg.), Innovation und Recht II, Innovationsfördernde Regulierung, 2009, S. 11 (18). Speziell zum Vergaberecht *Fehling*, NZBau 2012, S. 673 (674).

268 BDEW, Stellungnahme Evaluierung Anreizregulierung, 3. BNetzA-Workshop zur Evaluierung der ARegV am 11./12. Juni 2014, Berlin 28. Juli 2014, S. 12.

269 BDEW, Stellungnahme Evaluierung Anreizregulierung, 3. BNetzA-Workshop zur Evaluierung der ARegV am 11./12. Juni 2014, Berlin 28. Juli 2014, S. 12.

270 Dazu – im Interesse weiterhin hoher staatlicher Forschungsausgaben – *Nießen/Rolle*, et 11/2016, S. 23 ff.

271 BDEW, Stellungnahme Evaluierung Anreizregulierung, 3. BNetzA-Workshop zur Evaluierung der ARegV am 11./12. Juni 2014, Berlin 28. Juli 2014, S. 11.

vestitionsentscheidungen vor allem bei Verteilernetzen noch bedingt indeterminiert,[272] wohingegen die Investitionsplanung und damit die Entscheidung über den Einsatz bestimmter Technologien auf der Ebene der Übertragungsnetze durch die Netzentwicklungsplanung mit der Prüfung des energiewirtschaftlichen Bedarfs wesentlich vorgeprägt ist.[273] Der Anreizregulierung kommt insoweit die wichtige Aufgabe zu, die Erreichung der Planvorgaben mit den effizientesten Mitteln zu befördern.[274] Nicht über die Anreizregulierung refinanziert werden sollten deshalb vom Gesetzgeber nicht erwünschte Ausbauentscheidungen.[275]

b) Differenzierung zwischen CAPEX und OPEX

Eine vollständig technologie- und kostenartenneutrale Regulierung setzt eigentlich voraus, dass Kapitalkosten und Betriebskosten gleichbehandelt werden, indem die in Summe und Zeitablauf kostengünstigste und damit effizienteste Lösung bevorzugt wird.[276] Im System der Anreizregulierung haben die Netzbetreiber freilich einen strukturellen Anreiz zur Erhöhung solcher F&E-Kosten, auf die sie eine (Eigenkapital-)Rendite erwarten können.[277] Auch nach der ARegV-Novelle 2016 sind dies weiterhin die Kapitalkosten, da die OPEX nicht als Anlagevermögen aktiviert und dementsprechend auch nicht verzinst werden.[278]

Im Anwendungsbereich der Investitionsmaßnahme gem. § 23 ARegV erhalten die (Übertragungs-)Netzbetreiber gem. § 23 Abs. 1 S. 3 ARegV lediglich einen pauschalen Zuschlag für OPEX in Höhe von 0,8 Prozent

272 Siehe zu den Aufgaben der Verteilernetzbetreiber im Zuge der Digitalisierung der Energienetze *Säcker*, EnWZ 2016, S. 294 ff.

273 Bundesnetzagentur, Evaluierungsbericht nach § 33 Anreizregulierungsverordnung, 2015, S. 234 f.

274 Nachdrücklich *Richter/Schulze*, NVwZ 2014, S. 835 ff.

275 Zu dieser komplexen Fragestellung mit Blick auf einen n-1-sicheren Ausbau der Offshore-Anbindungsleitungen OLG Düsseldorf, Beschl. vom 14.1.2015 – VI-3 Kart 70/13 (=RdE 2015, 194 ff.); krit. insoweit *Mohr*, N&R 2016, S. 194 (199).

276 Bundesnetzagentur, Evaluierungsbericht nach § 33 Anreizregulierungsverordnung, 2015, S. 242.

277 *Brunekreeft/Bauknecht*, Regulierung und Innovationstätigkeit: eine ökonomische Perspektive, in: Eifert/Hoffmann-Riem (Hrsg.), Innovation und Recht II, Innovationsfördernde Regulierung, 2009, S. 243 (252).

278 Bundesnetzagentur, Evaluierungsbericht nach § 33 Anreizregulierungsverordnung, 2015, S. 244.

der Projektkosten, soweit die Bundesnetzagentur keinen erhöhten Zuschlag bewilligt.[279] Gehen innovative Lösungen mit einem stärkeren Anstieg der OPEX ein, besteht hier somit ebenfalls kein nachhaltiger Innovationsanreiz.[280] Die Bundesnetzagentur versucht dieses Ergebnis abzumildern, indem sie die Betriebskostenpauschale großzügig ansetzt.[281] So berechnet sie die Betriebskosten nicht auf Effizienz-, sondern auf Vollkostenbasis. Zudem stellt sie hinsichtlich der durchschnittlichen Betriebskosten nicht auf Schätzwerte bis zum Abschluss des Investitionsvorhabens, sondern auf die gesamte Lebensdauer der Anlage ab, sogar unter Berücksichtigung jährlicher Kostenprogressionen. Die Durchschnittsbildung über die gesamte Lebensdauer der Anlage führt dazu, dass Netzbetreiber mehr an Betriebskosten ansetzen können, als ihnen bei einer dem Grundkonzept des § 23 ARegV entsprechenden, auf die Dauer der Maßnahme begrenzten Berechnung zustünde. Sie kann somit allenfalls mit – freilich pauschalen – Anreizen für OPEX-lastige, innovative Investitionen begründet werden.

Bei Verteilernetzbetreibern erfasst der neue Kapitalkostenabgleich überhaupt keine Betriebskosten, da nach Ansicht des Verordnungsgebers bei Neuinvestitionen in den ersten Jahren nach Inbetriebnahme regelmäßig nur sehr geringe und daher zu vernachlässigende Betriebskosten anfallen, weshalb es sachgerecht sei, diese in der allgemeinen Erlösobergrenze zu berücksichtigen.[282] Der Verordnungsgeber begründet seine Sichtweise ergänzend mit dem Zielkonflikt zwischen statischen und dynamischen Effizienzen, konkret mit der Aufrechterhaltung hinreichender Effizienzanreize trotz Etablierung einer Cost-plus-Regulierung in Form eines jährlichen Kapitalkostenabgleichs.[283] Eine Effizienzprüfung allein der Betriebskosten unter Ausblendung der Kapitalkosten erscheint freilich wenig geeignet, hinreichende wettbewerbsanaloge Netznutzungsentgelte zu gewährleisten. Jedenfalls ist die Begründung des Verordnungsgebers insoweit widersprüchlich, als man mit derselben Argumentation auch die Betriebskostenpauschale bei der Investitionsmaßnahme in Zweifel ziehen könnte.[284]

---

279 Dazu *Mohr*, N&R 2016, S. 194 (202).
280 Bundesnetzagentur, Evaluierungsbericht nach § 33 Anreizregulierungsverordnung, 2015, S. 245.
281 Näher *Mohr*, N&R 2016, S. 194 (202).
282 Verordnungsbegründung, BR-Drs. 296/16, S. 20, 22.
283 *Uwer/Meinzenbach*, KSzW 2016, S. 160 (166).
284 Näher *Mohr*, N&R 2016, S. 194 (202).

4. Dauer der Regulierungsperiode

Für eine Bewertung der Innovationsfreundlichkeit der ARegV ist neben den noch zu behandelnden Effizienzanforderungen die Dauer der Regulierungsperiode von entscheidender Bedeutung.[285] Im Ausgangspunkt sind die Anreize für Netzbetreiber für langfristig wirksame Innovationen umso intensiver, je länger die Entkoppelung der Kosten von den Erlösen dauert, je länger mit anderen Worten die Regulierungsperiode ist.[286] Im allgemeinen System der ARegV werden Effizienzbemühungen durch Kostensenkungen nur bis zur folgenden Regulierungsperiode honoriert. Innovationsrenten werden also im Basisjahr mit der nachfolgenden Kostenprüfung festgestellt und mit Beginn der neuen Regulierungsperiode abgeschöpft.[287] Damit kann der Netzbetreiber nur kurzfristig von Innovationsbemühungen profitieren.[288] Langfristige Investitionen, die auf radikale Innovationen zielen, werden kaum stimuliert,[289] sieht man von § 25a ARegV mit seinen eher unglücklichen Tatbestandsvoraussetzungen ab. Es droht deshalb ein sog. Sperrklinken- oder Ratchet-Effekt, wonach ein regulatorisch als effizient angesehendes Unternehmen noch vorhandene Effizienzpotentiale nicht voll ausschöpft, sondern diese unter Umständen hinauszögert, um gegenüber der Regulierungsbehörde einen strategischen Spielraum zu behalten.[290] Dem will der Verordnungsgeber mit dem sogleich zu behandelnden Effizienzbonus begegnen. Eine Verlängerung der Regulierungsperiode hätte demgegenüber zur Folge, dass die Verbraucher später von etwaigen

285 *Müller/Growitsch/Wissner*, WIK Diskussionsbeitrag Nr. 349, Regulierung und Innovationsanreize in der ökonomischen Theorie, Smart Grid-gerechte Weiterentwicklung der Anreizregulierung, 2010, S. 14.

286 *Müller/Growitsch/Wissner*, WIK Diskussionsbeitrag Nr. 349, Regulierung und Innovationsanreize in der ökonomischen Theorie, Smart Grid-gerechte Weiterentwicklung der Anreizregulierung, 2010, S. 24; siehe auch Bundesnetzagentur, Evaluierungsbericht nach § 33 Anreizregulierungsverordnung, 2015, S. 243.

287 Bundesnetzagentur, Evaluierungsbericht nach § 33 Anreizregulierungsverordnung, 2015, S. 243.

288 Bundesnetzagentur, Evaluierungsbericht nach § 33 Anreizregulierungsverordnung, 2015, S. 243.

289 *Brunekreeft/Bauknecht*, Regulierung und Innovationstätigkeit: eine ökonomische Perspektive, in: Eifert/Hoffmann-Riem (Hrsg.), Innovation und Recht II, Innovationsfördernde Regulierung, 2009, S. 243 (248 ff.).

290 *Müller/Growitsch/Wissner*, WIK Diskussionsbeitrag Nr. 349, Regulierung und Innovationsanreize in der ökonomischen Theorie, Smart Grid-gerechte Weiterentwicklung der Anreizregulierung, 2010, S. 14.

Effizienzgewinnen profitierten. Vor diesem Hintergrund scheint eine Dauer von fünf Jahren grundsätzlich geeignet, einen sachgerechten Ausgleich zwischen Anreizen für produktive und für dynamische Effizienzen zu gewährleisten.

5. *Effizienzvorgaben*

a) Effizienzbonus

§ 12a ARegV (2016) sieht unter den oben geschilderten Voraussetzungen für Verteilernetzbetreiber einen sog. Effizienzbonus vor. Bereits effiziente Verteilernetzbetreiber sollen einen Anreiz erhalten, weitere Effizienzanstrengungen zu unternehmen und damit auch die übrigen Netzbetreiber zu überobligatorischen Effizienzsteigerungen anspornen. Dies soll insbesondere Innovationen in intelligente Netztechnik befördern,[291] wie sie mit Blick auf andere europäische Staaten auch für Deutschland gefordert wurden (und weiterhin werden). Diese Argumentation ist zwar mit Blick auf die durch den Kapitalkostenabgleich stark geminderten Effizienzanreize hörenswert, jedoch für die vorliegend in Rede stehenden Innovationen zweifelhaft. So sollte ein Effizienzbonus aus innovationstheoretischer Sicht nicht auf eine Regulierungsperiode beschränkt sein, sondern längerfristiger wirken, um regulierungsperiodenübergreifende Innovationen zu befördern. Bei einer solchen Zwecksetzung sollte er zudem auch den bislang noch nicht effizienten Netzbetreibern zugutekommen. Nicht eindeutig ist weiterhin, weshalb der Effizienzbonus derzeit nur für Verteiler- und nicht auch für Übertragungsnetzbetreiber gilt. Sofern man darauf abstellte, dass die Übertragungsnetzbetreiber bereits anderweitig ausreichend Finanzmittel erhalten oder schon hinreichend smart sind (was vom Verfasser nicht beurteilt werden kann), hätte dies zugleich Rückwirkungen auf das Verständnis der Investitionsmaßnahme, da diese damit für Anreize in innovative Netztechnik an Bedeutung und damit an normativer Legitimität verlöre.

---

291 BR-Drs. 296/16 v. 2.6.2016, S. 37.

b) Monitoring

Das System der ARegV zur Ermittlung der Effizienzvorgaben gilt außerhalb spezifischer Regelungen wie der Investitionsmaßnahme und dem Kapitalkostenabgleich auch für Investitionen in innovative Netztechnik.[292] Wie gesehen, werden Kosten für Investitionsmaßnahmen gem. § 23 ARegV und solche für Forschung und Entwicklung gem. § 25a ARegV als dauerhaft nicht beeinflussbar eingeordnet und damit jedenfalls für einen bestimmten Zeitraum einer Effizienzprüfung entzogen. Im Ergebnis gilt dasselbe für den Kapitalkostenaufschlag gem. § 10a ARegV, der in der Regulierungsformel einen eigenen Summanden erhält. Das Gewähren zusätzlicher Monopolgewinne als Innovationsanreize setzt zumindest eine Überprüfung voraus, ob die Netzbetreiber die zusätzlich erlösten Gelder tatsächlich für (innovative) Investitionen verwenden. Demgemäß verpflichtet § 33 Abs. 5 ARegV die Bundesnetzagentur künftig dazu, das Investitionsverhalten der Netzbetreiber kontinuierlich zu beobachten. Hierzu muss sie ein Modell für ein indikatorbasiertes Investitionsmonitoring entwickeln und in regelmäßigen Abständen aussagekräftige Kennzahlen über das Investitionsverhalten der Netzbetreiber veröffentlichen. Ein Blick auf die Verordnungsbegründung offenbart allerdings das schon mehrfach thematisierte Dilemma, dass sich Innovationen nur begrenzt messen und bewerten lassen. Demgemäß stellt der Verordnungsgeber auf allgemeine Indikatoren wie die Investitionsquote (bestehend aus Gesamt-, Ersatz- und Erweiterungsinvestitionsquote sowie Instandhaltungsquote), das Anlagenalter, Abschreibungen, Umsatzerlöse, das Ergebnis der gewöhnlichen Geschäftstätigkeit, die Leitungslänge, die Anzahl der Anschlusspunkte, die Fläche des versorgten Gebiets, etwaige Abregelungsmaßnahmen, Versorgungsunterbrechungen sowie weitere Indikatoren zur Versorgungsqualität ab.[293] Die Innovationstätigkeit wird somit nicht direkt bewertet. Problematisch ist insoweit die Betonung der Leitungslänge, weil die Abkehr von den gesetzlich vorgegebenen Pflichtparametern für den Effizienzvergleich gerade damit begründet wird, dass sie innovationsaverse Netzausbauvorhaben befördere.[294] Insgesamt wird man die Abkehr von den Pflichtparametern in § 13 Abs. 3 ARegV trotz der für die Netzbetreiber entstehenden

---

292 *Weyer*, Investitionsfreiheit und technischer Fortschritt, in: Schmidt-Preuß/Körber (Hrsg.), Regulierung und Gemeinwohl, 1. Aufl. 2016, S. 176 (194).

293 BR-Drs. 296/16 v. 2.6.2016, S. 47 f.

294 Verordnungsbegründung, BR-Drs. 296/16, S. 20, 38.

Umstellungskosten aber positiv bewerten können, weil Effizienz und Innovationen im System der Anreizregulierung eng verbunden sind.

VI. Wesentliche Ergebnisse

1. Die Regulierung von Innovationen erfolgt primär über die Sicherung wettbewerbsfähiger Marktmechanismen, da es dem Staat angesichts der Neuheit von Innovationen am notwendigen Lenkungs- und Regulierungswissen fehlt, um Innovationen direkt anzureizen. In diesem Sinne zielt auch die Anreizregulierung nicht unmittelbar auf eine Förderung von Innovationen ab, sondern auf die kompetitive Neutralisierung der (strom-)netzspezifischen Marktmacht durch Imitation der Wettbewerbsbedingungen wie auf kompetitiven Märkten. Der scheinbare Widerspruch zwischen Innovation und Regulierung wird aufgelöst, indem Innovationen allein für eine bestimmte Zielrichtung eingesetzt sowie auf die Regulierungsperiode begrenzt werden.

2. Im Rahmen des allgemeinen Systems der Anreizregulierung werden die Netzentgelte für die Dauer der Regulierungsperiode von den zugrunde liegenden Kosten des Unternehmens entkoppelt. Durch eine solche Vorgehensweise werden nicht nur produktive Effizienzen gehoben, sondern auch dynamische Anreize zur langfristig effizienten Leistungsbereitstellung verstärkt. Jede Produktivitätssteigerung, die im Verlauf der Regulierungsperiode höher ausfällt als diejenige der Regulierungsvorgaben, kommt dem Netzbetreiber zugute, während sich darunter liegende Produktivitätssteigerungen gewinnmindernd auswirken. Als Mittel zur Erhöhung der produktiven Effizienz können wiederum Innovationen dienen. Die Anreizregulierung befördert Investitionen und Innovationen zudem durch eine angemessene, wettbewerbliche und risikoangepasste Verzinsung des eingesetzten Eigenkapitals.

3. Nicht vereinbar mit der Grundidee der Anreizregulierung ist eine Überbetonung von Innovationen und Investitionen durch Zuerkennung dauerhaft überhöhter Monopolgewinne. Problematisch sind deshalb die Investitionsmaßnahme sowie vor allem der Kapitalkostenabgleich, da es sich funktional um Cost-plus-Regulierungsinstrumente handelt. Notwendig ist jedenfalls ein regulierungsbehördliches Monitoring, ob die zusätzlichen Monopolgewinne tatsächlich für Investitionen und Innovationen eingesetzt werden.

4. Der Verordnungsgeber reizt F&E-Aktivitäten der Netzbetreiber zudem durch § 25a ARegV an, wonach Kosten für Forschung und Entwicklung in Form eines regulierungsbehördlich genehmigten Zuschlags als nicht beeinflussbare Kostenanteile auf die Netznutzer umgelegt werden können. In der Rechtswirklichkeit wird der Norm aufgrund ihrer unglücklichen Tatbestandsmerkmale kaum eine durchgreifende Relevanz zukommen.

5. Die Ausrichtung der Anreizregulierung auf die Generierung von statischen und zugleich von dynamischen Effizienzen impliziert eigentlich einen technologieneutralen Ansatz. Investitionsentscheidungen sind aber vor allem bei Verteilernetzen noch teilweise frei, wohingegen die Investitionsplanung und damit zusammenhängend die Entscheidungen über den Einsatz bestimmter Technologien bei den Übertragungsnetzen durch die Netzentwicklungsplanung mit der Prüfung des energiewirtschaftlichen Bedarfs vorgeprägt sind. Der Anreizregulierung kommt auch insoweit die wichtige Aufgabe zu, die konkreten Investitionen auf ihre betriebswirtschaftliche Effizienz zu hinterfragen. Eine technologie- und kostenartenneutrale Regulierung setzte zudem eigentlich voraus, dass Kapitalkosten und Betriebskosten normativ gleichbehandelt werden, indem die in Summe und Zeitablauf kostengünstigste und damit effizienteste Lösung bevorzugt wird. Demgegenüber werden auch im neuen System des Kapitalkostenabgleichs – ebenso wie bislang schon bei der Investitionsmaßnahme – die Kapitalkosten bevorzugt.

6. Anreize für langfristig wirksame Innovationen sind für Netzbetreiber umso intensiver, je länger die Entkoppelung der Kosten von den Erlösen andauert. Im allgemeinen System der ARegV werden Effizienzbemühungen durch Kostensenkungen aber nur bis zur folgenden Regulierungsperiode honoriert. Auch der neue Effizienzbonus schafft allenfalls eine begrenzte Abhilfe, da er allein für bereits effiziente Verteilernetzbetreiber und auch nur für eine folgende Regulierungsperiode gilt. Im Ergebnis ist die fünfjährige Regulierungsperiode gleichwohl nicht zu beanstanden, da sie die Anreize für kurzfristig-produktive und langfristig-dynamische Effizienzen in einen sachgerechten Ausgleich bringt.

Neue Machtlagen in der digitalen Welt? Das Beispiel unentgeltlicher Leistungen

Prof. Dr. Heike Schweitzer

I. Einleitung

Die Digitalisierung – die Verzahnung nahezu aller Gegenstände und Lebensbereiche mit moderner Informations- und Kommunikationstechnik – verändert mit hoher Geschwindigkeit Wirtschaft und Gesellschaft. Ein Kernelement der Entwicklung ist die Entfaltung einer neuen Datenökonomie: Trackingtechnologien, Mobilgeräte und neue Technologien der Datenspeicherung und -analyse ermöglichen erstmals die systematische Aggregation und Verwertung von Massendaten betreffend das alltägliche Internet-Nutzungsverhalten von Millionen von Nutzern – Datenarten und -mengen, die zuvor aufgrund ihrer Größe, Komplexität, Schnelllebigkeit und schwachen Strukturierung einer sinnvollen Datenverarbeitung nicht zugänglich waren. Eine Auswertung dieser Rohdaten verspricht viele Erkenntnisse: Sie kann helfen, bestehende Produkte zu verbessern und neue Produkte zu entwickeln, Prozesse zu optimieren und neue Trends und Entwicklungen schneller vorherzusehen. Die Umwälzungen in der Informationsverteilung führen aber zugleich zu grundlegenden Veränderungen in den Vorstellungen und Bedingungen von Privatheit sowie in der Art und Weise, wie im geschäftlichen Umfeld Entscheidungen getroffen werden, können Manipulationsgefahren schaffen und verändern Märkte und Wettbewerb.

Die öffentliche Diskussion reagiert auf diese Entwicklungen mit Sorge. Märkte und Gesellschaften würden, so etwa Frank Schirrmacher, „zunehmend zentralen Steuerungslogiken unterworfen [...], die im fundamentalen Widerspruch zu Ideen des Liberalismus stehen“. Entgegen Hayeks Diktum von der dezentralen Verteilung des Wissens[1] sei das „absolute Wissen [...]

1 Siehe dazu z.B. *v. Hayek*, Die Verwertung des Wissens in der Gesellschaft (1945), in: ders., Wirtschaftstheorie und Wissen. Aufsätze zur Erkenntnis- und Wissenschaftslehre, S. 57 ff.

heute Unternehmenszweck von imperialen Digitalmonopolen und der NSA".[2] Gerhart Baum warnt vor einem „Weltüberwachungsmarkt", mahnt eine „Bändigung der Datenmärkte" an und verlangt, „die amerikanischen Online-Giganten, wenn sie Daten in Europa von Privaten abschöpfen und missbräuchlich verwenden, zur Rechenschaft zu ziehen".[3] Katrin Göring-Eckardt fordert eine „Bürgergesellschaft im Netz", „gegen die Kontrolle unseres Lebens durch bekannte Unbekannte" und „für die Aneignung des digitalen Gemeinwohls".[4] Alle gehen implizit von neuen Machtlagen und Gefahren in der Datenökonomie aus. Art und Zuschnitt des Machtproblems bzw. der Gefährdungslagen bleiben allerdings regelmäßig diffus.

Im Folgenden soll der Frage nach der Entstehung neuer Machtlagen am Beispiel einer praktisch wichtigen Form der digitalen Interaktion zwischen Unternehmen und Verbrauchern nachgegangen werden: Untersucht wird, ob das Angebot unentgeltlicher Leistungen über digitale Plattformen, verbunden mit der Sammlung und Aus- sowie Verwertung großer Mengen von Daten über das Nutzerverhalten, schutzwürdige Interessen der Diensteanutzer in regelungsbedürftiger Weise gefährdet, ob also die herkömmlichen Schutzinstrumentarien von Privatautonomie, Vertragsrecht und Wettbewerb versagen.

Digitale Plattformen – Intermediäre in der Online-Welt, die verschiedene Marktteilnehmer zusammenführen[5] – zählen zu den wichtigen innovativen Akteuren in der digitalen Wirtschaft. In jüngerer Zeit sind sie wiederholt zum Gegenstand rechtspolitischer Diskussion und Initiativen geworden.[6] Die Erscheinungsformen von Plattformen sind vielfältig: Sie reichen von Online-Marktplätzen wie eBay oder Amazon Marketplace bis hin zu

---

2 *Schirrmacher*, Das Armband der Neelie Kroes, in: Schirrmacher (Hrsg.), Technologischer Totalitarismus, S. 62, 63.

3 *Baum*, Auf dem Weg zum Weltüberwachungsmarkt, in: Schirrmacher (Hrsg.), Technologischer Totalitarismus, S. 54.

4 *Göring-Eckardt*, Das dionysische Moment des Netzes, in: Schirrmacher (Hrsg.), Technologischer Totalitarismus, S. 135, 142.

5 Siehe z.B. *BKartA*, Marktmacht von Plattformen und Netzwerken, Arbeitspapier, Juni 2016, S. 8, S. 14.

6 Siehe z.B. *EU-Kommission*, Mitteilung zu Online-Plattformen im digitalen Binnenmarkt. Chancen und Herausforderungen für Europa, 25.5.2016, COM(2016)288 fin.; *House of Lords*, Select Committee on the European Union Internal Market Sub-Committee, Online platforms and the Digital Single Market, 10th Report of Session 2015-16; *BKartA*, Marktmacht von Plattformen und Netzwerken, Arbeitspapier, Juni 2016; *BMWi*, Weißbuch Digitale Plattformen, 2017.

sozialen Medien und Kommunikationsdiensten, Suchmaschinen und Plattformen der Sharing Economy.[7] Der vorliegende Beitrag befasst sich mit solchen Plattformen, die Nutzern unentgeltliche Dienste – etwa Nachrichten, soziale Interaktion, Suchdienste oder Warenvergleiche – anbieten, im Gegenzug aber auf (personenbezogene) Nutzungsdaten zugreifen, die Rückschlüsse auf persönliche Interessen und Vorlieben erlauben. Umsätze generieren diese Plattformen regelmäßig durch die Schaltung personenbezogener Werbung; denkbar ist aber auch eine anderweitige wirtschaftliche Verwertung der Daten.

Die rechtspolitische Auseinandersetzung mit digitalen Plattformen im Allgemeinen und mit dem skizzierten Geschäftsmodell im Besonderen setzt an ganz unterschiedlichen, auf den ersten Blick unverbundenen Punkten an. Die sog. „mehrseitigen Märkte" haben zuerst das Interesse von Wettbewerbsökonomen geweckt, die auf die Bedeutung von Netzwerkeffekten für die wettbewerbsökonomische Analyse hingewiesen haben: der häufig mit der wachsenden Zahl weiterer Nutzer derselben Nutzergruppe steigende Nutzen der Plattformdienste (positive direkte Netzwerkeffekte) und/oder der mit der wachsenden Zahl von Nutzern einer anderen Nutzergruppe steigende Nutzen (positive indirekte Netzwerkeffekte) können zu ausgeprägten Konzentrationstendenzen führen.[8] Wettbewerbsrechtlich erheblich wird dies in der Fusionskontrolle. Ferner können Netzwerkeffekte ein wichtiger Faktor bei der Feststellung einer marktbeherrschenden Stellung sein.

Die Diskussion über mögliche Machtlagen bei digitalen Plattformen beschränkt sich aber nicht auf das Wettbewerbsrecht. Plattformen agieren als Mittler zwischen verschiedenen Marktseiten. Mit der Mittlerrolle können – je nach Geschäftsmodell – unterschiedliche Interessenkonflikte einhergehen. Diese (unter anderem lauterkeitsrechtliche) Debatte wird hier nicht weiter verfolgt.

---

7 Für einen Überblick über verschiedene Plattformarten siehe *BKartA*, Marktmacht von Plattformen und Netzwerken, Arbeitspapier, Juni 2016, S. 19 ff.

8 Für einen Überblick über die Diskussion siehe *Schweitzer/Fetzer/Peitz*, Digitale Plattformen: Bausteine für einen künftigen Ordnungsrahmen, ZEW Discussion Paper No. 16-042, 2016, S. 4 ff. und *Belleflamme/Peitz*, Industrial Organization. Markets and Strategies, 2nd ed. 2015, Chap. 22. Für grundlegende ökonomische Arbeiten zu zweiseitigen Märkten siehe *Rochet/Tirole*, Platform Competition in Two-Sided Markets, Journal of the European Economic Association 2003, 990 ff. und *Armstrong*, Competition in two-sided markets, Rand Journal of Economics 2006, 668 ff.

Andere Fragen knüpfen an den Einsatz von Daten als Tauschmittel an. Ist der Tausch „Leistung gegen Daten" rechtlich mit entgeltlichen Austauschverträgen gleichzustellen? Unterliegt der Zugriff digitaler Plattformen auf Nutzungsdaten einer vergleichbaren wettbewerblichen Kontrolle wie ein monetärer Preis? Bedarf er womöglich einer anderweitigen Kontrolle? Bedarf ein Vertrag, in dessen Rahmen die Nutzung digitaler Dienste gegen die Ermöglichung eines Datenzugriffs ausgetauscht wird, einer besonderen vertragsrechtlichen Regelung, um die Nutzerrechte angemessen zu schützen?

Diese Fragen sind keine wettbewerbsrechtlichen Fragen. Es liegt aber nahe, sie unter Berücksichtigung der Leistungsfähigkeit des wettbewerblichen Kontrollmechanismus zu behandeln, denn zentraler Bezugspunkt der verschiedenen Diskussionen sind die Besonderheiten der sog. „Plattformmärkte". Dies ist das Anliegen des vorliegenden Beitrags.

II. Unentgeltliche digitale Dienste im Internet – der Aufstieg eines neuen Geschäftsmodells

Unentgeltliche Leistungen waren im wirtschaftlichen Umfeld lange Zeit ein eher marginales Phänomen. Abgesehen von philanthropisch motivierten Leistungen wurden Produkte meist nur zu Zwecken der Markteinführung oder als Zugaben zu einer anderweitigen Hauptleistung verschenkt.

Im Zeichen der Internetökonomie haben unentgeltliche Leistungen einen immensen Bedeutungszuwachs erfahren. Internetnutzern steht heute eine fast unbegrenzte Palette unentgeltlicher digitaler Dienste zur Verfügung – von der Internetsuche über soziale Netzwerke und Kommunikationsplattformen bis hin zu Inhalteangeboten, E-Mail- und Cloud-Diensten. Regelmäßig sind diese unentgeltlichen Angebote Teil eines breiter angelegten Geschäftsmodells. Gelegentlich handelt es sich um Spielarten von „Markteinführungsangeboten": Einige Plattformen bieten ihre Dienste zunächst unentgeltlich an, um eine möglichst große Zahl von Nutzern an sich zu binden und im Wettbewerb um positive direkte Netzwerkeffekte einen schnellen Vorsprung zu erzielen. Auf Einkünfte wird in der Hoffnung verzichtet, die schnell gewachsene Plattform später mit hohem Gewinn verkaufen zu können oder zu einem späteren Zeitpunkt auf ein lukratives Geschäftsmodell umzustellen. Bei der „Freemium"-Strategie wird ein Basisdienst umsonst angeboten; für ein Premium-Upgrade muss hingegen bezahlt werden. Der Anbieter des digitalen Dienstes hofft, mit der Zeit immer mehr Nutzer für den Premium-Dienst zu gewinnen.

Die vorliegende Untersuchung ist primär einem dritten Geschäftsmodell gewidmet, für das beispielhaft Plattformen wie Google oder Facebook stehen. Bei diesem Geschäftsmodell werden die digitalen Dienste den Plattformnutzern dauerhaft unentgeltlich angeboten. Umsätze werden auf der anderen Plattformseite in der Interaktion mit einer anderen Nutzergruppe generiert. Regelmäßig sind dies Werbetreibende, welche die Plattform bezahlen, um eigene Werbung zu platzieren. Sie ziehen einen positiven Nutzen aus der Aufmerksamkeit der ersten Nutzergruppe für die Plattform. Ihr Nutzen – und ihre Zahlungsbereitschaft – wird dadurch gesteigert, dass die Plattform mithilfe von Tracking-Technologien umfangreiche Daten über das Nutzerverhalten zusammenträgt und durch deren Auswertung präzise, ggfs. individualisierte Erkenntnisse über Nutzerbedürfnisse und –präferenzen erlangt. Werbung kann dann zielgruppengenau platziert werden, so dass sie an eine interessierte Nutzergruppe gelangt. Plattformen können ihre Erkenntnisse über Nutzerbedürfnisse und –verhalten aber auch anderweitig kommerzialisieren[9] oder für die (Weiter-)Entwicklung der eigenen geschäftlichen Strategie bzw. eigener Mehrwertdienste nutzen. Unabhängig von der Art der Weiterverwertung der Nutzer- bzw. Nutzungsdaten „zahlen" die Dienstenutzer bei diesem Geschäftsmodell also nicht mit einem monetären Entgelt. Der wirtschaftliche Wert, den die Plattform erlangt, liegt vielmehr in der Möglichkeit zur Verarbeitung und Nutzung der Daten – bei werbefinanzierten Plattformen überdies in der Aufmerksamkeit für die (zielgenaue) Werbung. Da das Datenschutzrecht die Verarbeitung personenbezogener Daten nur auf der Grundlage einer gesetzlichen Erlaubnis oder einer Einwilligung der Betroffenen zulässt, machen die Plattformen die Einwilligung in die Datenverarbeitung zu einer Bedingung für die Nutzung der Dienste. Die Einwilligung wird somit nach verbreiteter Sichtweise zu einem „Preis".

Dieses in der Praxis weit verbreitete Geschäftsmodell „Dienste gegen Daten" hat in jüngerer Zeit wiederholt die europäischen Gesetzgebungsorgane beschäftigt. Zum Teil wird in den einschlägigen Initiativen lediglich der wirtschaftliche Charakter von Diensten anerkannt, die im Gegenzug für eine Einwilligung in die Verwertung personenbezogener Daten bereit-

9 Etwa durch die wirtschaftliche Verwertung von Ergebnissen einer Datenanalyse oder aber durch Einräumung von Datenverarbeitungsrechten an Dritte.

gestellt werden. So sollen etwa nach dem Vorschlag für eine Richtlinie über den europäischen Kodex für die elektronische Kommunikation auch solche Dienste unter den Begriff des „elektronischen Kommunikationsdienstes" fallen;[10] wie übrigens auch solche, bei denen die Nutzer Werbung ausgesetzt sind.[11]

Der Vorschlag der Kommission für eine Richtlinie über bestimmte vertragsrechtliche Aspekte der Bereitstellung digitaler Inhalte[12] (im Folgenden: „Richtlinie zu digitalen Inhalten") zielt weitergehend auf eine vertragsrechtliche Gleichstellung derjenigen Verbraucher, die digitale Inhalte gegen ein monetäres Entgelt beziehen, mit denjenigen Verbrauchern ab, die „eine andere Gegenleistung als Geld in Form personenbezogener oder anderer Daten" erbringen (Art. 3 Abs. 1 der Richtlinie).

Datenschützer haben gegen das Konzept „Daten als Entgelt" demgegenüber ganz grundsätzliche Einwände erhoben. Personenbezogene Daten, so der Europäische Datenschutzbeauftragte jüngst, dürften nicht einfach als Wirtschaftsgut behandelt, ein Grundrecht dürfe nicht im Rahmen einer wirtschaftlichen Transaktion monetarisiert werden.[13] Personenbezogene Daten werden allerdings auch nach den vorgenannten Gesetzgebungsinitiativen nicht „verkauft". Vielmehr willigen die Dienstenutzer –

---

10 *EU-Kommission*, Vorschlag für eine Richtlinie über den europäischen Kodex für die elektronische Kommunikation v. 12.10.2016, COM(2016)590 fin., Begründungserwägung 16: „Um unter den Begriff elektronischer Kommunikationsdienst zu fallen, muss ein Dienst in der Regel gegen Entgelt erbracht werden. In der digitalen Wirtschaft stellen Nutzerdaten für die Marktbeteiligten zunehmend einen Geldwert dar. Elektronische Kommunikationsdienste werden oftmals für eine andere Gegenleistung als Geld erbracht, z. B. wird Zugang zu personenbezogenen oder sonstigen Daten gewährt. Das Konzept eines Entgelts sollte daher Fälle umfassen, in denen der Anbieter eines Dienstes personenbezogene Daten wie Namen oder E-Mail-Adresse anfragt und der Endnutzer diese dem Anbieter auf direkte oder indirekte Weise aktiv zur Verfügung stellt. Es sollte auch Fälle einbeziehen, in denen der Anbieter Informationen einschließlich personenbezogener Daten wie z. B. die IP-Adresse oder sonstige automatisch generierte Informationen wie durch Cookies gesammelte und übermittelte Informationen erhebt, ohne dass der Endnutzer diese aktiv bereitstellt. [...]".

11 A.a.O., Begründungserwägung 16.

12 *EU-Kommission*, Vorschlag für eine Richtlinie über bestimmte vertragsrechtliche Aspekte der Bereitstellung digitaler Inhalte v. 9.12.2015, COM(2015)634 fin.

13 *European Data Protection Supervisor*, Opinion 4/2017 on the Proposal for a Directive on certain aspects concerning contracts for the supply of digital content, 14.3.2017, p. 7-8.

widerruflich[14] – in die Datenverarbeitung zu bestimmten Zwecken ein, und erhalten im Gegenzug Zugang zu wirtschaftlich werthaltigen Leistungen. In sämtlichen Kontexten, in denen auf den Einsatz von „Daten als Entgelt“ Bezug genommen wird, wird die uneingeschränkte Fortgeltung des Datenschutzrechts betont.[15] Umgekehrt hat die Kommission in ihrer Mitteilung zum „Aufbau einer europäischen Datenwirtschaft“[16] aber auch den wirtschaftlichen Nutzen hervorgehoben, der mit dem Zugang zu Daten verbunden sein kann. Die meisten Nutzer werden auf die unentgeltlichen Dienste nicht verzichten wollen.

Die eigentliche datenschutzrechtliche Debatte dreht sich daher auch nicht um die Frage, ob die Verarbeitung personenbezogener Daten dort, wo diese im Kontext der Erbringung wirtschaftlich werthaltiger Leistungen erhoben werden, generell unzulässig ist. Erörtert wird vielmehr, unter welchen Bedingungen die Einwilligung in die Datenverarbeitung als „freiwillig“ erklärt und damit wirksam gilt.[17]

III. Daten als neue Währung?

Die neue Popularität des Geschäftsmodells „digitale Dienste gegen Daten“ hat zu der Feststellung geführt, personenbezogene Daten seien im Internet zu einer „neuen Währung“ geworden.[18]

Allerdings bedeutet die wirtschaftliche Werthaltigkeit personenbezogener Daten aus Unternehmenssicht nicht, dass datenschutzrechtliche Einwilligungen und Geld auch aus Nutzersicht vergleichbare Tauschmittel darstellen. Geld ist für die Nutzer regelmäßig knapp; Nutzungsdaten werden demgegenüber ständig und nebenbei erzeugt. Anders als die Zahlung eines monetären Preises wird die Einwilligung in die Datenverarbeitung

---

14 Art. 7 Abs. 3 DSGVO.

15 Siehe Begründung zur Richtlinie zu digitalen Inhalten v. 9.12.2015, S. 13.

16 *EU-Kommission*, Mitteilung zum Aufbau einer europäischen Datenwirtschaft v. 10.1.2017, COM(2017)9 fin.

17 Näher zum Kopplungsverbot s.u., unter IV.1.

18 Siehe z.B. *Langhanke/Schmidt-Kessel*, EuCML 2015, S. 218; *Eggers/Hamill/Ali*, Data as currency, 13 Deloitte Review (2013), S. 18 ff; *Taylor*, Data: the new currency ; *Dahl*, Daten als Basis der digitalen Wirtschaft und Gesellschaft, RDV 2015, S. 236; *Hoeren*, Personenbezogene Daten als neue Währung der Internetwirtschaft, WuW 2013, S. 463; *Körber*, Google im Fokus des Kartellrechts, WRP 2012, S. 761 (764 u.a.).

häufig nicht als Werttransfer wahrgenommen. Nicht selten ist es sogar umgekehrt: Die Einwilligung in die Datenverarbeitung ist aus Nutzersicht mit der Hoffnung auf künftige Leistungsverbesserungen verbunden.

Anders als der etablierte Wertmesser Geld sind „Datenpreise" aus Nutzersicht überdies intransparent. Welchen wirtschaftlichen Wert der Zugang zu den eigenen Nutzungsdaten für den Diensteanbieter hat, kann (und muss) der Dienstenutzer nicht wissen. Maßgeblich ist, welchen Wert die Dienstenutzer aus ihrer eigenen Perspektive aufgeben. Angesichts der unbeschränkten Duplizierbarkeit der Daten ist die Einwilligung in die Datenverarbeitung für die Nutzer nicht mit Opportunitätskosten verbunden. Der eigentliche Preis, den die Nutzer zahlen, ist vielmehr die abstrakte Gefahr einer künftigen, aus Nutzersicht unerwünschten Verwendung der Daten. In Anbetracht der Vielfalt denkbarer, aber in ihrer konkreten Form und Wahrscheinlichkeit unbekannter Verwendungsszenarien ist die Größe dieses Risikos für den Einzelnen kaum vorhersehbar.[19] Das Fehlen konkreter Erfahrungen mit entsprechenden Risiken erschwert die Einschätzung zusätzlich. Die Nutzer zahlen also bei Inanspruchnahme der Leistung einen unbekannten Preis – noch dazu einen solchen, der von den Meisten gar nicht als Preis wahrgenommen wird. Obwohl das Leistungsangebot im Kontext eines Austausches wirtschaftlich werthaltiger Güter steht, bleibt die Leistung damit aus Nutzersicht kostenlos. Der bekannte Sog- und Verdrängungseffekt kostenloser Leistungen („free effect") kommt zum Tragen: selbst wenn der zusätzliche Nutzen eines alternativen entgeltlichen Angebots höher ist als der hierfür zu zahlende monetäre Preis, greifen Nutzer doch bevorzugt auf die kostenlose Leistung zurück.[20]

Die Schwierigkeiten der Nutzer in der korrekten Einordnung des „Datenpreises" werden durch die Länge und Komplexität datenschutzrechtlicher Einwilligungserklärungen weiter erhöht. Wie eine Vielzahl von empi-

---

19 Ausführlich *Hermstrüwer*, Informationelle Selbstgefährdung, 2016, S. 93 ff. Siehe ferner *Strandberg*, Free Fall: The Online Market's Consumer Preference Disconnect, 2013 U. Chi. Legal F., at 132–33. Zusammenfassend *Newman*, Antitrust in Zero-Price Markets: Applications, 94 Wash. Univ. Law Rev. (2016), S. 67 m.w.N.

20 Dazu z.B. *Shampanier et. al.*, Zero as a Special Price: The True Value of Free Products, 26 Marketing Science (2007), S. 742; *Gal/Rubinfeld*, The Hidden Costs of Free Goods: Implications for Antitrust Enforcement, 80 Antitrust Law Journal (2016), S. 521 (528 f.).

rischen Untersuchungen zeigt,[21] werden die vorformulierten Einwilligungserklärungen im Internet ganz überwiegend ohne vorherige Lektüre akzeptiert. Das bekannte Problem, dass der Inhalt von Allgemeinen Geschäftsbedingungen angesichts hoher Transaktionskosten bei gleichzeitig relativ gering bewerteten Risiken selbst bei ansonsten funktionsfähigem Wettbewerb keiner wirksamen wettbewerblichen Kontrolle unterliegt,[22] trifft auch auf vorformulierte datenschutzrechtliche Einwilligungserklärungen zu. Nach st. Rspr. unterliegen auch diese der AGB-Kontrolle.[23] Die AGB-Kontrolle erstreckt sich aber nicht auf das Verhältnis von Leistung und Gegenleistung, das privatautonom ausgehandelt werden soll (§ 307 Abs. 3 S. 1 BGB). Insoweit Daten als „Entgelt" eingesetzt werden, erstreckt sich die AGB-Kontrolle mithin nicht auf die Reichweite der abgegebenen datenschutzrechtlichen Einwilligung, also auf die Höhe des „Datenpreises". Aus Nutzersicht haben personenbezogene Daten (bzw. datenschutzrechtliche Einwilligungen) jedoch, wie gezeigt, gerade nicht die Signalfunktion eines Preises; es handelt es sich eher um bloße Bedingungen der Dienstenutzung.

IV. Die Rechtsposition der Nutzer digitaler Dienste im Geschäftsmodell „Dienste gegen Daten" – Rechtliche Gleichstellung entgeltlicher und datenfinanzierter Dienste?

Zu fragen ist, was aus dem Befund der fehlenden funktionalen Äquivalenz von Geld und Daten aus Nutzersicht folgt: Bedürfen Nutzer eines besonderen Schutzes bei der Festlegung von „Datenpreisen"? (IV.1.). Und bedürfen sie eines besonderen Schutzes in der Ausgestaltung des Austauschverhältnis „Dienste gegen Daten"? (IV.2.).

---

21 Für eine Übersicht über empirische Studien zu „privacy" siehe *Acquisti/Taylor/Wagman*, The Economics of Privacy, 52 Journal of Economic Literature, S. 442 ff. (unter 3.).

22 Siehe dazu nur *Kötz*, Der Schutzzweck der AGB-Kontrolle – eine rechtsökonomische Skizze, JuS 2003, S. 209 (211 ff.); jüngst *Thomas*, NZKart 2017, S. 92 (94 f. m.w.N.)

23 Näher dazu, und mit weiteren Nachweisen, *Buchner,* Informationellen Selbstbestimmung im Privatrecht, 2006, S. 251-253. Ausführlich zu Anwendbarkeit und Grenzen der AGB-Kontrolle in der Anwendung auf datenschutzrechtlich relevante Regeln siehe ferner *Wendehorst/Graf v. Westphalen*, NJW 2016, S. 3745.

1. Schutzbedürfnis der Verbraucher bei der Bestimmung des „Datenpreises"? Datensouveränität versus regulierter „Datenpreis"

Der weithin konsentierte Befund, dass datenschutzrechtliche Einwilligungen, die im Gegenzug für die Inanspruchnahme digitaler Dienste abgegeben werden, anders als monetäre Entgelte bislang keiner wesentlichen wettbewerblichen Kontrolle unterliegen, wird rechtspolitisch unterschiedlich bewertet. Teilweise wird unter dem Schlagwort der „Datensouveränität" nach Wegen gesucht, die datenschutzrechtliche Einwilligungserklärung zu einem praktisch wirksameren Instrument der freien und informierten Selbstbestimmung über die eigenen Privatheitsanliegen zu machen, etwa durch Erhöhung der Anforderungen an Transparenz und Verständlichkeit,[24] gesteigerte nachträgliche Informationspflichten[25] oder durch eine stärkere Einbeziehung von „privacy by design"- bzw. „privacy by default"-Ansätzen.[26]

Dem stehen grundsätzliche Zweifel gegenüber, ob die datenschutzrechtliche Einwilligung dort, wo sie Voraussetzung für die Inanspruchnahme digitaler Dienste ist, faktisch als Mittel wirksamer Selbstbestimmung taugt.[27] Die vorstehend skizzierten Besonderheiten von datenschutzrechtlichen Einwilligungserklärungen im Vergleich zu monetären Preisen oder anderen Tauschmitteln – insbesondere die notorische und für den Dienstenutzer nicht auflösbare Unbestimmtheit der mit der Einwilligung für ihn einhergehenden Kosten, verbunden mit rationaler Apathie bezüglich der genauen Bedingungen und Grenzen der Datenverarbeitung – geben wenig Grund zur Annahme, dass bei verbesserter Gestaltung der Einwilligungserklärungen ein effektiver Wettbewerb zwischen Diensteanbietern um eine den individuellen Präferenzen entsprechende Datenerhebung und -verarbeitung entsteht. Wenn potentiellen Dienstenutzern weder eine echte Wahl

---

24 Siehe z.B. Art. 7 Abs. 2 S. 1 DSGVO. Siehe auch *Hildebrandt/Nett*, Die Marktanalyse im Kontext von mehrseitigen Online-Plattformen, WIK-Diskussionsbeitrag Nr. 410, S. 30.

25 *Hermstrüwer*, Informationelle Selbstgefährdung, 366 f.

26 Siehe z.B. *BMWi*, Weißbuch Digitale Plattformen, 2017, S. 70 (71); ferner *Hermstrüwer*, Informationelle Selbstgefährdung, S. 370 ff.; einen positiv-rechtlichen Anknüpfungspunkt hierfür bietet Art. 25 DSGVO.

27 Siehe z.B. *Nehf*, Protecting Privacy with „Heigtened" Notice and Choice, in: Rothchild (ed.), Research Handbook on Electronic Commerce Law, Chap. 19. Für ein Festhalten am Einwilligungsmodell hingegen nachdrücklich: *Buchner*, Informationelle Selbstbestimmung im Privatrecht, S. 109 f.

zwischen unterschiedlich weitreichenden „Datenpreisen" verbleibt noch eine Einflussnahme auf die Grenzen der Datenverarbeitung möglich ist, kann aber die Freiwilligkeit der datenschutzrechtlichen Einwilligung und damit ihre Wirksamkeit in Frage stehen.[28]

In der Vergangenheit und auf der Grundlage des BDSG wurde eine derart strenge Fassung der Freiwilligkeitsanforderungen ganz überwiegend abgelehnt.[29] Die Informiertheit des Betroffenen vorausgesetzt, verlangt Freiwilligkeit vor allem Abwesenheit von Zwang. Erst wenn der Betroffene keine andere Wahl hatte als zuzustimmen, fehlte es danach an der Freiwilligkeit. In Fällen, in denen digitale Inhalte nur unter der Bedingung einer datenschutzrechtlichen Einwilligung bereitgestellt wurden, bestand nach dieser Ansicht eine Zwangslage nur, wenn der Betroffene auf diese existentiell angewiesen war.[30] Strengere Sonderregeln waren in § 28 Abs. 3b BDSG und in § 95 Abs. 5 TKG niedergelegt. Gemäß § 28 Abs. 3b BDSG durfte der Abschluss eines Vertrags nicht von der Einwilligung in die Verarbeitung personenbezogener Daten für Zwecke des Adresshandels oder der Werbung abhängig gemacht werden, wenn dem Betroffenen ein anderer Zugang zu gleichwertigen vertraglichen Leistungen ohne die Einwilligung nicht oder nicht in zumutbarer Weise möglich war (sog. Kopplungsverbot). Gemäß § 95 Abs. 5 TKG galt ein entsprechendes Kopplungsverbot auch für die Erbringung von Telekommunikationsdiensten: sie durften vorbehaltlich eines zumutbaren Alternativangebots nicht von einer Einwilligung in eine über die in § 95 TKG ausdrücklich normierten Zwecke hinausgehende Datenverarbeitung abhängig gemacht werden. Insbesondere der Zugang zu monopolisierten Diensten musste danach ohne eine Einwilligung in die Datennutzung für Werbung und Adresshandel (§ 28 Abs. 3b BDSG) bzw. in gesetzlich nicht normierte Zwecke (§ 95 Abs. 5 TKG) möglich bleiben. Mit der Anknüpfung an eine besondere Machtlage näherten sich die Normen einer spezialgesetzlichen Regelung eines Ausbeutungsmissbrauchs an. Die Verfügbarkeit einer – ggfs. auch nur gegen Entgelt angebotenen – Alternative sollte demgegenüber ausreichen, um

28 Für das Erfordernis der Freiwilligkeit siehe § 4a BDSG; sowie Begründungserwägung 42 u. 43 i.V.m. Art. 4 Nr. 11 und Art. 7 Abs. 4 DSGVO.

29 Ausführlich und m.w.N. hierzu: *Metzger*, AcP 216 (2016), S. 817 (823).

30 Siehe *Buchner*, DuD 2010, S. 39 (41).

die Freiwilligkeit der Einwilligung wieder herzustellen.[31] Wie das Alternativangebot ausgestaltet sein musste, um als „zumutbar“ zu gelten, blieb im Einzelnen ungeklärt.[32]

Die DSGVO schafft nun allerdings gerade für datenschutzrechtliche Einwilligungen, die Bedingung für die Inanspruchnahme sonstiger Leistungen und ggfs. eine Gegenleistung hierfür sind, eine neue Rechtslage. Gemäß Art. 7 Abs. 4 DSGVO soll künftig bei der „Beurteilung, ob die Einwilligung freiwillig erteilt wurde, [...] dem Umstand in größtmöglichem Umfang Rechnung getragen werden, ob unter anderem die Erfüllung eines Vertrags, einschließlich der Erbringung einer Dienstleistung, von der Einwilligung zu einer Verarbeitung von personenbezogenen Daten abhängig ist, die für die Erfüllung des Vertrags nicht erforderlich sind“. Eine Einwilligung gilt, so die Begründungserwägung 43, „nicht als freiwillig erteilt, [...] wenn die Erfüllung eines Vertrags, einschließlich der Erbringung einer Dienstleistung, von der Einwilligung abhängig ist, obwohl diese Einwilligung für die Erfüllung nicht erforderlich ist“.

Nimmt man die Begründungserwägung 43 ernst,[33] so sind die Anforderungen an die Freiwilligkeit der Einwilligung künftig deutlich erhöht. Allerdings weist der unscharfe Wortlaut des Art. 7 Abs. 4 DSGVO zugleich auf einen Formelkompromiss hin: Welche Bedeutung Art. 7 Abs. 4 DSGVO künftig für das Geschäftsmodell „Dienste gegen Daten“ zukommen wird, wird abschließend der EuGH klären müssen. Ein nicht unerheblicher Teil des Schrifttums will Art. 7 Abs. 4 DSGVO in Anlehnung an das bisherige Kopplungsverbot des § 28 Abs. 3b BDSG auslegen.[34] Die Begründung eines Synallagmas zwischen Leistungsbereitstellung und datenschutzrechtlicher Einwilligung kann nach dieser Vorstellung für sich ge-

---

31 Siehe in diesem Sinne auch Article 29 Data Protection Working Party, Opinion 06/2014 on the notion of legitimate interest of the data controller under Article 7 of Directive 95/46/EC, April 2014, S. 47.

32 Zu alledem *Buchner*, Informationelle Selbstbestimmung im Privatrecht, S. 264 f.

33 Zur Entstehungsgeschichte der DSGVO und den wiederholten Widersprüchen zwischen Begründungserwägungen und Normteil siehe Gola, K&R 2017, S. 145.

34 Siehe z.B. *Metzger*, AcP 216 (2016), S. 817 (824): Auch nach der DSGVO sei darauf abzustellen, „ob eine Zwangslage für den Betroffenen besteht oder ob es die Möglichkeit des Ausweichens auf kostenpflichtige Angebote des selben Anbieters oder vergleichbare Dienste anderer Anbieter gibt“; Siehe ferner *Gola*, K&R 2017, S. 145 (147).

nommen die Freiwilligkeit nicht in Frage stellen.[35] Ins Gespräch gebracht wird gelegentlich auch eine Lesart, der zufolge das für die Vertragserfüllung Erforderliche mittels einer wirtschaftlichen Betrachtungsweise, und mithin unter Einbeziehung des Geschäftsmodells beurteilt werden soll.[36] Eine solche Interpretation würde sich von einem an den Funktionserfordernissen des jeweiligen Dienste anknüpfenden Verständnis der „Erforderlichkeit der Datenverarbeitung für die Vertragserfüllung" lösen, wie es im Richtlinienvorschlag zu digitalen Inhalten zugrunde gelegt wird. Gerichte müssten dann bei der Prüfung der Wirksamkeit der datenschutzrechtlichen Einwilligung inzident die Angemessenheit des Austauschverhältnisses „Dienste gegen Daten" ermitteln – wobei der mit der „Erforderlichkeit" in Bezug genommene Maßstab offenbleibt. Beide vorgenannten Ansichten beruhen auf der Annahme, dass man die Begründungserwägung 43 nicht beim Wort nehmen kann, ohne ein aus Anbieter- wie aus Nutzersicht in vielen Fällen attraktives Geschäftsmodell zu zerstören.

Eben diese Annahme ist allerdings voreilig. Die individuelle Einwilligung in die Datenverarbeitung ist im Datenschutzrecht nur einer von mehreren möglichen Erlaubnistatbeständen. Alternativ kann sich die Zulässigkeit der Datenverarbeitung aus einer gesetzlichen Erlaubnis ergeben. Als Erlaubnistatbestand kommt vor allem Art. 6 Abs. 1 lit. f DSGVO in Betracht. Demzufolge ist eine Datenverarbeitung rechtmäßig, wenn sie „zur Wahrung der berechtigten Interessen des Verantwortlichen oder eines Dritten erforderlich [ist], sofern nicht die Interessen oder Grundrechte und Grundfreiheiten der betroffenen Person, die den Schutz personenbezogener Daten erfordern, überwiegen [...]". Zu den berechtigten Interessen eines Diensteanbieters zählt auch das Interesse, den angebotenen Dienst mittels einer wirtschaftlichen Verwertung personenbezogener Nutzungsdaten zu finanzieren.[37] Diese Interessen sind gegen die Interessen der Nutzer am Schutz ihrer Privatheit und effektiven Selbstbestimmung abzuwägen.[38]

---

35 So auch – allerdings noch zum alten Recht – dezidiert Buchner, Informationelle Selbstbestimmung im Privatrecht, S. 267 ff.

36 In diese Richtung *Buchner*, DuD 2016, S. 155 (159).

37 Article 29 Data Protection Working Party, Opinion 06/2014 on the notion of legitimate interests of the data controller under Article 7 of Directive 95/46/EC, WP 217, S. 25-26.

38 Article 29 Data Protection Working Party, Opinion 06/2014 on the notion of legitimate interests of the data controller under Article 7 of Directive 95/46/EC, WP 217, S. 30.

Die weitreichende „Materialisierung“ der Freiwilligkeit,[39] die Art. 7 Abs. 4 DSGVO und insbesondere der Wortlaut der Begründungserwägung 43 nahelegt, wäre also nicht das Ende des Geschäftsmodells „Dienste gegen Daten“. Sie würde aber dem empirischen Befund der faktischen Ineffektivität des Einwilligungsmodells als Modus der datenschutzrechtlichen Selbstbestimmung bei der Inanspruchnahme von digitalen Diensten Rechnung tragen. In einem datenschutzrechtlichen Regime, das den Schutz des Allgemeinen Persönlichkeitsrechts in einen Bereich vorverlagert hat, der weit vor der Identifizierbarkeit konkreter Risiken liegt, erleichtert die gesetzliche Interessenabwägung nach Art. 6 Abs. 1 lit. f DSGVO eine sinnvolle Begrenzung der Erlaubnis zur Datenverarbeitung und ihre Verknüpfung mit besonderen Sicherungsauflagen, die kein einzelner Nutzer aushandeln könnte.[40] Die Interessenabwägung ermöglicht es überdies, neben den Interessen der Vertragsparteien auch die externen Effekte zu berücksichtigen, welche die datenschutzrechtliche Einwilligung jedes Einzelnen auf Dritte haben kann:[41] Bei einem hinreichend großen Datenpool erlauben moderne Techniken der Datenanalyse Rückschlüsse auf das Verhalten auch solcher Personen, über die nur sehr wenige detaillierte Informationen bereitstehen. Auch diese kollektiven Wirkungen des Datenzugriffs von Unternehmen sprechen dafür, dessen Grenzen nicht ausschließlich bilateral zu verhandeln. Das scheinbar radikale Kopplungsverbot der neuen Datenschutzgrundverordnung gewinnt vor diesem Hintergrund an Plausibilität.

Für Unternehmen ist mit der allgemeinen Interessenabwägung nach Art. 6 Abs. 1 lit. f DSGVO allerdings zunächst ein hohes Maß an Rechtsunsicherheit verbunden. Auf die Erteilung weitreichender Einwilligungen konnten sie sich in der Vergangenheit verlassen.[42] Gravierende Fehleinschätzungen in der Reichweite des gesetzlichen Erlaubnistatbestandes können in Zukunft beachtliche Geldbußen nach sich ziehen.[43] Die Rechts-

39 Verstanden als der Versuch, die tatsächlichen Voraussetzungen wirksamer Freiheitsausübung sicherzustellen.

40 Kritisch gegenüber einem solchen Ansatz allerdings *Buchner*, Informationelle Selbstbestimmung im Privatrecht, S. 110 f.

41 Für den Hinweis auf ein anders geartetes Problem möglicher externer Effekte, nämlich auf mögliche Unraveling-Effekte, siehe *Hermstrüwer*, Informationelle Selbstgefährdung, S. 193 ff.

42 Zu diesem Vorteil des Einwilligungsmodells auch *Buchner*, Informationelle Selbstbestimmung im Privatrecht, S. 253 ff.

43 Siehe Art. 83 DSGVO.

unsicherheit lässt sich reduzieren, wenn von der in der DSGVO vorgesehenen Möglichkeit zur Zertifizierung von Verhaltensregeln Gebrauch gemacht wird.[44] Eine wesentliche Aufgabe besteht daher nach der hier vertretenen Ansicht darin, bis 2018 praktikable Kategorien für die Zulässigkeit der Datenverarbeitung im Modell „Dienste gegen Daten“ zu entwickeln. Hierbei werden die möglichen Zwecke der Datenverarbeitung ebenso eine Rolle spielen wie technische Vorkehrungen gegen Missbräuche sowie Möglichkeiten und Ausgestaltung eines „opt out“ für Nutzer.

Nicht nur die Einbeziehung von Möglichkeiten zum „opt out“ zeigt, dass das Konzept der datenschutzrechtlichen Selbstbestimmung mit dem hier skizzierten Regimewechsel nicht aufgegeben ist. Grundlage der Verarbeitung personenbezogener Daten bleibt bei dem Geschäftsmodell „Dienste gegen Daten“ die Entscheidung des Einzelnen für die Inanspruchnahme der Dienste. Nur die Höhe des „Datenpreises“ wird künftig nicht mehr einseitig in vorformulierten Einwilligungserklärungen festgelegt, sondern durch eine Interessenabwägung begrenzt. Im Rahmen der Interessenabwägung können wiederum die Transparenz und Verständlichkeit eine Rolle spielen, mit welcher dem einzelnen Nutzer die Reichweite der geplanten Datenverarbeitung zur Kenntnis gebracht wird. Bei der Entwicklung allgemeiner datenrechtlicher Marktverhaltensregeln sollte Raum für Selbstbestimmung der Nutzer dort gewährleistet werden, wo diese auch faktisch wirksam werden kann. Unabhängig von dem Gebrauch, den einzelne Nutzer von dieser Möglichkeit machen, sorgen die Verhaltensregeln aber für ein Gleichgewicht zwischen den Vorteilen von „Big Data“ und deren Risiken in breiterer gesellschaftlicher Perspektive, die bei der Ausgestaltung des Ordnungsrahmens einer neuen Datenökonomie nicht außer Betracht bleiben kann. Das Einwilligungsmodell führt demgegenüber faktisch zu einer einseitigen Bestimmung des „Datenpreises“ durch datensammelnde Unternehmen. Es fehlt eine effektive Kontrolle durch den Wettbewerb, und es fehlt ein anderweitiger Kontrollmechanismus, der dieses Fehlen ersetzen könnte.

---

44 Siehe Art. 40 ff. DSGVO; näher *Bergt*, CR 2016, S. 670 ff.

2. Gleicher vertragsrechtlicher Schutz des Äquivalenzinteresses der Verbraucher bei entgeltlichen und datenfinanzierten Diensten?

Die aktuelle rechtliche Diskussion zum Geschäftsmodell „Dienste gegen Daten“ dreht sich nicht allein um den richtigen Mechanismus zur Bestimmung des „Datenpreises“.

In ihrem Entwurf für eine Richtlinie zu digitalen Inhalten vom Dezember 2015 hat die EU-Kommission vorgeschlagen, den Austausch digitaler Dienste „gegen Daten“ dem Angebot von Diensten gegen ein (monetäres) Entgelt vertragsrechtlich weitgehend gleichzustellen. Zentrales Anliegen des Kommissionsvorschlags ist die Aufstellung einheitlicher Regeln für die Bereitstellung digitaler Inhalte: Unabhängig von der – mitunter schwierigen – Abgrenzung der Vertragstypen[45] und unabhängig davon, ob diese Dienste gegen ein monetäres Entgelt oder „gegen Daten“ angeboten werden, soll ein Gleichlauf der Gewährleistungsrechte der Dienstenutzer sichergestellt werden. Dieser Gleichlauf soll auch für gleiche Wettbewerbsbedingungen zwischen Unternehmen mit unterschiedlichen Geschäftsmodellen sorgen.[46]

Vor dem Hintergrund der vorausgegangenen Diskussion, in der die Unterschiede zwischen einem monetären und einem „Datenpreis“ herausgearbeitet wurden, liegt allerdings die Frage auf der Hand, ob ein solcher Gleichlauf rechtspolitisch überzeugt. Haben die Gewährleistungsrechte bei einem monetären Austausch und beim Geschäftsmodell „Dienste gegen Daten“ dieselbe Bedeutung und Funktion? Welche Mechanismen schützen im einen und im anderen Fall das Äquivalenzinteresse des Nutzers? Welche Bedeutung spielt in beiden Konstellationen der Schutz durch Wettbewerb?

Die europaweit geführte vertragsrechtliche Debatte über den Richtlinienvorschlag der Kommission[47] kann hier nicht umfassend nachvollzogen werden. Zu klären ist aber (a) was beim Geschäftsmodell „Dienste gegen

---

45 Dazu *Metzger*, AcP 216 (2016), S. 817 (836).

46 Siehe Begründungserwägung 16 des Richtlinienvorschlags.

47 Siehe hierzu z.B. *Faust*, Digitale Wirtschaft – Analoges Recht – Braucht das BGB ein Update?, Gutachten A zum 71. Deutschen Juristentag; *Hervé Jacquemin*, Digital Content and Sales or Service contracts under EU Law and Belgian/French Law, 8 (1) JIPITEC (2017), S. 27; *Metzger*, AcP 216 (2016), S. 817; European Law Institute, Statement on the European Commission’s Proposed Directive on the Supply of Digital Content to Consumers, 2016; *Spindler*, MMR 2016, S. 147.

Daten" der eigentliche Inhalt des Austauschverhältnisses ist; (b) ob die Annahme eines Vertrags „Dienste gegen Daten" ausgeschlossen ist, wenn die Datenverarbeitungsbefugnis künftig nicht mehr auf eine Einwilligung gestützt wird, sondern aus Art. 6 Abs. 1 lit. f. DSGVO folgt; und (c) ob die Interessenlage der Nutzer mit Blick auf Gewährleistungsrechte bei den Geschäftsmodellen „Dienste gegen monetäres Entgelt" und „Dienste gegen Daten" identisch ist, oder ob sie sich erheblich unterscheidet.

a) Inhalt des Austauschverhältnisses bei der „kostenlosen" Bereitstellung digitaler Dienste

Will man die kostenlose Bereitstellung digitaler Dienste vertragsrechtlich erfassen, so ist zunächst zu klären, worin genau in solchen Fällen das rechtlich erhebliche Austauschverhältnis liegt.

Der Richtlinienvorschlag der Kommission will die Rechte von Verbrauchern im Kontext von Verträgen regeln, bei denen digitale Inhalte gegen ein monetäres Entgelt oder gegen „eine andere Gegenleistung als Geld in Form personenbezogener oder anderer Daten" bereitgestellt werden (Art. 3 Abs. 1). Obwohl digitale Plattformen Geld regelmäßig mit der Schaltung (zielgenauer) Werbung verdienen[48] und somit, wirtschaftlich betrachtet, auch der Werbekonsum als eine Art Gegenleistung qualifiziert werden kann,[49] soll der reine Werbekonsum anlässlich der Dienstenutzung für die Anwendung der Richtlinie nicht reichen.[50] Der Richtlinienvorschlag beschränkt seinen Anwendungsbereich ferner auf Fälle, in denen der Nutzer der Dienstleistung (bestimmte) personenbezogene Daten „aktiv" übermittelt (Art. 3 Abs. 1) – etwa im Zusammenhang mit einer Registrierung.[51]

48 Die mittlerweile verbreitete Verweigerung des Zugriffs auf digitale Inhalte dann, wenn ein Adblocker aktiviert ist, verdeutlicht die wirtschaftliche Bedeutung des Werbekonsums für die Plattformbetreiber.

49 Siehe z.B. *Körber*, ZUM 2017, S. 93 (94).

50 Siehe Begründungserwägung 14: „Ebenso wenig sollte [die Richtlinie] in Fällen gelten, in denen der Verbraucher ausschließlich zwecks Erlangung des Zugangs zu digitalen Inhalten Werbung ausgesetzt ist"

51 Gemäß Begründungserwägung 14 soll die Richtlinie nur für Verträge gelten, „in deren Rahmen der Anbieter vom Verbraucher Daten wie Name, E- Mail-Adresse oder Fotos verlangt und der Verbraucher dem Anbieter diese Daten beispielsweise im Wege einer individuellen Registrierung oder auf der Grundlage eines Vertrags, der den Zugang zu Fotos des Verbrauchers gestattet, aktiv zur Verfügung stellt."

Mangels aktiver Datenbereitstellung erfasst der Richtlinienvorschlag mithin solche Fälle nicht, in denen digitale Dienste ohne vorherige Registrierung irgendeiner Art genutzt werden und der Diensteanbieter „nur“ im Hintergrund – etwa über Cookies – Nutzungsdaten sammelt.

In der Literatur sind beide Beschränkungen als Aussagen über das wirtschaftliche Austauschverhältnis verstanden und als solche kritisiert worden: Der eigentliche Gegenwert, den die Plattform für die Bereitstellung unentgeltlicher Dienste erlange, sei regelmäßig der Werbekonsum; beziehungsweise, soweit es um personenbezogene Daten gehe, die Gesamtheit der (passiv erzeugten) Nutzungsdaten.[52] Auch verbleibe der Richtlinie bei einer Beschränkung auf aktiv bereitgestellte Daten kaum ein Anwendungsbereich.[53] Denn die Registrierungsdaten seien regelmäßig ohnehin für das vertragsgemäße Funktionieren der Dienste erforderlich – sind dann aber nach Art. 3 Abs. 4 vom Anwendungsbereich der Richtlinie ausgenommen.

Diese Kritik verkennt allerdings die Funktion von Art. 3 Abs. 1 des Richtlinienvorschlags. Die Vorschrift definiert den Anwendungsbereich der Richtlinie – nicht die Gegenleistung. Der Richtlinienvorschlag verzichtet auf eine Harmonisierung der Kriterien für einen Vertragsschluss. Der Anwendungsbereich der Richtlinie ist bei unentgeltlicher Leistungsnutzung aber nur eröffnet, wenn mit der aktiven Datenbereitstellung ein Umstand vorliegt, der für ein Bewusstsein des Nutzers von der Rechtserheblichkeit seines Handelns spricht und in vielen Rechtsordnungen ein starkes Indiz für einen Vertragsschluss darstellt. Das Gewährleistungsregime der Richtlinie soll nur greifen, wenn diese Mindestvoraussetzung erfüllt ist. Der reine Werbekonsum der Nutzer für sich genommen legt demgegenüber keinen Rechtsbindungswillen nahe.

b) Vorliegen eines Vertragsverhältnisses zwischen Diensteanbieter und Dienstenutzer beim Geschäftsmodell „Dienste gegen Daten“?

Selbst bei aktiver Datenbereitstellung könnte der Abschluss eines Vertrags mit dem Inhalt „Dienste gegen Daten“ zweifelhaft sein, wenn die Befugnis des Diensteanbieters zur Datenverarbeitung – wie hier vertreten – nicht

52 Siehe *Metzger*, AcP 216 (2016), S. 817 (821 f. m.w.N.).

53 *Härting*, Digital Goods und Datenschutz – Daten sparen oder monetarisieren?, CR 2016, S. 737 f.

aus einer Einwilligung, sondern aus einem gesetzlichen Erlaubnistatbestand (Art. 6 Abs. 1 lit. f DSGVO) folgt; denn die Gegenleistung für die Inanspruchnahme der Dienste wird vielfach gerade in der datenschutzrechtlichen Einwilligung gesehen.[54] Jedoch bleibt die Inanspruchnahme der digitalen Dienste im Bewusstsein der Rechtserheblichkeit des Nutzungsverhältnisses eine privatautonome (häufig konkludente) Willenserklärung der Nutzer auch dann, wenn das Recht zur Datenverarbeitung aus einer hieran anknüpfenden gesetzlichen Erlaubnis folgt. Voraussetzung für die gesetzliche Erlaubnis nach Art. 6 Abs. 1 lit. f DSGVO ist die Inanspruchnahme der Dienste im Bewusstsein der dadurch ausgelösten Rechtsfolge. Das hier befürwortete Modell begründet damit kein vom Willen der Nutzer unabhängiges Zugriffsrecht; Art. 6 Abs. 1 lit. f. DSGVO standardisiert und reguliert lediglich die Höhe des „Datenpreises".

c) Parallelität der Interessenlage bei der Bereitstellung von digitalen Diensten gegen monetäres Entgelt und gegen Daten?

Ein zentrales Ziel des Richtlinienvorschlags zu digitalen Inhalten ist es, die Rechte von Nutzern dieser Dienste gleich auszugestalten, unabhängig davon, ob sie mit einem monetären Entgelt oder mit Daten „bezahlen". In der Tat spricht viel für einen gleichen Schutz des Integritätsinteresses der Nutzer digitaler Dienste unabhängig von der Art ihrer Gegenleistung (und unabhängig selbst vom Vorliegen eines Vertrags). Im deutschen Recht ist ein solcher Schutz – etwa bei Schäden an der eigenen digitalen Umgebung der Nutzer infolge eines Virenbefalls des in Anspruch genommenen Dienstes – bereits jetzt über §§ 280 Abs. 1, 241 Abs. 2 BGB (ggfs. i.V.m. § 311 Abs. 2 Nr. 3 BGB) gewährleistet.

Fraglich ist, ob auch das Äquivalenzinteresse der Nutzer unabhängig von der Art der Gegenleistung in gleicher Weise abgesichert werden sollte. Der Richtlinienvorschlag geht ohne weiteres von dieser Annahme aus. So werden in Art. 6 des Richtlinienvorschlags ausführlich die Voraussetzungen der Vertragsmäßigkeit digitaler Inhalte geregelt; Art. 11 i.V.m. Art. 13 des Richtlinienvorschlags sieht ein Recht zur sofortigen Vertrags-

54 *Langhanke/Schmidt-Kessel*, EuCML 2015, S. 218 (220); unter Verweis auf Art. 3 Abs. 4 des Richtlinienvorschlags: Die Übermittlung derjenigen Daten, die zur Erfüllung des Vertrags oder rechtlicher Anforderungen unbedingt erforderlich ist, fällt nicht unter das Entgeltkonzept der Richtlinie.

beendigung bei Nichtbereitstellung der Leistung vor. Artikel 12 normiert einen Nacherfüllungsanspruch. Bei Vertragswidrigkeit wesentlicher Leistungsmerkmale soll ein Recht auf Vertragsbeendigung bestehen (Art. 12 Abs. 5); bei Vertragsbeendigung haben Nutzer ein Recht auf Datenportabilität (Art. 13 Abs. 2 lit. c)).

Für einen Gleichlauf der Gewährleistungsregeln bei monetär vergüteten Vertragsbeziehungen und bei Verträgen nach dem Modell „Dienste gegen Daten“ spricht auf den ersten Blick tatsächlich, dass es sich in beiden Fällen um „entgeltliche Verträge“ i.S.d. §§ 312 ff. BGB handelt:[55] Es werden wirtschaftlich werthaltige Leistungen ausgetauscht. Einen Grund, den Diensteanbieter, der Daten als Gegenleistung erhält, gegenüber dem Diensteanbieter mit dem Geschäftsmodell „Dienste gegen monetäres Entgelt“ zu privilegieren, gibt es nicht.

Das Geschäftsmodell prägt jedoch die Erwartungen der Nutzer, die rechtlich abzusichern sind: Nutzer, die einen monetären Preis gezahlt haben, haben sich für ein bestimmtes Preis-Leistungs-Verhältnis entschieden. Die Leistung muss eine Beschaffenheit haben, die den öffentlichen Erklärungen der Anbieter und den gewöhnlichen Anforderungen entspricht; die gewöhnlichen Anforderungen sind durch den monetären Preis mitgeprägt. Die Qualität, welche Nutzer im Geschäftsmodell „Dienste gegen Daten“ erwarten können, ist demgegenüber – wirtschaftlich betrachtet – durch die Zahlungsbereitschaft Dritter (regelmäßig von Werbekunden) determiniert; die Erwartungen der Nutzer sind – neben den auch hier relevanten öffentlichen Erklärungen der Anbieter – durch den Qualitätswettbewerb geprägt. Das Preis-Leistungsverhältnis spielt keine Rolle. Rechtspolitisch verfehlt wäre es daher, die Vertragsmäßigkeit der Leistung für beide Geschäftsmodelle parallel festlegen zu wollen.

Der Qualitätswettbewerb prägt aber nicht nur die Nutzererwartungen; im Geschäftsmodell „Dienste gegen Daten“ ist er zugleich der Mechanismus, der das Äquivalenzinteresse des Nutzers am besten schützt. Der Nutzer hat hier im Zweifel ein geringes Interesse an der Durchsetzung eines Nacherfüllungsanspruchs, und ebenso wenig an der Minderung des „Datenpreises“. Solange Wettbewerb zwischen nicht monetär vergüteten Diensten besteht, werden Nutzer, sind sie unzufrieden, vielmehr auf konkurrierende Dienste ausweichen wollen – und sich hieran nicht durch die

---

55 *Faust*, Digitale Wirtschaft – Analoges Recht – Braucht das BGB ein Update?, Gutachten A zum 71. Deutschen Juristentag, 2016, A.25; *Metzger*, AcP 216 (2016), S. 817 (845 f.).

Investition eines bereits bezahlten monetären Preises gehindert sehen. Nicht die Geltendmachung von Gewährleistungsrechten, sondern ein „exit“[56] über den Markt bietet ihnen den besten Schutz. Umgekehrt gelangen die Diensteanbieter nur an die für sie wertvollen aktuellen Nutzungsdaten, wenn die Nutzer den Dienst weiter in Anspruch nehmen. Will das Recht den „exit“ als Kontrollmechanismus stärken, so muss es daher vor allem den Nutzerwechsel von einem Dienst zum anderen erleichtern, das heißt: sich um eine nutzerfreundliche Ausgestaltung der Datenportabilität bemühen.[57]

Die vertragsrechtlich relevante Interessenlage der Nutzer kostenloser (bzw. datenfinanzierter) Dienste ist danach jedenfalls anteilig von der Interessenlage bei monetär vergüteten Diensten verschieden. Den unterschiedlichen Interessenlagen könnte womöglich besser durch eigenständige vertragsrechtliche Regime Rechnung getragen werden. Dies gilt auch für die rechtliche Verknüpfung von Leistung und Gegenleistung im Geschäftsmodell „Dienste gegen monetäres Entgelt“ und „Dienste gegen Daten“. Der Richtlinienvorschlag selbst sagt hierzu nichts und beschränkt sich im Wesentlichen auf die Regelung der Pflichten des Anbieters digitaler Inhalte. Die Regelung (möglicher) Verpflichtungen des Nutzers bleibt dem nationalen Recht vorbehalten. Im deutschen Schrifttum wird bislang überwiegend angenommen, dass es sich bei einem Vertrag über die Bereitstellung digitaler Dienste gegen Daten – ebenso wie bei monetär vergüteten Diensten – um einen gegenseitigen Vertrag i.S.d. §§ 320 ff. BGB handeln müsse.[58] Wenn die *Rechte* der Verbraucher in beiden Konstellationen gleich geregelt seien, dann müsse das auch für die *Pflichten* der Verbraucher gelten.[59] Nach dieser Ansicht muss den Vertragspflichten des Anbieters digitaler Dienste daher eine echte Vertragspflicht der Dienstenutzer zur Angabe korrekter Daten gegenüberstehen.[60] Auch die Nutzungsdaten dürften nicht in irgendeiner Weise verschleiert oder verfälscht werden.

56 In Anlehnung an *Albert O. Hirschman*, Exit, Voice, and Loyalty, 1970.

57 Zur Datenportabilität siehe Art. 13 Abs. 2 lit. c und Art. 16 Abs. 4 lit. b d des Vorschlags für eine Richtlinie zu digitalen Inhalten; und aus dem Schrifttum: *Janal*, Data Portability – A Tale of Two Concepts, 8(1) JIPITEC (2017), S. 59.

58 *Langhanke/Schmidt-Kessel*, EuCML 2015, S. 218 (221); *Metzger*, AcP 216 (2016), S. 817 (835).

59 *Metzger*, AcP 216 (2016), S. 817 (834).

60 *Metzger*, AcP 216 (2016), S. 817 (849).

Auch hinsichtlich der Art der Verknüpfung von Leistung und Gegenleistung versteht sich bei Würdigung der Interessenlage der Gleichlauf zwischen dem Geschäftsmodell „Dienste gegen monetäres Entgelt“ und dem Geschäftsmodell „Dienste gegen Daten“ aber keineswegs von selbst. Der Diensteanbieter wird schon aus Reputationsgründen häufig kein Interesse daran haben, Nutzer zur (aktiven) Bereitstellung richtiger Daten zu zwingen; der Erzwingbarkeit würde im Übrigen das Datenschutzrecht entgegenstehen. Im Fall der (aktiven) Angabe falscher Daten oder bei Verschleierung oder Verfälschung der Nutzerdaten hat der Diensteanbieter aber ggfs. ein legitimes Interesse, bei „Schlechtleistung“ des Nutzers seinerseits nicht leisten zu müssen.[61] Das deutsche Zivilrecht kennt Verträge, bei denen nur die Leistungsansprüche einer Seite erzwingbar sind, als unvollkommene Verträge.[62] Für das Geschäftsmodell „Dienste gegen Daten“ scheint dabei eine vertragsrechtliche Konstruktion naheliegend, die einseitige Leistungspflichten des Diensteanbieters anerkennt, die Leistungspflicht aber unter die aufschiebende Bedingung der Erbringung der Leistung des Vertragspartners stellt. Verhindert der Nutzer den gem. Art. 6 Abs. 1 lit. f DSGVO zulässigen Datenzugriff, muss er damit rechnen, dass der Diensteanbieter – auch unabhängig von einer Kündigung des Vertragsverhältnisses – den Leistungszugriff sperrt.

3. Fazit zur rechtlichen Gleichstellung von entgeltlichen und datenfinanzierten Diensten

Der Befund, dass entgeltliche Dienste heute häufig durch datenfinanzierte Dienste verdrängt werden, hat in zweierlei Hinsicht zu rechtspolitischen Initiativen geführt: Zum einen soll die Wettbewerbsgleichheit zwischen monetär finanzierten und datenfinanzierten Diensten gewährleistet und der Sogeffekt unentgeltlicher Dienste aufgehalten werden. Zum anderen sollen vermeintliche Lücken im Schutz von Nutzern datenfinanzierter Dienste geschlossen werden.

Wie die nähere Untersuchung gezeigt hat, ist jedoch in beiderlei Hinsicht Vorsicht geboten. Zwar trifft es zu, dass nicht nur bei entgeltlichen, sondern auch bei datengetriebenen Geschäftsmodellen wirtschaftliche

---

61 Für ein einseitiges Kündigungsrecht daher: *Langhanke/Schmidt-Kessel*, EuCML 2015, S. 218 (222).

62 *Langhanke/Schmidt-Kessel*, EuCML 2015, S. 218 (221).

Werte ausgetauscht werden. Ungeachtet dessen handelt es sich bei beiden Geschäftsmodellen jedenfalls aus Sicht der Nutzer der unentgeltlichen Angebote aber oftmals nicht um Substitute: Die unentgeltlichen Dienste sind aus dieser Perspektive wettbewerbsrechtlich gesprochen ein eigenständiger relevanter Markt.[63] Datengetriebene Geschäftsmodelle werden als unentgeltlich wahrgenommen und entfalten einen entsprechenden Sogeffekt. Die gewährleistungsrechtliche Gleichstellung mit entgeltlichen Diensten wird hieran im Ergebnis nichts ändern – und zielt anteilig an der Interessenlage vorbei. Mit einer solchen rechtlichen Gleichstellung ist weder dem Wettbewerb noch dem Verbraucherschutz gedient.

Wichtiger ist die Stärkung des Wettbewerbs zwischen unentgeltlichen digitalen Diensten – unter anderem durch eine nutzerfreundliche Ausgestaltung des Rechts auf Datenportabilität. Als Schutz gegen einen „lock in" der Nutzer ist diese in datenfinanzierten Geschäftsmodellen mindestens ebenso bedeutsam wie bei der entgeltlichen Bereitstellung von Diensten; zumal sie den „exit" als Triebkraft eines reinen Qualitätswettbewerbs antreibt. Während der Wettbewerb kein geeigneter Mechanismus zur Regulierung des „Datenpreises" ist, so bleibt er doch der wichtigste Schutzmechanismus zugunsten der Nutzer, wenn diese mit der Leistung unzufrieden sind. Die fehlende wettbewerbliche Kontrolle des „Datenpreises" ist hingegen durch dessen Standardisierung zu ersetzen, für welche die DSGVO mit den Marktverhaltensregeln einen vielversprechenden Mechanismus bereitstellt.

V. Wettbewerb im Angebot datenfinanzierter digitaler Dienste – kartellrechtliche Perspektive

Das skizzierte Modell zeigt, dass Dienstenutzer gerade bei kostenlosen digitalen Diensten auf den Schutz eines funktionierenden Qualitätswettbewerbs angewiesen sind. Das Wettbewerbsrecht sieht sich hier allerdings mit neuen Herausforderungen konfrontiert.

In der kartellrechtlichen Befassung mit unentgeltlichen Leistungen wurde zunächst bezweifelt, ob unentgeltliche Leistungen überhaupt durch das

63 *Dolmans/Mostyn*, Internet and Antitrust: An overview of EU and national case law", e-Competition N. 71276: "the free nature of the online service is so deeply entrenched in terms of user expectation and business models that providers cannot start charging without users immediately switching to competing services."

Kartellrecht erfasst werden (1.). Auch wenn man dies mittlerweile bejaht, stellen unentgeltliche Leistungen die Marktabgrenzung und Marktmachtermittlung vor neue Herausforderungen (2.). Wenn der Einsatz von Daten als nicht-monetäres Entgelt in Rede steht, ist ferner zu klären, welchen Beitrag das Verbot des Missbrauchs marktbeherrschender Stellungen zur Kontrolle eines übermäßigen Datenzugriffs bei der Bereitstellung digitaler Dienste leisten kann (3.).

1. Angebot und Nachfrage nach unentgeltlichen Diensten als wettbewerbsrechtlich erhebliche Marktbeziehung?

Das Wettbewerbsrecht soll den Prozess dezentraler Koordination von Angebot und Nachfrage nach wirtschaftlich werthaltigen Leistungen vor Verfälschungen und machtbedingten Missbräuchen schützen und die Bestreitbarkeit jeder einmal erlangten Machtposition gewährleisten. Üblicherweise erfolgt die dezentrale Koordination zwischen Angebot und Nachfrage über Preissignale. Dementsprechend hat die ökonomische Theorie der Preisbildung die rechtlichen und methodischen Kategorien des Wettbewerbsrechts nachhaltig geprägt: Preise spielen eine zentrale Rolle bei der Ermittlung relevanter Wettbewerbsbeziehungen; und Preissetzungsmacht ist aus ökonomischer Sicht häufig das entscheidende Kriterium für die Bestimmung von Marktmacht.[64] Die praktische und methodische Bedeutung von Preisen hat Wettbewerbsbehörden[65] in der Vergangenheit dazu veranlasst, die Entgeltlichkeit des Leistungsangebots zu einem konstitutiven Merkmal für die Existenz von Märkten zu erklären. Sowohl die EU-Kommission als auch das Bundeskartellamt haben in der Vergangenheit etwa die Existenz eines Zuschauermarktes im werbefinanzierten Hörfunk und

---

64 So nimmt etwa der Lerner-Index die Preissetzungsmacht eines Unternehmens als Maßstab für dessen Marktmacht.

65 *BKartA*, Beschluss v. 3.4.2008, B 7-200/07 – Kabel Deutschland/Orion: eine unentgeltliche Leistung könne „... nicht als Marktleistung angesehen werden, da letztere begrifflich eine entgeltliche Austauschbeziehung voraussetzt“; kritisch zu entsprechenden Äußerungen im US-Antitrustrecht: *Newman*, Antitrust in Zero-Price Markets: Foundations, 164 Univ. Penn. Law Rev. (2016), S. 149 (151, 161-162); siehe insb. KinderStart.com, LLC v. Google, Inc., No. 5:06-CV-02507, 2007 WL 831806 (N.D. Cal. 2007).

Fernsehen abgelehnt oder jedenfalls offengelassen.[66] Die Hörer- bzw. Zuschaueranteile waren allerdings maßgeblich für die Machtverhältnisse im relevanten Werbemarkt.[67]

Die Ausbreitung unentgeltlicher Geschäftsmodelle im Internet hat verdeutlich, dass auch unentgeltliche Leistungen ein zentraler Bestandteil geschäftlicher Marktstrategien sein können. Im Geschäftsmodell „Dienste gegen Daten“ werden wirtschaftlich werthaltige Leistungen ausgetauscht (s.o.). Märkte entstehen aus dem Aufeinandertreffen von Angebot und Nachfrage nach wirtschaftlich werthaltigen Leistungen, unabhängig von der Art des Tauschmittels. Der Schutzzweck des Wettbewerbsrechts beschränkt sich nicht auf unverfälschte Preise.[68] Zentrales Anliegen ist die Offenhaltung der Märkte. Selbst dann, wenn Leistungen unabhängig von einer konkreten, klar definierbaren Gegenleistung angeboten werden, das Angebot aber Teil eines weiterreichenden, auf Gewinnerzielung ausgerichteten Unternehmensplans ist – so etwa bei Angeboten im Rahmen eines Freemium-Modells – ist dieser Schutzzweck nicht obsolet. Zwar liegt

---

66 Siehe z.B. *EU-Kommission*, IV./M.469 – MSG Media Service, § 43; *BKartA* 19.1.2006, B6-103/05 – Springer/Pro Sieben, S. 23; offengelassen in EU-Kom, 3.8.1999, IV/M.1574 – Kirch/Mediaset Rn. 1; *EU-Kommission*, IV/M.553 – RTL/Veronica/Endemol, Rn. 17: „in view of the fact that there is no direct trade relationship between broadcasters of "free" TV channels, on the "supply side" and, viewers on the "demand side", it might be argued that TV broadcasting does not constitute a market in the strict economic sense of this notion.“, die Frage wird sodann aber offengelassen (Rn. 20 ff.); aus der Lit. hierzu: *Klotz*, WuW 2016, S. 58 (59).

67 Zu Fällen, in denen sich das Wettbewerbsgeschehen auf einem (potentiellen) unentgeltlichen Markt unmittelbar in einem nachgelagerten entgeltlichen Markt spiegelt und die Abgrenzung eines gesonderten unentgeltlichen Marktes daher entbehrlich sein kann, siehe *Podszun/Franz*, NZKart 2015, S. 121 (122), unter Hinweis insb. auf Zuschauermärkte im Fernsehen: „Eine Ablehnung von Zuschauermärkten ist für Fernsehmärkte risikolos, da eine direkte Wechselwirkung zwischen Zuschauerzahl und Werbeeinnahmen besteht. Je höher die Einschaltquote in der werberelevanten Zielgruppe ist, desto höher ist auch der Marktanteil bei Fernsehwerbung“; kritisch allerdings *Newman*, Antitrust in Zero-Price Markets: Foundations, 164 Univ. Penn. Law Rev. (2016), S. 149 (175), zu einer entsprechenden Praxis der US-amerikanischen Wettbewerbsbehörden: Nach Konzentrationsprozessen auf Radiomärkten in den USA, die unter Berücksichtigung allein der Werbemärkte nicht unterbunden wurden, wurden die Werbezeiten erheblich ausgeweitet; diese Veränderung im Verhältnis Radiostationen – Nutzer war über die Prüfung der Werbemärkte nicht erfasst worden.

68 So auch *Klotz*, WuW 2016, S. 59 (60).

in diesem Fall kein greifbares Tauschverhältnis vor. Ein Anbieterwettbewerb kann gleichwohl bestehen, und wird dann durch die strategische Bedeutung der Wettbewerbsposition auf dem „unentgeltlichen Markt" angetrieben. Dies impliziert zugleich, dass das Verhalten auf dem „unentgeltlichen Markt" Ausgangspunkt von Behinderungspraktiken bzw. Marktverschlussstrategien werden kann – die sich sowohl auf den „unentgeltlichen Markt" selbst als auch auf angrenzende Märkte beziehen können. Im Wettbewerbsrecht würden sich erhebliche Schutzlücken auftun, wenn diese Praktiken nicht erfasst werden könnten – oder stets nur vermittelt über das Verhalten bzw. die Wirkungen auf angrenzenden Märkten.[69] Unterstützt von zahlreichen Stimmen aus der wettbewerbsökonomischen und -rechtlichen Literatur[70] haben Wettbewerbsbehörden und Gerichte dementsprechend in jüngerer Zeit das Vorliegen von Marktbeziehungen auch bei unentgeltlicher Leistungserbringung immer wieder bejaht – sowohl in der Fusionskontrolle als auch in Missbrauchsfällen. So hat die EU-Kommission die Wettbewerbswirkungen des Zusammenschlussvorhabens *Microsoft/ Skype* auf dem (unentgeltlichen) Markt für Internet Messenger geprüft.[71] In verschiedenen Missbrauchsverfahren gegen Microsoft hat die Kommission die Kopplung des Betriebssystems mit unentgeltlichen Leistungen auf angrenzenden Märkten (Mediaplayer, Internet Explorer) beanstandet.[72] Im laufenden Missbrauchsverfahren betreffend *Google Shopping* geht die Kommission von einem (unentgeltlichen) Markt für die organische On-

69 Der Versuch, die unentgeltliche Seite indirekt bei der Würdigung der entgeltlichen Marktseite zu berücksichtigen, ist, wie das BKartA in seinem Think Tank-Bericht formuliert, nur eine „Krücke, die die Kartellrechtsprüfung unnötig erschwert. Das Verhalten auf der unentgeltlichen Seite wird für die Bewertung aus seinem direkten Kontext gerissen, obwohl hier auch ohne Setzung eines monetären Preises ... ein wichtiger Teil einer wettbewerblichen Auseinandersetzung mit anderen Parametern – etwa Qualität – stattfinden kann. Innovations- und Qualitätswettbewerb erhalten gegenüber dem Preiswettbewerb einen nachrangigen Stellenwert. Letztlich wird der Blick sowie auch der Schutzbereich des GWB auf eine Nachfragergruppe begrenzt." – siehe *BKartA*, Think Tank-Bericht, S. 41

70 Siehe z.B. *Dewenter/Rösch/Terschüren*, NZKart 2014, S. 387 (389); *Körber*, WuW 2015, S. 120 (125); eher skeptisch hingegen *Thomas*, NZKart 2017, S. 92 (93).

71 EU-Kommission, 7.10.2011, COMP/M.6281 – Microsoft/Skype; bestätigt durch EuG 11.12.2013, T-79/12 – Cisco Systems and Messagenet/Kommission.

72 Kommission v. 24.3.2004, COMP/C/37.792 Rn. 402 ff. – Microsoft; Kommission v. 6.3.2013, COMP/39.530 Rn. 17 – Microsoft.

line-Suche aus.[73] Das BKartA ist insbesondere in Fusionskontrollverfahren aus jüngerer Zeit von unentgeltlichen Märkten ausgegangen.[74] In verschiedenen Missbrauchsverfahren haben schließlich auch deutsche Gerichte[75] ohne weiteres Märkte für unentgeltliche Leistungen angenommen. In anderen Fällen hatten Gerichte aber weiterhin Bedenken, das Wettbewerbsrecht auf unentgeltliche Austauschbeziehungen anzuwenden.[76] So hat das OLG Düsseldorf in seinem HRS-Beschluss jüngst nur die entgeltliche Seite von Hotelbuchungsportalen als kartellrechtlich relevanten Markt eingestuft.[77]

Für das deutsche Recht wird die Frage nunmehr mit einem durch die 9. GWB-Novelle neu eingefügten § 18 Abs. 2a GWB geklärt. Danach steht es der „Annahme eines Marktes [...] nicht entgegen, dass eine Leistung unentgeltlich erbracht wird". Wie in der Gesetzesbegründung ausdrücklich festgestellt, bedeutet dies nicht, dass *jedes* unentgeltliche Angebot einen wettbewerbsrechtlich erheblichen Markt begründet.[78] Wo unentgeltliche Leistungen aus nichtwirtschaftlichen Motiven angeboten werden und ihr

---

73 EU-Kommission, Pressemitteilung v. 14.7.2016, IP/16/2532. Siehe dazu u.a.: *Hildebrandt/Nett*, Die Marktanalyse im Kontext von mehrseitigen Online-Plattformen, WIK-Diskussionsbeitrag Nr. 410, 2016, S. 56 ff.

74 *BKartA*, Fallbericht v. 25.6.2015, B6-39/15 – Online-Immobilienplattformen; *BKartA*, Beschluss v. 22.10.2015, B6-57/15 – Online-Datingplattformen. Für einen systematischen Überblick siehe auch *BKartA*, Marktmacht von Plattformen und Netzwerken, 2016, S. 36 ff.

75 OLG Hamburg, 15-5-1997, 3 U 90/96: unentgeltlicher elektronischer Programmführer – trotzdem Möglichkeit eines Behinderungs- und Diskriminierungstatbestands; LG Köln, 23.12.2009, 28 O (Kart) 479/08, Rn. 151.

76 Dazu, m.w.N., *Podszun*, NZKart 2015, S. 121 (122).

77 OLG Düsseldorf, Beschluss v. 9.1.2015, IV Kart 1/14, Rn. 43 – HRS: „Jede unternehmerische Tätigkeit ist dann, wenn sie entgeltlich erfolgt, einem Markt zuzuordnen. Soweit eine Leistung – so wie hier - nach der einen Seite entgeltlich, nach der anderen Seite unentgeltlich erbracht wird, ist sie nur mit der entgeltlichen Seite Teil des Marktes. Gleichwohl kann die unentgeltliche Seite das Marktgeschehen für entsprechende, entgeltlich vertriebene Leistungen oder Produkte beeinflussen"; siehe auch OLG München, Urt. v. 28.11.2013, U 2094/13 Kart, MMR 2014, S. 201 (203): Kein Marktgeschehen bei unentgeltlicher Einpreisung von Sendesignalen in private Kabelnetze kein Marktgeschehen; deutlich vorsichtiger nun aber BGH, Urteil v. 12.4.2016, CR 2016, S. 827 f.: Im Grundsatz sei davon auszugehen, „dass eine unentgeltliche Abgabe von Leistungen im geschäftlichen Verkehr die Ausnahme ist".

78 Siehe Begründung des Entwurfs eines Neunten Gesetzes zur Änderung des Gesetzes gegen Wettbewerbsbeschränkungen v. 7.11.2016, BT-Drs. 18/10207 S. 48; siehe ferner *Podszun/Schwalbe*, NZKart 2017, S. 98 (99), die darauf abstellen wol-

Angebot nicht Teil einer zumindest mittelbar oder längerfristig auf Erwerbszwecke angelegten Strategie ist, fehlt die wettbewerbsrechtliche Relevanz:[79] Zwar können auch solche Angebote ganz erhebliche Auswirkungen auf den Wettbewerb haben, wie das Beispiel Wikipedia zeigt. Ziel des Wettbewerbsrechts ist es aber (nur), allgemeine Regeln für den Gebrauch unternehmerischer Freiheit aufzustellen, so dass aus der Ausübung dieser Freiheitsrechte ein dauerhaft funktionsfähiges System unverfälschten Wettbewerbs entsteht. Regeln, die den Konflikt zwischen dem Gebrauch der allgemeinen Handlungsfreiheit für nicht wirtschaftliche Zwecke und dem Gebrauch der unternehmerischen Freiheit lösen können, hält es nicht bereit.

Bei in weiterem Sinne wirtschaftlich motivierten Leistungen kann sich die wettbewerbsrechtliche Relevanz des unentgeltlichen Angebots aber, wie bereits gezeigt, aus dem Vorliegen eines Tausches zwischen wirtschaftlich werthaltigen Leistungen (z.B. Dienste gegen Daten) und/oder – bei sog. zwei- bzw. mehrseitigen Geschäftsmodellen – aus der Verknüpfung einer nicht-monetären Nutzerseite mit einer zahlungspflichtigen Nutzerseite im Rahmen eines einheitlichen Erwerbszwecks ergeben.[80] Bei „Freemium"-Angeboten folgt sie aus der Funktion der unentgeltlichen Angebote als Lockmittel für das entgeltliche Update. Zu Recht wird damit der an wirtschaftlichen Zielen ausgerichtete Unternehmensplan bzw. das Vorliegen einer übergreifenden Geschäftsstrategie zum maßgeblichen Kriterium für die Anwendung des Wettbewerbsrechts auf unentgeltliche Angebote. Will das Wettbewerbsrecht offene Märkte gewährleisten, so muss es auch das unternehmerische Verhalten in Angebots- und Nachfragebe-

---

len, ob bei einer „Gesamtbetrachtung ein monetär getriebener Geschäftsverkehr" vorliegt.

79 Siehe Begründung des Entwurfs eines Neunten Gesetzes zur Änderung des Gesetzes gegen Wettbewerbsbeschränkungen v. 7.11.2016, BT-Drs. 18/10207 S. 48; diese Feststellung ist in Einklang zu bringen mit der st. Rspr. des EuGH (z.B. EuGH 23.4.1991, Slg. 1991 I 1979 – Höfner und Elser), der zufolge die Unternehmenseigenschaft von der At der Finanzierung und vom Vorliegen eines Erwerbszwecks unabhängig ist; erfasst werden sollen damit v.a. auch staatliche Leistungen, die in Wettbewerb mit privaten, auf Gewinnerzielung angelegten Leistungen treten; auf private Leistungen, die rein altruistisch erbracht werden, ist aber auch das EU-Wettbewerbsrecht in der Vergangenheit nicht angewandt worden.

80 *BKartA*, Marktmacht von Plattformen und Netzwerken, S. 36 ff., insb. S. 40.

ziehungen erfassen, deren wirtschaftliche Bedeutung sich erst aus der breiter angelegten Strategie und Verknüpfung mit anderen Märkten ergibt.[81]

2. *Marktabgrenzung und Marktmachtermittlung bei unentgeltlichen Leistungen*

Die Anerkennung der wettbewerbsrechtlichen Erheblichkeit unentgeltlicher Angebote fordert allerdings das herkömmliche wettbewerbsrechtliche Instrumentarium zur Abgrenzung relevanter Märkte und zur Ermittlung von Marktmacht heraus.

Mithilfe der Marktabgrenzung sollen die in einem konkreten Kontext wirksamen Wettbewerbskräfte eingegrenzt werden. Das hierbei in st. Rspr. zugrunde gelegte Bedarfsmarktkonzept, das nach den aus Nachfragersicht zur Befriedigung eines gleichbleibenden Bedarfs besonders geeigneten Produkten bzw. Diensten fragt, lässt sich im Grundsatz auch auf unentgeltliche Leistungen anwenden.[82] Regelmäßig wird man kartellrechtlich auch bei mehrseitigen Geschäftsmodellen eigenständige relevante Märkte für jede Marktseite abgrenzen müssen.[83] Digitale Märkte weisen allerdings oft eine besonders hohe Dynamik auf. Die besonderen Merkmale eines konkreten Dienstes können ein unzuverlässiger Anknüpfungspunkt für die Bedürfnisse sein, die dieser Dienst befriedigt, und die tatsächlichen Substitutionsbeziehungen im Zeitablauf unterschätzen. Bereits die Entscheidung über die richtige Abstraktionsebene für die Konkretisierung des Bedarfs kann daher eine Herausforderung darstellen.[84]

Die Anwendung des Bedarfsmarktkonzepts wird umso schwieriger, je heterogener die potentiell als Substitute in Betracht kommenden Produkte bzw. Dienste sind – und unentgeltliche Leistungen sind häufig hetero-

---

81 I.E. ähnlich: *Podszun/Schwalbe*, NZKart 2017, S. 98 (99).

82 Siehe auch *Klotz*, WuW 2016, S. 58 (61).

83 Siehe dazu überzeugend *Klotz*, WuW 2016, S. 58 (61); die Frage ist in der Wettbewerbspraxis umstritten (für die differenzierende Position des BKartA siehe *BKartA*, Marktmacht von Plattformen und Netzwerken, 2016, S. 28 ff.); sie wird hier nicht näher behandelt.

84 Zu dem Problem zu Recht: *Newman*, Antitrust in Zero-Price Markets: Applications, 94 Wash. Univ. Law Rev (2016), S. 61 ff.; siehe auch *Körber*, WuW 2015, S. 120 (124 f.).

gen;[85] in der Ausdifferenzierung liegen bei fehlendem Preiswettbewerb die größten Wettbewerbschancen. Besondere Unschärfen in der Anwendung des Bedarfsmarktkonzepts ergeben sich ferner dann, wenn neue Angebote sich nicht an der zuvor etablierten Wertschöpfungskette orientieren. So ist für Hotelbuchungsplattformen streitig, ob die etablierten Buchungsplattformen einen eigenständigen relevanten Markt bilden, oder ob sie mit reinen Hotel-Suchmaschinen wie Trivago in Wettbewerb stehen – auch wenn diese nicht mit einer eigenständigen Buchungsfunktion ausgestattet sind.[86]

In Märkten, in denen Leistungen gegen Entgelt angeboten werden, hat sich der Preis als wichtiges Hilfsmittel für die Eingrenzung der relevanten Substitutionsbeziehungen erwiesen. Der SSNIP-Test versucht, den Grad der Substituierbarkeit zwischen verschiedenen Produkten zu messen, indem die Reaktion von Nachfragern auf eine geringe, nicht nur vorübergehende Erhöhung der Preise um 5-10 % gemessen wird.[87] Würden für bislang unentgeltliche Leistungen monetäre Entgelte – selbst niedrige Entgelte – neu eingeführt, so wäre die Abwanderung zu näheren und weiteren (unentgeltlichen) Substituten im Zweifel hoch. Mit einem solchen Test würde aber ein Preiswettbewerb unterstellt, um den es bei unentgeltlichen Leistungen gerade nicht geht.

Versuche, die Preiserhöhung auf unentgeltlichen Märkten durch eine Qualitätsverschlechterung zu ersetzen,[88] haben sich als wenig praktikabel erwiesen.[89] Nicht nur ist die Qualität ein deutlich facettenreicheres Kriterium als der Preis; anteilige Qualitätsreduktionen werden für Verbraucher

---

85 *Newman*, Antitrust in Zero-Price Markets: Applications, 94 Wash. Univ. Law Rev (2016), S. 62 ff.

86 Siehe dazu z.B. *Galle/Nauck*, WuW 2014, S. 590 f. Kritisch zur engen Marktabgrenzung des BKartA z.B. *Stadler*, ZWeR 2016, S. 1 (6).

87 Näher: *Mestmäcker/Schweitzer*, Europäisches Wettbewerbsrecht, 3. Aufl. 2014, § 17 Rn. 7 ff.

88 Diesen Versuch hat die EU-Kommission in COMP/M.6281 Microsoft/Skype unternommen.

89 Hierzu *Monopolkommission*, Herausforderung digitale Märkte, Sondergutachten 68, 2015, Rn. 59; *Dewenter/Rösch/Terschüren*, NZKart 2014, S. 387 (390): Bei Unterstellung einer Qualitätsreduktion müsste zunächst ein geeigneter Qualitätsmaßstab gefunden werden, der als Ausgangspunkt dienen kann; unklar ist, wie die Qualität zu messen ist/verglichen werden kann; für eine etwas positivere Einschätzung siehe *Gal/Rubinfeld*, The Hidden: Costs of Free Goods Antitrust Implications, 80 Antitrust Law Journal (2016), S. 551 ff.: „While differences in quality are more difficult to measure and quantify than differences in price, consumers‘ con-

häufig auch deutlich schlechter zu beobachten sein als eine Preisänderung, und daher eine geringere Signalwirkung entfalten.

Die Schwierigkeiten bei der Marktabgrenzung setzen sich fort bei der Ermittlung einer marktbeherrschenden Stellung. Eine marktbeherrschende Stellung ist nach st. Rspr. eine wirtschaftliche Machtstellung, die das Unternehmen in die Lage versetzt, die Aufrechterhaltung eines wirksamen Wettbewerbs auf dem relevanten Markt zu verhindern, indem sie ihm die Möglichkeit verschafft, sich seinen Wettbewerbern, seinen Abnehmern und letztlich den Verbrauchern gegenüber in einem nennenswerten Umfang unabhängig zu verhalten.[90] In „normalen" Märkten ist ein wichtiges Indiz für die fehlende wettbewerbliche Kontrolle die Preissetzungsmacht. In unentgeltlichen Märkten entfällt dieses Indiz – jedenfalls, insoweit es um Preissetzungsmacht über monetäre Preise geht. Dort wo Daten als Entgelt fungieren, könnte sich Marktmacht als Macht in der Setzung des „Datenpreises" äußern. Jedoch versagt die wettbewerbliche Kontrolle des „Datenpreises", wie oben gezeigt, ganz unabhängig von den Wettbewerbsverhältnissen im Markt. Die Möglichkeit zur einseitigen Setzung des „Datenpreises" ist daher für sich genommen kein Indiz für Marktmacht. Diejenige Ausdrucksform von Marktmacht, die in Märkten für unentgeltliche Dienste praktisch eine Rolle spielt, ist regelmäßig nicht Preissetzungsmacht,[91] sondern die Fähigkeit, andere Unternehmen durch ein im Wettbewerb nicht kontrolliertes Verhalten im Marktzutritt zu behindern bzw. ihre Kosten im Wettbewerb zu erhöhen („raising rivals' costs").[92]

Die fehlende wettbewerbliche Kontrolle des fraglichen Verhaltens muss dabei nicht notwendig kausal aus der Marktstruktur folgen. So ist die

duct might still provide rough indicators about consumer preferences when quality changes. Note that quality measures may include both increases in dynamic efficiency as well as decreases in cost (e.g. privacy costs). Where the consumer pays for the free good in another currency, say attention or information, and such costs can be quantified, the test can be applied to changes in cost (SSNIC)"; kritisch ebenso: *Podszun/Schwalbe*, NZKart 2017, S. 98 (102).

90 EuGH 13.2.1979, 85/76, Slg. 1979, S. 461 Rn. 38 f. – *Hoffman-La Roche/Kommission*.

91 In der US-amerikanischen Literatur wird z.T. auch von „Stiglerian market power" gesprochen – vgl. *Krattenmaker/Lande/Salop*, Monopoly Power and Market Power in Antitrust Law, 76 Geo. L. J. (1987), S. 241 (246, 248).

92 Im US-amerikanischen Schrifttum wird hier z.T. von „Bainian market power" gesprochen – *Krattenmaker/Lande/Salop*, Monopoly Power and Market Power in Antitrust Law, 76 Georgetown Law Journal (1987), S. 241 (251).

Möglichkeit, Suchergebnisse nicht entsprechend den (vermuteten) Nutzerpräferenzen zu listen, sondern die mit der Suchmaschine verbundenen Unternehmen zu bevorzugen, vor allem durch die Intransparenz dieses Verhaltens für die Suchmaschinennutzer bedingt. Wettbewerbsrechtlich entscheidend ist, ob ein Unternehmen, das dieses Verhalten einsetzt, die Kosten von Wettbewerbern auf angrenzenden Märkten nachhaltig und in einer mit Kriterien des Leistungswettbewerbs nicht vereinbaren Weise erhöhen bzw. den Marktzutritt für Wettbewerber nachhaltig erschweren kann, so dass mit der Verdrängung von Wettbewerbern bzw. mit Marktabschottung zu rechnen ist. Ist dies der Fall, so kann im Zweifel von der Verdrängungswirkung des Verhaltens auf relevante Marktmacht zurückgeschlossen und auf eine präzise Marktabgrenzung verzichtet werden.[93] Fraglich ist allerdings, ob ein Rückschluss von Verdrängungswirkung auf Marktmacht die Feststellung einer *erheblichen* Verdrängungswirkung voraussetzt.[94] Maßstab für die Erheblichkeit muss das Ziel des Wettbewerbsrechts sein, die Bestreitbarkeit der Stellung des Unternehmens im Leistungswettbewerb zu gewährleisten – auf dem Ausgangsmarkt wie auf angrenzenden Märkten.[95]

In sehr dynamischen und unentgeltlichen Märkten verschiebt sich damit der Fokus der wettbewerbsrechtlichen Prüfung: Während Preissetzungsmacht regelmäßig Folge einer zuvor ermittelten Marktstruktur und Markt-

---

93 So auch *Podszun/Schwalbe*, NZKart 2017, S. 98 (103); für eine flexiblere Prüfung im Ergebnis auch *Van Gorp/Batura*, Challenges for Competition Policy in a Digitalised Economy, 2015, S. 51, mit der Feststellung, dass so Rückkoppelungseffekte zwischen Verhalten und Marktmacht besser erfasst werden können: "Because of the strong feedback effects in digital markets, market power and dominance are fleeting attributes that depend on the behaviour of the firm and the behaviour of others."

94 Für die Einführung eines Kriteriums der „appreciability" (Spürbarkeit) der Wettbewerbswirkungen in Fällen, in denen die Wettbewerbswirkung auf einem anderen Markt eintritt als auf dem Markt, auf dem das handelnde Unternehmen über eine marktbeherrschende Stellung verfügt, siehe Streetmap.EU Limited v Google Inc., Google Ireland Limited and Google UK Limited [2016] EWHC 253 (Ch), at para. 96-98.

95 Van *Gorp/Batura*, Challenges for Competition Policy in a Digitalised Economy, 2015, S. 51: "As such, market shares or profit margins are less useful for determining market power. It is better to use indicators that inform about contestability, such as the presence of entry barriers, the availability of alternative routes to reach end-users, and the extent to which both incumbents as well as challengers are trying to create new markets by engaging in innovation in unexplored technologies/services."

stellung ist,[96] ist für die Würdigung von potentiell marktzutrittsbeschränkenden Verhaltensweisen das Verständnis der Geschäftsstrategie zentral.[97] Insoweit das Angebot unentgeltlicher Leistungen Ausdruck eines übergreifenden unternehmerischen Plans ist, steht eben dieser marktübergreifende Bezug im Vordergrund: Ausgehend von einem konkreten, potentiell marktzutrittsbeschränkenden Verhalten ist zu ermitteln, wie und wo das Verhalten wettbewerbsrechtlich erhebliche, nicht leistungswettbewerbskonforme Verdrängungswirkung entfalten soll und kann. Die im deutschen und europäischen Wettbewerbsrecht etablierte Prüfungsreihenfolge bei der Ermittlung eines Missbrauchs einer marktbeherrschenden Stellung, die mit der Marktabgrenzung und Marktmachtermittlung beginnt und erst auf dieser Grundlage den konkreten Missbrauch prüft, muss daher bei hochdynamischen, unentgeltlichen Plattformmärkten flexibel angewandt werden.[98] Entscheidend ist ein Verständnis des Geschäftsmodells und der Marktdy-

---

96 Sog. "structure-conduct-performance paradigm" – siehe dazu auch *Van Gorp/Batura*, Challenges for Competition Policy in a Digitalised Economy, 2015, S. 50.

97 Siehe auch *Dewenter/Rösch/Terschüren*, NZKart 2014, S. 387 (390), die betonen, dass bei zweiseitigen Märkten stets alle Märkte in die Betrachtung einbezogen werden müssen; ähnlich wohl auch *Gal/Rubinfeld*, 2014, S. 26: „When firms produce multiple products and the pricing of those products is interrelated, a further step should be taken in evaluating the market definition issue: one should look at the profit-maximizing behavior of a firm that controls the pricing of all of the affected products"; erforderlich sei eine Analyse mit Blick auf das "business ecosystem with multiple types of non-competing products"; allerdings wollen Gal/Rubinfeld dann offenbar von einem einheitlichen Markt ausgehen (so S. 27) oder aber die Einsicht nutzen, um den SSNIP-Test zu modifizieren: „We suggest that with regard to bundled goods, the SSNIP test should be adjusted to take into account the fact that profits accrue in a companion market and that firms consider both products simultaneously in maximizing profit." (S. 33).

98 *Van Gorp/Batura*, Challenges for Competition Policy in a Digitalised Economy, 2015, S. 50: "The problem is that the analytical steps typically follow a one-way procedure starting from the assumption that the market definition is a given concept that can and must be figured out first, and then forms the background for the rest of the analysis. In digital markets in particular this traditional approach does not work because digital firms often compete by developing new business models and, by doing so, continuously redefine the boundaries of a market or create new markets"; und S. 51: "treat the relevant market as a dynamic concept that is endogenously defined (i.e. as a function of firm behaviour), rather than as a static given concept serving as a starting point for assessing market power. In order to do that we suggest for competition authorities to start their analysis with a focus on the business case of the firm under investigation and to identify what other companies or business models may steal away its profits".

namik: Wo liegen die Gewinnpotentiale für das handelnde Unternehmen? Wo liegen die wettbewerblichen Herausforderungen? Welche Marktzutrittsschranken existieren? Welchen wettbewerblichen Kontrollen unterliegt das Unternehmen? Auf der Grundlage dieser Analyse gilt es zu ermitteln, ob das konkrete Verhalten Ausdruck eines Leistungswettbewerbs ist oder aber die Marktposition des Unternehmens vor der Herausforderung durch Wettbewerber absichern soll. Faktoren, die für das Verständnis der Marktstellung von Unternehmen mit mehrseitigen Geschäftsmodellen erheblich sind, sind dabei künftig in dem durch die 9. GWB-Novelle eingefügten § 18 Abs. 3a GWB normiert:[99] Hierzu gehören unter anderem direkte und indirekte Netzwerkeffekte, der Zugang zu Daten und das Verhalten der Nutzer (Multi- versus Singlehoming). Die Besonderheiten des Wettbewerbs auf Märkten für unentgeltliche Leistungen – das Fehlen eines Preiswettbewerbs, das die Bedeutung positiver direkter Netzwerkeffekte als konzentrationstreibendes Qualitätsmerkmal verstärken kann und ggfs. die vergleichsweise hohe Intransparenz des Qualitätswettbewerbs in anderen Beziehungen – sind zusätzlich zu berücksichtigen.

3. Übermäßiger Datenzugriff als Missbrauch einer marktbeherrschenden Stellung?

Die vorstehenden Überlegungen haben die Bedeutung unterstrichen, die dem Wettbewerbsrecht in seiner Anwendung auf unentgeltliche Leistungen für die Offenhaltung von Märkten zukommt. Insoweit Unternehmen mit dem Geschäftsmodell „Dienste gegen Daten" antreten, gilt es dabei auch, die Bedeutung von Daten für die Wettbewerbsposition auf dem unentgeltlichen Markt und auf angrenzenden Märkten zu verstehen.[100]

Hiervon zu trennen ist die Frage, welche Bedeutung dem Wettbewerbsrecht im Kontext des Geschäftsmodells „Dienste gegen Daten" bei der Kontrolle des „Datenpreises" zukommen kann bzw. soll. Das Missbrauchsverfahren, welches das Bundeskartellamt 2016 gegen Facebook

99 Näher: *Podszun/Schwalbe*, NZKart 2017, S. 98 (99 ff.); siehe auch *BKartA*, Marktmacht von Plattformen und Netzwerken, 2016, S. 48 ff.

100 Siehe hierzu ausführlich: *Autorité de la Concurrence/Bundeskartellamt*, Competition Law and Data, 2016, S. 11 ff.; *CMA*, The Commercial Use of Consumer Data, 2015; *Bourreau/de Streel/Graef*, Big Data and Competition Policy: Market power, personalised pricing and advertising, 2017.

eingeleitet hat,[101] hat eben diese Frage zum Gegenstand. Facebook wird vorgeworfen, durch einen vom Datenschutzrecht nicht gedeckten Zugriff auf personenbezogene Daten einen „Missbrauch durch Rechtsbruch" begangen zu haben. Der Wettbewerbsbezug des Rechtsbruchs scheint sich in diesem Fall aus einem möglichen Ausbeutungsmissbrauch einer marktbeherrschenden Stellung von Facebook auf einem relevanten social media-Markt zu ergeben. Ein Behinderungsmissbrauch wäre denkbar, wenn sich aus dem übermäßigen Datenzugriff eine besondere Behinderungswirkung – etwa die Verstärkung von Marktzutrittsbarrieren – im Verhältnis zu Wettbewerbern ergäbe. Entsprechende Umstände sind bislang nicht bekannt.

Auch ein Ausbeutungsmissbrauch wird aber von der h.A. im Schrifttum zu Recht abgelehnt.[102] Maßgeblich hierfür ist der fehlende Kausalbezug zwischen der marktbeherrschenden Stellung von Facebook und dem Facebook vorgeworfenen Ausbeutungsverhalten. Zwar wird nach st. Rspr. des EuGH ein solcher Kausalbezug bei Behinderungsmissbräuche nicht vorausgesetzt.[103] Entscheidend ist vielmehr der Einfluss des Verhaltens auf die Struktur des Marktes, „auf dem der Wettbewerb gerade wegen der Anwesenheit des fraglichen Unternehmens bereits geschwächt ist," und die Behinderung der Aufrechterhaltung bzw. Entwicklung des auf dem Markt noch bestehenden Wettbewerbs.[104] Überhöhte Preise – auch überhöhte „Datenpreise" – haben aber keinen nachteiligen Einfluss auf den Wettbewerb; es kann gar das Gegenteil der Fall sein. Vom europäischen und deutschen Wettbewerbsrecht werden sie erfasst, wenn und weil sich die Preisüberhöhung als vom Wettbewerb auch mittelfristig nicht kontrollierte Machtausübung darstellt. Anders als beim Behinderungsmissbrauch, bei dem es allein auf einen Kausalbezug zwischen Marktverhalten und Wettbewerbswirkung ankommt, wird also beim Ausbeutungsmissbrauch der Wettbewerbsbezug erst durch einen Kausalzusammenhang zwischen

---

101 *Bundeskartellamt*, Pressemitteilung v. 2.3.2016 – „Bundeskartellamt eröffnet Verfahren gegen Facebook wegen Verdachts auf Marktmachtmissbrauch durch Datenschutzverstöße".

102 Siehe insb. *Franck*, Eine Frage des Zusammenhangs: Marktbeherrschungsmissbrauch durch rechtswidrige Konditionen, ZWeR 2016, S. 137 ff.; *Thomas*, NZKart 2017, S. 92 ff.; *Nuys*, WuW 2016, S. 512 ff.; *Körber*, ZUM 2017, S. 93 (100 f.); a.A. *Tobias* Lettl, WuW 2016, S. 214 (220).

103 Siehe bereits EuGH 21.2.1973, 6/72, Rz. 27 – *Europemballage und Continental Can/Kommission.*

104 EuGH 13.2.1979, 85/76, Rn. 91 – *Hoffmann-La Roche/Kommission.*

Marktstruktur – nämlich der marktbeherrschenden Stellung – und dem Marktverhalten – der Preisüberhöhung, hergestellt.[105] Erst dann kann von einem Verstoß gegen Art. 102 AEUV bzw. gegen § 19 GWB ausgegangen werden: Als von einem Wettbewerbsbezug losgelöstes Instrument zur Durchsetzung datenschutzrechtlicher Vorschriften ist das Wettbewerbsrecht nicht konzipiert. Eben dieser Wettbewerbsbezug fehlt aber bei Facebooks womöglich überhöhten „Datenpreisen": Wie vorab gezeigt, versagt die wettbewerbliche Kontrolle der „Datenpreise" ganz unabhängig von der Existenz einer wettbewerblichen Machtstellung.

VI. Fazit

Digitalisierung und Datenökonomie sind zu zentralen Innovationstreibern geworden. Ein wichtiges Instrument zur Aggregation personenbezogener Daten und deren wirtschaftlicher Verwertung durch zielgenaue Werbung und individualisierte Diensteangebote ist das im Internet verbreitet genutzte Geschäftsmodell „Dienste gegen Daten": Im Gegenzug für die Bereitstellung digitaler Dienste wird in weitem Umfang Zugriff auf personenbezogene Daten genommen. Das Geschäftsmodell hat für Dienstenutzer eine große Attraktion, denn das Leistungsangebot wird überwiegend als ein unentgeltliches Leistungsangebot wahrgenommen. Der „Datenpreis" ist für Nutzer nicht transparent. Er wird daher auch durch Wettbewerb nicht kontrolliert.

Ob dadurch schutzwürdige Interessen der Dienstenutzer und/oder der Gesellschaft gefährdet werden, und wenn ja in welcher Weise, ist unklar: Es ist gegenwärtig kaum möglich, die Wirkungen der Datennutzung für den Einzelnen und für die Gesellschaft vorherzusagen. Unverkennbar ist allerdings, dass das datenschutzrechtliche Einwilligungsmodell als Mechanismus zur Kontrolle und präferenzgerechten Begrenzung der Datenverarbeitung nicht funktioniert. Zu entscheiden ist daher, ob man die Weiterentwicklung der Datenökonomie allein den Experimenten der Unternehmen überlassen will, oder ob diesen auf der Grundlage einer Interessenabwägung Grenzen zu ziehen sind.

---

105 *Franck*, Eine Frage des Zusammenhangs: Marktbeherrschungsmissbrauch durch rechtswidrige Konditionen, ZWeR 2016, S. 137 (149 ff.); *Thomas*, NZKart 2017, S. 92 (96).

Weniger ausgeprägt sind die Schutzbedürfnisse von Nutzern unentgeltlicher Dienste im Vertragsverhältnis. Es ist daher überraschend, dass sich mit dem Richtlinienvorschlag zu digitalen Inhalten die rechtspolitische Diskussion gerade auf diese Frage konzentriert. Funktioniert der Qualitätswettbewerb zwischen unentgeltlichen Angeboten, so ist die Möglichkeit der Nutzer zum Anbieterwechsel das wichtigste Instrument zum Schutz ihres Äquivalenzinteresses. Die Wechselmöglichkeiten können durch eine nutzerfreundliche Ausgestaltung des Rechts auf Datenportabilität gestärkt werden.

Da die Beschränkung des Wettbewerbs auf einen reinen Qualitätswettbewerb dort, wo positive Netzwerkeffekte ein wichtiges Qualitätsmerkmal sind, die Konzentrationstendenzen befördern kann, gilt es außerdem die Bestreitbarkeit einmal erlangter Machtpositionen zu gewährleisten. Das Wettbewerbsrecht ist bei dieser Aufgabe allerdings vor neue Herausforderungen gestellt. Die hohe Dynamik der Internetökonomie kann die Marktabgrenzung und Marktmachtermittlung ganz erheblich erschweren. Viele Instrumente des Wettbewerbsrechts, die in einigermaßen stabilen Märkten gut funktionieren, versagen angesichts der schnellen Entwicklung in digitalen Märkten und in der Anwendung auf unentgeltliche Angebote. Die 9. GWB-Novelle hat auf diese Herausforderungen zum Teil reagiert. Über die hier gesetzlichen Änderungen hinaus ist aber – gerade im Kontext unentgeltlicher Angebote – eine flexiblere Anwendung der Wettbewerbsregeln geboten. Insbesondere bei der Anwendung des Verbots des Missbrauchs marktbeherrschender Stellung ist bei Bedarf von der etablierten Prüfungsreihenfolge „Marktabgrenzung, Marktmacht, Missbrauch“, die an das alte „structure, conduct, performance“-Paradigma angelehnt ist, abzuweichen. Leitschnur muss stattdessen ein Verständnis der Geschäftsstrategie des potentiell marktbeherrschenden Unternehmens im Kontext der konkreten Marktgegebenheiten und Marktdynamik sein. Zu ermitteln ist, ob das Marktverhalten angesichts der konkreten Wettbewerbsbedingungen geeignet ist, Märkte abzuschotten bzw. Marktzutrittsschranken zu erhöhen.

Tagungsbericht zum 3. Symposium der Wissenschaftlichen Vereinigung für das gesamte Regulierungsrecht*

Dr. Carsten König

I. Einleitung

Als Gastgeber der Tagung begrüßte Professor Torsten Körber (Göttingen) die Anwesenden[1] herzlich im Adam-von-Trott-Saal der Alten Mensa der Georg-August-Universität. Sodann erläuterte er das Programm der hiesigen Tagung unter dem Titel „Regulierung – Wettbewerb – Innovation". Geplant sei, die Herausforderungen der Digitalisierung für das Regulierungsrecht in fünf Themenblöcken mit jeweils zwei Referaten zu diskutieren. Die Themenblöcke bezögen sich teilweise auf „klassische" Regulierungsfelder, würden aber stets auch zu übergeordneten, systemorientierten Betrachtungen einladen. Im Zentrum stehe die Frage, welche Rollen dem Regulierungs- und dem Wettbewerbsrecht in der digitalen Wirtschaft zu-

---

* Eine kürzere Fassung des Tagungsberichts ist im Deutschen Verwaltungsblatt (DVBl.) 2017, S. 299 erschienen.

1 Prof. Dr. Christian Alexander (Jena), Prof. Dr. Florian Bien (Würzburg), Prof. Dr. Martin Burgi (München), Prof. Dr. Andreas Fuchs (Osnabrück), Prof. Dr. Claas Friedrich Germelmann (Hannover), Prof. Dr. Hubertus Gersdorf (Leipzig), Dr. Stefan Grote (Nomos-Verlag), Prof. Dr. Jörg Gundel (Bayreuth), Prof. Dr. Steffen Hindelang (Berlin), Prof. Dr. Bernd Holznagel (Münster), Prof. Dr. Dr. h.c. Ulrich Immenga (Göttingen), Prof. Dr. Martin Kment (Augsburg), Prof. Dr. Matthias Knauff (Jena), Prof. Dr. Torsten Körber (Göttingen), Prof. Dr. Stefan Korte (Berlin), Prof. Dr. Charlotte Kreuter-Kirchhof (Düsseldorf), Prof. Dr. Jürgen Kühling (Regensburg), Prof. Dr. Knut Werner Lange (Bayreuth), Prof. Dr. Markus Ludwigs (Würzburg), Prof. Dr. Gerrit Manssen (Regensburg), Prof. Dr. Jochen Mohr (Dresden), Prof. Dr. Karsten Otte (Mannheim), Prof. Dr. Boris P. Paal (Freiburg), Prof. Dr. Christian Pielow (Bochum), Prof. Dr. Matthias Ruffert (Berlin), Prof. Dr. Dr. Dres. h.c. Franz Jürgen Säcker (Berlin), Prof. Dr. Matthias Schmidt-Preuß (Bonn), Prof. Dr. Jens Peter Schneider (Freiburg), Prof. Dr. Margarete Schuler-Harms (Hamburg), Prof. Dr. Heike Schweitzer (Berlin), Prof. Dr. Stefan Thomas (Tübingen), Prof. Dr. Hartmut Weyer (Clausthal-Zellerfeld), Prof. Dr. Maik Wolf (Berlin). Eine Liste aller Mitglieder der Wissenschaftlichen Vereinigung für das gesamte Regulierungsrecht und weitere Informationen können auf der Internetseite der Vereinigung unter www.regulierungsrecht.eu abgerufen werden.

kämen, insbesondere hinsichtlich der Verwirklichung von Gemeinwohlzielen (Wettbewerb, Innovation) und dem Schutz von Individualrechtsgütern (Allgemeines Persönlichkeitsrecht, Datenschutz, „Dateneigentum").

II. Themenblock 1: Energie 4.0 – Smart Grids und Smart Markets in Zeiten voranschreitender Digitalisierung[2]

1. Referate

Im Eröffnungsreferat analysierte Professor Knut Werner Lange (Bayreuth) das neue Messstellenbetriebsgesetz (MsbG), mit dem die „Digitalisierung der Energiewende" vorangetrieben werden soll. Hierfür gab er zunächst einen Überblick über dieses ambitionierte Projekt und führte dann in den technischen Hintergrund von „Smart Grids" und „Smart Markets" ein. Anschließend untersuchte Professor Lange die gesetzliche Pflicht zum Einbau intelligenter Messsysteme gemäß § 29 Abs. 1 MSbG. Es sei nicht überzeugend, dass der Gesetzgeber den wirtschaftlichen Nutzen dieser Systeme in § 31 MsbG schlicht fingiere, obwohl er im Einzelfall durchaus zweifelhaft sein könne. Die Monopolkommission habe in ihrem 71. Sondergutachten zu Recht darauf hingewiesen, dass ein flächendeckender „Roll-out" von digitalen Stromzählern „mit erheblichen Kosten verbunden [sei], die möglicherweise in einem Missverhältnis zu den zu erwartenden Effizienzgewinnen [stünden]".[3] Allein durch den Einbau neuer Geräte würden noch keine Einsparpotentiale realisiert. Vielmehr müssten die Verbraucher in neue Haushaltsgeräte investieren und vor allem ihr Nutzungsverhalten ändern. Die dafür bestehenden finanziellen Anreize seien aber unzureichend. Insbesondere habe der Marktpreis für Strom nur einen geringen Einfluss auf den Endkundenpreis, der vor allem durch Steuern, Abgaben, Umlagen und reduzierte Netzentgelte geprägt sei. Die Spielräume für marktseitige Preisreduzierungen seien deshalb gering. Statt auf Zwangsmaßnahmen zu setzen, hätte der Gesetzgeber wirtschaftliche Anreize für effizientes Verhalten schaffen und die Handlungsautonomie der Verbraucher stärken sollen. Sodann ging Professor Lange auf die verän-

2 Referenten: Prof. Dr. Knut Werner Lange, Universität Bayreuth; Prof. Dr. Christian Pielow, Ruhr-Universität Bochum; Moderation: Prof. Dr. Matthias Schmidt-Preuß, Rheinische Friedrich-Wilhelms-Universität Bonn.

3 *Monopolkommission*, 71. Sondergutachten, „Energie 2015", Rn. 343.

derten Rollen der Marktakteure ein. Hierdurch greife der Gesetzgeber teilweise in die wirtschaftliche Autonomie der Unternehmen ein. Es sei ineffizient, dass für einen Übergangszeitraum die Verteilernetzbetreiber für die alten Systeme und die Übertragungsnetzbetreiber für die neuen Systeme zuständig sein sollten, da es hierdurch teilweise zu einer Dopplung des Aufwands komme. Durch die Zentralisierung der Daten bei den vier Übertragungsnetzbetreibern könne es außerdem zu einer Oligopolbildung kommen und die Verletzlichkeit des Systems werde gesteigert. Eine abschließende Bewertung der neuen Zuständigkeitsverteilung sei gegenwärtig noch nicht möglich. Das neu eingeführte Recht des Anschluss*nehmers* (i.d.R. der Hauseigentümer), unter bestimmten Voraussetzungen den Messstellenbetreiber auszuwählen (vgl. § 6 MsbG), halte er nicht für überzeugend. Ein solches Wahlrecht habe es bereits früher einmal gegeben, es sei aber zu Recht abgeschafft worden. Richtig sei es, das Wahlrecht dem Anschluss*nutzer* (z.B. auch einem Mieter) zu übertragen, wie dies in § 5 MsbG für einen Übergangszeitraum auch noch vorgesehen sei. Nur der Anschlussnutzer könne tatsächlich einen unmittelbaren Nutzen aus der Wahl ziehen. Als Fazit lasse sich feststellen, dass der Gesetzgeber es leider versäumt habe, ein wettbewerbliches Marktdesign zu entwickeln und stattdessen auf eine „zwangsweise Digitalisierung“ der Stromwirtschaft durch regulatorische Maßnahmen setze. Diese seien aber ungeeignet, um die letztlich gewünschten Verhaltensänderungen herbeizuführen, sodass zu befürchten sei, dass das eigentliche Ziel des Messstellenbetriebsgesetzes verfehlt werde.

In seinem direkt anschließenden Referat knüpfte Professor Christian Pielow (Bochum) an das auch von seinem Vorredner beschriebene Problem der Verantwortungsteilung an und ging außerdem auf europarechtliche Vorgaben ein. In einer Vorbemerkung hob er zunächst die überragende Bedeutung der Energieversorgungssicherheit hervor, die vom Bundesverfassungsgericht als „Gemeinschaftsinteresse höchsten Ranges“ anerkannt worden sei. Angesichts der Schutzpflicht des Staates aus Art. 2 Abs. 2 GG sei davon auszugehen, dass die Versorgungssicherheit unter den in § 1 Abs. 1 EnWG genannten Zielen des Energiewirtschaftsrechts den höchsten Rang einnehme. Der Gesetzgeber verfolge mit dem Messstellenbetriebsgesetz, das ja gerade auch dem Ausgleich von Leistungsungleichgewichten und damit der Abwehr von Gefahren für die Versorgungssicherheit diene, also einen legitimen Zweck. Das Grundkonzept des Messstellenbetriebsgesetzes bewertete Professor Pielow positiver als vor ihm Professor Lange. Er habe zwar Zweifel, ob es wirklich ratsam sei, den Betrieb der

Messstellen und deren Einbindung in Kommunikationssysteme vom eigentlichen Netzbetrieb zu trennen. Die zentralisierte Datenaufbereitung und -übermittlung durch die neu geschaffenen „Smart-Meter-Gateway-Administratoren" könne angesichts der Kleinteiligkeit der ca. 880 Verteilernetze aber Effizienzgewinne mit sich bringen. Die automatische Übermittlung aller Daten an die Übertragungsnetzbetreiber sei sinnvoll, da diese die Daten für die Erfüllung ihrer Systemverantwortung (vgl. § 13 EnWG) benötigten. Die obligatorische Weitergabe der Daten an alle Verteilernetzbetreiber mit mehr als 100.000 Kunden sei demgegenüber ein politischer Kompromiss. Das Ergebnis sei eine Verantwortungsteilung zwischen den Übertragungsnetzbetreibern, den Smart-Meter-Gateway-Administratoren und den Verteilernetzbetreibern. Die Neujustierung der Marktrollen entspreche auch europäischen Vorgaben. Die Nutzung von Smart-Meter-Gateways erleichtere die grenzüberschreitende Kooperation und trage den Entflechtungsvorschriften Rechnung, die insbesondere einer Übertragung neuer Koordinationsfunktionen auf die Verteilernetzbetreiber entgegenstünden. Zu praktischen Problemen könne führen, dass der Gesetzgeber für den Ausfall eines Smart-Meter-Gateway-Administrators (anders als für den Ausfall eines Messstellenbetreibers, vgl. § 18 MsbG) keine Regelung getroffen habe. Wiederum positiv zu bewerten sei, dass das „regulierte" Konzept der Smart-Meter-Gateways alternativen Geschäftsmodellen nicht entgegenstehe, da es mehrwertfähig sei und deshalb künftige Smart Market-Modelle zulasse. Auch die oft kritisierte Herausnahme des „Smarten Messsystems" aus der Anreizregulierung sei letztlich folgerichtig, da sich der „intelligente" Messstellenbetreiber bzw. Smart-Meter-Gateway-Administrator gerade selbst oder mit Hilfe Dritter finanzieren solle. Eine Finanzierung über die Netzentgelte würde dieses Ziel unterlaufen. Die Schaffung des Messstellenbetriebsgesetzes als „Stammgesetz" der digitalen Energiewirtschaft neben dem Energiewirtschaftsgesetz als „Grundgesetz" erleichterte künftige Änderungen und sei letztlich auch übersichtlicher. Allerdings könne es notwendig werden, dass beide Gesetze noch besser miteinander verzahnt würden, z.B. im Bereich der Systemverantwortung. Die Zukunft werde auch zeigen, ob es eines „Brückenschlags" vom Messstellenbetriebsgesetz zum Telekommunikationsgesetz (TKG) oder zum Telemediengesetzes (TMG) bedürfe und ob die umfangreichen Vorgaben des Gesetzes zum Datenschutz und zur IT-Sicherheit ausreichend seien.

2. Diskussion

In der Diskussion forderte Professor Franz Jürgen Säcker (Berlin), die Anzahl der Verteilernetzbetreiber müsse drastisch reduziert werden. Es gebe fast 900 Elektrizitätsverteilernetze, was nicht effizient sein könne. Er habe die Hoffnung, dass das Messstellenbetriebsgesetz Kooperationen und Zusammenschlüsse erzwingen werde, da insbesondere die kleineren Netzbetreiber das große Investitionsvolumen nicht bewältigen könnten. Außerdem seien viele dieser Netzbetreiber nicht in der Lage, die Datenflut aus dem „intelligenten Netz" effizient zu erfassen und zu verarbeiten. Die Zusammenarbeit sei auch europarechtlich geboten. Professor Martin Burgi (München) warf die Frage auf, was genau der Zweck der von Professor Lange beschriebenen „Zwangsdigitalisierung" sei. Die Versorgungssicherheit sei ja durch analoge Stromzähler nicht gefährdet. Für eine Rechtfertigung müsse der Zweck deshalb präziser herausgearbeitet werden. Professor Pielow entgegnete, dass eine Flexibilisierung des Stromverbrauchs, die durch intelligente Messsysteme ermöglicht werde, angesichts der zunehmend dezentralen und volatilen Stromerzeugung in Deutschland durchaus erforderlich sein könne, um ein hohes Niveau der Versorgungssicherheit zu erhalten. Professor Hartmut Weyer (Clausthal-Zellerfeld) ergänzte, dass Hauptzweck des neuen Messstellenbetriebsgesetzes nach seiner Einschätzung die Erhöhung ökonomischer Effizienz sei. Es gehe vor allem darum, die Kosten des Gesamtsystems zu reduzieren, z.B. durch den Verzicht auf Reservekraftwerke, die Verringerung von Netzausbaukosten usw. Angesichts der von Professor Lange angezweifelten Kosteneffizienz intelligenter Messsysteme warf Professor Charlotte Kreuter-Kirchhof (Düsseldorf) die Frage auf, ob das Messstellenbetriebsgesetz dann überhaupt ein geeignetes Mittel sein, um die Ziele des Gesetzgebers zu erreichen. Professor Säcker bezeichnete es als „unehrlich", dass den Verbrauchern suggeriert werde, sie würden von einem flächendeckenden „Roll-out" digitaler Stromzähler wirtschaftlich profitieren. Letztlich sei eine Flexibilisierung des Stromverbrauchs notwendig, um die klimapolitisch gewollte Umstellung der Stromerzeugung auf erneuerbaren Energien umzusetzen. Dadurch fielen erhebliche Kosten an, welche die Verteilernetzbetreiber allein schlicht nicht tragen könnten. Die jetzt zu installierende Technik könne aber erst in zehn bis 15 Jahren sinnvoll genutzt werden. Die Teilnehmer der Diskussion sind sich einig, dass das neue Messstellenbetriebsgesetz nur der erste Schritt auf dem Weg zur Digitalisierung der Energiewende sei. Es komme nun vor allem darauf an, welche weiteren Maßnahmen umgesetzt würden. Insbesondere bleibe abzuwarten, wie Stromspeicher und Elektrofahrzeuge in das neue System integriert würden. Entscheidend sei auch, welche Geschäftsmodelle im Rahmen der „Smart Markets" entwickelt würden und ob ein angemessenes Datenschutzniveau gewährleistet werde.

III. Themenblock 2: Rundfunkregulierung in Zeiten des Internet[4]

1. Referate

Professor Margarete Schuler-Harms (Hamburg) eröffnete den zweiten Themenblock mit einer Analyse der vielfältigen Herausforderungen, die sich aus der Digitalisierung für das Rundfunkrecht ergeben. Dazu gehörten z.B. das Aufkommen nichtlinearer Angebote, die wachsende Bedeutung von Internetplattformen, veränderte Nutzungsgewohnheiten und das Phänomen der sog. „Echo Chambers", also sich durch ständige Wiederholung selbst verstärkender Meinungstrends innerhalb von gleichgesinnten Gruppen. Vor dem Hintergrund dieser Situationsbeschreibung diskutierte Professor Schuler-Harms zunächst den Anwendungsbereich der Rundfunkregulierung und sprach sich für ein offenes, funktionelles Verständnis des Rundfunkbegriffs aus. Der neue Rundfunkbegriff müsse an den Zielen der Meinungsvielfalt und der kulturellen Bildung ausgerichtet werden. In der Folge könne es zu einer weiteren Überschneidung von Rundfunkregulierung und Presserecht kommen. Von entscheidender Bedeutung müssten künftig die Regulierungsziele sein und nicht formale Aspekte. Auch Aktivitäten im Internet müssten der Rundfunkregulierung unterfallen, wenn sie in gleichem Maße wie der klassische Rundfunk für die Meinungsvielfalt oder die kommunikative Chancengleichheit relevant seien. Gleichzeitig müsse der öffentliche Rundfunk im Internet tätig werden dürfen, wenn dies notwendig sei, um die publizistische Informationsvorsorge und den publizistischen Wettbewerb zu gewährleisten. Auch die Instrumente der Rundfunkregulierung müssten einer Überprüfung unterzogen werden. Eine Marktzutrittsregulierung sei nur dort geboten, wo es knappe Kapazitäten gebe. Im Übrigen könne die Genehmigungspflicht durch eine Anzei-

4 Referenten: Prof. Dr. Margarete Schuler-Harms, Helmut-Schmidt-Universität Hamburg; Prof. Dr. Bernd Holznagel, Westfälische Wilhelms-Universität Münster; Moderation: Prof. Dr. Matthias Ruffert, Humboldt-Universität zu Berlin.

gepflicht ersetzt werden. Die Zugangsregulierung bleibe wichtig. § 52 RStV über Plattformen werde in Zukunft an Bedeutung gewinnen. Die Abgrenzung von offenen und geschlossenen Plattformen sei teilweise schwierig. Für eine Regulierung von Internetplattformen fehle bisher das notwendige Erfahrungswissen. Die Nutzungsformen, Nutzungsstrukturen, Gefahren und Chancen dieser Dienste müssten näher untersucht werden. Zur Entgeltregulierung lasse sich zunächst feststellen, dass die Umstellung von einer Rundfunkgebühr auf einen Rundfunkbeitrag bereits der Digitalisierung Rechnung trage und „sicher richtig" sei. Streitig bleibe die Entgeltlichkeit sog. „Must Carry"-Angebote des öffentlich-rechtlichen Rundfunks, da einige Verwaltungsgerichte anders entschieden hätten als der Bundesgerichtshof. Dessen Ausführungen zum Regulierungsrahmen ähnelten in ihrer Detailschärfe teilweise den Vorgaben einer Regulierungsbehörde, seien für die praktische Umsetzung aber hilfreich. Zur Konzentrationskontrolle führte Professor Schuler-Harms aus, dass die Rolle der Kommission zur Ermittlung der Konzentration im Medienbereich (KEK) angesichts der Entwicklungen und der Rolle des Bundeskartellamts überprüft werden müsse. Auch im Übrigen stelle sich auf der institutionellen Ebene die Frage, welche Aufgaben bei einzelnen Landesbehörden insbesondere den Landesmedienanstalten noch richtig verortet seien. Die Digitalisierung ermögliche größere Reichweiten und stehe einer Reterritorialisierung des Rundfunks entgegen. Benötigt werde deshalb eine Regulierungsorganisation, die über die Grenze einzelner Bundesländer hinausreiche, oder ein Regulierungsverbund aller beteiligten Behörden. Da der Rundfunk einer ständigen Dynamik ausgesetzt sei, müsse auch das Rundfunkrecht stets für technische Entwicklungen und Innovationen offen bleiben.

Im zweiten Referat des Themenblocks setzte sich Professor Bernd Holznagel (Münster) vertieft mit den Herausforderungen für den öffentlich-rechtlichen Rundfunk auseinander. Mit dem Cloud-TV sei die vierte Generation des Fernsehens etabliert worden. Insbesondere die jüngeren Altersklassen nutzten Medien heute ganz anders als frühere Generationen. Der öffentlich-rechtliche Rundfunk müsse darauf reagieren. Es sei verfassungsrechtlich geboten, den Funktionsauftrag des öffentlich-rechtlichen Rundfunks entsprechend zu erweitern. Der öffentlich-rechtliche Rundfunk müsse auch im Internet einen „Glaubwürdigkeitsanker" darstellen und den Defiziten der stark auf Entertainment setzenden Internetöffentlichkeit entgegenwirken. Außerdem müsse der öffentlich-rechtliche Rundfunk auch im Internet Kommunikationsräume schaffen, in denen unterschiedliche Sichtweisen präsentiert und fair moderiert werden. Hierfür müssten die bestehenden gesetzlichen Schranken für eine Betätigung des öffentlich-rechtlichen Rundfunks im Internet gelockert werden. Diese hätten ihren ursprünglichen Schutzzweck ohnehin verloren. Konkret müsse dem öffentlich-rechtlichen Rundfunk ermöglicht werden, die eigenen Online-Plattformen zu stärken. Die zeitliche Beschränkung des Abrufs von Online-Angeboten (vgl. § 11d Abs. 2 RStV) müsse gelockert und stärker vom Zweck des jeweiligen Angebots abhängig gemacht werden. Soweit dies publizistisch geboten sei, müssten auch angekaufte Inhalte online angeboten werden dürfen. Produktionen des europäischen öffentlich-rechtlichen Rundfunks müssten inländischen Produktionen gleichgestellt werden, um die europäische Öffentlichkeit zu fördern. Festzuhalten sei hingegen am Werbeverbot für öffentlich-rechtliche Telemedienangebote. Dem öffentlich-rechtlichen Rundfunk müsse außerdem ermöglicht werden, die eigenen Plattformen mit den Angeboten von Museen, Wissenschaft und Kultureinrichtungen zu vernetzen. Ferner müsse der öffentlich-rechtliche Rundfunk auf Drittplattformen wie Facebook oder YouTube Präsenz zeigen. Wie beim neuen Jugendprogramm „funk" könne dafür zunächst auf Verhandlungen mit den Plattformbetreibern gesetzt werden. Alternativ könne der Gesetzgeber einen gesetzlichen Zugangsanspruch mit entsprechender Entgeltregel schaffen. Auch partizipative und interaktive Elemente sollten gestärkt werden. In Zukunft werde außerdem zu diskutieren sein, ob sog. Intermediäre wie Google und Facebook verpflichtet werden sollten, für eine privilegierte Auffindbarkeit der Angebote des öffentlich-rechtlichen Rundfunks im Internet zu sorgen. Eine vergleichbare Pflicht bestehe beim digitalen Kabelfernsehen, wo die Angebote des öffentlich-rechtlichen Rundfunks an den ersten Stellen zu listen seien. Die Schwierigkeit bestehe insoweit darin, eine praktikable und durchsetzbare Regelung zu finden. Überdies sei der Grundsatz der staatsfreien Kommunikation zu beachten. Letztlich werde man aber nicht umhinkommen, die Auffindbarkeit des öffentlichen Rundfunks im offenen Internet zu verbessern. Der Rundfunkgesetzgeber müsse hierfür geeignete Instrumente entwickeln. Natürlich könne man niemanden zum Konsum öffentlich-rechtlicher Rundfunkangebote zwingen. Angesichts der überragenden Bedeutung der Meinungsvielfalt für die demokratische Gesellschaft müsse der öffentlich-rechtliche Rundfunk aber auch im Internet ein attraktives Angebot machen dürfen und ein Gegengewicht zu den bisher dominierenden Online-Plattformen wie Google und Facebook bilden.

2. Diskussion

In der Diskussion warf Professor Christian Alexander (Jena) die Frage auf, ob es einer Rundfunkregulierung im herkömmlichen Sinne überhaupt noch bedürfe. Die Diskussion bewege sich immer noch in den Fesseln der alten Strukturen. Stattdessen müsse man sich fragen, was heute zweckmäßig und angemessen sei. Das könne z.B. bedeuten, die Rundfunkregulierung durch eine Plattformregulierung zu ersetzen oder verstärkt auf Medienbildung zu setzen. Professor Jürgen Kühling (Regensburg) stimmte der Analyse von Professor Holznagel zu, zeigte sich aber skeptisch, ob eine Funktionserweiterung des öffentlich-rechtlichen Rundfunks das richtige Mittel sei, um die schwindende Meinungsvielfalt im Internet zu bekämpfen. Wichtig seien vielmehr klare Mindeststandards für den Betrieb von Online-Plattformen. Hierfür könne z.B. auf die Maßstäbe des Presserechts zurückgegriffen werden. Professor Körber schloss sich der Auffassung an, dass die starren Kategorien des Rundfunkrechts nicht mehr zeitgemäß seien. Nötig sei eine funktionelle Betrachtung, die sich an den Zielen des Rundfunkrechts orientiere. Professor Holznagel verwies auf den „erschreckenden" Rückgang der Presse und betonte nochmals eindringlich die Bedeutung, die der öffentlich-rechtliche Rundfunk angesichts dieser Entwicklung für die Erhaltung offener Kommunikationsräume habe. Professor Andreas Fuchs (Osnabrück) warf die Frage auf, ob nicht gerade die Ausdehnungstendenz des öffentlich-rechtlichen Rundfunks die Probleme der Presse mitverursacht habe. Außerdem schloss er sich der Forderung von Professor Schuler-Harms an, die gesonderte Medienkonzentrationskontrolle durch die KEK abzuschaffen. Auch Professor Matthias Ruffert (Berlin) zeigte sich skeptisch, ob eine Ausdehnung des öffentlich-rechtlichen Rundfunks die richtige Antwort auf das „Zeitungssterben" sei. Hierzu wies Professor Holznagel darauf hin, dass die behaupteten negativen Effekte des öffentlich-rechtlichen Rundfunks zulasten der Presse nicht ökonomisch untermauert seien. Die Werbebudgets verschöben sich nicht in Richtung des öffentlich-rechtlichen Rundfunks, sondern in Richtung der großen Online-Plattformen. Außerdem habe die Presse ihre eigenen Vertriebswege geschwächt und sich in eine Abhängigkeit von den großen Internetunternehmen gebracht. Professor Steffen Hindelang (Berlin) hob den Grundsatz der Staatsfreiheit hervor und warf die Frage auf, ob eine Erweiterung des Rundfunks in die digitale Welt nicht die individuelle Kommunikationsfreiheit des Bürgers gefährde, die im Internet in bisher einzigartiger Weise gewährleistet sei.

IV. Themenblock 3: Datenschutz, Regulierung, Wettbewerb[5]

1. Referate

Professor Jens-Peter Schneider (Freiburg) stellte in seinem Referat grundsätzliche Überlegungen zum Schutz von Daten an. Einleitend differenzierte er verschiedene Geschäftsmodelle, die der „Datenökonomie" zugrunde liegen. Ein echter Datenhandel seitens der ganz großen Internetunternehmen sei, soweit ersichtlich, eher unüblich. Diese Unternehmen würden Daten vielmehr selbst auswerten, um anderen Unternehmen personalisierte Werbemöglichkeiten zu offerieren oder um auf den Kunden zugeschnittene eigene Angebote zu entwickeln. Der Datenumgang werde bisher vor allem durch das Datenschutzrecht geregelt, das aber erhebliche Schwächen aufweise. Die normative Struktur des Datenschutzrechts sei kompliziert und die Datenschutzbehörden seien oft überfordert. International bestünden teils sehr unterschiedliche Datenschutzstandards, woraus sich Spielräume für die betroffenen Unternehmen ergäben. Diese würde außerdem stark auf private Lösungen wie z.B. Datenschutzrichtlinien setzen, in welche die Nutzer oft unbedarft oder mangels echter Alternativen resigniert einwilligten. Wegen seiner Verankerung im Allgemeinen Persönlichkeitsrecht sei der Datenschutz bisher nicht daten- sondern personenorientiert. Dieses werde den Herausforderungen der digitalen Wirtschaft jedoch nicht gerecht und müsse um ein multifinales Datenverkehrsrecht ergänzt werden. In diesem Kontext werde gegenwärtig über ein Dateneigentumsrecht diskutiert. Dessen Ausgestaltung sei aber problematisch. Vertragsrechtliche Lösungen seien schwierig, weil der vertragsrechtliche Grundsatz *pacta sunt servanda* mit der jederzeitigen Widerruflichkeit der Einwilligung kollidiere, die aus dem Allgemeinen Persönlichkeitsrecht folge. Um die Monetarisierung von Daten zu ermöglichen, werde auch über ein „eigentumsanaloges Herrschaftsrecht" nachgedacht. Unklar sei aber bereits, wie ein solches Recht zivilrechtlich qualifiziert werden könne. Die Anerkennung als absolutes Recht würde zahlreiche praktische Fragen aufwerfen. Außerdem würde die Kommerzialisierung von Daten hierdurch weiter legitimiert. Diese werde der gesellschaftlichen Bedeutung von Daten nicht gerecht. Unklar sei ferner, bei wem das Dateneigentumsrecht ur-

5 Referenten: Prof. Dr. Jens-Peter Schneider, Albert-Ludwigs-Universität Freiburg; Prof. Dr. Boris P. Paal, Albert-Ludwigs-Universität Freiburg; Moderation: Prof. Dr. Jürgen Kühling, Universität Regensburg.

sprünglich entstehen solle – bei dem „Datenurheber“ oder bei demjenigen, der die Daten erstmalig erhebe. Vor diesem Hintergrund stelle sich die Frage, welchen Beitrag das Regulierungsrecht leisten könne. Mit den „Datenschätzen“ der digitalen Wirtschaft entstünden bedeutende Ressourcen, an deren geordneter Nutzung ein öffentliches Interesse bestehen könne. Es stelle sich die Frage, ob nicht in bestimmtem Umfang ein öffentlicher Datenstamm geschaffen werden müsse. Hierfür sei zu prüfen, welche Daten für welche Anwendungsmöglichkeiten notwendig seien und wie diese (gesellschaftlich) verfügbar gemacht werden könnten, ohne zugleich Innovationsanreize zu gefährden. Ob die bestehenden Datenbestände der großen Online-Plattformen private Ressourcen bleiben müssten, sei derzeit primär eine Frage des Kartellrechts. Trotz der Dynamik der digitalen Märkte habe er erhebliche Zweifel daran, dass sich die auf Daten gestützten Machtpositionen der Online-Plattformen von allein wieder auflösen würden. Die Netzwerkeffekte seien schlicht zu stark. Die traditionellen Schutzmechanismen des Kartellrechts seien offenbar nicht hinreichend wirksam. Dies spreche dafür, stärker auf regulatorische Eingriffe zu setzen, deren genaue Zielsetzung jedoch noch weiter konkretisiert werden müsse.

Im zweiten Referat des dritten Themenblocks lotete Professor Boris P. Paal (Freiburg) das Verhältnis von Datenschutz und Wettbewerbs- und Regulierungsrecht am Referenzgebiet der Online-Plattformen näher aus. In diesem Bereich sei oft nicht nur der Anwendungsbereich des Datenschutz- und Verbraucherschutzrechts eröffnet, sondern wegen der anzutreffenden Marktmachtpositionen auch derjenige des Wettbewerbs- und Regulierungsrechts. Deshalb seien die unterschiedlichen Schutzzwecke auszubalancieren. Daten würden oft mit Rohstoffen verglichen, wiesen aber einige Besonderheiten auf. Sie könnten beliebig vervielfältigt und von beliebig vielen Nutzern genutzt werden, ohne sich zu verbrauchen. Ferner seien Daten im Ausgangspunkt unter dem geltenden Recht mit guten Gründen nicht eigentumsfähig. Die Verankerung des Datenschutzrechts im Allgemeinen Persönlichkeitsrecht erfordere komplexe Abwägungen, welche die effektive Rechtsdurchsetzung erschwerten. Deshalb erfolge häufig ein Rekurs auf das Wettbewerbs- und Regulierungsrecht. Nach anfänglichen Zweifeln sei mittlerweile zu Recht anerkannt, dass Datenschutz eine Aufgabe des Wettbewerbsrechts sein könne. Die im Regierungsentwurf zur 9. GWB-Novelle vorgeschlagenen Änderungen zur besseren Erfassung der wettbewerblichen Effekte von Online-Plattformen seien zu begrüßen. „Datenmacht“ könne durch Netzwerkbeziehungen, Lock-in-Effekte und Pfadabhängigkeiten eine marktbeherrschende Stellung i.S.d. Kartellrechts begründen. Datenschutzverstöße könnten einen Ausbeutungsmissbrauch darstellen. Es sei ferner zu erwägen, Online-Plattformen als wesentliche Einrichtungen der digitalen Infrastruktur einzustufen. Zwar fehle es in der Regel an der Voraussetzung der Nicht-Duplizierbarkeit im Sinne der klassischen Essential Facility Doktrin. Insoweit müsse aber über eine „aktualisierte und modernisierende Rechtsanwendung“ nachgedacht werden, um dem faktischen Fehlen von Ausweichmöglichkeiten besser Rechnung zu tragen. Die hohen Bußgelder im Kartellrecht seien geeignet, um das notwendige Abschreckungspotential aufzubauen. Die neue Datenschutzgrundverordnung sehe nunmehr sehr hohe Bußgelder auch für reine Datenschutzverstöße vor. Neben dem Kartellrecht könne auch das Lauterkeitsrecht einen Beitrag leisten. Es sei zwar umstritten, ob Datenschutznormen Marktverhaltensregeln i.S.v. § 3a UWG seien. Richtigerweise müsse dies aber bejaht werden, wenn Daten als wirtschaftliches Gut gespeichert und verwendet werden sollten, also aufgrund der Kommerzialisierbarkeit ein Marktbezug bestehe. Zudem kämen Verstöße gegen das Belästigungsverbot und das Irreführungsverbot in Betracht. Wichtige Impulse auch für das Wettbewerbsrecht gingen von der Datenschutzgrundverordnung aus. Das in Art. 20 der Verordnung verankerte Recht auf Datenübertragbarkeit ermögliche den Nutzern eine bessere Kontrolle über ihre Daten und minimiere Lock-in-Effekte. Dadurch würden die Marktmacht der dominierenden Online-Plattformen begrenzt und wettbewerbliche Zielsetzungen gefördert. Im Ergebnis komme dem Wettbewerbs- und Regulierungsrecht beim Schutz von Daten also eine wichtige Rolle zu. Letztlich sei ein Zusammenspiel aller relevanten Rechtsmaterien, einschließlich des Datenschutz- und Verbraucherschutzrechts erforderlich, um auch in Zeiten des digitalen Wandels ein hohes Datenschutzniveau zu gewährleisten.

2. Diskussion

In der Diskussion sprach sich Professor Maik Wolf (Berlin) gegen die Anerkennung eines eigentumsähnlichen Rechts an Daten aus. Es würden sich unüberwindbare Abgrenzungsprobleme stellen. Außerdem sei unklar, wie über ein solches Recht verfügt werden solle. Im Kartellrecht könne es sehr schwierig sein, Daten bestimmten Märkten zuzuordnen, was aber für deren Heranziehung bei der Bestimmung marktbeherrschender Stellungen erforderlich sei. Fast alle Unternehmen sammelten heute Daten. Deren wettbewerbliche Relevanz sei aber oft nicht leicht zu bestimmen. Professor Körber wies darauf hin, dass das Recht auf Datenübertragbarkeit im Ergebnis kleine Unternehmen sogar behindern könne, weil es für diese schwerer sei als z.B. für Google oder Facebook, die technischen Voraussetzungen der Datenübertragbarkeit zu erfüllen. Er teile die Einschätzung von Professor Paal, das Daten nicht mit Rohstoffen oder Geld gleichgesetzt werden könnten und kritisierte vor diesem Hintergrund die Beschlüsse der Zivilrechtlichen Abteilung des 71. Deutschen Juristentages, die teils – etwa in Bezug auf das geforderte Widerrufsrecht – die Besonderheiten der Datenökonomie verkannt hätten. Auch Datenschutz über das Kartellrecht zu gewährleisten, halte er für gefährlich. Wenn Datenschutzverstöße als Kartellverstöße anerkannt würden, könnte dies auch für andere Gesetzesverstöße gefordert werden. Es sei dann eine uferlose Ausdehnung des Kartellrechts zu befürchten. Professor Heike Schweitzer (Berlin) warf die Frage auf, ob es im Bereich der digitalen Märkte tatsächlich Fallgruppen gäbe, die mit der Essential-Facility-Doktrin erfasst werden sollten. Außerdem frage sie sich, ob Marktmacht auch im Datenschutzrecht berücksichtigt werden könne bzw. sollte. Dann könnten kleinere Unternehmen weniger strengen Anforderungen unterworfen werden. Außerdem wies sie darauf hin, dass zwischen Datenübertragbarkeit und der Interoperabilität von Daten unterschieden werden müsse. Letztere sei nur durch eine Standardisierung der Angebote zu erreichen, die aber niemand wolle. Professor Alexander hob hervor, dass bei der Suche nach geeigneten Instrumenten immer darauf geachtet werden müsse, um welche Funktion des Datenschutzes es gehe. Verletzungen des Allgemeinen Persönlichkeitsrechts werde man mit dem Kartellrecht z.B. nicht beikommen können, der missbräuchlichen Kommerzialisierung von Daten aber schon. Professor Burgi warf die Frage auf, welche Rolle dem Regulierungsrecht zukommen solle. Wenn man schon die Essential-Facility-Doktrin anwenden wolle, liege doch nicht fern, dass es sich bei Online-Plattformen um die „fünfte Netzwirtschaft“ handeln könnte. Er stelle sich deshalb die Frage, ob insoweit ein Regulierungsbedarf bestehe. Professor Paal verneinte dies und erläuterte, dass die aktuellen datenökonomischen Probleme seiner Ansicht nach mit den Instrumenten des Kartellrechts und des Lauterkeitsrechts gelöst werden könnten. Eine Regulierung könne aber beispielsweise erforderlich werden, um außerökonomische Schutzgüter, so insbesondere die Meinungsvielfalt, im Internet zu sichern.

V. Themenblock 4: Telekommunikation im Wandel – What to do with OTT? Die Regulierung von GMail, WhatsApp & Co. de lege ferenda[6]

1. Referate

Im vierten Themenblock wurde die Frage diskutiert, ob und ggf. wie sog. OTT-Dienste[7] reguliert werden sollten. Professor Kühling unterschied dabei zwischen Internet-Kommunikationsdiensten (auch OTT-I-Dienste) und Internet-Inhaltsdiensten (auch OTT-II-Dienste), beschränkte seine Ausführungen auf Erstere und differenzierte sodann drei Unterarten von OTT-I-Diensten weiter aus: (1) Webmail-Dienste (z.B. GMail), (2) Internet-Telefonie (z.B. Skype) und (3) Instant-Messaging (z.B. WhatsApp). Fraglich sei zunächst, ob diese Dienste bisher schon dem Telekommunikationsrecht unterfielen. Erst im Juli 2012 sei die Bundesnetzagentur das Thema angegangen und habe im Teilbereich der Webmail-Dienste Google aufgefordert, in Hinblick auf GMail der Meldepflicht nach § 6 Abs. 1 TKG nachzukommen. Das VG Köln habe sich der Einschätzung der Bundesnetzagentur angeschlossen, dass es sich bei GMail um einen Telekommunikationsdienst handele. Mittlerweile liege der Fall beim OVG Münster. Es sei beklagenswert, dass die Gerichte die Frage dem EuGH bislang nicht vorgelegt haben. Materiell gehe es um die Auslegung von § 3 Nr. 24 TKG sowie Art. 2 lit. c der sog. Rahmenrichtlinie.[8] Er selbst sei der Meinung, dass OTT-I-Dienste regelmäßig als Telekommunikationsdienste einzustufen seien. Die Dienste seien entgeltlich, da ihnen ein mehrseitiges Geschäftsmodell zugrunde liege. Auch eine „Übertragung von Signalen“ könne angenommen werden, da es bei einer am Zweck des Gesetzes ausgerichteten, funktionalen Betrachtung primär auf die Empfängersicht ankomme und die OTT-I-Anbieter maßgeblichen Anteil daran hätten, dass die Kommunikation des Senders auch tatsächlich beim Empfänger ankomme. Die Meldepflicht gemäß § 6 Abs. 1 TKG gelte also auch für Anbieter von

---

6 Referenten: Prof. Dr. Jürgen Kühling, Universität Regensburg; Prof. Dr. Hubertus Gersdorf, Universität Leipzig; Moderation: Prof. Dr. Torsten Körber, Georg-August-Universität Göttingen.

7 „OTT“ steht für „*over-the-top*“. Gemeint ist die Übermittlung von Audio-, Video- und anderen Medieninhalten über das Internet, ohne Kontrolle und Einflussnahme eines Internet-Service-Providers (z.B. T-Online).

8 Richtlinie 2002/21/EG des Europäischen Parlaments und des Rates v. 7.3.2002 über einen gemeinsamen Rechtsrahmen für elektronische Kommunikationsnetze und -dienste, ABl. 2002 L 108/33.

OTT-I-Diensten. Im Übrigen sei das „Wie" der telekommunikationsrechtlichen Regulierung von OTT-I-Diensten noch weiter auszuloten. Klassische Kundenschutzvorschriften, die den Preishöhenmissbrauch o.ä. bekämpfen, seien in der Regel nicht erforderlich, da OTT-I-Dienste für den Kunden meist kostenlos seien. Auch Fragen der klassischen Marktregulierung stellten sich nicht. Oft werde allerdings die fehlende Interoperabilität der Dienste als Regulierungsproblem benannt. Anders als z.B. Sprachtelefonie und SMS seien OTT-I-Dienste (v.a. Instant-Messaging und Internet-Telefonie) oft geschlossene Systeme. Einige Ökonomen hielten dies jedoch für unkritisch, da die Dienste verschiedener Anbieter parallel genutzt werden könnten und keine Wechselkosten entstünden. Eine solche Sichtweise lasse aber außer Betracht, dass bei der Nutzung eines OTT-I-Diensts (etwa WhatsApp) in der Regel umfangreiche Daten zur Verfügung gestellt werden müssten. Dennoch sei er skeptisch, ob eine Interoperabilität von OTT-I-Diensten notwendig sei. Den Schwerpunkt der Regulierung sehe er vielmehr im Datenschutzrecht. Dafür müsse das Datenschutzsystem aber optimiert werden. Auch der institutionelle Rahmen der Telekommunikationsregulierung sei verbesserungswürdig. Abschließend ging Professor Kühling noch kurz auf den Entwurf eines Europäischen Kodexes für die elektronische Kommunikation (EKEK) ein, mit dem u.a. eine neue Subkategorie der „interpersonellen Kommunikationsdienste" geschaffen werden solle und damit künftig klar sei, dass OTT-I-Dienste dem Telekommunikationsrecht unterliegen.[9]

Professor Hubertus Gersdorf (Leipzig) ging ebenfalls zunächst auf die rechtliche Qualifizierung von OTT-I-Diensten ein. Anders als Professor Kühling sei er der Meinung, dass OTT-I-Dienste bisher nicht der Telekommunikationsregulierung unterfielen. Es fehle an einer „Übertragung von Signalen" i.S.v. § 3 Nr. 24 TKG. Dafür sei eine tatsächliche oder rechtliche Kontrolle über den Vorgang der Signalübertragung erforderlich, die Anbieter von OTT-I-Diensten jedoch nicht hätten. Die Adressierung von Signalen könne entgegen der Ansicht des VG Köln nicht genügen, da jeder Telekommunikationsvorgang eine solche Adressierung voraussetze. Zur Beantwortung der Frage, ob OTT-I-Dienste in Zukunft reguliert werden sollten, müsse der (vermeintliche) Regulierungsbedarf genau analysiert werden. Nur in strukturell vermachteten Märkten ergebe sich ein ho-

---

9 *Europäische Kommission*, Proposal for a Directive of the European Parliament and of the Council establishing the European Electronic Communications Code, COM(2016) 590 final.

her Regulierungsbedarf. Die universelle und ubiquitäre Vernetzung erschwere eine klare Abgrenzung des Regulierungsgegenstands, die aber notwendig sei, wenn die Regulierung nicht uferlos ausgeweitet werden solle. Eine Marktregulierung halte er im Bereich der OTT-I-Dienste nicht für erforderlich. Auch die Vorgabe einer Zusammenschaltung/Interoperabilität dieser Dienste sei nicht notwendig, da beliebig viele Dienste parallel genutzt werden könnten (sog. *Multihoming*). Eines klassischen Kundenschutzes bedürfe es ebenfalls nicht, da ein Anbieterwechsel problemlos möglich sei, insbesondere angesichts des in Art. 20 der Datenschutzgrundverordnung verankerten Grundsatzes der Datenübertragbarkeit. Außerdem bestehe keine monetäre Entgeltbeziehung zwischen Anbieter und Nutzer. Im Mittelpunkt stehe stattdessen die Nutzung von Daten, weshalb dem Datenschutz entscheidende Bedeutung zukomme. Dieser sei als „Datensouveränitätsschutz“ zu verstehen, der nicht nur ein Recht auf Geheimhaltung personenbezogener Daten umfasse, sondern auch ein Recht auf deren freiwillige Preisgabe. Auch die Preisgabe von Daten sei eine Grundrechtsbetätigung, die der Staat zu respektieren habe. Wichtig sei es, ein *„level playing field“* für die Anbieter klassischer Telekommunikationsdienste und die Anbieter von OTT-I-Diensten zu schaffen. Dasselbe gelte für die Anbieter (linearen) Rundfunks und die Anbieter von OTT-II-Diensten. Bisher sei der klassische Rundfunk privilegiert, z.B. durch das sog. Medienprivileg, das journalistische Tätigkeit von zahlreichen Datenschutzbestimmungen ausnehme. Zur Schaffung einheitlicher Wettbewerbsbedingungen sei zu erwägen, das Medienprivileg auch auf Online-Plattformen und Intermediäre (sog. „Fünfte Gewalt“) zu erstrecken. Auch andere rechtliche und faktische Schlechterstellungen von OTT-II-Diensten müssten beseitigt werden. Insgesamt dürfe von regulatorischen Maßnahmen erst Gebrauch gemacht werden, wenn ein konkreter Regulierungsbedarf feststehe. Zuvor müsse der Wettbewerb eine Chance erhalten.

2. Diskussion

Professor Markus Ludwigs (Würzburg) warf die Frage auf, ob man nicht auch die Entgeltlichkeit von OTT-Diensten bei der Prüfung von § 3 Nr. 24 TKG stärker problematisieren müsse. Aus der Entstehungsgeschichte der Rahmenrichtlinie gehe hervor, dass der enge Begriff der Entgeltlichkeit dem Begriff der Kommerzialität ausdrücklich vorgezogen worden sei. Auch der Entwurf eines Europäischen Kodexes für die elektronische

Kommunikation setze weiter einen entgeltlichen Dienst voraus. Professor Kühling verwies darauf, dass die weite Auslegung des Merkmals der Entgeltlichkeit auf die Rechtsprechung des EuGH zur Dienstleistungsfreiheit zurückgehe, die ebenfalls keine pekuniäre Entgeltlichkeit verlange. Professor Gersdorf ergänzte, dass nach der Rechtsprechung zum Rundfunkrecht kein Synallagma erforderlich sei, sodass es für die Entgeltlichkeit genüge, dass „irgendjemand“ den Dienst vergüte. Professor Schuler-Harms stellte zur Diskussion, ob sich eine „Datenregulierung“ nicht in Analogie zur Entgeltregulierung begründen lasse. Wegen der starken Netzwerkeffekte fühlten sich viele Nutzer „gezwungen“, bestimmte OTT-Dienste zu nutzen. Für den Zugang zu den Diensten müssen sie jedoch Daten preisgeben, die letztlich als „Entgelt“ anzusehen seien. Professor Matthias Knauff (Jena) wies darauf hin, dass ein Regulierungsgrund darin gesehen werde könne, dass Nutzer typischerweise die Folgen der Preisgabe ihrer Daten nicht beurteilen könnten. Insbesondere seien sie nicht in der Lage, den Wert ihrer Daten einzuschätzen. Professor Wolf unterstützte die Forderung nach einem funktionalen Verständnis der Telekommunikationsregulierung, gab aber zu bedenken, dass auch die Zwecke des Telekommunikationsgesetzes in Hinblick auf einen bestimmten Technikstand formuliert wurden. Professor Körber warnte davor, die Preisgabe von Daten mit der Zahlung eines Entgelts gleichzusetzen. Dies sei nicht sachgerecht und könne zu Folgeproblemen führen. Professor Gersdorf betonte nochmals, dass in der Verfügbarkeit von Daten auch große Chancen lägen. Solange nicht klar sei, dass die negativen Effekte einer Preisgabe die positiven Effekte deutlich überwögen, müsse sich der Staat mit einer Regulierung zurückhalten. Professor Kühling erklärte, dass die teilweise geforderte Transparenz allein nicht weiterhelfe, da die Nutzer von OTT-Diensten kein Gefühl für den Wert ihrer Daten hätten. Dies lasse sich auch nicht beheben, weil es für Daten keinen objektiven Wert gebe. Es werde deshalb zwangsläufig ein Vertrag mit unbestimmtem Preis geschlossen. Die Nutzer würden dies oft hinnehmen, weil es an Alternativen fehle. Professor Schneider unterstützte diese Einschätzung und erklärte, dass er das Problem vor allem darin sehe, dass wegen starker Netzwerkeffekte oft keine Ausweichmöglichkeiten bestünden. Die Nutzer würden sich schon für den Schutz ihrer Daten interessieren, wollten aber von der Nutzung für sie wichtiger Dienste nicht ausgeschlossen bleiben. Auch Professor Lange kritisierte, dass ungleiche Verhandlungspositionen auf vielen digitalen Märkten der Ausübung von Privatautonomie entgegenstünden.

VI. Themenblock 5: Grundsatzfragen[10]

1. Referate

Professor Jochen Mohr (Dresden) eröffnete den abschließenden Themenblock über Grundsatzfragen des Regulierungsrechts mit einem Vortrag über das Verhältnis von wirtschaftlicher Macht und Innovationen am Beispiel der novellierten Anreizregulierungsverordnung (ARegV). Nach einer kurzen Einführung in die Idee und Funktionsweise der Anreizregulierung sowie in die im September 2016 beschlossenen Neuerungen erläuterte Professor Mohr zunächst den ökonomischen Begriff der Innovation. Zur Strukturierung der Diskussion unterschied er mit *Joseph Schumpeter* vereinfachend drei Hauptphasen des technischen Fortschritts, nämlich die Invention, die Innovation und die Diffusion. In der Innovationstheorie sei anerkannt, dass der Staat Innovationen kaum unmittelbar anreizen könne, weil ihm hierfür in der Regel das notwendige „Lenkungs- und Regulierungswissen" fehle. Vor diesem Hintergrund stehe die Schaffung geeigneter Rahmenbedingungen im Vordergrund, insbesondere durch einen wirksamen Wettbewerbsprozess. Die Bedeutung wirtschaftlicher Macht für Innovationen sei ambivalent: Machtstellungen könnten die Innovationskraft von Unternehmen sowohl befördern als auch behindern, weshalb sich der Staat grundsätzlich auf eine allgemeine Funktionssicherung der Märkte beschränken solle. In den Netzwirtschaften sei die Situation allerdings komplizierter, da diese von natürlichen Monopolen geprägt seien. Auch hier könne jedoch durch eine sektorspezifische Zugangs-, Entgelt- und Entflechtungsregulierung eine Situation wie bei wirksamem Wettbewerb simuliert werden. Zur Gewährleistung wettbewerbsanaloger Netzentgelte sei die Anreizregulierung das beste verfügbare Instrument. Sie setze die Netzbetreiber für die Dauer der fünfjährigen Regulierungsperiode einem Effizienzdruck aus, durch den diese einen endogenen Anreiz zu kosteneffizientem und innovativem Verhalten erhielten. Durch die Anreizregulierung werde sichergestellt, dass Produktivitätssteigerungen durch Innovationen während des Laufes der Regulierungsperiode den Netzbetreibern unmittelbar zugutekämen. Zudem erhielten sie eine angemessene, risikoangepasste Verzinsung des eingesetzten Eigenkapitals. Die Anreizregulie-

10 Referenten: Prof. Dr. Jochen Mohr (Technische Universität Dresden); Prof. Dr. Heike Schweitzer (Freie Universität Berlin); Moderation: Prof. Dr. Andreas Fuchs (Universität Osnabrück).

rung als solche sei deshalb das beste Instrument, um Innovationen in den Netzwirtschaften zu stimulieren. Vermeintlich zielgerichtetere Maßnahmen seien hingegen in der Regel nicht erfolgversprechend. § 25a ARegV, mit dem der Verordnungsgeber bestimmte Forschungs- und Entwicklungskosten von den Effizienzvorgaben der Anreizregulierung ausnehme, setze einen ökonomischen Fehlanreiz, der bei ökonomisch rationalem Verhalten der Normadressaten zu einer nicht beabsichtigten Verschiebung der Innovationstätigkeit auf das Basisjahr der nächsten Regulierungsperiode führen könne. Unter dem Aspekt der Innovationsförderung sei es zudem kritisch zu sehen, wenn der Verordnungsgeber mit der ARegV-Novelle 2016 die Anreize für effizientes Verhalten reduziere, indem er eine Cost-plus-Regulierung implementiere; denn Monopolisten agierten nicht nur kostenineffizient, sondern auch innovationsavers. In diese Richtung gehe insbesondere der neu eingeführte Kapitalkostenabgleich für Verteilernetzbetreiber. Auch im Rahmen der ARegV könnten die Innovationsanreize weiter präzisiert werden. So setze eine Regulierungsperiode von fünf Jahren eher kurzfristige Innovationsanreize. Auch der neu eingeführte Effizienzbonus schaffe insoweit nur begrenzt Abhilfe. Problematisch sei zudem, dass bislang Kapitalkosten bevorzugt würden, obwohl Innovationen in intelligente Netztechnik häufig mit einer Reduzierung der Kapitalkosten bei gleichzeitiger Steigerung der Betriebskosten einhergingen.

Im abschließenden Referat analysierte Professor Schweitzer neue Vermachtungs- und Missbrauchsgefahren in der digitalen Welt und untersuchte, welcher Handlungsbedarf insoweit für die Wettbewerbsbehörden besteht. In ihrer Einleitung wies Professor Schweitzer zunächst darauf hin, dass die Digitalisierung bisher eine bedeutende Quelle von Innovation und Wettbewerb sei. Gleichzeitig gebe es jedoch eine verbreitete Sorge vor neuen Machtlagen und Missbrauchsgefahren. Eine neue bilaterale Gefährdungslage werde oft in der massenweisen Erhebung personenbezogener Daten gesehen. Die Europäische Kommission habe hierauf mit ihrem Vorschlag für eine Richtlinie zu vertragsrechtlichen Aspekten der Bereitstellung digitaler Dienste reagiert,[11] in dem „Daten als Entgelt" anerkannt würden. Es sei aber zweifelhaft, ob mit dem Vertragsrecht das richtige Instrument gewählt worden sei, um bilateralen Gefährdungslagen zu begegnen. Die Übermittlung von Daten ähnele eher einem Dauerschuldverhält-

11 *Europäische Kommission*, Vorschlag für eine Richtlinie des Europäischen Parlaments und des Rates über bestimmte vertragsrechtliche Aspekte der Bereitstellung digitaler Inhalte, KOM(2015) 634 endg.

nis als einem Austauschvertrag. Außerdem sei der Wert von Daten oft ungewiss, sodass *de facto* ein Vertrag mit unbekanntem Preis geschlossen werde. Die Richtlinie führe möglicherweise sogar zu einer Schlechterstellung des Verbrauchers. Im Ergebnis würden weder die Privatautonomie noch der Wettbewerb gestärkt. Ein wirksamer Schutz sei demgegenüber eher vom Datenschutzrecht zu erwarten. Die neue Datenschutzgrundverordnung (DSGVO) könne zu einer „Materialisierung" der Anforderungen an die Freiwilligkeit der Einwilligung führen. Insbesondere das neue Kopplungsverbot in Art. 7 Abs. 4 DSGVO lege dies nahe. Für die Befugnis zur Datennutzung werde es dann in Zukunft primär auf eine Interessenabwägung ankommen. Diese müsse konkretisiert und für wichtige Anwendungsfälle standardisiert werden. Mit neuen Marktmachtlagen sei das Wettbewerbsrecht konfrontiert. Insoweit enthalte der unlängst veröffentlichte Regierungsentwurf zur 9. GWB-Novelle einige hilfreiche Klarstellungen. Die Erfassung unentgeltlicher Leistungen als relevante Marktbeziehungen gemäß § 18 Abs. 2a GWB n.F. sei insbesondere dann sinnvoll, wenn von Verhaltensweisen im Kontext solcher Leistungsbeziehungen Verdrängungswirkung auf Drittmärkten ausgehen. Die Konkretisierung relevanter Faktoren zur Bestimmung der Marktmacht bei „mehrseitigen Märkten und Netzwerken" gemäß § 18 Abs. 3a GWB n.F. sei ebenfalls eine nützliche Klarstellung. Weitergehender Änderungsbedarf bestehe hinsichtlich der Dauer von Missbrauchsverfahren, die oft zu lang sei, um auf wettbewerbswidriges Verhalten auf dynamischen Märkten schnell zu reagieren. Hierfür komme eine Änderung der Prüfungsmethodik in Betracht. Statt erst aufwändig den relevanten Markt zu definieren und Marktmacht festzustellen, könnten die Wettbewerbsbehörden zunächst die Verdrängungswirkung des fraglichen Verhaltens untersuchen und sodann prüfen, ob diese durch ein durch Wettbewerb nicht kontrolliertes Verhalten verursacht sei. Schließlich sprach sich Professor Schweitzer noch gegen eine Regulierung digitaler Märkte aus. Bisher gebe es keine Probleme, die sich nicht mit dem Wettbewerbsrecht lösen ließen. Regulierung sei ein schwerwiegender Eingriff, der in der Regel mit hohen Irrtumskosten verbunden sei. Dafür brauche es eine starke Rechtfertigung, an der es gegenwärtig fehle. Die Herausforderungen digitaler Märkte ließen sich mit Marktverhaltensregeln und Datenschutzbestimmungen erfolgreich bewältigen.

2. Diskussion

In der Diskussion vertiefte Professor Wolf zunächst das Verhältnis von wirtschaftlicher Macht und Innovation. Erfahrungen mit dem Kartellrecht hätten gezeigt, dass wirtschaftliche Macht nicht erforderlich sei, um Innovationen zu erzeugen. Deshalb könnten z.B. Zusammenschlüsse nicht allein mit dynamischen Effizienzen gerechtfertigt werden. Maßgeblicher Treiber von Innovationen sei allein der Wettbewerb. Professor Pielow stimmte mit Professor Mohr überein, dass der regulatorische Grundsatz der Kosteneffizienz auch bei der Förderung von Innovationen nicht aus den Augen verloren werden sollte. Professor Schmidt-Preuß beklagte, dass die Regelungen der Anreizregulierungsverordnung nicht kohärent seien, da die Effizienzvorgaben für die Netzbetreiber an einigen Stellen verschärft, an anderen Stellen aber gelockert würden. Auch eine Abstimmung mit der geplanten Novelle der Stromnetzentgeltverordnung habe der Verordnungsgeber versäumt. Professor Ludwigs wies darauf hin, dass eine allzu strenge Fokussierung auf Kosteneffizienz die Entwicklung dynamischer Effizienz erschweren würde. Innovationen setzten einen gewissen Spielraum der Unternehmen voraus. Professor Säcker stimmt der Kritik von Professor Mohr an § 25a ARegV zu. Viel zu viele Kosten seien mittlerweile den Effizienzvorgaben der Anreizregulierungsverordnung entzogen. Dadurch sei deren Funktionsfähigkeit zunehmend bedroht.

Professor Kühling schloss sich der Einschätzung von Professor Schweitzer an, dass eine Regulierung der digitalen Märkte nicht erforderlich sei. Eine klassische *ex ante* Regulierung komme schon deshalb nicht in Betracht, weil unklar sei, worauf sie sich beziehen solle. Hinsichtlich der Datenschutzgrundverordnung sei er skeptisch, mit welchem Ergebnis der Europäische Gerichtshof die teils gegenläufigen Interessen abwägen werde. Professor Schneider begrüßte Professor Schweitzers Ansatz, zur Bewältigung bilateraler Machtlagen vor allem auf die Datenschutzgrundverordnung zu setzen. Allerdings seien Daten auch für öffentliche Zwecke sehr bedeutsam. Daher stelle er sich die Frage, ob nicht insoweit eine Regulierung der Datennutzung erforderlich sein könne. Professor Säcker stimmte Professor Schweitzer zu, dass es sinnvoll wäre, auf digitalen Märkten zunächst die Verdrängungswirkung möglicherweise wettbewerbswidrigen Verhaltens zu untersuchen, um die Prüfung zu beschleunigen. Werde eine Verdrängungswirkung festgestellt, könnte eine marktbeherrschende Stellung widerleglich vermutet werden. Wie bei der Oligopolvermutung obläge es dann den betroffenen Unternehmen, die Vermutung zu entkräften. Professor Weyer betonte die unterschiedlichen Schutzzwecke des Datenschutzrechts einerseits und des Kartellrechts andererseits. Diese ließen ihn zweifeln, ob es in Zukunft tatsächlich zu einer engeren Verzahnung der beiden Rechtsgebiete und ihrer Instrumente kommen könne.

VII. Mitgliederversammlung

In der anschließenden, von Professor Körber geleiteten Mitgliederversammlung der Wissenschaftlichen Vereinigung für das gesamte Regulierungsrecht wurde Professor Ludwigs einstimmig in den Vorstand der Vereinigung gewählt.[12] Außerdem bestimmten die Mitglieder der Vereinigung Professor Kühling zum zweiten geschäftsführenden Vorstandsmitglied neben Professor Körber. Die Mitglieder verständigten sich darauf, dass künftige Tagungen und Mitgliederversammlungen im Abstand von ungefähr 18 Monaten abgehalten werden sollen. Die nächste Tagung der Vereinigung wird in Regensburg stattfinden.

---

12 Der Vorstand der Wissenschaftlichen Vereinigung für das gesamte Regulierungsrecht besteht somit derzeit aus den folgenden sechs Mitgliedern: Prof. Dr. Andreas Fuchs (Osnabrück), Prof. Dr. Torsten Körber (Göttingen, geschäftsführend), Prof. Dr. Jürgen Kühling (Regensburg, geschäftsführend), Prof. Dr. Markus Ludwigs (Würzburg), Prof. Dr. Matthias Ruffert (Berlin) und Prof. Dr. Daniel Zimmer (Bonn).